青年法学学术著作
资助出版项目

青年法学学术著作
资助出版项目

民商法学视野中的决议行为

Resolution in Perspective of Civil and Commercial Law

王雷 著

法律出版社
LAW PRESS·CHINA
—— 北京 ——

图书在版编目(CIP)数据

民商法学视野中的决议行为 / 王雷著. -- 北京 : 法律出版社, 2023

ISBN 978-7-5197-7180-5

Ⅰ. ①民… Ⅱ. ①王… Ⅲ. ①民法-研究-中国②商法-研究-中国 Ⅳ. ①D923.04

中国版本图书馆 CIP 数据核字(2022)第 207604 号

民商法学视野中的决议行为
MINSHANG FAXUE SHIYE ZHONG DE JUEYI XINGWEI

王 雷 著

责任编辑 吴 昉 蒋潆莹
装帧设计 李 瞻

出版发行 法律出版社
编辑统筹 法律教育出版分社
责任校对 王 丰 郭艳萍
责任印制 刘晓伟
经　　销 新华书店

开本 710 毫米×1000 毫米 1/16
印张 19.5 **字数** 306 千
版本 2023 年 1 月第 1 版
印次 2023 年 1 月第 1 次印刷
印刷 三河市兴达印务有限公司

地址:北京市丰台区莲花池西里 7 号(100073)
网址:www.lawpress.com.cn
投稿邮箱:info@lawpress.com.cn
举报盗版邮箱:jbwq@lawpress.com.cn

销售电话:010-83938349
客服电话:010-83938350
咨询电话:010-63939796

书号:ISBN 978-7-5197-7180-5　　**定价**:68.00 元

凡购买本社图书,如有印装错误,我社负责退换。电话:010-83938349

青年法学学术著作出版基金
资助出版说明

法律出版社作为全国规模最大的法律专业出版机构，一直秉承“为人民传播法律”的理念，与学术界共同推动法学研究的繁荣与发展。2018年5月，法律出版社设立青年法学学术著作出版基金，用于资助法学学术著作出版和奖励优秀法学图书，旨在支持优秀法学学术著作出版，扶持具有较大潜力的青年学者。

经过法律出版社学术委员会委员推荐、专家匿名评审和法律出版社编辑委员会评审，共有8部作品获得法律出版社第四届（2021年）青年法学学术著作出版基金资助。

期待更多年轻法律人的优秀学术作品！

法律出版社

2022年5月

自　序

从公法与私法互动视角来看，民主价值观在民法和商法的决议行为中得到贯彻体现。原《民法总则》将决议行为增加为民事法律行为的新类型，是重要的立法创举，在民事法律行为制度中贡献了"中国元素"，《民法典》延续了这一做法。

决议行为是多个民事主体在表达其意思表示的基础上根据法律或者公司章程等规定的议事方式和表决程序为形成团体意思而作出的民事法律行为。根据《民法典》第134条第2款可知，决议行为包括议事和表决两个阶段，根据《民法典》第85条、第94条第2款和《公司法》第22条第2款等可知，召集程序和表决方式是决议行为程序的重要方面。决议行为的召集程序一般包括会议召集人，召集通知发送时间、方式、对象、拟议事项等；决议行为的表决方式一般包括参与表决主体、参与表决人数、表决权行使、会议记录及签署、多数决机制等。常见的决议行为类型包括农民集体决议、业主大会或业主委员会决议、按份共有人之间的决议、合伙企业决议、农民专业合作社决议、公司决议、捐助法人决议、企业破产法上的债权人会议决议等。决议行为具有团体性、程序性和内外部法律关系区分性等特点。

决议行为根据程序正义的要求采取多数决的意思表示形成机制，决议结果对团体全体成员都具有法律约束力。决议行为是团体依法开展自我约束、民主决策和民主管理的重要机制，是团体自治的重要方式。决议行为借鉴并实践了政治哲学上民主的多数决机制和正当程序规则等核心要义，以保障表决权人在决策作出过程中有机会充分知情参与。决议行为是民主这一社会主义核心价值观在民法和商法领域的直接体现和具体化。原《民法总则》相关条款及《民法典》第85条、第94条第2款、第134条第2款等均对决议行为作出规定。[1] 结合《村民委员会组织法》第12、19、24条等有关经村民会议讨论决

---

〔1〕 从民事单行法时代到民法典时代，我国决议行为法律规范有一个逐渐发展完善的过程，本书论述以《民法典》相关规定为主，必要时也适当兼顾民事单行法时代的决议行为法律规范，以展现这种立法变迁。

定方可办理事项的规定，可以印证原《民法总则》第101条规定的村民委员会法人具有公法人和私法人的双重属性，其决议事项既包括公共管理事务，也包括集体财产管理事务。决议行为展现了民法和商法中的程序正义观。程序正义促进团体生活有序。在团体法视角下，团体生活中意思自治的核心工具是决议行为，判断团体私法自治实现程度也就转化为判断团体决议行为在多大程度上合乎程序正义。民法应当给程序以应有的地位，程序正义观在《民法典》中应贯穿始终。

民主价值观的核心要义是决策主体的有效参与、表决方式的多数决机制和决策过程的正当程序规则。法治可以保障民主的实现，民主也可以反作用于法治的实现。经法律正当程序规则保障的民主才是真正的民主，否则民主有可能成为“多数人的暴政”。良法和善治构成法治最低限度的两个条件，法治的实现离不开制定得良好的法律这一必要条件，而法律要制定得良好则离不开民主立法和科学立法。平等是民主的前提，如果团体中每个人对团体事务的发言权、决策权不平等，由此形成的民主就可能成为少数人对多数人的压迫。民主也是对自由价值观的有效保障，民主表决程序中对多数决的记名投票与无记名投票等不同表决方式的选择，会影响表决权人意思表达自由的实现。民主多数决机制也是团体自治的有效技术工具。

民商法学理论界和实务界中弥漫着浓厚的合同法中心主义思维。《民法典》总则编和原《民法总则》存在比较突出的“非总则性”特点，其民事法律行为制度主要以合同行为和财产法律行为为典型原型进行一般性规则的提炼，对于合同行为之外的其他民事法律行为，如单方法律行为、共同行为、决议行为、身份法律行为，均存在关照和回应的不足。决议行为理论的核心争议是决议行为和合同行为的区分。决议行为成立要件具有程序性和团体性的突出特点，对决议行为不能当然适用合同行为效力瑕疵制度；团体内部决议行为不当然影响外部合同行为的效力，反之亦然。决议行为是团体自治的工具，经由民主决策实现团体自治。决议行为是民主价值观在民法和商法领域的具体体现，决议行为借鉴并实践了政治哲学上民主的多数决机制和正当程序规则，前者是决议行为成立要件团体性的体现，后者是决议行为成立要件程序性的体现。决议行为弥补了团体法理论在团体内部治理规律研究上的短板。结合决议行为的法律特点，团体法的基本原则应该至少包括团体自治原则、正当程序原则、内外部法律关系区分原则等。

只有认识到《民法典》中决议行为法律制度的弱点，我们才能知道它真正的价值。只要我们在充分了解《民法典》中决议行为法律制度的力量与弱点的基础上迎接它的挑战，对《民法典》中决议行为法律制度进行法律解释和漏洞填补，在民事法律行为制度上贡献的决议行为这一鲜明的"中国元素"就能更加熠熠生辉。

本书通过总结决议行为的类型和体系，着力研究民商法学视野中决议行为的一般与特别、抽象与具体、法理与规则、解释与完善，总结民主价值观在民商法中的具体化，提炼团体法思维的新元素。完善和细化民法和商法中的决议行为法律规则，是团体法思维的应有之义。决议行为关乎全过程人民民主理论在基层治理中的实践，关乎小区治理、乡村治理、公司治理、社会组织民主管理，关乎民商事活动中决议与合同的关联互动。本书提出业主自治基础上多方共治的小区善治思路，提出"一体两翼"的乡村治理体系。公司决议效力和公司内部权力分配（尤其是股东会与董事会的权力划分）是公司治理结构中的两大核心问题，在对其进行类型化和体系化研究的基础上，我们可以横向总结不同类型决议行为的异同，纵向反思决议行为一般规则乃至民事法律行为一般规则在不同类型决议行为中的变通调适。

从特别再到一般，民商法学视野中的决议行为是团体法理论的一个缩影。协商民主、全过程人民民主、民心政治、正当程序不仅在公法政治生活中有普遍指导作用，在其他团体治理中也可得到借鉴应用。作为"新时代人民权利的宣言书"的《民法典》从五个维度落实民主价值观：民主价值观丰富了《民法典》的内在价值体系；《民法典》对民主价值观作了科学有效的制度安排；《民法典》开创了决议行为立法新体例；《民法典》将决议行为类型化以保障具体现实的民主实践；《民法典》决议行为法律制度实现了广泛真实管用的民主。综上，我们从决议行为中可以总结、检验、反思、完善团结民主理论和正当程序原则的解释力、回应力、涵括力和指导力。

目　录

第一编　总　　论

第二编　分　　论

第一编　总　　论

第一章

我国《民法典》编纂中的团体法思维

2014年10月23日中国共产党第十八届中央委员会第四次全体会议通过的《中共中央关于全面推进依法治国若干重大问题的决定》在“完善以宪法为核心的中国特色社会主义法律体系,加强宪法实施”问题上指出:“……加强市场法律制度建设,编纂民法典……”由此,编纂《民法典》的大幕正式拉开。该决定在“增强全民法治观念,推进法治社会建设”问题上指出:“支持各类社会主体自我约束、自我管理。发挥……团体章程等社会规范在社会治理中的积极作用。发挥人民团体和社会组织在法治社会建设中的积极作用。”笔者认为,我国《民法典》应该注意通过丰富法人团体的类型和细化团体私法自治的工具来贯彻团体法思维,以充分发挥团体的自我约束、自我管理和对法治社会建设的推动作用。

“民法人”由“伦理人”移植而来,民法以作为伦理人的自然人为模型,其也就被烙上了个人主义的印记,[1]《法国民法典》中的“人法”仅规范自然人。随着社会生活对法律工具要求的不断丰富和法律技术的不断完善,“民法人”概念出现扩张,通过“权利能力”的概念,自然人和法人被得以整合并存于《德国民法典》“人法”之中。[2] 作为团体的重要类型,法人团体乃至非法人团体仅仅是自然人借以实现某些特定目的的工具,其本身并没有独立的存在价值。

第一节　民事主体制度的法哲学基础:伦理学人格主义及其反思

“人民的福利是最高的法律。”[3]“人的本质问题,人的人格,对于法的本质是决定性的。法的标准,即法的观念本身,是人。”[4]受康德道德哲学的影响,《德国民法典》的立法者认为,在基本概念和基本价值之后所存在的人的典型形象是伦理学人格主义,其虽未被明确表达,但却是一个不言而喻的前提。“民法的终极价值是自由……它符合近现代民法学的伦理前提——康德主义。

[1] 叶林:《私法权利的转型——一个团体法视角的观察》,载《法学家》2010年第4期。
[2] 朱庆育:《民法总论》,北京大学出版社2013年版,第406页。
[3] [英]洛克:《政府论》(下篇),叶启芳、瞿菊农译,商务印书馆1964年版,第100页。
[4] [德]阿图尔·考夫曼、[德]温弗里德·哈斯默尔主编:《当代法哲学和法律理论导论》,郑永流译,法律出版社2002年版,第490页。

人是目的,故人必须自由,这是不容争辩的先验原则。"[5]伦理学人格主义要求人与人的相互尊重,相互尊重原则也就成为实定法的基本原则。[6] 对此,黑格尔曾简练地表述为:"法的命令是,成为一个人,并尊敬他人为人。"[7]与伦理学人格主义相适应,民法承认人作为权利主体,并保护人格权、赋予人行为自由、要求自我负责等。[8]

在现代民法上,作为民事法律关系主体(民事主体)的人主要包括自然人、法人和非法人组织。"原始法律秩序之法律效果不仅加诸人身,且及于禽兽及无生命之物,从而对万物之'行为'皆加以规制,此种举动则是由于初民之泛神论相信万物有灵之故。换言之,即将万物之'行为'类比为人之行为而已。"[9]因此,不足以据此将动物或者其他无生命之物上升为民事主体。《德国民法典》第90条a规定:"动物不是物。动物受特别法律的保护。除另有规定外,关于物的规定准用于动物。"这是否意味着动物不再是民事法律关系的客体,而变为民事主体?该条只是强调动物的所有人不得任意处分动物,以彰显对有生命之"物"的尊重,在很大程度上,该条文是一种"概念美容术",[10]是生命伦理学思想在法律上所展露的一角,[11]但并不能据此认为动物能成为民事法律关系的主体。马克思和恩格斯在《德意志意识形态》中就曾说过:"凡是有某种关系存在的地方,这种关系都是为我而存在的;动物不对什么东西发生'关系',而且根本没有'关系';对于动物来说,它对他物的关系不是作为关系存在

---

〔5〕 谢鸿飞:《民法典与特别民法关系的建构》,载《中国社会科学》2013年第2期。

〔6〕 Vgl. Karl Larenz, Manfred Wolf, Allgemeiner Teil des Bürgerlichen Rechts, C. H. Beck München 2004, S. 21f.

〔7〕 [德]黑格尔:《法哲学原理》,范扬、张企泰译,商务印书馆1961年版,第46页。

〔8〕 Vgl. Karl Larenz, Manfred Wolf, Allgemeiner Teil des Bürgerlichen Rechts, C. H. Beck München 2004, S. 22ff.

〔9〕 [奥]凯尔森:《纯粹法理论》,张书友译,中国法制出版社2008年版,第58页。

〔10〕 Dieter Medicus. Allgemeiner Teil des BGB, 9. neu bearbeitete Auflage, 2006 C. F. Müller Verlag Heidelberg, S. 461.

〔11〕 生命伦理学家史怀泽曾说:"伦理不仅与人,而且也与动物有关。动物和我们一样渴求幸福,承受痛苦和畏惧死亡。如果我们只是关心人与人之间的关系,那么,我们就不会真正变得文明起来,真正重要的是人与所有生命的关系。"参见[法]阿尔贝特·史韦泽:《敬畏生命:五十年来的基本论述》,陈泽环译,上海社会科学院出版社2003年版。政治寓言小说家奥威尔也曾经有过对动物主义的描述,参见[英]乔治·奥威尔:《动物庄园》,李立玮译,百花洲文艺出版社2011年版,第71、101页。

的。"[12]作为生物进化的结果，人处于食物链的顶端，与动物或者其他生命体相比较，生命体中只有自然人才是民法上的人。当然，为配合《德国民法典》第90条a的规定，该法第251条第2款也规定："恢复原状惟需费过巨始为可能的，赔偿义务人可以用金钱赔偿债权人。由医治受伤动物而发生的费用显著超过动物的价值的，不因此而为过巨。"

人与自然环境资源关系的理论模式反映到民事主体制度上即人类中心主义，这是自然界物种进化的必然产物。自然资源环境是无言的，它需要代言人，这个代言人还是人类。"法律对人与自然资源环境的关系做出调整，其调整的并不是人类与自然资源环境的关系，归根结底还是人与人的关系，具体地说，是人与人之间基于自然资源环境而发生的各种社会关系。自然资源环境已经人化、社会化了。"[13]当然，在自然资源和环境危机的背景下，为了更好地实现可持续发展，我们对人类中心主义的哲学思想也应该进行必要的反思，"面对如今的社会状况，特别是在主体与环境、自然资源的关系上，民法典若要做到适应和有效运行，科学发展观就必须得到贯彻和体现……科学发展观非常科学，应当作为我国民法典的哲学基础之一"。[14]综上可见，生命伦理学及其对人类中心主义的反思是对伦理学人格主义的有力补充。

第二节　团体法思维及市场经济实用主义观念对伦理学人格主义的反思

人是有局限性的，人的能力有限，若要去适应自然中的众多不确定，人们就必须结成社会，在人与人的互动中使个体与群体得以保存和发展。可以说，人生来就是要进行社会生活的，生命就是微小的、相互依赖的、稳定的社会群

[12] [德]马克思、[德]恩格斯：《德意志意识形态》，载中共中央马克思恩格斯列宁斯大林著作编译局编译：《马克思恩格斯选集》（第1卷），人民出版社1995年版。
[13] 邱本：《自然资源环境法哲学阐释》，载《法制与社会发展》2014年第3期。
[14] 崔建远：《编纂民法典必须摆正几对关系》，载《清华法学》2014年第6期。

体。“人到底是什么？这取决于他与其他人的联系。”〔15〕“因此，社会——通过管理和自然法联合起来的集合——被理解为一大群自然的和人为的人（非自然人），他们的意志和领域在无数的结合中处于相互关系之中。”〔16〕能够成为民事法律关系主体的，除自然人之外，还有法人等其他团体。《民法典》规定自然人、法人和非法人组织这三类民事法律关系主体，分别体现了个人主义方法论和团体法思维（方法论）的影响。从民法学的角度看，法人是指被自然人之外的法律赋予民事权利能力的一种团体。一方面，法人并非具有肉体灵魂的单个自然人，而是多数人之组织体或者一定财产之集合体的团体人；另一方面，法人是被法律赋予民事权利能力的团体人。团体未必均为法人，无权利能力之团体就并非法人。〔17〕 原《民法通则》第36条第1款是我国民事立法中首次对法人的含义作的界定。

法人制度及其观念萌芽于罗马法。“罗马法上并无法人的名称，该名称是注释法学派在总结概括罗马法的基础上，作为自然人的对称而提出来的……罗马法上只有‘universitas’一词，具有团体的含义……承认国家和地方政府具有独立的人格，与其成员相分立，是为社团的起源……承认神庙也可享受财产权……是为财团的萌芽。”〔18〕在立法上，《法国民法典》没有规定法人制度，《德国民法典》则承认“法人”的概念并首次建立完备的法人制度。有学者指出：“于个人主义最高潮时代之民法，本只承认个人有权利能力，对于团体，不过于最小限度内，例外的以准个人视之而已。然自十九世纪至二十世纪资本主义经济发达之结果，促成资本之集中，而资本的集团（如各种公司）于焉出现；其后与资本团体相对抗之职业团体及劳动团体等，亦急速发达，因而社会上团体之地位，日形重要，结果现代法律遂认定此等团体亦可为权利义务之主体，而具有权利能力矣。”〔19〕

---

〔15〕 Gierke, Das deutsche Genossenschaftsrecht, Bd. I: Rechtsgeschichte der deutschen Genossenschaft, Berlin, 1868, S. 1. 转引自谢鸿飞：《法律与历史：体系化法史学与法律历史社会学》，北京大学出版社2012年版，第47页。

〔16〕 ［德］斐迪南·滕尼斯：《共同体与社会：纯粹社会学的基本概念》，林荣远译，北京大学出版社2010年版，第87页。

〔17〕 郑玉波：《民法总则》，中国政法大学出版社2003年版，第163页。

〔18〕 周枏：《罗马法原论》（上册），商务印书馆1994年版，第290页。

〔19〕 郑玉波：《民法总则》，中国政法大学出版社2003年版，第98～99页。

“团体就是在一种利益或事业中联合起来的任何数目的人。”〔20〕创设法人等团体法律制度的立法理由需要从其社会功能(作用或意义)角度寻找,其中尤以企业法人的社会功能为最典型。如马克思所说的那样:“法的关系正像国家的形式一样,既不能从它们本身来理解,也不能从所谓人类精神的一般发展来理解,相反,它们根源于物质的生活关系。”〔21〕从法律角度看,法人制度的作用如下:一是使法律关系单纯化,让多数的人及一定的财产成为民事法律关系的主体,团体具有权利义务归属的独立主体资格,便于参与法律交易;二是使法人财产与个人财产分离,法人的责任限于法人的财产,这既能保障法人活动的顺利开展,又能避免个人承担无限责任的风险,这也是民事主体采用法人这一组织形式的最大制度激励。有学者进一步指出:“正是这种通过使财产独立化而产生的责任限制效果,构成了设立法人的本质动机。即使是那些人数较少的组织,其成立法人时所谋求的动机也主要是限制责任。甚至单个的人对这种责任限制的谋求也并非罕见,其主要目的是使自己的私人财产与商业上的债务相脱离。”〔22〕此外,在社会经济生活中,法人制度也起到了提高社会生产效率的作用。结合股份公司的资本集中功能,马克思就曾指出:“(资本的积累)是一个极缓慢的过程。假如必须等待积累使某些单个资本增长到能够修建铁路的程度,那么恐怕直到今天世界上还没有铁路。但是,集中通过股份公司转瞬之间就把这件事完成了。”〔23〕可见,与支持自然人成为民事主体的伦理学人格主义不同,法人并非伦理性的存在,法人作为民事主体是市场经济实用主义价值的客观要求。法人是自然人实现其特定目的的手段,是法律技术顺应人们现实需要的产物,它减少了自然人在社会活动中的不便和风险,为自然人充分实现自我提供了有效的法律工具。法人之于自然人个人在积累资本、参与社会大生产过程中具有巨大的优势,在法人和自然人经济实力等的对比过程中,“个人之契约自由亦渐为团体契约所排斥。其结果向以个人为中心之

---

〔20〕［英］霍布斯:《利维坦》,黎思复、黎廷弼译,商务印书馆1985年版,第174页。

〔21〕［德］马克思:《〈政治经济学〉批判序言》,载中共中央马克思恩格斯列宁斯大林著作编译局编译:《马克思恩格斯选集》(第2卷),人民出版社1995年版。

〔22〕Dieter Medicus. Allgemeiner Teil des BGB, 9. neu bearbeitete Auflage, 2006 C. F. Müller Verlag Heidelberg, S. 427f.

〔23〕［德］马克思:《〈资本论〉第一卷(节选)》,载中共中央马克思恩格斯列宁斯大林著作编译局编译:《马克思恩格斯选集》(第2卷),人民出版社1995年版。

法律关系,乃渐有被以各种团体或各种企业组织为中心之法律关系所代替之趋势”。[24] 可见,自然人的民事主体地位是一个先于实证法的伦理问题,法人则是立法者有目的的法律构造物,是目的的联合体。

第三节 民商法中的团体法理论

团结民主、友善和睦构成对民法传统价值取向的必要补充,二者可以防止个体主义方法论塑造“无公德的个人”,以还原整体中个体的面目,进而在整体和个体间实现更好的互动,在个体自由发展外,更好地实现团体自由发展和互助关爱。“我们也需要一部私法,即使在神圣不可侵犯的个人领域中,共同体的思想也能够生存和活动。更确切地说:在我们的公法中必须吹进一丝自然法之自由空间的气息,在我们的私法中则必须滴上一滴社会主义的润滑油!”[25]

一、我国民法百年学说史上团体法理论的思想文化土壤

人类历史“群”而进化,“群”而优胜。梁启超认为,历史进化的主体是“群”而非个人:“欲求进化之迹,必于人群,使人人析而独立,则进化终不可期,而历史终不可起。盖人类进化云者,一群之进也,非一人之进也。”[26] 能“群”与否是进化过程中优胜劣汰的决定性因素,“自然淘汰之结果,劣者不得不败,而让优者以独胜云尔。优劣之道不一端,而能群与不能群,实为其总源”。[27] 严复认为,人类进化的历史就是“群与群争”的过程,能“群”是对人类的必然要求。“天演之事,将使能群者存,不群者灭;善群者存,不善群者灭”;“善保群者,常利于存;不善保群者,常邻于灭,此真无可如何之势也”。[28] “人以个体而生存,又于种种团体而生存;故人生有为个体的生存,有为团体的生存。”[29] “人类作为群体性动物,在很大程度上无法脱离群体……人类社会正是在个体

[24] 郑玉波:《民法总则》,中国政法大学出版社 2003 年版,第 99 页。

[25] [德]奥托·基尔克:《私法的社会使命》,杨若濛译,商务印书馆 2021 年版,第 17~18 页。

[26] 葛懋春、蒋俊编选:《梁启超哲学思想论文选》,北京大学出版社 1984 年版,第 106 页。

[27] 梁启超:《梁启超全集》,北京出版社 1999 年版,第 693 页。

[28] 王栻主编:《严复集》(第 5 册),中华书局 1986 年版,第 1347、1394 页。

[29] 李守常:《史学要论》,吉林人民出版社 2013 年版,第 279 页。

与其所在群体的不断斗争中向前发展的。"[30] 人类群体生活的更早思想则源于荀子,《荀子·王制》有言:"力不若牛,走不若马,而牛马为用,何也?曰:人能群,彼不能群也。人何以能群?曰:分。"

"中国人缺乏集团生活",[31]"集团生活,在中国不能说没有,只是缺乏",[32]但我们不能无视团体。当然,倡导重视团体利益,并非无视个人利益。日本学者冈村司认为,团体不能蔑视和恣意剥夺个人权利。为了团体利益,可以对个人权利给予必要限制,但此种限制必须有一定限度。超出必要限度的限制反而会有害于团体利益,此时应当保护个人权利,否则就是团体自灭之道。[33]

"中国自殷商以来没有民主制度,但在学术史、思想史上也还是有民主思想的。在中国思想史上,讲民主讲得有典型意义的,要算是黄梨洲了。"[34] 黄宗羲(黄梨洲)民主思想的渊源是孟子的"民为贵,社稷次之,君为轻""人皆可以为尧舜"等民本观。中华优秀传统文化有重民本的思想精华和时代价值。《尚书》有言:"民惟邦本,本固邦宁。"朱熹曾说:"国以民为本,社稷亦为民而立。"此外,"'天下'的观念,'为公'的思想,无疑都居于中国古代政治思想的核心,然而,如果要用一个观念或一种思想,来做中国政治思想基本特征的概括表达,我们多半会选择另一个概念,那就是'民本'。盖因民本的观念或思想,融合了古代政治思想中的其他重要观念,最能够表明中国古时政治思想的特质。极而言之,民本思想不独为中国古代政治理论的主流,甚且是唯一的政治理论。"[35]"无论传统的民本思想,还是西方的民主观念、民权学说,处理的根本上都是政治正当性问题,且二者都把'民'置于关注和讨论的中心。"[36]

[30] 冯珏:《自然人与法人的权利能力　对于法人本质特征的追问》,载《中外法学》2021年第2期。

[31] 梁漱溟:《中国文化要义》,安徽师范大学出版社2014年版,第71页。

[32] 梁漱溟:《中国文化要义》,安徽师范大学出版社2014年版,第75页。

[33] [日]冈村司:《民法与社会主义》,刘仁航、张铭慈译,中国政法大学出版社2003年版,第79页。

[34] 张岱年:《文化与哲学》,中国人民大学出版社2006年版,第301页。

[35] 梁治平:《为政:古代中国的致治理念》,生活·读书·新知三联书店2020年版,第138页。

[36] 梁治平:《为政:古代中国的致治理念》,生活·读书·新知三联书店2020年版,第192～193页。

二、比较民法学说史上团体法理论的百年演变

法律不仅调整个人生活的外部关系,还调整联合体生活。私法通过联合克服个体的孤立、分裂,使孤立的个体迈向有机的共同体。个体主义方法论坚持认为,作为生命体(有血肉之躯、有意志)的自然人才具有人格,才配得上是权利和义务的主体。自然人之外即无真正的人。所有的共同体仅仅是各个个体的集合。联合体不能像自然人那样基于自由意志作出行动,联合体的人格只有通过法学上的设计才能形成。一切共同体的权利最多只是多数人共同的权利。法人是一个虚拟体,法人是一个拟制的人,是被当作人来看待,是法律为了特定的目的而作出的拟制。〔37〕 奥托·弗里德里希·冯·基尔克(1841 年 1 月 11 日 ~ 1921 年 10 月 10 日)1902 年 10 月 15 日做过《人类联合体的本质》/《人类社团的本质》的演讲,他阐述日耳曼法传统和团体性在德国法律生活中的重要性,认为法是共同体生活的一部分,而共同体生活的秩序同时又是法的一部分。〔38〕 基尔克认为"所有思想上的进步都是借助比喻实现的。同样,我们最抽象的概念也是从形象中产生的"。〔39〕 "法的整个体系构造、最重要的法律概念的形式、内容以及大量非常现实的具体问题的判断都取决于联合体人格的设计。"〔40〕法律将人格赋予联合体,联合体必定与个人一样,是一个有生命、有灵魂的独立生命体,其能够思考,并将所思所想付诸行动,这就是法人有机体理论(organische theorie)。有机体理论将国家和其他联合体视为社会的有机组织。联合体的效力不能从个体力量的简单叠加中得到解释。共同体并非与构成它的所有个体的总和相当,相反共同体必定为一个具有超个体的生命整合体。人类联合体是一个真实的"肉体—灵魂"性的单位体。〔41〕

有学者认为,基尔克的团体法理论解决了团体属于民事主体地位的问题,

〔37〕 这就是为冯·基尔克所着力批判的"法人拟制说"。参见[德]奥托·基尔克:《私法的社会任务:基尔克法学文选》,张志阳、张小丹译,中国法制出版社 2017 年版,第 58 ~ 64 页。

〔38〕 [德]奥托·基尔克:《人类社团的本质》,杨若濛译,商务印书馆 2021 年版,译者序言。

〔39〕 [德]奥托·基尔克:《私法的社会任务:基尔克法学文选》,张志阳、张小丹译,中国法制出版社 2017 年版,第 69 页。

〔40〕 [德]奥托·基尔克:《私法的社会任务:基尔克法学文选》,张志阳、张小丹译,中国法制出版社 2017 年版,第 75 页。

〔41〕 [德]奥托·基尔克:《私法的社会任务:基尔克法学文选》,张志阳、张小丹译,中国法制出版社 2017 年版,第 65 ~ 74 页。

而未揭示团体内部运行规律与规则。[42] 但基尔克的思想中也闪耀着区分团体内部关系与外部关系的智慧火花。“如果规制联合体的法为社会生命体的生活制度,那么规制联合体内部生活的联合体法部分原则上不同于所有规制被确认为主体的生命体的外部关系的法。”[43] 基尔克的法人有机体说也提出了章程和成员这两个基础概念,用于协调法人中整体与个体之间的关系,一个统一的整体与部分之间的关系就被提升为法律关系。其理论还开始讨论法人中组织机构的数量、种类、关系。“不可见的联合体人通过组织机构来体现为感知性的、决断性的、意愿性的和行动性的单位体。我们法律的法人绝非需要法定代理人的未成年人,而是一个可主动介入外部世界的主体。其具有行为能力。”[44]

团体内部运行和治理依赖团体内部组织机构权力配置的制约和效能,依赖团体决策的民主和顺畅。法人作为一个法律上有机组成的集合体,“如果其对各个组织机构人而言为外部活动的话,那么其内部精神活动同样会受到法律规范的活动。法律在这里探讨意志活动的所有阶段,从起初的刺激开始,到推动力量的斗争和行动理由的考量,到最终形成决定并将其转化为行动之中。关于协商、表决和决议,关于任命的组织机构间的共同协议,关于决议的宣告和实施,在法律规范上需要什么,这在私法中尚无先例。在所选择出的主体对一个共同的意志内容达成一致时,契约这一概念拒绝将其内容认定为有拘束力的准则。所有的契约在这里都只是源自被引用为共同的集体意志的部分意志的形态,所有意志争斗的决定只是对整体意志的贯彻”。[45] 这“使得联合体人成活的自由意志行为并非是契约,而是一个创造性的集体行为(Gesamtakt)”。[46]

[42] 李志刚:《公司股东大会决议问题研究——团体法的视角》,中国人民大学2011年博士学位论文,第48页。

[43] [德]奥托·基尔克:《私法的社会任务:基尔克法学文选》,张志阳、张小丹译,中国法制出版社2017年版,第75页。

[44] [德]奥托·基尔克:《私法的社会任务:基尔克法学文选》,张志阳、张小丹译,中国法制出版社2017年版,第76~77页。

[45] [德]奥托·基尔克:《私法的社会任务:基尔克法学文选》,张志阳、张小丹译,中国法制出版社2017年版,第77页。

[46] [德]奥托·基尔克:《私法的社会任务:基尔克法学文选》,张志阳、张小丹译,中国法制出版社2017年版,第79页。

“法律生活共同生活的一方面,且为绝对最重要的一面。法学必须有意识地保持该侧重。”“只有从对于部分而言更高的整体价值中才能论证人类的道德义务,即为了整体而去生存,且必要时作出牺牲。”〔47〕个体主义方法论要求在协调个体间关系时做到“爱人如己”,对于世俗的共同体而言适用的则是“要爱整体胜过爱自己”。“且只有当整体作为个体的集合是一个更高、更有价值的物时,当该集合体超出个人目的的工具价值,且并非为其虚名而存亡时,即为了名誉和幸福,为了自由、人民与国家的权力作出贡献并斗争时,这才有意义。”〔48〕在爱人如己之外,民法上的人还“始终要充满纯正的集体精神”。〔49〕“在你们的生活中同时在演绎着更高级秩序生活的一部分,人类将其历史和其荣耀归功于在短暂的个人存在之上的奔流不息的个人生活洪流。你们要认识到你们作为整体的部分所赋予整体的东西,并愉快地给予共同体本属于共同体的东西!”〔50〕

基尔克在1889年4月5日作出的《私法的社会任务》报告中提出团体性(团体主义)思想在私法中的核心地位,批判《德国民法典》草案过度强调个人主义的立场。“我们再次想到诸法的合体,我们将自由引入公法的目的中,将集体引入私法的目的里。”“我们真的看见崭新一天的曙光了吗?还仅仅是没落世界的晚霞在映照着我们?”“在我们为了我们的文化继续存在而作出且必须作出的斗争中,只有当我们以膨胀的集体精神来武装自己,并懂得如何从中构建出为社会服务的国家、法、道德和经济时,胜利的曙光才会向我们挥手。”〔51〕“我们还需要一个私法,其中虽然将私人范围不可侵犯视为神圣,但是也存在并活跃着集体的思想。对此可晦涩地表述为:在我们的公法中务必要

〔47〕[德]奥托·基尔克:《私法的社会任务:基尔克法学文选》,张志阳、张小丹译,中国法制出版社2017年版,第80页。

〔48〕[德]奥托·基尔克:《私法的社会任务:基尔克法学文选》,张志阳、张小丹译,中国法制出版社2017年版,第80~81页。

〔49〕[德]奥托·基尔克:《私法的社会任务:基尔克法学文选》,张志阳、张小丹译,中国法制出版社2017年版,第65~74页。

〔50〕[德]奥托·基尔克:《私法的社会任务:基尔克法学文选》,张志阳、张小丹译,中国法制出版社2017年版,第81页。

〔51〕[德]奥托·基尔克:《私法的社会任务:基尔克法学文选》,张志阳、张小丹译,中国法制出版社2017年版,第29~30页。

飘荡着自然法自由王国的空气，而我们的私法也必须浸透着社会主义的膏油！"[52]

团体法理论不仅在财产法中具有解释力，也是在家庭法领域支撑起家庭的法哲学基础。如果将家庭法完全奠基于个体主义之上，使其成为赤裸裸的个体法，而不再作为社会的细胞被建构，那么"家庭法则永不能够满足其伟大的社会任务，即维持并固定社会实体中的基本单元"。[53]

三、民商法中的团结民主理论

"民主需要有这么一个根本观点，就是把人看成人，就是要承认别人也是人，尊重别人的意见。中国古代孔子讲'仁'就是把人看成人，西方讲人道主义，也是把人看成人。我觉得这点还是有相通之处。"[54]民主政治的根本精神，就是把人当成人，不把人当成工具，包容（宽容）也就成为民主的应有之义。民主的教育，是要教育出独立自主的人。每一个人遇到事情都有他自己的判断。他不为别人的工具，也不以别人为工具。他遇事只管对不对，不管刺激不刺激。"我们现在了解的民主思想的意义也很复杂，其中包含许多层次和问题，至少包含两个问题，一个是为谁服务的问题，就是统治者与人民谁为谁服务；一个是最高权力问题，就是最高权力应该由谁掌握。民主思想也至少包含这两个意思，一个就是官吏或执政者应该为人民服务，其次就是最高权力应该属于人民。"[55]中国民主思想与西方近代启蒙思想家所讲的民主有很大差距，西方民主的思想基础是人权观念、天赋人权（自然权利），中国儒家讲的"权"不是权利，而是经权变通。先秦法家讲"权"，但着重君权，不讲民权。儒家没有提出人权思想，儒家只讲人对人有义务，不讲每个人有权利（基本权利）。[56]

民主是建立在平等原则基础上的集体（团体决策模式，mode of collective decision making）。在利益多元的背景下，团体决策不必事事强求达成一致共识，团体讨论后仍不能达成共识时，民主就是一个决断机制，可以根据民主合

[52]　[德]奥托·基尔克：《私法的社会任务：基尔克法学文选》，张志阳、张小丹译，中国法制出版社2017年版，第31页。

[53]　[德]奥托·基尔克：《私法的社会任务：基尔克法学文选》，张志阳、张小丹译，中国法制出版社2017年版，第47页。

[54]　张岱年：《文化与哲学》，中国人民大学出版社2006年版，第305页。

[55]　张岱年：《文化与哲学》，中国人民大学出版社2006年版，第303页。

[56]　张岱年：《文化与哲学》，中国人民大学出版社2006年版，第305～306页。

理程序(reasonable procedure)来对众人之事作出决定。民主本身就是一种程序,这也是程序式的民主观(procedural view of democracy)。民主制度“允许在无处不在的价值和利益冲突之间做出和平的妥协”。[57] 民本政治与民主的关键差别在于民众参与。民主通过个体的自主决策,以实现人遵从自己意愿的目标。“民主的根本理想是自由。”[58] 民主通过和平程序选举、更换管理者。民主也不同于民粹主义。民主意味着基于正当程序的理性沟通和多数决,也意味着少数派对多数决所形成权威的服从和尊重。民主多数决求同存异,兼顾公平与效率。《民法典》第 278 条第 2 款规定降低了业主共同决定的多数决比例,但实际上又存在实质上的少数决,对此种决议的正当性危机须寻求化解之道。[59] 降低多数决比例有助于提高决议效率,但是否捡了芝麻丢了西瓜?“观察多个小区,发现影响召开业主大会的主要因素之一是效率……如果在程序上没有代议制、在价值观上没有考虑效率因素,最终结果是无法开会。公司也有类似的问题。没有效率,决议制度就不会得到实施。”[60] 效率的确是决议行为的重要价值维度,但提高决议效率除舍代议制或者降低表决比例外,是否别无他法?

民主的含义包括承认旁人、彼此平等、以理服人、取决多数、尊重个人自由。[61] 民主即民治。“大家的事,固应大家共同做主;若一个人的事,于他人无涉者,就应让他自己做主,不得干涉。此中自有分际,必须认识。任何一个人意志不容被抹杀,虽公众亦不能抹杀之。”[62] “哪些是应由社会成员作出某种选择的最重要决定呢? 自然是那些严重影响他们全体的决定。但哪些是严重影响他们全体的决定呢? 这一问题没有现成的回答。”“民主是一种社会管理体制,在该体制中社会成员大体上能直接或间接地参与或可以参与影响全

---

〔57〕 [英]伯纳德·克里克:《民主》,史献芝译,译林出版社 2018 年版,第 93 页。

〔58〕 [英]伯纳德·克里克:《民主》,史献芝译,译林出版社 2018 年版,第 11 页。

〔59〕 参见本书第 5 章。

〔60〕 陈醇:《私法决议制度的愿景》,载微信公众号“商法原理重述”2020 年 5 月 17 日,http://mp.weixin.qq.com//s//Hwy12/uvxSBjA6zZnT8v8Q。

〔61〕 梁漱溟:《中国文化要义》,安徽师范大学出版社 2014 年版,第 252 ~253 页。

〔62〕 梁漱溟:《中国文化要义》,安徽师范大学出版社 2014 年版,第 253 页。

体成员的决策。"〔63〕"遇事开会，取决多数，是谓民治。"〔64〕民主应该尊重并保障团体成员的知情权、参与权、表达权和监督权。

2018年10月31日，笔者指导的法学硕士研究生邱国财提出如下问题：决议行为中所做的决议程序正当，也无瑕疵，且决议参与人出现特别情况会损害自己的利益，但是如果不继续履行决议中的决定又会损害他人利益，这时候应该怎么办？能否像合同行为一样，主张强制性违约来退出决议？这样是否需要对其他决议人进行赔偿？笔者认为这就是决议行为团体性特点带来的难题。对此，可以参考《民法典》第265条和第280条规定，受害人有权要求撤销损害自己利益的决议事项，但不是撤销决议整体，这是部分和整体的关系，应该遵循比例原则去处理，否则有违决议效率，整体撤销会产生更大的负外部性，影响团体治理的实现。如此撤销对应的决议事项而非决议整体，可以两相其利，兼顾受害人的个体利益和决议团体的共同利益。

俞可平教授指出："在当代世界，民主是政治合法性的主要来源，几乎所有国家都声称自己是民主国家。"〔65〕民主是一种社会管理体制，研究民主不能只着眼于民族国家，还需要关注社会中的民主。民主即民治，民主是善治的必要条件。社会成员自己选择、自己决定，这也是民主。由社会成员作出选择的应当是严重影响他们全体的决定。民主依靠社会团结，民主也能促进社会团结。"民主是一种社会管理体制，在该体制中社会成员大体上能直接或间接地参与或可以参与影响全体成员的决策。"〔66〕"民主的实质是社会成员参与社会的管理，即是自治。"〔67〕"公司通过设立程序规则，借助民主的组织决策程序吸收股东意思，形成有别于股东的自身意思，实现了股东意思到公司意思的转化……公司意思的形成是否遵守民主的决策程序可作为判断公司是否为独立主体的标准。"〔68〕

民主通过普遍参与进行管理。代表制是实现民主的重要方式和手段，但

---

〔63〕［美］卡尔·科恩：《民主概论》，聂崇信、朱秀贤译，台北，台湾商务印书馆1995年版，第3、7、8页。

〔64〕梁漱溟：《中国文化要义》，安徽师范大学出版社2014年版，第264页。

〔65〕［英］伯纳德·克里克：《民主》，史献芝译，译林出版社2018年版，"序言"第2页。

〔66〕［美］卡尔·科恩：《民主概论》，聂崇信、朱秀贤译，台北，台湾商务印书馆1995年版，第8页。

〔67〕［美］卡尔·科恩：《民主概论》，聂崇信、朱秀贤译，台北，台湾商务印书馆1995年版，第294页。

〔68〕王湘淳：《论公司意思独立的程序之维》，载《中外法学》2021年第4期。

并不等于民主。一个大型的民主社会，需要一个公正的、充分且准确地反映人民意志的代表制度。在代表制下，公民的呼声会被削弱甚至淹没，但不能因此责备代表制度。超过一定规模，民主社会为了听取个人意见，就不得不按照实际情况考虑使用代表制度。[69]

民主尊重意见分歧和利益多元，但民主的目标不是分立。民主的重要目标是团结，所以民主和团结并不矛盾，民主是集合众意达成和维护团结的理性之路。“民主是人类社会进步的产物和标志。发展民主，要推动社会向着自由、平等、公正、文明、团结、和谐的方向前行。”[70]民主是团体治理或公共治理的善，关乎团体利益或者公共利益。民商法中的民主决议致力于维护团体成员的成员权和团体的共同或整体利益，而共同或整体利益处于个体利益和社会公共利益之间，丰富了民商法所调整的利益类型。民主是一种思想、制度，也是一种行动或生活方式。我们要树立正确的民主观，“民主是个好东西”，但民主的实现需要一定的社会现实条件，民主并非包治百病、包打天下、无所不能，我们对民主的欢呼应当理性而节制。“正确把握民主与发展的关系，始终把发展作为第一要务，以民主促进国家发展、在国家发展基础上推进民主，不离开发展空谈民主。”[71]不存在理想的、至善的民主。民主并不完美，但民主是人类目前所能找到的最不坏的治理方式。“民主没有最好，只有更好。人类对民主的探索和实践永无止境。”[72]民商法决议行为所实践的民主应该是全过程民主，应该将知情权、参与权、表达权和监督权落实到民商法决议行为各方面、各环节和全过程。2021 年 10 月 13 日至 14 日中央人大工作会议在北京召开，习近平总书记在中央人大工作会议上发表重要讲话，强调坚持和完善人民代表大会制度，不断发展全过程人民民主。习近平总书记强调，民主是全人类的共同价值。习近平总书记指出，民主不是装饰品，不是用来做摆设的，而是要用来解决人民需要解决的问题的。习近平总书记强调，民主是各国人民

---

〔69〕 [美]卡尔·科恩:《民主概论》,聂崇信、朱秀贤译,台北,台湾商务印书馆 1995 年版,第82～84页。

〔70〕 中华人民共和国国务院新闻办公室:《〈中国的民主〉白皮书》,载国务院新闻办公室网站 2021 年 12 月 4 日,http://www.scio.gov.cn/zfbps/32832/Document/1717206/1717206.htm。

〔71〕 中华人民共和国国务院新闻办公室:《〈中国的民主〉白皮书》,载国务院新闻办公室网站 2021 年 12 月 4 日,http://www.scio.gov.cn/zfbps/32832/Document/1717206/1717206.htm。

〔72〕 中华人民共和国国务院新闻办公室:《〈中国的民主〉白皮书》,载国务院新闻办公室网站 2021 年 12 月 4 日,http://www.scio.gov.cn/zfbps/32832/Document/1717206/1717206.htm。

的权利,而不是少数国家的专利。实现民主有多种方式,不可能千篇一律。用单一的标尺衡量世界丰富多彩的政治制度,用单调的眼光审视人类五彩缤纷的政治文明,本身就是不民主的。习近平总书记指出,党的十八大以来,我们深化对民主政治发展规律的认识,提出全过程人民民主的重大理念。我国全过程人民民主不仅有完整的制度程序,而且有完整的参与实践。我国全过程人民民主实现了过程民主和成果民主、程序民主和实质民主、直接民主和间接民主、人民民主和国家意志相统一,是全链条、全方位、全覆盖的民主,是最广泛、最真实、最管用的社会主义民主。习近平总书记强调,人民代表大会制度是实现我国全过程人民民主的重要制度载体。要保证人民依法行使选举权利,民主选举产生人大代表,保证人民的知情权、参与权、表达权、监督权落实到人大工作各方面、各环节、全过程,确保党和国家在决策、执行、监督、落实各个环节都能听到来自人民的声音。[73]

四、全过程人民民主的基本特点

"民主是全人类的共同价值。"全过程人民民主是原创性概念、判断、范畴、理论。全过程人民民主丰富了人类政治文明形态,为人类政治文明进步贡献中国智慧,是中国式民主道路,具有丰富具体的理论内涵和实践指导力。全过程人民民主具有政治性、人民性、实践性、广泛性、法治性、制度性的鲜明品格和基本特点。

第一,全过程人民民主具有政治性特点。中国共产党是领导我们事业的核心力量。中国共产党领导是中国特色社会主义最本质的特征。中国共产党领导人民实现全过程人民民主,在独立自主的基础上走出一条具有中国特色的民主发展道路,为丰富人类政治文明多样性贡献智慧和力量。全过程人民民主是中国共产党团结带领人民追求、发展、实现民主的伟大创造,是历史的、具体的、发展的。发展全过程人民民主,必须毫不动摇坚持中国共产党的领导。

1945 年毛泽东同志指出:"我们已经找到新路,我们能跳出这周期率。这条新路,就是民主。"1978 年邓小平同志指出:"为了保障人民民主,必须加强法制。必须使民主制度化、法律化,使这种制度和法律不因领导人的改变而改

---

〔73〕《习近平在中央人大工作会议上发表重要讲话》,载新华网 2021 年 10 月 14 日,http://www.news.cn/politics/leaders/2021-10/14/c_1127956955.htm。

变,不因领导人的看法和注意力的改变而改变。”

2019 年 11 月 2 日,习近平总书记在上海市长宁区虹桥街道基层立法联系点考察时,第一次提出“人民民主是一种全过程的民主”。2021 年 3 月 11 日通过的《全国人民代表大会组织法》与《全国人民代表大会议事规则》中,“全过程民主”被明确写入这“一法一规则”。2021 年 7 月 1 日,在庆祝中国共产党成立 100 周年大会上的重要讲话中,习近平总书记提出要“践行以人民为中心的发展思想,发展全过程人民民主”,在其中加入了“人民”二字。2021 年 10 月 13 日至 14 日中央人大工作会议在北京召开,习近平总书记在中央人大工作会议上发表重要讲话第一次系统阐述了全过程人民民主这一重大理念,强调坚持和完善人民代表大会制度,不断发展全过程人民民主。

第二,全过程人民民主具有人民性特点。“民心是最大的政治。”2017 年党的十九大报告指出,中国特色社会主义进入新时代,我国社会主要矛盾发生转化,人民对美好生活需要日益广泛,不仅对物质文化生活提出了更高要求,而且在民主、法治、公平、正义、安全、环境等方面的要求日益增长。

“中国的民主是人民民主,人民当家作主是中国民主的本质和核心。”习近平总书记 2021 年 2 月 20 日在党史学习教育动员大会上指出:“历史充分证明,江山就是人民,人民就是江山,人心向背关系党的生死存亡。”全过程人民民主具有鲜明的人民性品格,坚持人民至上。人民是全过程人民民主的参与者和受益者,是中国民主的力量。全过程人民民主强调人民广泛有效完整持续地参与实践,要有力保障人民的知情权、参与权、表达权、监督权等民主权利,充分彰显人民的主体地位。全过程人民民主通过更好地保障人民民主权利的实现,增强人民对民主的获得感,不断推动人的全面发展。

第三,全过程人民民主具有实践性特点。全过程人民民主是理论逻辑、历史逻辑和实践逻辑的有机统一,是符合自身实际,能够解决问题的真民主、好民主。民主和国家治理、社会治理紧密相关。全过程人民民主通过完整的制度程序解决国家治理和社会治理过程中需要解决的实践问题。全过程人民民主系统回答了国家事务和社会公共事务中谁来治理、治理什么、如何治理、治理边界的问题,避免出现没有治理的、程序空转的、失灵低效的民主。

经济发展和社会长期稳定离不开我们在经济社会发展、在国家治理社会治理重大问题上提出的全过程人民民主重要论断和开展的生动实践。全过程人民民主的实践性贯穿于经济社会生活各领域,指导我们充分发挥市场在资源配置中的决定性作用,更好地发挥政府作用,有效弥补市场失灵。全过程人民民主在协调市场、社会和政府关系过程中,在提升治理效能过程中推动建立有效市场、活力社会和有为政府,实现了充满活力和安定有序的有机统一。

第四,全过程人民民主具有广泛性特点。全过程人民民主全方位体现在国家政治生活和社会生活之中,涵盖经济、政治、文化、社会、生态文明等各个方面,关乎国计攸系民生,广泛关注国家发展大事、社会治理难事、百姓日常琐事,确保人民通过各种途径和形式广泛管理国家事务、管理经济和文化事业、管理社会事务。

民主是社会主义现代化强国建设的重要目标。我国《宪法》序言中提出:"把我国建设成为富强民主文明和谐美丽的社会主义现代化强国,实现中华民族伟大复兴。"《宪法》第 3 条第 1 款规定:"中华人民共和国的国家机构实行民主集中制的原则。"民主理论不仅在国家政治生活中有强大解释力和指导力,在社会生活中也得到深度体现。民主是一种社会管理体制,加强对全过程人民民主的理论研究不能只着眼于国家机构的民主,还需要关注社会中的民主。"全过程人民民主,使人民当家作主更好体现在国家政治生活和社会生活之中。"

第五,全过程人民民主具有法治性特点。全过程人民民主是法治保障的民主、实现民主的法律化。全过程人民民主是制度化、规范化、程序化的民主。全过程人民民主坚持党的领导、人民当家作主、依法治国有机统一。

法治保障人民的民主权利,法治规范民主的实现程序。"社会主义民主法治更加健全"是《中国共产党第十九届中央委员会第五次全体会议公报》提出的"十四五"时期经济社会发展主要目标之一。

法治保障民主的实现,民主也可以反作用于法治的实现。经法律正当程序规则保障的民主是真正的民主,要在法治轨道上推进全过程人民民主的发展完善。

第六,全过程人民民主具有制度性特点。全过程人民民主是我国国家制度和国家治理体系的鲜明特色、显著优势。全过程人民民主离不开科学有效可靠的制度安排,这样才能实现民主制度化。我们需要坚持、完善和发展全过程人民民主的制度体系,发展社会主义民主政治。

具体现实的全过程人民民主实践是选举民主与协商民主的结合,是民主选举、民主协商、民主决策、民主管理、民主监督的全链条贯通。不能将民主的内涵窄化为竞争性投票选举,竞争性选举为核心的票决民主难以支撑起完整意义上的民主政治,民主选举并非民主制度的唯一和全部。民主协商和民主决策可以克服议而不决的不良现象,民主管理和民主监督可以克服决而不行、行而不实的不良现象。民主集中制可以避免相互掣肘、效率低下的弊端。科学有效可靠的民主制度安排和具体现实的民主实践实现了过程民主和成果民主、程序民主和实质民主、直接民主和间接民主、人民民主和国家意志相统一。

五、民商法中的正当程序原则

民主价值观和正当程序原则密不可分,民主的核心要义是知情参与、多数决机制和正当程序原则。过程性是民主的内在要求,民主需要制度化、法治化、程序化和规范化。"'一人一票'是民主的一种形式,但绝非民主的唯一和全部。"〔74〕"合理而公正的程序是区别健全的民主制度和偏执的群众专政的分水岭。因为民主的真正价值显然不是取决于多数人的偏好,而是取决于多数人的理性。在众口难调的状况下,程序可以实现和保障理性。"〔75〕"全过程人民民主具有完整的制度程序。"〔76〕

正当程序是团体决策的重要原则之一,法治程序化也是法治价值观的重要发展方向之一。程序具有独立价值。程序公正的实质是排除决策恣意,程序并不排斥选择,而恰恰是作出团体选择的机制。通过正当程序实现的团体决策有利于集思广益,以获得更广泛的共鸣和支持。在功能和利益分化的社会,严密而合理的正当程序也是团体决策过程中的必然选择。"法治的程度,可以主要用国家与人民共同服从程序的状态作为标尺来衡量。""程序的对立物是恣意,因而分化和独立才是程序的灵魂。""在没有程序保障的情形下,说服极易变质为压服,同意也就成了曲意迎合。"〔77〕

正当程序有利于消除分歧,凝聚共识。例如,"在一定条件下,把价值问题转换为程序问题来处理也是打破政治僵局的一个明智的选择";"个人如果不把利益转变成权利,那么这种利益是不安定的;国家如果不把服从转变成义

---

〔74〕 中华人民共和国国务院新闻办公室:《〈中国的民主〉白皮书》,载国务院新闻办公室网站 2021 年 12 月 4 日,http://www.scio.gov.cn/zfbps/32832/Document/1717206/1717206.htm。

〔75〕 季卫东:《法律程序的意义》(增订版),中国法制出版社 2012 年版,第 82 页。

〔76〕 中华人民共和国国务院新闻办公室:《〈中国的民主〉白皮书》,载国务院新闻办公室网站 2021 年 12 月 4 日,http://www.scio.gov.cn/zfbps/32832/Document/1717206/1717206.htm。

〔77〕 季卫东:《法律程序的意义》(增订版),中国法制出版社 2012 年版,第 29、24、116 页。

务,那么这种服从是不可靠的。实现这种转变的装置是程序……经过程序的选择更可靠一些;按程序办事可以避免无端的指责(程序的这种保护作用对于承担改革风险责任的决策者尤其重要)";"在涉及价值判断的争执中,固守实质正义的立场并不能解决共识问题,所以有必要通过中立的程序安排来寻求在自主性前提下的相互理解和相互承认"。[78]

在商事领域,意思独立是公司的本质,公司意思独立需要程序保障,公司意思经程序形成。[79] 例如,《公司法》第47条规定了董事会会议召集程序;根据《公司法》第48条第1款规定,董事会的议事方式和表决程序,除本法有规定的外,由公司章程规定。《公司法》第47条是要求董事会会议作出决议必须采取特定行为模式的强制性规定,并且第47条的董事会会议召集和主持程序"三阶层"本身就是该法第48条第1款所说的"本法有规定"。召集程序是议事方式中比较重要的部分,违反法律规定的召集程序,会导致决议可撤销。因此,根据《公司法》第47条规定,议事方式(谁来召集和主持)不允许公司章程另作规定。《公司法》第40条和第43条第1款的关系,与该法第47条和第48条的关系类似。根据《公司法》第40、53条的规定,监事可以向执行董事提议召开临时股东会会议,如果执行董事予以拒绝、不能履行或不履行召集和主持会议的职责,监事才可以自行召集和主持。监事如果违反了《公司法》关于股东会会议召集和主持程序的强制性规定,相关临时股东会会议所作的决议为可撤销。[80]

程序不等同于形式,程序正义不等同于形式正义。"程序的基础是过程和互动关系,其实质是反思理性。程序是相对于实体结果而言的,但程序合成物也包含实体的内容。程序在使实体内容兼备实质正义和形式正义的层次上获得一种新的内涵。这就是新程序主义的观点。"[81]

六、程序正义促进团体生活有序

在团体法视角下,团体生活中意思自治的核心工具是决议行为,判断团体

---

〔78〕 季卫东:《法律程序的意义》(增订版),中国法制出版社2012年版,第17、136、216页。

〔79〕 参见王湘淳:《论公司意思独立的程序之维》,载《中外法学》2021年第4期。

〔80〕 刘某诉科普诺(北京)科技发展有限公司撤销股东会决议案,北京市第一中级人民法院(2009)一中民终字第929号民事判决书。

〔81〕 季卫东:《法律程序的意义》(增订版),中国法制出版社2012年版,第121页。

私法自治实现程度也就转化成为判断团体决议行为在多大程度上合乎程序正义。[82] 民法应当给程序以应有的地位,程序正义观在《民法典》中也应贯穿始终。

罗尔斯程序正义理论是对亚里士多德正义观的有力补充。"在纯粹程序正义中,不存在判定正当结果的独立标准,而是存在一种正确的或公平的程序,这种程序若被人们恰当地遵守,其结果也会是正确的或公平的,而无论他们可能会是一些什么样的结果。"[83] 民法和商法中的决议行为制度借鉴了公法程序正义的民主多数决机制和正当程序规则,以保障表决权人在决策作出过程中有机会充分参与。[84]

原《民法总则》首次从立法上认可决议行为作为民事法律行为的新类型。《民法典》第 134 条第 2 款有关决议行为的成立规则、第 85 条营利法人决议行为可撤销制度、第 94 条第 2 款捐助法人决议行为可撤销制度等,均深度体现了程序正义观。《民法典》第 85 条仅规定营利法人决议行为的可撤销制度、第 94 条第 2 款仅规定非营利法人中捐助法人决议行为的可撤销制度,这是否意味着其他法人决议行为的效力瑕疵径行适用民事法律行为效力瑕疵的相关规定？对此,立法规定不清晰。在可撤销价值判断事由和结论不存在根本差别的情形下,决议行为在法律效力制度上被人为地区分为营利法人决议行为和非营利法人中捐助法人决议行为,不具有足够充分且正当的理由,没有做到"同样情况同样处理"。当然,正当程序规则只能保障民主决议最低限度的公正。"显然,我们不能因为一种特殊结果是遵循一种公平程序便可以达到就说它是正义的。这样的话口子会开得太大。"[85] 当团体多数决作出的决议行为侵害少数成员合法权益时,应当配置对少数派成员的利益救济机制,以确保正当程序带来的结果也是合乎正义的。《民法典》总则编并未规定对决议行为中

---

〔82〕 有学者主张:"以法律行为理论为依托,将私法自治理念灌注到决议规则之中,使团体自治在价值位阶上优先于民主与正当程序,以法律行为规则为一般法规范填补决议规则之漏洞,使其日臻完善。"参见吴飞飞:《决议行为"意思形成说"反思——兼论决议行为作为法律行为之实益》,载《比较法研究》2022 年第 2 期。

〔83〕 [美]约翰·罗尔斯:《正义论》,何怀宏、何包钢、廖申白译,中国社会科学出版社 2009 年版,第 67 页。

〔84〕 See Lawrence B. Solum, *Procedural Justice*, 78 S. Cal. L. Rev. 181 (2004).

〔85〕 [美]约翰·罗尔斯:《正义论》,何怀宏、何包钢、廖申白译,中国社会科学出版社 2009 年版,第 67 页。

少数成员的利益救济机制,对此适宜类推适用《民法典》第 265 条第 2 款、第 280 条第 2 款等类似规定,以充分保障团体成员的自益权、知情权、参与权、表达权和监督权。

此外,在妥当协调团体共同意志和个体自由意志之间的关系时,还应该区分决议行为效力瑕疵和个体表决权人意思表示瑕疵。表决权人意思表示的瑕疵不影响决议行为的效力,除非其导致法律或者章程规定的召集程序或者表决方式无法实现。在合同行为领域,基于交换正义,不严格区分意思表示瑕疵与合同行为瑕疵,因为合同行为成立与有效与合同行为中意思表示的一致及每项意思表示有关,一项意思表示存在瑕疵,会导致整个合同行为也存在瑕疵。决议行为作为团体治理的工具,决定决议行为的成立与效力并非要求全体表决权人意思表示一致,而只要求多数决的实现,在这个背景下,需要特别区分决议行为和个体表决权人的意思表示,这也有助于在决议行为的法律实践过程中明确个体表决权人的决策风险。决议行为不同于合同行为,决议行为中个体表决权人的意思表示并非共存共荣式的关系,而是基于多数决机制形成团体意思对个体意思的相对超越。

第四节　《民法典》中团体法思维的体现之一:丰富法人团体的类型

我国《宪法》第 35 条规定了结社自由这种最基本的政治自由。这同样可以作为法人团体制度的宪法基础,其规范意义为:一方面,对法人之成立,除为防止侵害他人合法权益或者维护社会公共利益及国家利益之外,不得以法律限制之。对法人类型的强制及法人成立、法人活动的条件或范围的限制,尚属于合法限制。另一方面,结社自由属于私法自治的重要内容,包括设立法人自由、加入法人自由、法人(社团)自治等。[86] 结社自由对应民法上的社团自治,社团自治不仅包括法人社团的类型丰富和自治增强,也包括非法人团体(其他组织)的类型丰富和自治发展。民法对民事主体中自然人之外组织体的承认主要是基于经济实用主义的考虑。

〔86〕 王泽鉴:《民法总则》,北京大学出版社 2009 年版,第 124~125 页。

一、法人团体的立法完善

法人为法律所创造，法人何以取得独立的人格？法人的本质何在？这些都是法人理论中互有关联的重要问题。“法人的本质如何，是19世纪德国法学上最具争议的问题，当时著名的法学家多参与讨论，论辩激烈，堪称空前。”〔87〕我国民法学界对法人本质的讨论很大程度上是对德国民法学相关争论的介绍。就法人的本质，主要存在肯定法人拟制说、法人否认说和法人实在说三种观点。我国民事立法并未将法人拟制为自然人，对法人制度也不宜忽视现行法的规定任加否定，包括法人实在说在内的有关法人本质的各种学说反映不同时代的法学思潮及其社会背景，有助于从不同的层面去阐释法人制度的本质，使我们认识到法人制度是一种目的性的理性创造物。自然人的民事主体资格体现其伦理性，法人的民事主体资格则体现其实用性。因此，应当将法人本质的不同学说“理解为从不同的侧面对法人制度及其背后所存在的社会现象所作的不同的解释，由于他们各自只澄清了某一侧面，故而他们可以相互并存，并可相互补充，而其中任何一种学说都不具有绝对正确性”。〔88〕对法人的本质理解更需要到其在社会经济生活中的功能作用中去寻找，“什么样的社会组织具有这种社会价值，应当借助社会学、经济学等社会科学的力量，通过考察社会生活的实体，依照当代法律思想对其进行批判的方法加以研究……这些组织能够成为法人，终归是基于其组织担当社会作用被认为有社会价值。以这种根本理论为法人论的出发点，以对现代的各种团体、各种目的财产，批判其社会价值为法人论的内容，正是今后法人论应致力研究之点”。〔89〕《民法典》第57条采法人实在说中的组织体说，因而对《民法典》中法人制度的类型配置也本着经济实用主义和非经济生活的组织便利性考虑展开。

根据原《民法通则》第3章第2、3节的规定可知，我国立法上曾将法人区分为企业法人、机关法人、事业单位法人和社会团体法人，原《物权法》第5章在一定程度上延续了此种分类。而在民法学理论上，根据法人设立的目的及

---

〔87〕 王泽鉴：《民法总则》，北京大学出版社2009年版，第123页。

〔88〕 [德]托马斯·莱塞尔：《德国民法中的法人制度》，张双根译，载《中外法学》2001年第1期。

〔89〕 [日]我妻荣：《我妻荣民法讲义Ⅰ：新订民法总则》，于敏译，中国法制出版社2008年版，第117页。

其所依据法律的不同,可以将法人分为公法人与私法人;[90]以私法人成立的基础为标准,还可以将私法人进一步区分为社团法人和财团法人;根据法人设立目的不同,可以将法人区分为营利法人和公益法人;依据法人国籍不同,可以将法人区分为本国法人与外国法人。在立法论上,学者多主张结合社团法人和财团法人的分类对我国法人制度的现有类型进行调整。

笔者认为,我国《民法典》对法人团体无论是坚持原《民法通则》第3章第2、3节法人职能主义分类的立法传统,还是回归借鉴社团法人、财团法人的大陆法系法人结构主义类型立法传统,[91]抑或综合吸收这两种分类标准,都必须本着实用主义的思维态度和法人类型法定主义的立法技术回应和吸纳现实生活中已然丰富多样的法人类型及其设立原则,以免过多的法人团体沦为"法外法人",此涉社团自治,不可不察。例如:

第一,民办学校是否属于事业单位法人?根据《事业单位登记管理暂行条例》第2条第1款的规定,事业单位,是指国家为了社会公益目的,由国家机关举办或者其他组织利用国有资产举办的,从事教育、科技、文化、卫生等活动的社会服务组织。根据原《物权法》第54条规定可知,事业单位法人有时可能取得一定的收益,但此收益仅具有辅助性质,只能用于目的事业。事业单位法人超过社会公益目的范围则不具备民事权利能力。根据《民办教育促进法》第2条规定,民办学校及其他教育机构是由国家机构以外的社会组织或者个人,利用非国家财政性经费举办的学校。该法第5条第1款进一步指出:"民办学校与公办学校具有同等的法律地位,国家保障民办学校的办学自主权。"民办学校与作为事业单位法人的公办学校法律地位同等,但不意味着民办学校的组织形态也是事业单位法人。《民办教育促进法》第19条第1款规定:"民办学校的举办者可以自主选择设立非营利性或者营利性民办学校。但是,不得设立实施义务教育的营利性民办学校。"民办学校有可能为营利法人,也有可能为非营利法人。

---

〔90〕 有学者指出:"公法人与私法人的划分在民法实践中的意义要远远小于其在法理学与宪法上的意义。当公法人存在于民法中时,与其他民事主体并无不同。"参见李永军:《民法总论》,法律出版社2006年版,第307页。有学者认为,国家属于公法人,国家机关仅是国家的"机关",而非独立的法人。参见葛云松:《法人与行政主体理论的再探讨——以公法人概念为重点》,载《中国法学》2007年第3期。

〔91〕 蔡立东:《法人分类模式的立法选择》,载《法律科学(西北政法大学学报)》2012年第1期。

第二,宗教团体是否属于社会团体法人?根据《社会团体登记管理条例》第2条第1款规定,社会团体法人,是指中国公民自愿组成,为实现会员共同意愿,按照其章程开展活动的非营利性法人。如中国刑法学研究会。社会团体在其章程目的范围外无民事权利能力。根据《宗教事务条例》第7条规定,宗教团体可以登记成为社会团体法人,并对其合法财产享有财产权益。[92] 2015年4月20日公布的《中华人民共和国民法典·民法总则专家建议稿(征求意见稿)》第84条第2款规定:"本法所称财团法人,包括基金会社会团体法人、宗教团体法人等。"宗教团体不同于宗教活动场所,因此赋予宗教团体何种法人地位,关系宗教团体的发展方向。此外,根据《基金会管理条例》第2条规定,基金会,是指利用自然人、法人或者其他组织捐赠的财产,以从事公益事业为目的,按照本条例的规定成立的非营利性法人。[93] 基金会法人属于非营利法人。

第三,对各类法人团体分别采取何种设立原则?我国《公司法》第6条第1款对有限责任公司和股份有限公司采取准则设立主义,该法第6条第2款则规定了作为例外情形的许可设立主义。原《民法通则》第41条对企业法人的设立原则上也采取准则主义。根据原《民法通则》第50条第1款规定,机关法人的设立原则上为特许设立主义。[94] 根据原《民法通则》第50条第2款规定,事业单位法人原则上也采取特许设立主义;[95]根据《民办教育促进法》第11、17、18条等规定,对民办学校采取许可设立主义。[96] 根据《社会团体登记管理条例》第3条规定,社会团体法人如各种学会等,原则上对其采取许可设立主义,

〔92〕 张某科等与登封市老君洞物权纠纷再审案,河南省郑州市中级人民法院(2011)郑民再终字第172号民事判决书;冯玉军:《中国宗教财产的范围和归属问题研究》,载《中国法学》2012年第6期。

〔93〕 北京市民政局:《关于北京中国青年政治学院教育基金会设立的许可决定》,2013年1月25日。北京市教育委员会《关于同意成立北京中国青年政治学院教育基金会的批复》(京教函〔2012〕688号)。

〔94〕 如根据2008年3月15日通过的《第十一届全国人民代表大会第一次会议关于国务院机构改革方案的决定》。

〔95〕 中国人民大学的前身是1937年在延安成立的陕北公学。1949年12月16日,中央人民政府政务院第十一次政务会议根据中共中央政治局的建议,作出了《关于成立中国人民大学的决定》。1950年10月3日,中国人民大学正式成立。另参见教育部2012年4月16日《关于同意建立南方科技大学的通知》(教发函〔2012〕73号)。

〔96〕 丰都县先进中学校与丰都县教育委员会教育行政许可纠纷上诉案,重庆市第三中级人民法院(2008)渝三中法行终字第28号(行政判决书)。

由业务主管单位审查同意后,经登记成立。[97] 一些特殊的社会团体法人,如中国共产主义青年团、妇女联合会、工会、青年联合会、学生联合会、少年先锋队等则采取特许设立主义。[98] 此外,《中华人民共和国民法典·民法总则专家建议稿(征求意见稿)》第63条规定:"申请设立法人,应当具备下列条件:(一)依照法定程序设立;(二)有自己的名称、组织机构和场所;(三)有独立的财产或者经费;(四)法律规定的其他条件。"对该条规定适宜借鉴我国原《合同法》第12条的立法技术,弱化其强制性,将之表述为:"申请设立法人,一般具备下列条件……"如此就可以保持该条文的开放性和涵括力,符合法人设立的经济实用主义,也便于自然人参与团体生活。《中华人民共和国民法典·民法总则专家建议稿(征求意见稿)》第74、75条通过营利性社团法人信息公开的要求,强化对其动态信用监管,通过适当的事后管制来完善交易安全制度,[99] 而非固守静态设立资本的要求,笔者对此持肯定态度。不过,该征求意见稿第75条对营利性社团法人应当公示的信息应该增加"认缴出资额或者认购股份缴纳情况"的事项,以落实国务院国发〔2014〕7号文中《注册资本登记制度改革方案》所指出的"公司应当将股东认缴出资额或者发起人认购股份、出资方式、出资期限、缴纳情况通过市场主体信用信息公示系统向社会公示"这一规定。

从总体上看,对法人制度可以采取社团法人与财团法人的以结构主义为主的类型化标准,但也要适当兼顾企业法人、机关法人、事业单位法人和社会团体法人并存的功能主义立法分类和实务现状,将后者适当融入并具体例示在营利性社团法人、非营利性社团法人、财团法人之定义性法条中。《民法典》总则编对法人采取三分法,作"营利法人、非营利法人和特别法人"的功能(目的)主义分类,侧重关注法人在民事活动中的目的与功能,体现出法人制度鲜明的中国特色,以适应中国特色社会主义发展要求。立法机关也指出:"营利性和非营利性能够反映法人之间的根本差异,传承了民法通则按照企业和非企业进行分类的基本思路,比较符合我国的立法习惯,实践意义也更为突

---

〔97〕《民政部关于中国蒙古学学会成立登记的批复》,民政部2011年12月26日(民函〔2011〕352号)。

〔98〕参见《工会法》第11、14条,《北京市高等学校学生社团联合会章程》第2条。

〔99〕甘培忠、周游:《我国公司法建构中的国家角色》,载《当代法学》2014年第2期。

出。"[100]《民法典》规定的法人制度也便于对法人进行分类登记和监管,对营利法人一般采取准则主义的设立原则,对非营利法人一般采取许可主义的设立原则。营利法人存在双向产权结构,非营利法人只有单向产权结构。[101] 营利法人的运行更多地依靠内部股东等出资人的监督,非营利法人的运行更多地依靠外部行政监督。《民法典》中的法人分类"适应改革社会组织管理制度、促进社会组织健康有序发展的要求,创设非营利性法人类别,有利于健全社会组织法人治理结构,有利于加强对这类组织的引导和规范,促进社会治理创新"。[102]

二、非法人团体或非法人组织的类型丰富

从民事立法等民事实践的历史发展趋势看,民事主体的类型表现出多元性和开放性的特点。我国民事立法对民事主体类型的规定与此趋势相合,原《民法通则》第2条仅规定了公民和法人两种民事主体类型,并未单独承认"非法人团体或非法人组织"的民事主体地位;原《合同法》第2条则规定了自然人、法人和其他组织三种民事主体类型;原《物权法》第2条采用"权利人"的表述,对民事主体类型未明确规定,[103]但从其第78条等规定来看,在解释论上也承认业主大会或者业主委员会的民事主体地位;原《侵权责任法》第1条采取"民事主体"的概括提法;《民事诉讼法》第51条承认公民、法人和其他组织作为民事诉讼的当事人;《民法典》将民事主体规定为自然人、法人和非法人组织。可见,从解释论上看,"其他组织或非法人组织"作为自然人、法人之外的民事主体在我国民事立法上得到确认,我们应该摆脱法人理论对团体制度的限制。通过"权利能力"的概念,自然人和法人得以被整合并存于"人法"之中,但"权利能力"概念须扩张,其不应仅限于独立承担民事责任的要求,否则将无法整合涵括"非法人组织"这一类民事主体。

---

[100] 《关于〈中华人民共和国民法总则(草案)〉的说明》,载中国人大网2016年7月5日,http://www.npc.gov.cn/npc/lfzt/rlyw/2016-07/05/content_1993422.htm。

[101] 张新宝:《从〈民法通则〉到〈民法总则〉:基于功能主义的法人分类》,载《比较法研究》2017年第4期。

[102] 《关于〈中华人民共和国民法总则(草案)〉的说明》,载中国人大网2016年7月5日,http://www.npc.gov.cn/npc/lfzt/rlyw/2016-07/05/content_1993422.htm。

[103] 原《物权法》第5章认可农民集体成员、城镇集体的所有权主体地位,有学者认为"至于集体组织,则要结合未来的制度改革状况,分别将其纳入法人或者非法人组织的范畴"。参见谭启平、朱涛:《论物权主体》,载《甘肃政法学院学报》2008年第5期。

与“其他组织”的概念类似，我国民法学界还经常使用“非法人组织”、“非法人团体”、“第三民事主体”或者“合伙”等来指称自然人、法人之外的其他民事主体。大陆法系国家和地区的传统民法学常常在“无权利能力的社团”“非法人团体”等概念之下讨论类似的问题。《德国民法典》第 54 条蓄意（beabsichtigt）采用“无权利能力的社团”之概念，并规定对此种无权利能力的社团适用合伙的规定，其目的在于促使社团通过登记取得权利能力，如此一来，登记机关就可以对社团进行以政治、社会政策和宗教为目的的审查。此种立法政策上的考量与立法者在 19 世纪末对追求政治、宗教或社会宗旨的社团所持的不信任态度有关。在立法者看来，这些社团是有害于公共利益的组织。[104] 从总体上看，不同的称谓属于纯粹民法学问题中的解释选择问题，不过，需要指出的是，“其他组织”的范围并不仅限于“合伙”。对比这些不同的法律用语习惯，“其他组织”的最重要法律特征体现在两个方面：一方面，“其他组织”为“非法人组织”，即不具有法人资格（地位）的组织体，《民法典》采用“非法人组织”这个概念，是因为“非法人组织”更能体现“其他组织”的非法人性质和不同于自然人的组织体性质，而“其他组织”是民事单行法时代实定法上的概念；另一方面，“其他组织”为无权利能力之组织，与法人不同，“其他组织”并无民事权利能力。据此，作为民事主体的“其他组织”就是指不具有法人资格但可以自己的名义参与民事活动的组织。

“非法人组织”作为自然人和法人之外的其他民事主体，能够充分体现出民事主体类型开放性的特点。在现实民事生活中，很多民事主体既非单个的自然人，又非法人性质的组织体，而是居于两者之间，甚至是自然人和法人之间的过渡性存在。在自然人和法人之外，认可“非法人组织”的民事主体类型属性，属于民法问题中的价值判断问题。民事单行法时代实定法上类似的主体类型有原《民法通则》第 2 章第 4 节第 26～29 条规定的个体工商户和农村承包经营户、原《民法通则》第 2 章第 5 节第 30～35 条规定的个人合伙、原《物

---

〔104〕 Dieter Medicus. Allgemeiner Teil des BGB, 9. neu bearbeitete Auflage, 2006 C. F. Müller Verlag Heidelberg, S. 449.

权法》第 5 章规定的作为所有权主体的国家和农民集体、[105]原《物权法》第 78 条规定的业主大会或者业主委员会、《个人独资企业法》规定的个人独资企业、《合伙企业法》规定的合伙企业、《公司法》规定的设立中的法人等,但《民法典》第 102 条并未对这些"非法人组织"做充分类型化、体系化的规定。在民事司法实践中,上述"非法人组织"的具体类型都可以作为民事主体参与民事活动。例如,第一,农村承包经营户可以作为民事主体,其以家庭为单位从事农业生产,并可能附带从事一些相应的商品经营,我国也已经停止对农村承包经营户征收农业税。农村承包经营户在从事农业生产对外发生的债权债务关系、个人劳务关系造成侵权责任的过程,以及基于农村集体经济组织成员身份取得和行使农村土地承包经营权关系等过程中都可以"户"的名义参与相应民事活动,[106]并成为民事主体。第二,有固定经营场所的从事工商业经营的个体工商户也可以成为民事主体。有经营能力的自然人依照《个体工商户条例》规定,经工商行政管理部门登记,从事工商业经营的,为个体工商户。个体工商户可以个人经营,也可以家庭经营。个体工商户受《个体工商户条例》《个体工商户登记管理办法》等规范性文件的约束。第三,个人独资企业是指依照《个人独资企业法》规定,在中国境内设立,由一个自然人投资,财产为投资人个人所有,投资人以其个人财产对企业债务承担无限责任的经营实体。《个人独资企业法》第 31 条规定:"个人独资企业财产不足以清偿债务的,投资人应当以其个人的其他财产予以清偿。"不过,此处并未对个人独资企业债务与投资者个人债务并存时的清偿问题作出规定,在立法论上应予完善。《中华人民共和国民法典·民法总则专家建议稿(征求意见稿)》第 91 条第 1 款规定:"本法所称其他组织,包括合伙、集体经济组织等不具备法人资格的组织。"非法人组织定义性法条中适合例示更多非法人组织的类型,以更直观地增强其涵括力。

当然,农村承包经营户、个体工商户、个人独资企业等的主体性质究竟是自然人还是"其他组织",在《民法典》颁布之前学理上存在争议。笔者认为,这实际上是纯粹民法学问题中的解释选择问题,不同的解释结论并不会带来民

---

[105] 有学者主张对农民集体进行股份合作社法人的改造,参见高飞:《论集体土地所有权主体之民法构造》,载《法商研究》2009 年第 4 期。笔者认为,股份合作社法人是农民集体发展的理想状态,从农民集体的现实状态来看,承认农民集体的非法人组织地位仍势在必行。参见张永兵、温世扬:《农民专业合作社财产权法律属性研究》,载《当代法学》2014 年第 3 期。

[106] 韩松:《论农民集体土地所有权的集体成员受益权能》,载《当代法学》2014 年第 1 期。

法规则设计和适用的差异。客观地看，这些民事主体不同于单一的自然人，而是多个自然人或者自然人投资者以企业组织形式的面目出现，其均具有一定的组织体性，可以归入作为民事主体的“非法人组织”，这也便于解释这些组织体在对外偿还债务问题上的特殊性。《民法典》第102条也认可了个人独资企业的非法人组织地位。

第五节　《民法典》中团体法思维的体现之二：细化团体私法自治的工具

一、共同行为是非法人团体和设立中法人团体私法自治的工具

共同行为（Gesamtakt）是指两个以上当事人内容相同、方向并行的意思表示达成一致方能成立的民事行为，如共同共有人决定是否处分财产的行为、夫妻对家庭共同共有财产的处分决定、合伙协议、社团法人的设立行为等。王利明教授也指出：合伙协议和设立公司的协议都属于共同行为，但二者在具体目的、主体、形式要件和适用的法律依据等方面多有不同。[107]

共同行为“其实是多个单方法律行为，但它们却是共同引起所想要的法律后果”，[108]对合同行为和共同行为应做区分。[109] 笔者认为合同行为和共同行为的根本区别在于，合同是双方当事人对向（对立）的意思表示一致，共同行为是两个以上当事人同向（并立平行）的意思表示一致，二者均属于民事法律行为的种概念。《民法典》合同编将“合伙合同”作为典型合同加以规定，但立法机关实际上将作为共同行为的合伙协议等置于合伙合同中。共同行为全体一致决的团体意思形成机制使其更适用于关系密切、彼此信赖程度高的共同体组织中，正所谓：“默认一致是建立在相互间密切的认识之上的……结构和经验的相似性越大……默认一致的或然率就越高。”[110]

除此之外，我国《公司法》认为有限责任公司设立行为也属于共同行为，并

---

〔107〕 王利明：《合同法分则研究》（下卷），中国人民大学出版社2013年版，第431～432页。

〔108〕 ［德］迪特尔·施瓦布：《民法导论》，郑冲译，法律出版社2006年版，第295页。

〔109〕 Vgl. Creifelds Rechtswörterbuch, 19 Auflage, C. H. Beck München Verlag 2007, S. 940.

〔110〕 ［德］斐迪南·滕尼斯：《共同体与社会：纯粹社会学的基本概念》，林荣远译，北京大学出版社2010年版，第59页。

对设立行为中的出资瑕疵以违约行为对待，发起人按期足额缴纳所认缴出资等义务带来的共同预期效果是公司成立。发起人不履行出资缴纳义务的，应当向其他发起人承担违约责任，向成立后的公司承担出资补缴责任等。[111] 我国《公司法》第83条第2款规定："发起人不依照前款规定缴纳出资的，应当按照发起人协议承担违约责任。"由此可知，发起人协议是公司设立中典型的共同行为。

对于公司章程的定性，有学者认为，公司章程属于决议行为。[112] 但笔者认为，根据《公司法》第23条规定，设立有限责任公司，应当由"股东共同制定公司章程"，可见，股东共同制定公司章程属于有限责任公司设立行为中的重要内容，有限责任公司的章程也就同属于共同行为。根据《公司法》第25条第2款规定，有限责任公司的章程自股东签字、盖章时生效。对于通过股权转让成为有限责任公司股东的，该股东基于股权受让而推定其对公司章程一并同意，据此仍不影响有限责任公司共同行为的法律性质。[113] 根据《公司法》第76条规定，设立股份有限公司，应当由"发起人制订公司章程，采用募集方式设立的经创立大会通过"。根据《公司法》第90条第2、3款规定，采用募集方式设立股份有限公司时，创立大会对公司章程作出决议，必须经出席会议的认股人所持表决权过半数通过。股份有限公司的章程一经创立大会通过，即产生法律约束力。由此，经发起方式设立股份有限公司的章程属于采取全体一致决的共同行为，经募集方式设立股份有限公司的章程属于采取多数决的决议行为。设立公司必须依法制定公司章程，公司章程是设立中公司实践私法自治的重

---

〔111〕 参见我国《公司法》第28条第2款、第30条、第83条第2款、第93条等规定，另参见2010年12月6日通过的最高人民法院《关于适用〈中华人民共和国公司法〉若干问题的规定（三）》（以下简称《公司法司法解释三》）第13条第1款。

〔112〕 吴飞飞：《论公司章程的决议属性及其效力认定规则》，载《法制与社会发展》2016年第1期。

〔113〕 《公司法》第71条第4款规定："公司章程对股权转让另有规定的，从其规定。"国有企业改制为有限责任公司，其初始章程对股权转让进行限制，明确约定公司回购条款，只要不违反公司法等法律强制性规定，可认定为有效。有限公司章程系公司设立时全体股东一致同意并对公司及全体股东产生约束力的规则性文件。基于有限责任公司封闭性和人合性的特点，由公司章程对公司股东转让股权作出某些限制性规定，系公司自治的体现。公司章程将是否与公司具有劳动合同关系作为取得股东身份的依据继而作出"人走股留"的规定，符合有限责任公司封闭性和人合性的特点，亦系公司自治原则的体现，不违反公司法的禁止性规定。有限责任公司按照初始章程约定，支付合理对价回购股东股权，且通过转让给其他股东等方式进行合理处置的，人民法院应予支持。另外，《公司法》所规定的抽逃出资专指公司股东抽逃其对于公司出资的行为，公司不能构成抽逃出资的主体。参见宋某军诉西安市大华餐饮有限公司股东资格确认纠纷案，最高人民法院指导案例96号（2018年）。

要工具,公司章程也会对成立后的公司及公司股东、董事、监事、高级管理人员具有约束力。例如,对于如何修改公司章程,《公司法》第 43 条规定了“三分之二以上表决权”的最低限度,即必须达到 2/3 以上,但其对上限并无限制。因此,公司章程中如规定了超过公司法规定的最低限度要求的表决程序(如全体股东通过),法律并不禁止,其应属公司自治范围的内容,并未违反法律的强制性规定。[114] 公司章程作为公司自治规则,《公司法》赋予其相当程度的自由,只要约定的其他事项不违背法律强制性规定,就具有法律约束力。公司股东在公司“成立章程”中约定,持股职工离开公司时,其通过募集资金获得的配股权和通过放弃募集资金获得的送股权由公司无偿收回,本人募集资金在公司内部以股权转让的方式退股的内容,属公司意思自治的范畴,且不违反法律强制性规定,应受到法律的保护。公司章程中“离职即无偿收回股权”这一看似霸王的条款,因受到全体股东的同意而被赋予了合法性。[115]

我国《合伙企业法》第 4 条规定,合伙协议依法由全体合伙人协商一致。合伙协议即属于民事法律行为中的共同行为,协议人的意思表示方向一致、目标一致、并且遵循全体一致的协议形成规则,而不像合同行为那样采取对向的意思表示一致。当然,就合伙协议的修改或者补充,经由全体合伙人的一致同意,也可以改采决议行为的多数决方式,而非全体一致决的共同行为,如《合伙企业法》第 19 条第 2 款规定。有学者进一步指出:“合伙具有合伙协议和合伙组织体的双重属性,前者是对合伙人有拘束力的内部合同关系,后者是由全体合伙人作为整体与第三人产生法律关系的外部形式。”[116]《合伙企业法》第 31、49 条所对应事项的一致同意也属于共同行为。该法第 30 条规定合伙企业事项决议属于决议行为,当然第 31 条对应事项也可经由“合伙协议另有约定”的方式,不采全体一致同意而转化为决议行为。从总体上看,合伙企业是一个具有高度人身信赖关系的组织体,其更强调每一个合伙人意思的高度一致,共同行为就是全体合伙人作出同向意思表示一致的工具。

---

〔114〕 上海米蓝贸易有限公司等与孙某等公司决议撤销纠纷上诉案,上海市第二中级人民法院(2012)沪二中民四(商)终字第 896 号民事判决书。

〔115〕 二娃与 A 公司股东资格确认纠纷上诉案——公司章程规定“离职退股”有效吗,北大法宝评析案例,案例号 FBM-CLI-C-314570588;杨某泉、山东鸿源水产有限公司请求公司收购股份纠纷案,最高人民法院(2015)民申字第 2819 号民事裁定书。

〔116〕 王利明:《论合伙协议与合伙组织体的相互关系》,载《当代法学》2013 年第 4 期。

以成立民事法律行为所需要意思表示的数量为标准,可以将其区分为单方民事法律行为和多方法律民事行为,多方民事法律行为又包括双方民事法律行为、共同民事法律行为和决议行为。[117] 此种分类的意义在于单方民事法律行为、双方民事法律行为、共同民事法律行为和决议行为的成立与生效要件有所不同。我国"民事法律行为"制度主要以合同行为中的双方民事行为为典型,笔者曾建议《民法典》中的民事法律行为制度应该吸纳共同行为的基本规则,以作为民商法中分散的、众多的、具体的共同行为的共通规则。对《民法典》中的民事法律行为定义性法条而言,可以在原《民法通则》第 54 条的基础上,借鉴原《物权法》第 2 条第 3 款概括规定和具体类型列举相结合的立法技术,在《民法典》中增加后段规定:"……包括单方民事行为、双方民事法律行为、共同行为和决议行为。"《中华人民共和国民法典·民法总则专家建议稿(征求意见稿)》第 120 条第 1 款规定:"法律行为可因单方的意思表示成立,也可因双方或者多方意思表示一致而成立。"该款规定实际上扩张了法律行为的类型,值得肯定,该款后段宜增加对法律行为的例示规定,即"法律行为可因单方的意思表示成立,也可因双方或者多方意思表示一致而成立,包括单方民事行为、双方民事法律行为、共同行为和决议行为"。而目前《民法典》第 134 条对民事法律行为仅采取单方民事法律行为、双方民事法律行为和多方法律民事行为的分类。

二、决议行为作为团体成立后私法自治的工具

决议行为(Beschluß)是指多个民事主体在表达其意思表示的基础上根据法律或者章程规定的表决规则作出决定的民事行为,如公司股东会的决议、董事会决议等。[118] "决议多见于团体法之中,如股东会决议、业主大会决议等。"[119] 作为团体的存在,农民集体、业主大会和公司股东大会、董事会、监事会等团体内部意思的形成都需要依靠决议的方式作出。决议行为通常发生在社团成员用投票的方式表明集体愿望的情况中,[120] 但据此通过的决议未必与团体成员个体意思一致,即使是那些没有参加投票的成员或者持反对意见的

---

〔117〕 王利明主编:《民法》(第 5 版),中国人民大学出版社 2010 年版,第 103～104 页。

〔118〕 王雷:《论民法中的决议行为——从农民集体决议、业主管理规约到公司决议》,载《中外法学》2015 年第 1 期。

〔119〕 梁慧星:《民法总论》(第 4 版),法律出版社 2011 年版,第 163 页。

〔120〕 [英]约翰·奥斯丁:《法理学的范围》,刘星译,中国法制出版社 2002 年版,第 162 页。

成员,也要遵守团体决议,这就有别于合同相对性原理。

决议行为的根本特征在于其根据程序正义的要求采取多数决的意思表示形成机制,决议结果对全体团体成员都具有法律约束力。[121]《中华人民共和国民法典·民法总则专家建议稿(征求意见稿)》第120条第2款规定:“决议行为的成立,应当依照法律或者章程规定的表决程序和表决规则。”因而判断决议行为的法律效力需要考察决议主体、决议事项和表决程序与规则的合法性。决议行为给予每个行为人(社团成员)自由表达自己的意志并努力将之转化为群体意志的可能。“民法上意思表示瑕疵的理论很难适用于股东大会决议……公司法人作出决议所强调的程序合法,是非常独特的,意思表示的理论无法解释这一现象的合理性。股东大会决议的本质,是多数股股东(表决权数)意思的合致,少数股股东或者个别股东要服从多数股股东的意思决定……由股东大会形成的公司意思表示是借助于组织化的会议体方式形成的……公司意思是个别股东通过表决机制而形成的集体意思。民法基于自然人主观心理的瑕疵判断,对股东大会决议瑕疵的判断存在适用上的困难。”[122]

民法决议行为不单涉及《民法典》分则编的问题,在《民法典》总则编也有意义,其不仅发生于《民法典》分则编的农民集体决定、业主管理规约或者公司决议领域,还及于《合伙企业法》第30条第1款所规定的合伙企业事项决议,更是团体成员行使社团自治的最重要的技术工具,因而对其适宜通过提取公因式的立法技术将之规定到《民法典》总则编。民法决议行为是团体法视角下对传统民事法律行为类型的有益扩充,“法律行为最初是在个人法语境下产生的概念,它脱胎于当事人的合意,更适合于解释合同行为和合同现象”。[123] 基于决议行为在多数决等程序机制上的特殊性,有学者甚至主张将决议行为从法律行为中独立出来。[124] 我国原《民法通则》第55条对民事法律行为一般生效条件的规定主要针对双方民事法律行为,特别是合同行为,其所规定的“意思表示真实”不足以作为决议行为的一般生效要件,因为决议行为是否生效取决于其是否满足法律规定或者章程规定的多数决表决规则,而不取决于具体

---

〔121〕 王雷:《论民法中的决议行为——从农民集体决议、业主管理规约到公司决议》,载《中外法学》2015年第1期。

〔122〕 钱玉林:《股东大会决议的法理分析》,载《法学》2005年第3期。

〔123〕 叶林:《股东会会议决议形成制度》,载《法学杂志》2011年第10期。

〔124〕 陈醇:《意思形成与意思表示的区别:决议的独立性初探》,载《比较法研究》2008年第6期。

单个表决权人的意思表示是否真实。决议行为作为团体法的产物,对其效力控制不能完全采取合同行为或者民事法律行为效力瑕疵的一般性规定,否则势必会导致团体法律关系的不稳定,进而影响利益关系人的利益。[125] 当然,团体法思维主要是一种合作共赢的思维,而不是多数人对少数人意思表示压制的思维,"团体中的法律不再是压制性的,而是以个体、团体之间的合作为基础的"。[126] "公司社会乃人类社会之一种,系个体团结之结果。"[127] 基于决议行为的团体性特点,从表面上看,决议行为多数决表决规则压制了持反对意见的表决权人,少数表决权人的意思自治似乎没有得到尊重和保护,但实际上,正如卢梭对多数决机制正当性的论证,共同体中少数人要服从多数人抉择的义务又从何而来呢? 卢梭认为,在共同体形成过程中,必须有全体一致同意其社会契约,"多数决的规则,其本身就是一种约定的确立,并且假定至少是有过一次全体一致的同意"。[128] 决议行为的民主多数决不违背意思自治,团体生活中的意思自治恰恰通过民主决议行为的方式得以实践。这也可以解释大多数共同体在形成过程中采取共同行为的方式,而其成立之后即转采决议行为的现象。

本应该通过共同行为或合同行为充分凝聚全体共识的事项,不宜用决议行为的多数决取而代之,也不能通过决议行为"杀死"先前的共同行为或者合同行为。"有限责任公司章程或股东出资协议确定的公司注册资本出资期限系股东之间达成的合意。除法律规定或存在其他合理性、紧迫性事由需要修改出资期限的情形外,股东会会议作出修改出资期限的决议应经全体股东一致通过。公司股东滥用控股地位,以多数决方式通过修改出资期限决议,损害其他股东期限权益,其他股东请求确认该项决议无效的,人民法院应予支持。"[129]

---

[125] 施天涛:《公司法论》(第2版),法律出版社2006年版,第373页。

[126] 谢鸿飞:《法律与历史:体系化法史学与法律历史社会学》,北京大学出版社2012年版,第72页。

[127] 蒋大兴:《团结情感、私人裁决与法院行动——公司内解决纠纷之规范结构》,载《法制与社会发展》2010年第3期。

[128] [法]卢梭:《社会契约论》,何兆武译,商务印书馆2003年版,第18页。

[129] 姚某城与鸿大(上海)投资管理有限公司、章某等公司决议纠纷案,载《最高人民法院公报》2021年第3期。

第六节　民主价值观在我国《民法典》中的具体化

一、决议行为是民主价值观在民商法领域的直接体现

民主价值观是我国《民法典》处理人与社会之间关系的重要立法哲学，民主价值观丰富了《民法典》的价值取向。民主价值观在我国《民法典》中主要体现在决议行为的具体制度层面，并能通过这些制度配置丰富《民法典》的价值定位。“民主是历史的、具体的、发展的。”[130] 决议行为是民事法律行为的新类型，是民主价值观的具体化和直接体现。“民主与国家治理紧密相关。民主的发展与国家治理的现代化相伴相生，相互作用，相互促进……好的民主一定是实现良政善治的，一定是推动国家发展的。”[131] 社会治理是国家治理的重要方面，社会治理现代化是国家治理体系和治理能力现代化的题中应有之义。因而必须加强和创新社会治理，完善民主协商的社会治理体系。“从党的十八届三中全会提出加快形成科学有效的社会治理体制，到党的十九大提出打造共建共治共享的社会治理格局，再到党的十九届四中全会提出坚持和完善共建共治共享的社会治理制度，标志着我们党对社会治理规律认识的不断深化。”[132] 例如，农民集体决议是健全乡村治理体系的重要环节；业主大会决议是社区治理体系建设的重要环节；公司决议是完善公司治理的重要方式；社会组织决议是社会组织民主管理、参与社会公共事务治理的重要方式。

《宪法》第 3 条第 1 款规定：“中华人民共和国的国家机构实行民主集中制的原则。”民主理论不仅在公法、政治生活中有强大解释力，在私法中也有转化运用的广泛空间。“全过程人民民主，使人民当家作主更好体现在国家政治生活和社会生活之中。”“全过程人民民主……涵盖经济、政治、文化、社会、生态文明等各个方面，关注国家发展大事、社会治理难事、百姓日常琐事，具有时间

---

〔130〕 中华人民共和国国务院新闻办公室：《〈中国的民主〉白皮书》，载国务院新闻办公室网站 2021 年 12 月 4 日，http://www.scio.gov.cn/zfbps/32832/Document/1717206/1717206.htm。

〔131〕 中华人民共和国国务院新闻办公室：《〈中国的民主〉白皮书》，载国务院新闻办公室网站 2021 年 12 月 4 日，http://www.scio.gov.cn/zfbps/32832/Document/1717206/1717206.htm。

〔132〕 郭声琨：《坚持和完善共建共治共享的社会治理制度》，载《人民日报》2019 年 11 月 28 日，第 6 版。

上的连续性、内容上的整体性、运行上的协同性、人民参与上的广泛性和持续性，使国家政治生活和社会生活各环节、各方面都体现人民意愿、听到人民声音，有效防止了选举时漫天许诺、选举后无人过问的现象。”[133]我国在健全提高党的执政能力和领导水平制度上，要坚持民主集中制，把社会主义核心价值观要求融入法治建设和社会治理中，这也包含民主价值观的具体化。在政治哲学史上，民主这个概念本身的界定纷繁多样，民主理论体系也深厚庞杂，要注意善于去粗取精、去伪存真、由此及彼、由表及里，从中汲取为我所用的民主理论养分。“民主是多样的，世界是多彩的。”“实现民主有多种方式，不可能千篇一律。”[134]政治共同体、生活共同体和经济共同体中民主的内涵也会有所变化，如在乡村治理中强调人数多数决，而非资本多数决；在城市经济团体治理中强调资本多数决；在小区善治中强调人数（每户代表 1 人）和业主所拥有建筑面积的多数决。直接民主和代议制间接民主在民商法上均可以被借鉴运用，如村民代表会议就是代议制间接民主的具体化。民主决策的三大核心要素是决策主体的有效参与、表决方式的多数决机制和决策过程的正当程序规则。决议的正当程序要求有助于保障民主的制度化、规范化和程序化。

“法治应当优于一人之治”，[135]集体的智慧优于一人的智慧。[136] 法治可以保障民主的实现，民主也可以反作用于法治的实现。经法律正当程序规则保障的民主才是真正的民主，否则有可能沦为多数人的暴政。中国的民主是一种“全过程的民主”。良法和善治构成法治最低限度的两个条件，法治的实现离不开制定得良好的法律这一必要条件，而法律要制定得良好则离不开民主立法和科学立法。平等是民主的前提，如果团体中每个个体对团体事务的发言权、决策权不平等，由此形成的民主就可能成为少数人对多数人的压迫。民主也是对自由价值观的有效保障，民主表决程序中对多数决的记名投票与无记名投票等不同表决方式的选择，会影响表决权人意思表达自由的实现。民

---

[133] 中华人民共和国国务院新闻办公室：《〈中国的民主〉白皮书》，载国务院新闻办公室网站 2021 年 12 月 4 日，http://www.scio.gov.cn/zfbps/32832/Document/1717206/1717206.htm。

[134] 中华人民共和国国务院新闻办公室：《〈中国的民主〉白皮书》，载国务院新闻办公室网站 2021 年 12 月 4 日，http://www.scio.gov.cn/zfbps/32832/Document/1717206/1717206.htm。

[135] [古希腊]亚里士多德：《政治学》，吴寿彭译，商务印书馆 1965 年版，第 171 页。

[136] 王雷：《亚里士多德的平等观及其法律意义》，载《北京科技大学学报（社会科学版）》2014 年第 5 期。

主多数决机制是团体自治的有效技术工具。

民主价值观需要通过具体法律规范落地。决议行为是团体民主决策机制的法律表达，是民主这一社会主义核心价值观在民法和商法领域的具体体现，决议行为借鉴并实践了政治哲学上民主的核心要义。决议行为成立要件体现出团体性和程序性特点，效力规则体现出内外部法律关系区分性特点。决议行为的民法哲学基础在于程序正义。

人民在民主方面的要求日益增长，因此，民主应该尊重并保障团体成员的知情权、参与权、表达权、监督权以及其他成员权。民众参与社会治理的意愿日益强烈，希望在促进社会发展的过程中更好地实现个人价值。由法治保障的具体的、真实的、全过程人民民主，有利于增强人民的民主获得感。在团体法思维下，民主选举、民主决策、民主管理、民主监督的公法智慧在民法和商法决议行为领域生根发芽、开枝散叶。

"要充分运用民主协商的方式，找到全社会意愿和要求的最大公约数，凝聚社会治理的最大共识，形成社会治理的最大合力。推动民主协商广泛、多层、制度化发展，坚持公共事务由群众商量着办，善于在不同意见中求同、在不同利益诉求中权衡，把共建共治共享的同心圆越画越大。"〔137〕"民主不是装饰品，不是用来做摆设的，而是要用来解决人民需要解决的问题的。"〔138〕农民集体决议、业主大会决议、公司决议、社会组织决议制度可以解决乡村、社区等团体社会生活中"谁来治理""治理什么""如何治理""治理边界"的问题。

二、决议行为是民事法律行为的新类型

原《民法总则》第134条和《民法典》第134条规定将决议行为作为民事法律行为的新类型："民事法律行为可以基于双方或者多方的意思表示一致成立，也可以基于单方的意思表示成立。法人、非法人组织依照法律或者章程规定的议事方式和表决程序作出决议的，该决议行为成立。"

作为团体法的产物，社员权中的共益权通过决议的方式行使。决议行为的根本特征在于其根据程序正义的要求采取多数决的意思表示形成机制，决

〔137〕郭声琨：《坚持和完善共建共治共享的社会治理制度》，载《人民日报》2019年11月28日，第6版。

〔138〕中华人民共和国国务院新闻办公室：《〈中国的民主〉白皮书》，载国务院新闻办公室网站2021年12月4日，http://www.scio.gov.cn/zfbps/32832/Document/1717206/1717206.htm。

议结果对团体全体成员都具有法律约束力。决议行为不同于共同行为或者合同行为,其扩展了民事法律行为的类型。我国《民法典》总则编“民事法律行为”中规定了决议行为的共通成立规则,这有助于团体意志的依法形成和保障农民集体成员权、业主成员权、股东共益权等社员权的实现。

我国《民法典》各分编着重对农民集体决议、业主大会决议、公司决议和社会组织决议从决议主体、决议程序(具体包括召集程序、会议通知、表决方式、公布讨论决定的事项及其实施情况等)、决议事项、决议效力等基本制度进行完善细化,以完善民主这一社会主义核心价值观的法律体系,把民主价值观的要求融入法治建设和社会治理,推动乡村治理体系健全、城市小区善治、公司治理完善和社会组织民主管理。

《中共中央关于坚持和完善中国特色社会主义制度推进国家治理体系和治理能力现代化若干重大问题的决定》指出:“构建基层社会治理新格局。完善群众参与基层社会治理的制度化渠道。健全党组织领导的自治、法治、德治相结合的城乡基层治理体系。”在决议行为作出的过程中,农民集体成员权中具有共益权属性的参与管理权有可能受到侵害,这种情况主要在表决农民集体涉及村民利益的法定事项时发生。例如,在村民会议记录或者村民代表会议记录上伪造某农民集体成员签名,或者召集会议时未提前通知某农民集体成员导致其未能参与表决,或者在会议记录上对某农民集体成员意见记录错误等,均会导致该农民集体成员的参与管理权被侵害,对此,不应当然适用《民法典》第 1165 条或者《民法典》第 265 条第 2 款等规定进行保护,而应基于团体法思维,优先适用决议行为成立和效力的判断规则,考察该个体表决权人参与管理权受侵害是否当然导致农民集体决议行为的多数决表决机制受到根本影响。若不产生根本影响,则农民集体决议行为效力不受影响。这属于基于团体法思维对农民集体成员个体权利的必要限制,在其他各类决议行为中也均可能存在该问题。这说明《民法典》在决议行为效力瑕疵问题上存在法律漏洞。对此,从立法论上看,笔者建议在《民法典》总则编第 6 章“民事法律行为”第 3 节“民事法律行为的效力”第 154 条之后增加关于决议行为效力瑕疵与表决权人表决行为效力瑕疵的区分规则:“表决权人意思表示的瑕疵不影响决议行为的效力,除非其导致法律或者章程等规定的召集程序或者表决方式无法实现。”或者将其表述为“表决权人表决行为效力瑕疵不影响决议行为的效力,除非该表决行为效力瑕疵影响到法律或者章程规定的表决规则。”

此外,也有学者反思决议的功能,认为公司决议是尊重资本权威的治理仪式,与其说决议是决策形式,不如说是信息交流。公司民主不是政治民主的经济翻版,前者以“合作性博弈”为基础,后者以“竞争性博弈”为基础。合作而非竞争,才是股东会(董事会)的主旋律。基于合作性博弈的品性,实践中股东会(董事会)决议很少出现否决票,这无法实现其预设的高效决策和监督制衡功能,公司内部共同会议应淡化其决议功能,强化其信息沟通功能。公司内部决策机构应被定位为友好的“信息沟通场所”,而非对抗的“共同决议场所”,事实上,投票是民主过程中最坏的机制,人类社会大量的事件不是通过投票,而是通过“商谈”来决策的。因此,应改造公司决议的效力评价机制,要让股东会或董事会回归“讨论或辩论的场所”,软化对公司决议效力的司法干预;应当改造组织法的传统构造,抛弃被“代理成本理论”假设过分扩大的委托人与代理人的敌对关系,让公司回到合作博弈的轨道上来。[139]

三、农民集体决议与乡村治理体系的健全

在乡村治理过程中,要重视对农民集体成员权的确认和保障。成员权是团体法语境下个体对团体所享有的权利的总称。“中国人民享有的权利不断丰富发展。……中国人民享有权利的内涵不断丰富、外延不断拓展,向着实现人的全面发展不断迈进。”[140] 成员权是民事权利的新类型,成员权多通过决议行为的方式实现。因此,笔者建议对农村集体成员权加以规范。2018 年修正后的《农村土地承包法》第 69 条规定:“确认农村集体经济组织成员身份的原则、程序等,由法律、法规规定。”农村集体成员身份界定是农村集体产权制度改革的关键环节。鉴于农民集体成员权的复合性特点,及其派生于农民集体所有权的特点,从民事基本制度层面看,适宜在《民法典》物权编第 261 条规定确认农民集体成员身份的实体规则和程序规则。立法也应该例示农民集体成员身份认定的实体考量因素,如户籍、是否存在土地承包关系、对集体资产积累的贡献等,并授权农民集体因地制宜地通过民主决议作出决定。

---

[139] 蒋大兴:《重思公司共同决议行为之功能》,载《清华法学》2019 年第 6 期。陈醇教授认为:“决议具有预防功能与共识功能。完善的决议制度应当以预防为主,良好的决议制度应当在建设社会共识方面发挥重大的作用。”参见陈醇:《私法决议制度的愿景》,载微信公众号“商法原理重述”2020 年 5 月 17 日,https://mp. weixin. qq. com//s//Hwy121uvXSBjA 62ZnT8V8Q。

[140] 中华人民共和国国务院新闻办公室:《〈中国的民主〉白皮书》,载国务院新闻办公室网站 2021 年 12 月 4 日,http://www. scio. gov. cn/zfbps/32832/Document/1717206/1717206. htm。

在侵害农民集体所有权致使农民集体成员权间接受损害的情况下，应当向农民集体提供相应的代位诉讼的救济措施，以防止出现“公地悲剧”的现象。原《物权法》第 63 条第 1 款没有涉及集体所有权受侵害情形下的具体诉讼救济机制。因此，应该借鉴原《物权法》第 83 条第 2 款的解释论见解和《公司法》第 151 条股东派生诉讼的规定，降低本集体成员行使诉权的门槛，将原《物权法》第 63 条第 1 款（对应《民法典》物权编第 265 条第 1 款）修改为：“集体所有的财产受法律保护，禁止任何单位和个人侵占、哄抢、私分、破坏。集体经济组织、村民委员会或者其负责人作出的决定侵害集体所有的财产，或者集体经济组织负责人、村民委员会负责人怠于行使侵权请求权的，本集体十分之一以上的成员或者三分之一以上的成员代表有权要求行为人承担停止侵害、消除危险、排除妨害、返还原物、赔偿损失等责任。”同时，宜将原《物权法》第 63 条第 2 款（对应《民法典》物权编第 265 条第 2 款）修改为：“集体经济组织、村民委员会或者其负责人作出的决定侵害集体成员土地承包经营权、宅基地使用权、集体土地补偿费分配权或者集体收益分配权等受益权利的，受侵害的集体成员可以请求人民法院予以变更或者撤销。”

此外，《村民委员会组织法》第 22 条和第 26 条规定的 2/3 以上参加并由到会人员过半数通过的表决规则无法真正体现决议行为多数决的要求，不利于实现民权民用、民事民议、民事民办、民事民管，也应该对其作出相应修正。

四、业主大会决议与社区治理体系建设

《中共中央关于坚持和完善中国特色社会主义制度推进国家治理体系和治理能力现代化若干重大问题的决定》指出：“社会治理是国家治理的重要方面。必须加强和创新社会治理，完善党委领导、政府负责、民主协商、社会协同、公众参与、法治保障、科技支撑的社会治理体系，建设人人有责、人人尽责、人人享有的社会治理共同体，确保人民安居乐业、社会安定有序，建设更高水平的平安中国。”私法自治原则在业主大会决议行为领域体现为经由业主自主选择、作出表达意思，以实现集体决策过程中的自我决定。

“完善人人尽责、人人享有的公众参与体制。人民是社会治理的主体。要着力构建群众参与的平台和载体，拓宽群众参与渠道，完善群众参与机制，最大限度地调动群众参与的积极性、主动性、创造性。建立健全权利与义务统一、风险与责任关联、激励与惩戒并重的制度，建设人人有责、人人尽责、人人享有的社会治理共同体。”[141]第一，笔者建议将原《物权法》第75条第1款（对应《民法典》物权编第277条第1款）修改为：“业主应当设立业主大会，选举业主委员会。只有一个业主的，或者业主人数较少且经全体业主一致同意，决定不成立业主大会的，由业主共同履行业主大会、业主委员会职责。”该款前段的性质为强行性规范，目的是提高业主自治的民主参与程度。中共中央、国务院2017年6月12日发布的《关于加强和完善城乡社区治理的意见》指出：城乡社区是社会治理的基本单元；坚持依靠居民、依法有序组织居民群众参与社区治理，实现人人参与、人人尽力、人人共享；探索在社区居民委员会下设环境和物业管理委员会，督促业主委员会和物业服务企业履行职责；探索在无物业管理的老旧小区依托社区居民委员会实行自治管理。[142]

第二，建议将原《物权法》第70条（对应《民法典》物权编第271条）修改为“业主对建筑物内的住宅、经营性用房等专有部分享有所有权，对专有部分以外的共有部分享有共有权，对共有部分和共同事务享有共同管理的权利”，以明晰建筑物区分所有权中共同管理权的客体范围为区分所有建筑物共有部分和共同事务，这也与业主大会共同决定事项体系解释结论相协调；建议将业主知情权的立法条文修改为：“业主有权请求公布、查阅下列应当向业主公开的情况和资料：（一）建筑物及其附属设施的维修资金的筹集、使用情况；（二）管理规约、业主大会议事规则，以及业主大会或者业主委员会的决定及会议记录；（三）物业服务合同、共有部分的使用和收益情况；（四）建筑区划内规划用于停放汽车的车位、车库的处分情况；（五）其他应当向业主公开的情况和资料。”

第三，建议将原《物权法》第76条（对应《民法典》物权编第278条）修改为：“下列事项由业主共同决定：（一）制定和修改业主大会议事规则；（二）制定和修改建筑物及其附属设施的管理规约；（三）选举业主委员会或者更换业

---

[141] 郭声琨：《坚持和完善共建共治共享的社会治理制度》，载《人民日报》2019年11月28日，第6版。

[142] 根据北京市人民政府2019年立法工作安排，北京市住建委起草了《北京市物业管理条例（草案）》及说明。北京市人民政府《关于〈北京市物业管理条例（草案）〉的说明》指出条例草案主要内容之五：关于物业管理委员会。条例草案建立了物业管理委员会制度，规定其履行组织业主共同决定物业管理事项的职能，设定了物业管理委员会的构成及运行程序，明确了关于业主对物业管理委员会确定的事项产生异议后的处理程序，充分保障业主权益。

主委员会成员;(四)选聘和解聘物业服务企业或者其他管理人;(五)使用建筑物及其附属设施的维修资金;(六)筹集建筑物及其附属设施的维修资金;(七)改建、重建建筑物及其附属设施;(八)改变共有部分的用途、利用共有部分从事经营性活动以及所得收益的分配与使用或者处分共有部分;(九)业主大会依法决定或者管理规约依法确定应由业主共同决定的事项;(十)有关共有和共同管理权利的其他重大事项。决定前款(六)(七)(八)规定的事项,应当经专有部分占建筑物专有部分总面积三分之二以上的业主且占总人数三分之二以上的业主同意。决定前款规定的其他事项,应当经专有部分占建筑物专有部分总面积过半数的业主且占总人数过半数的业主同意。"修改后的条文丰富了业主共同决定的事项范围,将作为表决基数的建筑物总面积限缩为建筑物专有部分的总面积,更简便易算。实质降低表决比例的做法无法实现实质多数决,笔者对其正当性存疑。降低表决比例的做法实质上包含未参与表决者视为同意的决断,与《民法典》第 140 条第 2 款规定不一致。因此,提高业主大会决议效率应该多措并举,结合《民法典》第 140 条从解释论上对业主表决权意思表示的行使做多样化认定,允许网络投票、[143]集合表决、委托表决等便利化措施。

第四,建议将原《物权法》第 78 条(对应《民法典》物权编第 280 条)修改为:"业主大会或者业主委员会的决定,对业主具有法律约束力。业主以业主大会或者业主委员会作出的决定侵害其合法权益或者违反法律或者行政法规规定的召集程序、表决方式为由,可以请求人民法院撤销该决定。业主撤销权应当在知道或者应当知道业主大会或者业主委员会作出决定之日起一年内行使。"业主行使撤销权的情形既包括实体权益受到侵害,也包括程序权益受到侵害。管理规约不同于公司章程,不能根据管理规约认定业主大会决议行为

---

〔143〕"推进社会治理现代化,离不开方法手段现代化。""法治是社会治理的最优模式,是社会治理现代化的重要标志。要善于用法治思维推进社会治理、用法治方式破解社会治理难题,引导社会成员养成在法治轨道上主张权利、解决纷争的习惯,努力使循法而行成为全体公民自觉行动。""要善于把大数据、人工智能等现代科技与社会治理深度融合起来。"参见郭声琨:《坚持和完善共建共治共享的社会治理制度》,载《人民日报》2019 年 11 月 28 日,第 6 版。人民民主参与国家和社会事务管理,可以通过社会组织、网络的平台表达诉求,也可以通过电子投票,民主参与的形式不断创新、渠道不断拓展。参见中华人民共和国国务院新闻办公室:《〈中国的民主〉白皮书》,载国务院新闻办公室网站 2021 年 12 月 4 日,http://www.scio.gov.cn/zfbps/32832/Document/1717206/1717206.htm。

是否可撤销。

五、《民法典》落实民主价值观的五个维度[144]

国务院新闻办公室《中国的民主》白皮书在第四部分“广泛真实管用的民主”之“(一)人民享有广泛权利”中指出:“中国人民享有的权利不断丰富发展……中国人民享有权利的内涵不断丰富、外延不断拓展,向着实现人的全面发展不断迈进。”白皮书以专栏介绍《民法典》作为例证,认为《民法典》“体现了对人民权利的充分保障,被誉为‘新时代人民权利的宣言书’”。[145]

《民法典》从五个维度落实民主价值观:民主价值观丰富了《民法典》的内在价值体系;《民法典》对民主价值观作了科学有效的制度安排;《民法典》开创了决议行为立法新体例;《民法典》将决议行为类型化以保障具体现实的民主实践;《民法典》决议行为法律制度可实现广泛真实管用的民主。

1. 民主价值观丰富了《民法典》的内在价值体系。《民法典》开篇将“弘扬社会主义核心价值观”作为重要立法目的,社会主义核心价值观成为民法内在价值体系的源头活水。2021 年《中共中央关于党的百年奋斗重大成就和历史经验的决议》指出:“改革开放以后,党领导人民坚持中国特色社会主义政治发展道路,发展社会主义民主,取得重大进展……党的十八大以来,我国社会主义民主政治制度化、规范化、程序化全面推进,中国特色社会主义政治制度优越性得到更好发挥,生动活泼、安定团结的政治局面得到巩固和发展。”民主是社会主义核心价值观之一,民主价值观是我国《民法典》处理人与社会之间关系的重要立法哲学。“民主政治最基本的要求是民主平等”,[146]平等是民主的前提,民主是对自由价值观的有效保障。“民主是人类不断解放自身、追求自由的产物”,[147]不能将民主的内涵窄化为竞争性投票选举。具体现实的民主实践是选举民主与协商民主的结合,是民主选举、民主协商、民主决策、民主管理、民主监督的贯通。民主价值观的核心要义是有效参与、多数决机制和正当

---

〔144〕 王雷:《民主价值观在我国民法典中的体现》,载《光明日报》2021 年 12 月 13 日,第 2 版。

〔145〕 中华人民共和国国务院新闻办公室:《〈中国的民主〉白皮书》,载国务院新闻办公室网站 2021 年 12 月 4 日,http://www.scio.gov.cn/zfbps/32832/Document/1717206/1717206.htm。

〔146〕 中国人权研究会:《美式民主的局限与弊病》,载中国人权 2021 年 12 月 23 日,https://www.humanrights.cn/html/rqyjh/8/2021/1223162458.html。

〔147〕 中国人权研究会:《美式民主的局限与弊病》,载中国人权 2021 年 12 月 23 日,https://www.humanrights.cn/html/rqyjh/8/2021/1223162458.html。

程序规则。民主是全人类的共同价值,法治可以保障民主的实现,经法律正当程序规则保障的民主是真正的民主。

2.《民法典》对民主价值观作了科学有效的制度安排。民主价值观在我国《民法典》中通过决议行为得以直接体现,决议行为是民事主体行使成员权的主要方式。决议行为法律制度在《民法典》所调整的社会生活领域落实了“全过程人民民主”理论。全过程人民民主是原创性概念、判断、范畴、理论。“民主是历史的、具体的、发展的。”民主价值观在我国《民法典》中主要体现在通过配置决议行为具体制度以丰富《民法典》的价值定位。

3.《民法典》开创了决议行为立法新体例。决议行为的根本特征在于其根据程序正义的要求采取多数决的意思表示形成机制,决议结果对团体全体成员都具有法律约束力。民主多数决机制是团体生活中团体自治的有效技术工具。决议行为的正当性取决于民主价值观三项核心要义(有效参与、多数决机制和正当程序规则)的实现程度。决议行为不同于共同行为或者合同行为,决议行为是民事法律行为的新类型。“实现民主有多种方式,不可能千篇一律”,民主的实现形式是丰富多彩的。“价值通约性并不意味着价值实现方式的单一性。”[148]我国《民法典》总则编“民事法律行为”制度认可了决议行为的民事法律行为属性,规定了决议行为的成立规则,这是重要的立法创举,在民事立法上贡献了中国元素、中国智慧和中国方案,丰富了实现民主的法律方案,有助于团体意志的依法形成。民主多数决的实现方式也是多样的,有人数多数决、户数多数决、专有部分面积多数决、共有份额多数决、股权多数决、双重多数决、双层多数决等不同方式,还有全体人员多数决和到会人员(参与表决人员)多数决等区分。农村集体成员身份的界定标准也应当随着决议事项的不同而有所不同。

4.《民法典》将决议行为类型化以保障具体现实的民主实践。中国的民主是人民的民主,“中国人民在火热的基层生活中,摸索创造了一个又一个充满烟火气的民主形式。人们通过这些接地气、聚人气的民主实践,围绕涉及自身利益的实际问题,发表意见建议,进行广泛协商,利益得到协调,矛盾有效化解,促进了基层稳定和谐”。农民集体决议是健全乡村治理体系的重要环节。

---

〔148〕 中国人权研究会:《美式民主的局限与弊病》,载中国人权2021年12月23日,https://www.humanrights.cn/html/rqyjh/8/2021/1223162458.html。

业主大会决议是社区治理体系建设的重要环节。公司决议是完善公司治理的重要方式。社会组织决议是社会组织民主管理、参与社会公共事务治理的重要方式。“有事好商量,众人的事情由众人商量,找到全社会意愿和要求的最大公约数,是人民民主的真谛。”我国社会生活中内生的这些基层民主决议制度增强了民众的民主意识和民主能力,培养了民众的民主习惯,充分彰显了中国民主的广泛性和真实性,为建设人人有责、人人尽责、人人享有的基层治理共同体提供了坚实制度保障。

5.《民法典》决议行为法律制度可实现广泛真实管用的民主。“民主不是装饰品,不是用来做摆设的,而是要用来解决人民需要解决的问题的”,要避免出现没有治理的民主。民主不是零和博弈,而是强调合作治理,追求共建、共治、共享。农民集体决议、业主大会决议、公司决议、社会组织决议制度的问题是解决乡村、社区等团体社会生活中“谁来治理”“治理什么”“如何治理”“治理边界”的问题,而决议主体、决议事项、决议程序、决议效力等属于具体技术措施,因而要把民主价值观的要求融入法治建设和社会治理,推动乡村治理体系的健全和城市小区善治,有利于打造共建、共治、共享的社会治理体系。

第七节　小　　结

近代民法中的人法仅规范自然人,这是一种典型的原子式的个人主义思维。现代民法的团体法思维和市场经济实用主义观念构成对近代民法伦理学人格主义的反思。我国《民法典》中的团体法思维应主要体现为两个方面:一是妥当回应人类经济生活和非经济社团生活的需要,丰富法人社团和非法人社团的类型;二是赋予民事团体健全有力的私法自治工具,如非法人团体和设立中的法人团体主要通过共同行为来实践私法自治,成立后的法人团体主要通过决议行为来落实私法自治。

作为实现民事主体私法自治的核心工具,民事法律行为理论和立法仍然主要脱胎于个人法语境,并用于解释合同行为,而对团体法思维下的共同行为、决议行为力有不逮。共同行为和决议行为在表决机制上存在根本差异,共同行为通过全体一致决的方式实现,侧重全体协同,常发生在有人身信赖关系的紧密结合型团体中;决议行为通过多数决的方式实现,强调多数一致,以期实现团体一致的高效达成(有效率的团结)。我国《民法典》对民事法律行为的规定应该考虑民事法律行为类型发展的丰富性和多样性,将共同行为和决议行为中的基本规则加以充分提炼。

第二章

民法中的决议行为：从农民集体决议、业主管理规约到公司决议

第一节 民法中的决议行为概述
——从社员权到决议行为

一、社员权是社员对社团所享有权利的总体

民法作为权利本位的法,其精神就是依法积极理性地为权利而斗争,[1]“民事权利是民法里带根本性的重要问题”。[2]“权利就是服务于民事主体特定利益的实现或维持,由法律上之力保证实现的自由。”[3]以民事权利的内容为标准,最初,民事权利的分类仅包括财产权和非财产权,随着社会发展,出现了各种新类型权利,因此难以继续将其纳入二分法的体系之中,于是在此标准之下又将民事权利进一步区分为人格权、财产权、知识产权、社员权。[4]这也是民事权利分类中最基本、最重要的一种。

民法中的社团成员(社员)基于其成员的地位与社团发生一定的法律关系,在这个关系中,社员对社团享有的各种权利的总体,称为社员权。社员权的主体是社员,相对人是社团。社员权是团体法上的权利。社员权以社员资格的存在为发生基础,社员受团体意思的拘束,社员权本身是一种复合性的权利,其中既有具经济性质的自益权(如利润分配请求权、新股优先认购权、剩余财产分配请求权),也有不具经济性质的共益权(如参与重大决策权利、选择管理者权利)。社员权除由法律规定之外,由该团体的章程规定,章程的通过不以每个社员均同意为必要条件,但章程对每个社员都有拘束力。所以,一个社团中社员的权利义务,要由章程决定。社员权中最重要的一种是营利社团法人中的社员权,即股东权。在其他社团中,社员权还不为人们所重视。不过,随着社团的增多,特别是各种俱乐部的设立,社员权将会日益被人们认识,受到人们的重视。

---

〔1〕 王雷:《为权利而斗争:民法的“精神教育”》,载《北京科技大学学报(社会科学版)》2012年第3期。

〔2〕 谢怀栻:《论民事权利体系》,载《法学研究》1996年第2期。

〔3〕 王利明主编:《民法》(第5版),中国人民大学出版社2010年版,第85页。

〔4〕 有关此种分类及下段社员权的相关论述,参见谢怀栻:《论民事权利体系》,载《法学研究》1996年第2期。

二、决议行为是社员共益权的行使方式

民事法律行为是指以意思表示(Willenserklärung)为核心要素,旨在引起一定私法上效果的表示行为。民事法律行为是实践私法自治的主要工具,也是引起民事主体权利义务关系变动的最重要原因。民事法律行为制度的相关理论在民法学理论体系中居于极其重要的地位,民事法律行为也已经成为大陆法系民法的标志性概念。“法律行为理论是由德国法律科学中发展出来的,19世纪德国法律科学的首要主题就是法律行为,法律行为理论也为19世纪的德国法律科学赢得了世界性的声誉。”〔5〕正是由于采用法律行为概念,决定了日本、韩国、中国属于大陆法系的德国法系。〔6〕在民事法律行为的类型体系中,决议行为属于疑难重要类型。

民事权利的内容是法律上的自由,自由的内涵主要包括消极自由(negative freedom)和积极自由(positive freedom)。伯林曾经指出,消极自由是指“自霍布斯以来英美自由主义思想家所强调的那种不受其他个人或人们制约的自由”,而“积极自由的核心就是个人自主的观念”。〔7〕“在私法(Privatrecht)中,占主导地位的通常是那些自由的(freie)、不需要说明理由的决定。”〔8〕自由在民法上体现为私法自治,民事主体基于私法自治享有行为自由,这种自由可以是通过法律行为之外的情谊行为等方式活动的自由,〔9〕也可以是从事法律行为的自由。拉伦茨认为社员权包括参与管理权与受益权两项权能。〔10〕社员权中的利润分配请求权、剩余财产分配请求权、新股优先认购权等具有经济性质的自益权主要通过行使请求权或者形成权的方式来实现。社员权中的参与重大决策权利、选择管理者权利等不具有经济性质的共益权则

〔5〕Werner Flume, Allgemeiner Teil des Bürgerlichen Rechts. Zweiter Band, Das Rechtsgeschäft, 4. Aufl., Springer Verlag Berlin 1992, S. 30.

〔6〕[日]北川善太郎:《民法总则》,有斐阁1993年版,第105页。转引自梁慧星:《民法总论》(第4版),法律出版社2011年版,第161页。

〔7〕李强:《自由主义》,吉林出版集团有限责任公司2007年版,第171~173页。

〔8〕Dieter Medicus, Allgemeiner Teil des BGB, 9. neu bearbeitete Aufl., 2006 C. F. Müller Verlag Heidelberg, § 1, Rdn. 3. S. 3.

〔9〕王雷:《民法学视野中的情谊行为》,北京大学出版社2014年版,第100页。

〔10〕[德]卡尔·拉伦茨:《德国民法通论》(上册),王晓晔等译,法律出版社2003年版,第222页。

通过决议行为的方式行使,[11]因而决议行为也成为实现社团自治的重要工具。

有学者曾指出:“判决书其实就是作为国家机关的法院的决议行为(Gerichtsbeschluß),而非社团法人所从事法律行为中的决议行为。”[12]实际上,民法决议行为的意思表示采取多数决的形成机制,正是借鉴政治决策民主多数决的结果。民主是全人类的共同价值。民主多数决是一种公共选择决策的技术手段,其使决策者为自己的选择承担责任和风险,通过自主选择和自负其责,赋予公共选择程序上的合法性。民主决策本身缺乏政治正当性,但民主决策通过决策者自己决定如何统治自己的结构成功回避了决策者对政治正当性的质疑。正如有学者所言:“民主创造了一个政治循环解释,即人民自己决定如何统治自己,这就解构或回避了各种令人心惊胆战的政治问题。”[13]民主政治如此,民法决议行为亦如此。

第二节　民法决议行为对民事法律行为的类型扩充

一、民事法律行为的类型化

民事法律行为本身也是一个需要类型化的概念。根据不同的标准,可以将民事法律行为区分为不同的类型,每一种类型的区分对民法规则的设计和适用都会产生某种影响。

我国民法教科书对民事法律行为类型化的通说结论通常如下:我国民事单行法时代的原《民法通则》和原《合同法》根据民事行为效力状态的不同,将

---

〔11〕 笔者认为,非股东董事参与公司董事会决议,也是行使其相对于公司的共益权的方式,当然非股东董事的共益权不同于股东权中的共益权,主要表现为非股东董事经由董事会所能决议的事项和股东经由股东会所能决议的事项不同。企业破产的情形下,根据我国《企业破产法》第61条等规定,破产企业的债权人就债权共同分配相关事项须经债权人会议作出决议,这就对相关债权的实现附加法定程序限制,债权人会议决议也是债权人共益权(债权人会议的职权事项)行使的方式。

〔12〕 Karl Larenz, Manfred Wolf, Allgemeiner Teil des Bürgerlichen Rechts, C. H. Beck München 2004, §23, Rdn. 18. S. 407.

〔13〕 赵汀阳:《双票民主与反票数公议》,载赵汀阳:《每个人的政治》,社会科学文献出版社2010年版。

其区分为生效民事行为、未生效的民事行为、效力待定的民事行为、无效的民事行为、可变更的民事行为和可撤销的民事行为等。根据民事法律行为相互之间的主从依附关系,可以将其区分为主民事法律行为和从民事法律行为。依据民事法律行为是否具有独立的实质内容,可以将其区分为独立的民事法律行为和辅助的民事法律行为。依据民事法律行为的生效是在行为人出生前还是死亡后,可以将其区分为生前民事法律行为和死因民事法律行为。根据财产给付行为中给付行为和给付原因之间的关系,可以将其区分为有因行为和无因行为。根据民事法律行为所涉及具体内容的不同,可以将其区分为财产法律行为和身份法律行为。在大陆法系传统民法理论上,根据法律行为特别是财产法律行为效力的不同,还可以将其区分为负担行为和处分行为。[14]

实际上,以成立民事法律行为所需要的意思表示数量为标准,还可以将其区分为单方民事法律行为和多方民事法律行为,多方民事法律行为又包括双方民事法律行为、共同行为和决议行为。[15] 此种分类的意义在于单方民事法律行为、双方民事法律行为、共同行为和决议行为的成立与生效要件有所不同。

第一,单方民事法律行为是指根据一项意思表示就可以成立的民事法律行为,其具体包括有特定相对人的单方民事法律行为和无特定相对人的单方民事法律行为,前者如效力待定的民事行为中当事人行使追认权的行为,后者如抛弃动产所有权的行为、一人公司的设立行为等。

第二,双方民事法律行为是指需要两项内容互异、方向对立而相互对应的意思表示一致方能成立的民事法律行为,如合同行为(Vertrag)、遗赠抚养协议、委托监护协议、离婚协议、收养协议等,其中合同行为是最典型、最重要的双方民事法律行为乃至民事法律行为。

第三,共同行为(Gesamtakt)是指两个以上当事人内容相同、方向并行的意

---

〔14〕 魏振瀛主编:《民法》(第5版),北京大学出版社2013年版,第141~144页。

〔15〕 王利明主编:《民法》(第5版),中国人民大学出版社2010年版,第103~104页。这也是民事单行法时代该版本民法教材与我国其他民法教材在民事法律行为分类问题上的显著差别。类似观点,参见Vgl. Hans Brox, Wolf-Dietrich Walker, Allgemeiner Teil des BGB, 32 Aufl. Carl Heymanns Verlag 2008. §5, Rdn. 99-102. S. 48。梁慧星教授则将民事法律行为区分为单方民事法律行为、双方民事法律行为、多方民事法律行为和决议行为,此种类型下的多方民事法律行为相当于本注前引王利明教授主编民法教材中所使用的"共同行为"这一概念。参见梁慧星:《民法总论》(第4版),法律出版社2011年版,第162~163页。

思表示达成一致方能成立的民事法律行为，如共同共有人处分共有财产或者对共有财产作重大修缮的决定等。〔16〕共同行为"其实是多个单方法律行为，但它们却是共同引起所想要的法律后果"。〔17〕关于"共同行为"的意义，在比较法上还经常使用"合同行为"这一概念，〔18〕但对合同行为和共同行为（Gesamtakt）应做区分。〔19〕我国有学者主张将 Gesamtakt 译为"合同行为"，〔20〕笔者对此持反对意见，认为应将 Gesamtakt 译为"共同行为"，合同行为和共同行为的根本区别在于，合同行为是双方当事人对向（对立）的意思表示一致，共同行为是两个以上当事人同向（并立平行）的意思表示一致，二者均属于民事法律行为的种概念。有学者认为共同行为对于受领人而言只存在一方的一项意思表示，〔21〕笔者认为，该观点没有区分共同行为和在此基础上共同行为人作为一方主体和交易对方当事人作出的合同行为。不过，就共同行为人彼此之间的法律关系而言，可以参照相类似的合同法律规则。如我国《公司法》第 2 章第 1 节和第 4 章第 1 节所规范的公司设立行为属于共同行为，而就设立行为中的出资瑕疵则以违约行为对待，我国《公司法》第 28 条第 2 款规定："股东不按照前款规定缴纳出资的，除应当向公司足额缴纳外，还应当向已按期足额缴纳出资的股东承担违约责任。"《公司法》第 83 条第 2 款规定："发起人不依照前款规定缴纳出资的，应当按照发起人协议承担违约责任。"

第四，决议行为（Beschluß）是指多个民事主体在作出其意思表示的基础上根据法律规定或者章程约定的表决规则作出决定的民事法律行为，如公司股

---

〔16〕王利明教授也指出，合伙协议和设立公司的协议都属于共同行为，但二者在具体目的、主体、形式要件和适用的法律依据等方面多有不同。参见王利明：《合同法分则研究》（下卷），中国人民大学出版社 2013 年版，第 431～432 页。

〔17〕［德］迪特尔·施瓦布：《民法导论》，郑冲译，法律出版社 2006 年版，第 295 页。

〔18〕［日］山本敬三：《民法讲义Ⅰ：总则》（第 3 版），解亘译，北京大学出版社 2012 年版，第 83 页。

〔19〕See Vgl. Creifelds Rechtswörterbuch, 19 Auflage, C. H. Beck München Verlag 2007, S. 940. 施天涛教授也指出："我国法律对契约行为和共同行为不予区分。但实际上二者确实存在着差异。而且现实生活中这种共同法律行为也广泛存在。"施天涛：《公司法论》（第 2 版），法律出版社 2006 年版，第 82 页。

〔20〕韩世远：《合同法总论》（第 3 版），法律出版社 2011 年版，第 9 页。

〔21〕朱庆育：《民法总论》，北京大学出版社 2013 年版，第 132～133 页。

东会决议、董事会决议等。[22] 决议行为通常发生在社团成员用投票的方式表明集体的愿望,[23] 据此通过的决议未必与团体成员个体意思一致,但即使是那些没有参加投票的成员或者持反对意见的成员,也要遵守团体决议。[24] 决议行为的根本特征在于其根据程序正义的要求采取多数决的意思表示形成机制,决议结果对团体全体成员都具有法律约束力。认定决议行为的法律效力需要考察决议主体、决议事项和表决程序与规则的合法性。决议行为给予每个行为人(社团成员)自由表达自己的意志并努力将之转化为群体意志的可能。“民法上意思表示瑕疵的理论很难适用于股东大会决议……公司法人作出决议所强调的程序合法,是非常独特的,意思表示的理论无法解释这一现象的合理性。股东大会决议的本质,是多数股股东(表决权数)意思的合致,少数股股东或者个别股东要服从多数股股东的意思决定……由股东大会形成的公司意思表示是借助于组织化的会议体方式形成的……公司意思是个别股东通过表决机制而形成的集体意思。民法基于自然人主观心理的瑕疵判断,对股东大会决议瑕疵的判断存在适用上的困难。”[25] 民法决议行为是团体法视角下对传统民事法律行为类型的有益扩充,“法律行为最初是在个人法语境下产生的概念,它脱胎于当事人的合意,更适合于解释合同行为和合同现象”。[26] 基于决议行为在多数决等程序机制上的特殊性,有学者甚至主张将决议行为从法律行为中独立出来。[27]

---

〔22〕 王利明教授在《合同法分则研究》(下卷)将决议行为定义为:“数个当事人之间以多数决形式达成合意的法律行为。例如,业主大会的决议、股东大会的决议等。”参见王利明:《合同法分则研究》(下卷),中国人民大学出版社2013年版,第434页。有学者认为,股东大会决议属于特殊的单方法律行为。股东大会只是公司的意思机关,公司才是股东大会决议的主体。参见吴高臣:《论股东大会决议的性质》,载《首都师范大学学报(社会科学版)》2014年第6期。

〔23〕 [英]约翰·奥斯丁:《法理学的范围》,刘星译,中国法制出版社2002年版,第162页。

〔24〕 最高人民法院《关于审理物业服务纠纷案件具体应用法律若干问题的解释》(法释〔2009〕8号,已被修改)第1条就规定:“建设单位依法与物业服务企业签订的前期物业服务合同,以及业主委员会与业主大会依法选聘的物业服务企业签订的物业服务合同,对业主具有约束力。业主以其并非合同当事人为由提出抗辩的,人民法院不予支持。”《民法典》第939条规定:“建设单位依法与物业服务人订立的前期物业服务合同,以及业主委员会与业主大会依法选聘的物业服务人订立的物业服务合同,对业主具有法律约束力。”

〔25〕 钱玉林:《股东大会决议的法理分析》,载《法学》2005年第3期。

〔26〕 叶林:《股东会会议决议形成制度》,载《法学杂志》2011年第10期。

〔27〕 陈醇:《意思形成与意思表示的区别:决议的独立性初探》,载《比较法研究》2008年第6期。

二、民法决议行为与其他民事法律行为类型的区分

在民事单行法时代,我国民法学界通说观点并未有意识地区分共同行为和决议行为。相关代表性的做法或者完全不区分决议行为与共同行为,径以决议行为作为多方民事法律行为的典型体现;〔28〕或者直接将决议行为作为共同行为的典型体现,〔29〕没有从多方民事法律行为中区分共同行为和决议行为。

笔者认为,决议行为与共同行为“酷似而实有不同”,决议行为和共同行为中数个意思表示通常方向相同。〔30〕 但是,决议行为与共同行为仍存在如下重要区别:

第一,意思表示的形成机制(成立要件或表示行为的具体方式)和法律约束力不同,〔31〕这是决议行为和共同行为的根本区别。“如果一个共同体是由荣辱与共、志同道合的人们组成,那么,这个共同体本来就已经万众一心,公共选择自然不成问题。”〔32〕民法共同行为意思表示的形成机制(Willensbildung)与此类似,那就是全体一致同意、全体一致决,共同行为的意思表示和共同行为人个体意思表示结合一致,共同行为人个体的意思表示不丧失独立性,其如同受自身意思表示那样受共同行为的约束。决议行为存在多数意思表示和少数意思表示竞争时的多数决成立机制,决议行为对未参加决议或者反对其意思之社团成员均有法律约束力。如按照多数决机制成立的公司决议在法律上被视为公司的意思,但它只能是多数个体表决权人独立意思的偶然结合,而不

〔28〕 魏振瀛主编:《民法》(第5版),北京大学出版社2013年版,第141页;朱庆育:《民法总论》,北京大学出版社2013年版,第133页。比较法学上的类似态度,参见Vgl. Jauernig Bürgerliches Gesetzbuch Kommentar. 2007 Verlag C. H. Beck München. vor §104ff, Rdn. 7. S. 42. Prütting/Wegen/Weinreich BGB Kommentar, 3. Auflage, Luchterhand 2008. vor §116ff, Rdn. 10. S. 104.

〔29〕 王泽鉴:《民法总则》,北京大学出版社2009年版,第209页;马俊驹、余延满:《民法原论》(第4版),法律出版社2010年版,第184页;王利明:《民法总则研究》(第2版),中国人民大学出版社2012年版,第530~531页;许中缘:《论意思表示瑕疵的共同法律行为——以社团决议撤销为研究视角》,载《中国法学》2013年第6期。不过,在王利明教授著作中则重视对决议行为和共同行为的区分。参见王利明:《合同法分则研究》(下卷),中国人民大学出版社2013年版,第434~435页。

〔30〕 史尚宽:《民法总论》,中国政法大学出版社2000年版,第311页。

〔31〕 也即意思表示中表示行为这一构成要素。我国民法学理论和民事立法上意思表示的构成要素包括行为意思、受法律约束意思、具体效果意思的意思表示主观三要素与表示行为的意思表示客观要素。参见王雷:《论情谊行为与民事法律行为的区分》,载《清华法学》2013年第6期。

〔32〕 赵汀阳:《每个人的政治》,社会科学文献出版社2010年版,第146页。

是他们的共同意思,每个表决权人的单独意思在转换为团体意思以前,并不产生当然的法律效果。[33] 正如有学者所指出的那样:“决议行为中人数众多,取得所有人的一致同意往往很困难,决议成本过高,因此,决议行为往往采取多数决的合意方式。一旦决议以多数决的方式通过,即便是表示反对的行为人也必须受到生效决议行为的拘束。”[34]

鉴于共同行为和决议行为在表决机制上的差异,有学者主张决议行为“可以采取全体同意原则,也可以采取多数决原则”。[35] 笔者认为,意思表示表决机制的差别正是共同行为和决议行为的实质差异,此种差异也表明了这两种民事法律行为在追求平等和效率两项价值目标时侧重点有所不同。[36] 值得注意的是,拉伦茨的新版《德国民法通论》中也不再一般性地坚持决议行为可以采全体一致决(Einstimmigkeit)的观点,只是在决议行为法律约束力问题上将之作为一项例外情形加以说明,[37] 作者更强调决议行为与全体一致决(Zustimmung aller Beteiligten)的共同行为在表决机制和法律约束力上的差异。[38]

第二,意思表示中具体效果意思这一构成要素不同,表现为意思表示的内

---

〔33〕 叶林:《商行为的性质》,载《清华法学》2008 年第 4 期。

〔34〕 王利明:《合同法分则研究》(下卷),中国人民大学出版社 2013 年版,第 435 页。决议行为经由法律的特别规定也可转由共同行为的方式作出,如我国《公司法》第 37 条第 2 款规定:“对前款所列事项股东以书面形式一致表示同意的,可以不召开股东会会议,直接作出决定,并由全体股东在决定文件上签名、盖章。”

〔35〕 王利明主编:《民法》(第 5 版),中国人民大学出版社 2010 年版,第 103 ~ 104 页;[德]卡尔·拉伦茨:《德国民法通论》(下册),王晓晔等译,法律出版社 2003 年版,第 433 页。

〔36〕 “共同法律行为所要求的一致同意和决议多数决的差异是性质的差异而非程度的差异。共同行为只能采取一致同意,而决议则只需要多数决即可,即便决议时出现了全体一致同意的状况,那也只能是一种偶然,而非决议所要求的意思表示合成规则。”参见瞿灵敏:《民法典编纂中的决议:法律属性、类型归属与立法评析》,载《法学论坛》2017 年第 4 期。

〔37〕 笔者认为,结合作者的论述和我国现行法上有关决议行为表决机制的规定,全体一致决在我国现行法上决议行为相关强制性规定中没有明确体现,具体决议行为有可能高于法定表决人数和比例的规定而实现全体一致决,但这不影响学理和立法上对决议行为多数决的坚持。有学者总结指出:在公司法史上,决议确实经历了一个从一致同意到资本多数决原则的过程。参见蒋大兴:《公司法的展开与评判:方法·判例·制度》,法律出版社 2001 年版,第 766 页。综合可见,现行实定法对决议行为采取多数决机制,决议行为表决机制的历史和理想状态上存在全体一致决。

〔38〕 Vgl. Karl Larenz, Manfred Wolf, Allgemeiner Teil des Bürgerlichen Rechts, C. H. Beck München 2004, §23, Rdn. 18. S. 407.

容及方向不同。在社团决议行为作出的过程中，决议行为人各自表达自己的意思表示，但社团决议通常要根据多数决机制形成，决议行为人的个体意思表示与社团决议的意思表示既可能内容及方向相同，也可能内容及方向不同。社团决议多数决原则上单个意思表示失去其独立性，[39]社团决议对未参加社团表决或者投反对票的社团成员亦有法律约束力。共同行为人意思表示方向并行且内容一致，多个行为人互不相干地作出目的相同的多个平行的意思表示，最终达成的共同行为意思表示也就是每个行为人最终的个体意思表示，共同行为意思表示与每个行为人个体意思表示一致，共同行为人的个体意思表示不失其独立性。有学者主张："社团决议行为中的若干项意思表示不仅内容相互一致，而且所使用的词句也完全一致。"[40]笔者认为，这恰恰是对共同行为中多个意思表示方向的描述，在决议过程中，社团成员的意思表示表现出"抽象方向相似，具体内容差异"的特点，鉴于社团决议多数决的形成机制，社团成员在决议过程中通常会存在多数票和少数票的现象，全票通过属于例外，毕竟全体一致同意的决策机制不利于社团决议行为的效率。

第三，行为主体的数量规模不同。共同行为和决议行为都属于多方民事法律行为，但鉴于其对意思表示内容的要求不同，共同行为体规模往往相对较小，"无论多少人，只要支持的是同一种观点，这在意见选择上就等于一个人，所谓同心如一人，或者说，一种思想无论背后有多少人支持，都只是一种思想，而不是多种思想"。[41] 而决议行为通常采取多数决，其行为主体的数量可以相对更大。

第四，是否可能存在对少数人的侵害不同。共同行为主体是一个同心同德的共同体，在意思表示的作出上保持全体一致，不存在对异议者的权益侵害。民事主体意思形成自由，正如陈嘉映先生所说的那样："我梦想的国土不是一条跑道，所有人都向一个目标狂奔，差别只是名次有先有后。我梦想的国土是一片原野，容得下跪的、跑的、采药的、在溪边濯足的。"[42]而在决议行为

---

〔39〕史尚宽：《民法总论》，中国政法大学出版社2000年版，第311页。

〔40〕Dieter Medicus, Allgemeiner Teil des BGB, 9. neu bearbeitete Aufl., 2006 C. F. Müller Verlag Heidelberg, § 19, Rdn. 205. S. 88.

〔41〕赵汀阳：《双票民主与反票数公议》，载赵汀阳：《每个人的政治》，社会科学文献出版社2010年版。

〔42〕陈嘉映：《梦想的中国》，载陈嘉映：《无法还原的象》，华夏出版社2005年版。

中,民主多数决机制打破并终结意见分歧的僵局,以防止议而不决、决而不行,使社团的公共决定和公共行动成为可能。"民主必须始终只是终结分歧的一种可行操作。对少数人的伤害是民主在技术上无法避免的一个缺陷……既然民主决定的公共选择必定有损部分人的利益,那么民主有义务使这一伤害降到最低程度,否则民主就变成赢家对输家的专政。"〔43〕"团体不仅以多数成员的意思为自己的意思,在实际上,也是由多数派成员控制的,很容易出现多数派成员控制团体事务,损害少数派成员利益的情况。在法律上,即使团体意思主要是少数派成员的意思,团体利益主要反映了多数派成员的利益,团体也必须充分考虑少数派成员的意思和利益,公平对待成员的个人利益。"〔44〕

决议行为与双方民事法律行为(以合同行为为例)也有不同,"应该将决议从合同中分离出来"。〔45〕决议行为和合同行为的区别如下:

第一,决议行为和合同行为中的意思表示行为的具体方式不同。如上所述,决议行为中表示行为的具体方式为意思表示的多数决(Mehrheitsprinzip)机制,具体包括会议召集程序、表决程序等诸多环节;合同行为通常采取要约、承诺达成意思表示合意(Einstimmigkeit)的方式。以公司股东会决议为例,"公司股东人数众多,如果将个体股东的独立意思表示以合意方式转换为公司意思,容易导致公司决策的久议不决,影响公司决策和运行效率"。〔46〕

第二,决议行为和合同行为中意思表示的具体效果意思这一构成要素不同,表现为意思表示的内容和方向不同。合同行为中双方当事人具体表达意思的意义不同、内容相对应、方向相反,简言之,合同行为当事人意思表示对立、利益对立。决议行为中行为人的个体意思彼此可能并行相同,可能并行不同,也可能对立相反。

第三,决议行为和合同行为中行为主体的数量不同。决议行为发生在团

---

〔43〕 赵汀阳:《双票民主与反票数公议》,载赵汀阳:《每个人的政治》,社会科学文献出版社2010年版。

〔44〕 叶林:《私法权利的转型——一个团体法视角的观察》,载《法学家》2010年第4期。

〔45〕 [德]卡尔·拉伦茨:《德国民法通论》(下册),王晓晔等译,法律出版社2003年版,第433页;"绵阳市红日实业有限公司、蒋某诉绵阳高新区科创实业有限公司股东会决议效力及公司增资纠纷案",载《最高人民法院公报》2011年第3期;石纪虎:《关于股东大会决议效力的探讨》,载《政治与法律》2009年第5期。

〔46〕 叶林:《股东会会议决议形成制度》,载《法学杂志》2011年第10期;Prütting/Wegen/Weinreich BGB Kommentar,3. Auflage,Luchterhand 2008. vor §145ff, Rdn. 1. S. 186.

体法领域,[47]是团体中多数个体意思的升华,是从个体意思转化而来的"法律意思"或者说"拟制意思"。合同行为主体分为要约方和承诺方两方,自然人之间的合同意思由要约方和承诺方的"自然意识"发展而来。[48] 当然,在例外情形下,决议行为过程中作出意思表示的也可能只有一人,此时决议行为就类似于单方民事法律行为,如一人公司中股东会决议行为。

第四,决议行为和合同行为的成立要件与生效要件不同。"特殊的意思表示结构使得决议在成立、效力规则上与契约行为区别很大,但这并不构成对决议的法律行为属性的否定和减损。"[49]在团体法的视角下,经由多数决程序,社团成员的个体意思表示被划分为多数派和少数派,每个个体的意思表示丧失其独立性,每个个体意思表示不成立或者无效只要不影响多数决的表决规则,就不会对决议行为本身的成立或者生效产生影响。对合同行为而言,《民法典》第 483 条规定:"承诺生效时合同成立,但是法律另有规定或者当事人另有约定的除外。"若要约和承诺不一致,则合同不成立。要约和承诺中欠缺最高人民法院《关于适用〈中华人民共和国合同法〉若干问题的解释(二)》(已失效,以下简称原《合同法司法解释二》)第 1 条所规定的"当事人名称或者姓名、标的和数量"等三项要素时,合同也不成立。合同行为一方当事人意思表示无效或者被撤销时,合同行为也相应无效。

第五,决议行为和合同行为的法律约束力不同。"决议所具有的特点在于,其法律效果对于那些不同意甚至反对决议的决议集体成员——只要他们处于少数——仍然发生。决议因此而不同于合同:只有表示同意受合同约束的人,才受合同约束。"[50]如我国《民法典》第 465 条规定:"依法成立的合同,受法律保护。依法成立的合同,仅对当事人具有法律约束力,但是法律另有规定的除外。"《民法典》第 472 条第 2 项就规定要约的意思表示应该"表明经受要约人承诺,要约人即受该意思表示约束"。显而易见,这些表述都是只约束

---

〔47〕 基于此,有学者径行使用"团体法的决议行为"(das gesellschaftsrechtlicher Beschluß)的表述。Prütting/Wegen/Weinreich BGB Kommentar,3. Auflage,Luchterhand 2008. vor §145ff, Rdn. 7. S. 186.

〔48〕 叶林:《股东会会议决议形成制度》,载《法学杂志》2011 年第 10 期。

〔49〕 李建伟:《决议的法律行为属性论争与证成——民法典第 134 条第 2 款的法教义学分析》,载《政法论坛》2022 年第 2 期。

〔50〕 [德]迪特尔·施瓦布:《民法导论》,郑冲译,法律出版社 2006 年版,第 295 页。

合同双方当事人的规定,因为合同的法律约束力原则上只及于订立合同的当事人本人。

实际上,在《民法典》既有规定的背景下,决议行为与合同行为、共同行为的区分属于纯粹民法学问题中的解释选择问题,其涉及决议行为在民事法律行为教义学中的类型归属和体系位置,但该区分并不直接关联民法规则的设计与适用,不同的类型划分体现分类者的不同"前见"。笔者认为,区分决议行为与合同行为、共同行为,一方面,有利于妥当识别其彼此之间如前所述的在意思表示内容、方向、成立、效力等方面的实质差别,降低概念术语解释说明的成本;另一方面,有利于妥当揭示现行法对不同类型民事法律行为在调整方法上的差异,揭示团体法思维对决议行为正当程序规则的法定要求。[51]

第三节 民法决议行为的类型化

"决议多见于团体法之中,如股东会决议、业主大会决议等。"[52]作为团体的存在,农民集体、业主大会和公司股东大会、董事会、监事会等团体内部意思的形成都需要依靠决议的方式作出,笔者将对这些常见的民法决议行为做类型化分析。当然,在企业破产的情形下,基于《企业破产法》的规定,破产企业的债权人组成债权人会议,债权人会议通过决议行为就债权共同分配相关事项作出决定。在相对松散的按份共有人之间,也存在通过决议行为决定共有财产处分或者对共有财产作重大修缮的问题。

一、农民集体成员权与农民集体决议行为

农民集体所有权和农民集体成员权是理解农民用益物权等财产权制度的前提,农民用益物权也是农民集体成员权行使的产物,农民集体成员权就是农民对集体所享有的社员权,农民集体成员权的主要行使方式就是决议行为。就农民集体成员权的决议事项,《民法典》第261条规定:"农民集体所有的不动产和动产,属于本集体成员集体所有。下列事项应当依照法定程序经本集

[51] 关于纯粹民法学问题中解释选择问题的讨论方法,参见王轶:《论民事法律事实的类型区分》,载《中国法学》2013年第1期。

[52] 梁慧星:《民法总论》(第4版),法律出版社2011年版,第163页。

体成员决定：（一）土地承包方案以及将土地发包给本集体以外的组织或者个人承包；（二）个别土地承包经营权人之间承包地的调整；（三）土地补偿费等费用的使用、分配办法；（四）集体出资的企业的所有权变动等事项；（五）法律规定的其他事项。”就农民集体所有权的代表行使主体，《民法典》第262条规定：“对于集体所有的土地和森林、山岭、草原、荒地、滩涂等，依照下列规定行使所有权：（一）属于村农民集体所有的，由村集体经济组织或者村民委员会依法代表集体行使所有权；（二）分别属于村内两个以上农民集体所有的，由村内各该集体经济组织或者村民小组依法代表集体行使所有权；（三）属于乡镇农民集体所有的，由乡镇集体经济组织代表集体行使所有权。”2013年11月12日中国共产党第十八届中央委员会第三次全体会议通过的《中共中央关于全面深化改革若干重大问题的决定》指出：“赋予农民更多财产权利。保障农民集体经济组织成员权利，积极发展农民股份合作，赋予农民对集体资产股份占有、收益、有偿退出及抵押、担保、继承权……”

农民集体所有的不动产和动产并非由独立于集体成员的具有抽象人格的法人组织所有，而是“属于本集体成员集体所有”。“保障农民集体经济组织成员权利”业已成为农村法律制度中新的核心问题。[53] 集体所有权的目的是实现集体成员的利益，农民集体经济组织成员权利属于包含多种权能的复合性权利，保障农民集体成员权利的核心是作为集体成员的农民对集体所有权的受益权，集体成员通过民主参与集体所有权的行使以实现其受益权，民主管理权能是保障受益权能实现的重要手段，农民集体成员依法取得土地承包经营权、宅基地使用权、集体土地补偿费的分配、对农民集体所提供的公共物品的受益、集体收益分配权等都是农民对集体所有权的受益权能之体现。而农民集体成员权包括：“一是直接的物权，即对集体所有的动产和不动产的占有、使用、收益的权利；二是物权派生的管理权利，即对集体财产进行管理决策的权利。”[54] 集体成员对集体所有权的受益权属于资格性权利，以具有作为集体的成员身份为前提，因此集体成员资格的确定又成为保障集体成员受益权能的

---

〔53〕 陈小君：《我国农村土地法律制度变革的思路与框架——十八届三中全会〈决定〉相关内容解读》，载《法学研究》2014年第4期；王利明、周友军：《论我国农村土地权利制度的完善》，载《中国法学》2012年第1期。

〔54〕 最高人民法院民事案件案由规定课题小组编著：《最高人民法院民事案件案由规定理解与适用》，人民法院出版社2008年版，第60页。

前提。[55] 司法实践中还存在很多利用村规民约限制集体成员资格的情形。[56] 我国《村民委员会组织法》第 27 条第 2 款规定:“村民自治章程、村规民约以及村民会议或者村民代表会议的决定不得与宪法、法律、法规和国家的政策相抵触,不得有侵犯村民的人身权利、民主权利和合法财产权利的内容。”如责令上访村民限期迁走户口的村规民约或村民会议决定就属于非法行为。

对此,笔者建议应该提供农民对农村集体经济组织决议行为直接侵害成员合法权益时的救济措施以更好地“保障农村集体经济组织成员权利”。原《物权法》第 63 条第 2 款规定:“集体经济组织、村民委员会或者其负责人作出的决定侵害集体成员合法权益的,受侵害的集体成员可以请求人民法院予以撤销。”《民法典》第 265 条第 2 款规定:“农村集体经济组织、村民委员会或者其负责人作出的决定侵害集体成员合法权益的,受侵害的集体成员可以请求人民法院予以撤销。”《村民委员会组织法》第 36 条第 1 款规定:“村民委员会或者村民委员会成员作出的决定侵害村民合法权益的,受侵害的村民可以申请人民法院予以撤销,责任人依法承担法律责任。”最高人民法院《民事案件案由规定》(法〔2011〕41 号,已被修改)在“所有权纠纷”中将“侵害集体经济组织成员权益纠纷”作为独立案由加以规定,此种直接诉讼的案由主要针对原《物权法》第 63 条第 2 款所规定的农民集体成员权直接受侵害的案件,而非因侵害农民集体所有权致使农民间接受损害的案件。撤销之诉的判决具有局限性,其只能撤销“农村集体经济组织、村民委员会或者其负责人作出的决定”,不能代替“农村集体经济组织、村民委员会或者其负责人”径行另作决定或者直接作出农民集体向集体成员为某种给付的给付判决,以防过度介入村民自治。如根据最高人民法院《关于审理涉及农村土地承包纠纷案件适用法律问题的解释》(法释〔2020〕17 号)第 1 条的规定,对承包地征收补偿费用分配纠纷,人民法院应当依法予以受理,集体经济组织成员就用于分配的土地补偿费数额提起民事诉讼的,人民法院不予受理。

在侵害农民集体所有权致使农民集体成员权间接受损害的情况下,也应当向农民提供相应的救济措施,以防止出现“公地悲剧”的现象。农民集体所

---

〔55〕 韩松:《论农民集体土地所有权的集体成员受益权能》,载《当代法学》2014 年第 1 期。

〔56〕 管洪彦:《村规民约与农民集体成员资格认定》,载陈小君主编:《私法研究》(第 12 卷),法律出版社 2012 年版。

有权类似于总有制度。[57] 原《物权法》第63条第1款规定："集体所有的财产受法律保护，禁止任何单位和个人侵占、哄抢、私分、破坏。"《民法典》第265条第1款规定："集体所有的财产受法律保护，禁止任何组织或者个人侵占、哄抢、私分、破坏。"该款属于不完全法条，没有涉及集体所有权受侵害情形下的具体诉讼救济机制。在农民集体所有权受到本集体某成员侵害或者他人侵害时，由本集体代表行使侵权请求权，本集体代表怠于行使时，本集体其他成员为了维护农民集体所有权，可以作为诉讼担当人代位行使农民集体的侵权请求权并提起诉讼，代位诉讼主张的权益归本集体所有。[58] 这是对《公司法》第151条所规定的股东派生诉讼制度的类推借鉴，[59] 也是对我国《民事诉讼法》第122条"原告是与本案有直接利害关系的公民、法人和其他组织"这一起诉条件的有益突破。王利明教授负责在《中国民法典学者建议稿及立法理由》（物权编）中也曾专门设计条文规定农民集体成员派生诉讼制度，该建议稿第766条规定："集体组织的负责人非法侵害集体财产或容忍他人侵害集体财产，集体组织过半数的成员有权以集体的名义在法院起诉，要求对集体财产停止侵害、返还原物、赔偿损失。"[60] 因此，立法论上适宜对该建议稿此条文做立法借鉴，有助于对代表农民集体行使所有权之人不忠实或者不勤勉的侵权行为予以救济。

综上，"保障农民集体经济组织成员权利"要着力做到如下两点：一方面，集体经济组织决议行为直接侵害成员合法权益时，该农民集体成员享有撤销诉权，这有助于纠正农民集体经济组织决议行为可能出现的"多数人暴政"，避免少数派在集体决议行为中"全输"。当然，农民集体成员以农民集体经济组织决议行为违反法律规定的程序为由主张撤销的，法院也应给予支持，对《民法典》第265条第2款应做目的性扩张解释。另一方面，在侵害农民集体所有权致使农民集体成员权间接受损害的情况下，也应当提供农民集体成员派生

---

〔57〕 王利明、周友军：《论我国农村土地权利制度的完善》，载《中国法学》2012年第1期。

〔58〕 韩松：《农民集体所有权和集体成员权益的侵权责任法适用》，载《国家检察官学院学报》2011年第2期。

〔59〕 郭洁：《城中村改造中农民集体财产权救济主体制度的完善》，载《法学》2013年第10期。管洪彦：《农民集体成员派生诉讼的合理性与制度建构》，载《法律科学（西北政法大学学报）》2013年第4期。

〔60〕 王利明：《中国民法典学者建议稿及立法理由》（物权编），法律出版社2005年版，第163页。

诉讼权利的救济措施,但此种侵权行为不属于《民法典》第 261 条第 2 款所规定的“应当依照法定程序经本集体成员决定”的事项,因而决议行为不能满足对侵权行为及时高效矫正的需要,这就属于民法决议行为“力有未逮”之处。

二、业主管理规约与业主大会的决议行为

根据《民法典》第 278、280 条和第 286 条第 1 款规定,在业主的建筑物区分所有权制度背景下,业主大会决定、业主委员会决定等都属于业主决议行为的表现形态,业主管理规约属于业主大会共同决定的事项之一。业主可以制定管理规约这种自治规则以规范区分所有建筑物的管理、使用乃至所有关系。[61]经由业主大会表决通过的业主管理规约与业主大会决议行为的区分是一个疑难问题,[62]笔者认为业主大会决定和业主管理规约形异实同,二者在适用范围和表决规则等形式问题上有所不同,而在法律性质上则有实质相同之处。具体如下:

首先,业主大会决定和业主管理规约的适用范围(决定事项)不同。业主大会决议事项为《民法典》第 278 条第 1 款所规定的“有关共有和共同管理权利”的重大事项。业主通过共同决定制定管理规约,就“建筑物及其附属设施”作出协调安排,以实现业主自治。根据《民法典》第 283 条规定,业主管理规约可以对建筑物及其附属设施费用分摊和收益分配等事项进行约定。据此,有学者总结,管理规约通常包括两个部分的事项,一方面,针对物的共同管理,特别是对建筑物及其附属设施的使用和维护等问题,全体业主可以在管理规约中约定一楼的业主不承担电梯、楼梯的日常维护费用。[63] 另一方面,针对业主行为作出规范,如根据《民法典》第 286 条规定,管理规约作出关于饲养动物、违章搭建、侵占通道、拒付物业费等问题的约定。[64]

业主还可以通过管理规约对专有权的行使作出限制,以避免业主在行使专有权过程中产生负外部性。有学者指出:“由于专有权具有客体上的非独立性、主体间的团体性以及内容上的差异性,业主在权利的行使中不可能享有和传统所有权一样的排他的、全面的支配权……作为团体性权利,业主专有权因

---

〔61〕 陈华彬:《论区分所有建筑物的管理规约》,载《现代法学》2011 年第 4 期。

〔62〕 《德国住宅所有权与长期居住权法》以对住宅所有权的“规范使用”作为划分标准,凡可划入“规范使用”的,可以通过决议决定,凡超出的,则必须经过约定(管理规约)。

〔63〕 王轶:《〈物权法〉的任意性规范及其适用》,载《法律适用》2007 年第 5 期。

〔64〕 王利明:《物权法研究》(上卷,第 2 版),中国人民大学出版社 2007 年版,第 630 ~631 页。

团体利益而受到限制,是业主选择自由下的产物,符合其根本利益,并体现了业主的共同意志……专有权有别于传统所有权,对专有权的限制并不违背保护所有权的理念。为业主团体利益限制业主专有权,是团体利益优先于个体利益的团体法规则的体现。”[65] 如管理规约中禁止封闭阳台的条款,对业主就其专有部分进行租赁的必要控制,对经营性用房统一经营方式的约款,根据《民法典》第 279 条规定作出的对“住改商”的约款。

其次,业主大会决定和业主管理规约的表决规则不同。管理规约“应当由专有部分面积占比三分之二以上的业主且人数占比三分之二以上的业主参与表决,经参与表决专有部分面积过半数的业主且参与表决人数过半数的业主同意”。业主大会决议行为则须区分决议事项以分别适用《民法典》第 278 条第 2 款所规定的多数决规则:“业主共同决定事项,应当由专有部分面积占比三分之二以上的业主且人数占比三分之二以上的业主参与表决。决定前款第六项至第八项规定的事项,应当经参与表决专有部分面积四分之三以上的业主且参与表决人数四分之三以上的业主同意。决定前款其他事项,应当经参与表决专有部分面积过半数的业主且参与表决人数过半数的业主同意。”

再次,笔者认为,业主管理规约和业主大会决定的法律性质均属于决议行为。我国民法学界通说认为,业主大会决定和业主管理规约的法律性质不同,业主管理规约属于民事法律行为中的共同行为。[66] 实际上,我国台湾地区学者将管理规约归属于共同行为的核心原因是,我国台湾地区民法学界通说采取了广义的共同行为之概念,未将决议行为从共同行为中分离出来,我国大陆民法学界对此不宜趋同。业主大会通过多数决达成的决定和通过的管理规约对全体业主都具有法律约束力,其与农民集体决议及公司决议类似,皆属于多方民事法律行为中的决议行为。多数决规则有利于保障多数业主意思表示顺利作出、提高决议效率、避免久议不决。管理规约的制定和共同决定的作出都是对业主成员权的具体实现,业主通过共同决定、共同管理也就践行了业主自

---

〔65〕 尤佳:《团体法视角下的建筑物区分所有权研究》,中国人民大学 2013 年博士学位论文,第 77～78 页。

〔66〕 王泽鉴:《民法物权》,北京大学出版社 2009 年版,第 181 页;谢在全:《民法物权论》(上册,第 5 版),中国政法大学出版社 2011 年版,第 256～259 页;王利明:《物权法研究》(上卷,第 2 版),中国人民大学出版社 2007 年版,第 630 页;陈华彬:《业主的建筑物区分所有权——评〈物权法草案〉第六章》,载《中外法学》2006 年第 1 期。

治原则。

业主依照法律规定和业主大会议事规则共同决定重大事项的过程也是一个典型的民主决策过程。在建筑物区分所有权背景下,业主大会决议行为对传统民法中的诸多基本概念提供了发展契机,如团体法效率视角与区分所有权制度、业主大会和业主委员会与民事主体制度及诉讼主体制度、决议行为与民事法律行为的类型区分、决议行为的成立与效力判断、业主管理规约与其他类似决议行为法律规则之间的类推适用(如公司决议、农民集体成员决定)。作为决议行为的具体形态,业主管理规约及业主大会决定的主要法律特点包括:(1)管理规约及业主大会决定具有超越业主个体意思的团体意思特点,管理规约及业主大会决定中业主的意思表示并不要求像共同行为那样具有方向上的高度一致性。(2)管理规约及业主大会决定的效力取决于其决策过程是否依法采取多数决规则,在管理规约及业主大会决定作出的过程中,单个业主具体意思表示的瑕疵原则上不影响管理规约及业主大会决定的法律效力,除非其达到影响多数决的程度。(3)管理规约及业主大会决定对于现有全体业主和未参与决策的后加入业主都具有法律约束力。(4)司法对管理规约等决议行为的效力审查具有法定有限性,只要作为决议行为自治机制的召集程序、表决方式和决议内容合法,此决议行为就不进入司法审查的范围,以确保依法自治和健康发展的有机结合,避免司法过度介入业主自治。

最后,需要注意的是,业主大会或者业主委员会经由多数决作出的共同决定有可能损害少数业主的权益,有可能出现利用"少数服从多数"的民主程序来剥夺、践踏少数人权益的民主悖论现象,[67]形成"多数人暴政"。这就需要讨论在业主共同决定过程中对少数业主权益的保护机制,具体如下:

一方面,受侵害的业主享有对业主大会或者业主委员会决定的撤销权。《民法典》第280条规定:"业主大会或者业主委员会的决定,对业主具有法律约束力。业主大会或者业主委员会作出的决定侵害业主合法权益的,受侵害的业主可以请求人民法院予以撤销。"[68]有学者指出:"考虑到管理规约由业

---

[67] 姚辉:《〈物权法〉上的业主撤销权及其适用》,载《法学论坛》2009年第6期。

[68] 有学者指出:"从未来立法层面而言,相关立法应当确立赋予异议业主利益补偿制度,赋予因共同决而个体利益受损的业主向其他业主的补偿请求权;从当前司法层面而言,法官应积极引导异议业主以补偿诉请替代撤销诉请。"尤佳:《团体法视角下的建筑物区分所有权研究》,中国人民大学2013年博士学位论文,第141页。

主大会制定修改,所以‘业主大会所作决定’应作体系解释,既指一般的业主大会决议,也包括管理规约在内。”[69]笔者认为,就该条“作出的决定侵害业主合法权益的”一语也应该做目的性扩张解释,侵害包括直接侵害和间接侵害。最高人民法院《关于审理建筑物区分所有权纠纷案件适用法律若干问题的解释》(法释〔2020〕17号)第12条规定:“业主以业主大会或者业主委员会作出的决定侵害其合法权益或者违反了法律规定的程序为由,依据民法典第二百八十条第二款的规定请求人民法院撤销该决定的,应当在知道或者应当知道业主大会或者业主委员会作出决定之日起一年内行使。”可见,管理规约等决议行为可能基于程序违法被撤销,也可能基于实体侵权而被撤销;为了防止法院等裁判机关过多将其意思“带入”管理规约之中,法院对管理规约的效力审查应该以程序审查为主,实体审查为辅。政府意志的合法性来自民主程序。民主程序表现为,赋予所有利益相关者在决策程序中享有充分参与、自由表达、磋商争论的权利。罗尔斯则认为:“我们不能因为一种特殊结果是在遵循一种公平的程序中达到的就说它是正义的。”[70]“团体决议的效力基础在于其形成中对于程序要件的满足,但程序上的满足并不意味着正义的彻底实现。”[71]

另一方面,业主大会或者业主委员会“有关共有和共同管理权利的其他重大事项”范围也具有限定性,不能通过业主共同决定作出与物业管理无关的决议,以妨碍其他业主的自主选择和基本自由。[72]《物业管理条例》第19条第1款规定:“业主大会、业主委员会应当依法履行职责,不得作出与物业管理无关的决定,不得从事与物业管理无关的活动。”《民法典》第271条也暗含对业主共同管理权利范围的界定,即限于“对专有部分以外的共有部分享有共有和共同管理的权利”。可见,市民社会生活中的多数决事项“一般限于共同体特有

〔69〕尤佳:《团体法视角下的建筑物区分所有权研究》,中国人民大学2013年博士学位论文,第145页。

〔70〕[美]罗尔斯:《正义论》,李少军、杜丽燕、张虹译,台北,桂冠图书股份有限公司2003年版,第67页。

〔71〕尤佳:《团体法视角下的建筑物区分所有权研究》,中国人民大学2013年博士学位论文,第135页。

〔72〕王利明:《论商铺业主的专有权及其行使》,载《法学论坛》2009年第6期。

的公共事务，排除就个人事务进行多数决，以禁止多数意志替代个人选择”，[73]“非为业主共同决定事项，除非全体业主同意，不能依多数决来侵害少数业主的专有权”。[74] 当然，如上所述，笔者认为，单纯对《民法典》第 271 条后段和第 278 条第 1 款第 9 项做文义解释，将管理规约的适用范围严格限缩为“对专有部分以外的共有部分享有共有和共同管理的权利”，与《民法典》物权编第 6 章体系解释的结论不符，如该法第 279、286 条等条文中都体现出对业主专有部分专有权的必要限制。[75]

综上，业主大会决定和业主管理规约均属于决议行为，二者在适用范围和表决规则等形式问题上有所不同，实际上决议行为的不同类型在这两方面均有差异；但业主大会通过多数决达成的决定和通过的管理规约对全体业主都具有法律约束力，这符合决议行为的根本特征，使其在法律性质上实归同类。业主大会或者业主委员会作出的决定或者通过的管理规约侵害业主合法权益的，受侵害的业主享有撤销诉权，这与农民集体决议行为情况类似，属于决议行为问题上的共通经验。当然，鉴于业主大会和业主委员会在民事责任的承担上不具有独立性，相关决议直接侵害业主大会或者业主委员会合法权益时，最终后果仍须由业主来承担，所以此时不必再设业主的派生诉讼，其可以直接行使撤销诉权。

三、公司决议行为法律规则的先进经验

如上所述，我国《公司法》第 2 章第 1 节和第 4 章第 1 节所规范的公司设立行为属于共同行为，而设立行为中的出资瑕疵则被视为违约行为。公司设立中的发起人意思表示方向并行、目标一致、内容相同、责任连带，公司发起人彼此之间不存在互相给付义务，发起人按期足额缴纳所认缴出资等义务的共同预期效果是公司的成立。发起人不履行出资缴纳义务的，应当向其他发起人承担违约责任、向成立后的公司承担出资补缴责任等。[76] 《公司法》第 79 条

---

〔73〕 华燕：《论社会多数决的适用——基于公寓大厦管理立法展开》，载《法制与社会发展》2012 年第 3 期。

〔74〕 高圣平：《论业主自治的边界》，载《法学论坛》2009 年第 6 期。

〔75〕 尤佳：《团体法视角下的建筑物区分所有权研究》，中国人民大学 2013 年博士学位论文，第 144 ~ 145 页。

〔76〕 参见我国《公司法》第 28 条第 2 款、第 30 条、第 83 条第 2 款、第 93 条等规定，另参见 2010 年 12 月 6 日通过的《公司法司法解释三》第 13 条第 1 款。

第 2 款规定："发起人应当签订发起人协议，明确各自在公司设立过程中的权利和义务。"发起人协议更是公司设立中典型的共同行为。

笔者认为，对作为公司组织和行为自治性规则的公司章程的法律性质，应该做类型化的分析。第一，根据《公司法》第 23 条规定，设立有限责任公司，应当由"股东共同制定公司章程"，可见，股东共同制定公司章程属于有限责任公司设立行为中的重要内容，有限责任公司的章程也就同属于共同行为。《公司法》第 25 条第 2 款规定："股东应当在公司章程上签名、盖章。"据此，有限责任公司的章程自股东签字、盖章时生效。通过股权转让方式成为有限责任公司股东的，该股东基于股权受让而推定其对公司章程一并同意，据此仍不影响有限责任公司共同行为的法律性质。第二，设立股份有限公司，应当由"发起人制订公司章程，采用募集方式设立的经创立大会通过"。募集方式设立股份有限公司时，公司章程必须经出席创立大会会议的认股人所持表决权过半数通过。公司章程一经创立大会通过即产生法律约束力。因此，经发起方式设立股份有限公司的章程属于采取全体一致决的共同行为，经募集方式设立股份有限公司的章程属于采取多数决的决议行为。第三，股东会根据《公司法》第 37、43 条修改公司章程的决定或者股东大会根据该法第 103 条修改公司章程的决定均属于决议行为，公司章程的修改规则和修改行为的性质有别于成立公司时签署章程的行为。

作为组织体，公司的团体意思无法自动形成或者实现，而须由公司内部集体决策(collective decision)产生并由公司的法定代表人或者代理人代为实现。公司机关通过决议行为产生公司团体意思，具体表现为股东会决议、董事会决议和监事会决议等。在公司作出决议行为过程中，每位表决权人根据自己的意思单独行使权利，决议所形成的公司意思则采取多数决原则，少数派意思被多数派意思所吸收。公司决议一旦形成，决议对投反对票的表决权人也有法律约束力。公司决议中的多数决是一种形式上的平等，公司决议的最终形成会带来全有或全无式的利益分野，这就对少数派表决权人不公平，为此需要制定保护少数派表决权人特别是少数派股东的措施，如公司决议无效或者可撤销之诉、少数股东异议权、股东派生诉权等。

《公司法》对公司决议行为法律控制的先进经验主要表现为两个方面：一方面，《公司法》详细规定了每种决议行为的召集程序、决议事项(相应公司机关的职权，经决议程序可转化为决议行为的内容)、议事方式、表决程序等技术规则,农民集体决议及业主大会决定等决议行为法律规则可以从此有所借鉴。另一方面,《公司法》还规定了对公司决议的事后控制措施,即公司决议效力瑕疵情形时的无效或者可撤销之诉。公司决议行为作为团体法的产物,对其效力控制不能完全采取合同行为或者民事法律行为效力瑕疵的一般性规定,否则势必会导致团体法律关系的不稳定,进而影响利害关系人的利益。[77]

我国原《合同法》第 3 章对已成立合同的效力瑕疵规定了如下情形:未生效合同、可变更可撤销合同、效力待定合同、无效合同。《公司法》第 22 条就公司决议行为的法律效力瑕疵规定了可撤销和无效两种情形:"公司股东会或者股东大会、董事会的决议内容违反法律、行政法规的无效。股东会或者股东大会、董事会的会议召集程序、表决方式违反法律、行政法规或者公司章程,或者决议内容违反公司章程的,股东可以自决议作出之日起六十日内,请求人民法院撤销。股东依照前款规定提起诉讼的,人民法院可以应公司的请求,要求股东提供相应担保。公司根据股东会或者股东大会、董事会决议已办理变更登记的,人民法院宣告该决议无效或者撤销该决议后,公司应当向公司登记机关申请撤销变更登记。"据此,公司决议行为效力瑕疵事由法定化,可以避免司法过度介入公司股东会或者股东大会、董事会的自治判断。[78] 《公司法》第 22 条与《民法典》第 265、280 条所规定的决议行为效力判断规则不尽相同,《公司法》第 22 条规定的公司决议无效或者可撤销之诉不以股东合法权益受到相关决议行为的侵害为要件,《民法典》第 265、280 条分别侧重对农民集体决定侵害集体成员合法权益、业主大会决定侵害业主合法权益时的实体权利救济,[79] 对农民集体决定、业主大会决定本身因为召集程序、表决方式等带来的效力瑕

---

〔77〕 施天涛:《公司法论》(第 2 版),法律出版社 2006 年版,第 373 页。

〔78〕 李某军诉上海佳动力环保科技有限公司公司决议撤销纠纷案,最高人民法院指导案例 10 号(2012 年)最高人民法院审判委员会讨论通过,2012 年 9 月 18 日发布。该案裁判要点为:"人民法院在审理公司决议撤销纠纷案件中应当审查:会议召集程序、表决方式是否违反法律、行政法规或者公司章程,以及决议内容是否违反公司章程。在未违反上述规定的前提下,解聘总经理职务的决议所依据的事实是否属实,理由是否成立,不属于司法审查范围。"

〔79〕 有学者指出:"《物权法》第 78 条对业主大会与业主委员会决议的撤销权以'侵害业主合法权益'作为标准,直接借鉴了《合同法》第 54 条关于意思表示不真实撤销权由受害方提起的规定。"参见许中缘:《论意思表示瑕疵的共同法律行为——以社团决议撤销为研究视角》,载《中国法学》2013 年第 6 期。

疵规定付之阙如,[80]鉴于该三处条文均涉及所谓公司、农民集体、全体业主的“群体利益”与股东、农民集体成员、单个业主的“私人利益”之间的利益冲突,同类情形下采取不同处理规则的正当性依据何在,值得进一步探讨。对此,笔者认为立法论上适宜借鉴公司决议瑕疵的立法经验对农民集体成员决定和业主大会决定的效力瑕疵作出补充规定。当然,《公司法》第22条对公司决议行为法律效力的规定也存在应该完善之处,公司决议行为效力瑕疵类型和效力瑕疵事由的规定都须与合同效力规定作适当的对比区分和进一步完善。

综上,基于农村集体成员决议行为与业主大会决定、管理规约及公司决议行为之间在“事物本质”上的类似性,在立法上,其他类型决议行为法律规则应该对公司决议行为先进法律规则进行借鉴,司法上也存在类推适用公司决议行为先进法律规则的可能性。

第四节 小 结

一、从民法解释论的角度看决议行为的共同法律特征

结合农民集体决定、业主管理规约、公司决议行为等民法决议行为的具体类型,特别是根据法律实践领域规则较为完善的公司决议行为,可以总结出决议行为的共同法律特征。

第一,就民法决议行为的适用范围而言,一方面,决议行为多见于团体法(Vereinsrecht)领域,主要调整团体组织内部法律关系,不调整团体组织与第三人之间的外部法律关系。“决议通常仅就法人或其他组织的内部事务作出决断,并不调整法人或其他组织与第三人之间的关系。”[81]团体组织与第三人之间的外部财产法律关系主要通过合同行为的方式来调整。另一方面,决议行为能否作出对社团成员的“处罚”安排?这涉及社团是否具有“处罚”权利这一

[80] 最高人民法院《关于审理建筑物区分所有权纠纷案件适用法律若干问题的解释》第12条属于例外规定。

[81] 王利明主编:《民法》(第5版),中国人民大学出版社2010年版,第104页。Vgl. Karl Larenz, Manfred Wolf, Allgemeiner Teil des Bürgerlichen Rechts, C. H. Beck München 2004, §23, Rdn. 21. S. 407f.

存在激烈争论的话题,[82] 笔者认为对此需要在社团自治(Vereinsautonomie)和社员权利保护之间进行平衡,就实定法中对社员行为的既有法律责任制度(如《民法典》第 286 条第 2 款和第 3 款等),社团决议行为可以据此进行具体化。[83] 社团依照民主议定程序和多数决规则通过决议新创设所谓的“社团处罚措施”或“社团罚”(Vereinsstrafen),“不得与宪法、法律、法规和国家的政策相抵触,不得有侵犯村民的人身权利、民主权利和合法财产权利的内容”。[84]

第二,从民法决议行为意思表示受领人的角度看,在民法决议行为过程中,社团成员的意思表示并非针对其他成员作出,而是针对社团法人或者有关意思形成机关(an das Gremium)作出。[85] 根据法人实在说中的“组织体说”,社团法人的行为能力和社团意志通常由其社团机关来实现,法人机关的行为视同法人的行为,决议行为是社团机关意思的形成方式。

第三,从民法决议行为的表决机制和法律约束力角度看,民法决议行为的团体意思高于决议行为主体的个体意思。“社团决议行为对那些没有对决议表示同意的社团成员也能够产生约束力”,[86] 在民主多数决的决议行为表决规则之下,无论决议行为个体是否参加表决会议,无论个体在表决会议上是否赞成决议内容,一旦决议作出,只要该决议不存在违反章程约定或者违反法律、行政法规的效力性强制性规定的情形,有表决权的个体都得遵守表决权全体作出的决议。[87] 为保护民主多数决机制中少数人利益,可以向对社团决议持异议的成员提供退股自由、股份回购请求权等其他相应的救济机制。正如谢在全先生所指出的:“于团体自律(或通说之团体自治),理论上团体之意思

---

〔82〕 See Vgl. Dieter Medicus, Allgemeiner Teil des BGB, 9. neu bearbeitete Aufl., 2006 C. F. Müller Verlag Heidelberg, §66, Rdn. 1120. S. 440.

〔83〕 宋某国与山东龙兴化工机械集团有限公司股权确认纠纷上诉案,载吴庆宝主编:《权威点评最高法院公司法指导案例》,中国法制出版社 2010 年版。

〔84〕 《村民委员会组织法》第 27 条第 2 款规定。另参见南京安盛财务顾问有限公司诉祝某股东会决议罚款纠纷案,载《最高人民法院公报》2012 年第 10 期。

〔85〕 Vgl. Dieter Medicus, Allgemeiner Teil des BGB, 9. neu bearbeitete Aufl., 2006 C. F. Müller Verlag Heidelberg, §19, Rdn. 205. S. 88. Karl Larenz, Manfred Wolf, Allgemeiner Teil des Bürgerlichen Rechts, C. H. Beck München 2004, §23, Rdn. 20. S. 407.

〔86〕 Dieter Medicus, Allgemeiner Teil des BGB, 9. neu bearbeitete Aufl., 2006 C. F. Müller Verlag Heidelberg, §19, Rdn. 205. S. 88.

〔87〕 王利明主编:《民法》(第 5 版),中国人民大学出版社 2010 年版,第 104 页。Vgl. Karl Larenz, Manfred Wolf, Allgemeiner Teil des Bürgerlichen Rechts, C. H. Beck München 2004, §23, Rdn. 22. S. 408.

决定如欲拘束团体之全体构成员,则应有全体一致之决议始可,然则坚持此项理论,团体自律将无从实现,因而乃道入团体法上之多数决原则,以强化决议之拘束力。而此项多数决原则之基本根据系以个人得以自己之意思自由加入团体、并有退出之自由。"[88]可见,决议行为是团体法的产物,而非个体主义方法论的结果,多数决所集合的每一个个体意思表示失去其独立性,多数决得出的团体意思凌驾于个体意思之上。

第四,对决议行为司法审查(Gerichtliche Überprüfung)的必要性和限制性。如某社团章程第13条规定:"会员退会应书面通知本会,并交回会员证。会员如果1年不交纳会费或无故不参加本会活动的,视为自动退会。"该章程第14条规定:"会员如有严重违反本章程的行为,经理事会或常务理事会表决通过,予以除名。"据此,该社团会员退会方式就包括自愿退会、自动退会和除名退会,对该社团理事会或者常务理事会作出的针对某会员的除名决议,[89]本着社团自治的原则,可以归因于社员对章程的同意,司法原则上对之不宜介入,除非决议行为程序违法或者存在侵犯社员合法民事权利的实质理由。正如有学者所言:"社会成员在加入团体后,个人权利必然受到减损或者限制,成员保留了诸如人格独立以及财产权利等最基本权利,并换取了对团体事务的参与权。"[90]

综上,民法决议行为是团体法的产物,是对个体主义方法论的补充。民法决议行为强调正当程序原则,民法应该赋予决议行为应有的地位,民法也应该赋予决议行为的程序规范应有的地位。决议行为是社团成员形成团体内部意思(Der-innerorganisatorischen Willensbildung)、处理内部法律关系、行使社团自治的重要工具,但决议行为并非独立王国的自由意志,民法应对决议行为做必要的审查,以防止多数人意思僭越而成为团体意思,也防止多数人打着团体的旗号侵害团体利益或者少数人的合法权益。

二、从民法立法论的角度看决议行为的共通法律规则

结合民法决议行为的上述典型类型和共同法律特征,从立法论上看,民法

---

[88] 谢在全:《民法物权论》(上册,第5版),中国政法大学出版社2011年版,第256~257页。

[89] 李新玲:《学术团体中的"另类":"开除"13名理事》,载《中国青年报》2011年12月8日,第11版。另参见2004年3月20日起施行的《律师协会会员违规行为处分规则(试行)》第20、57、65条等规定。

[90] 叶林:《私法权利的转型——一个团体法视角的观察》,载《法学家》2010年第4期。

决议行为的共通法律规则应该包括如下基本问题:第一,民法决议行为共通法律规则的体系位置。第二,民法决议行为共通法律规则的主要内容:决议事项、决议主体、决议表决机制、决议行为的成立和生效要件、对违法决议行为的矫正措施等。

从民法决议行为共通法律规则的体系位置来看,比较法上的代表性做法是《德国民法典》将决议行为的一般规则置于总则"社团法人"制度之中加以规定,如该法第27、28、32、33、34、35条等。[91] 笔者认为,这与该法中业主大会等其他团体法规则相对缺位有关。随着社会的变迁,德国民事立法也逐渐出现"碎片化"的现象,如1951年3月20日生效的《德国住宅所有权与长期居住权法》就弥补了《德国民法典》未规定业主大会决议行为的漏洞。民法决议行为共通法律规则在传统民法典总则编地位不彰,这也显示出团体法思维在传统民法典立法中的影响有限,因为传统民事法律行为规则主要是在个体主义方法论指引下的单方法律行为和双方法律行为规则。

在《民法典》编纂过程中,笔者曾建议应该将民法决议行为共通法律规则置于我国《民法典》总则编"民事法律行为"一章之中,而非"法人"一章。作为民法共通性法律规则,民法决议行为主要发生于团体法领域,但不仅限于社团法人决议过程中,其他不以社团法人形式存在的农民集体、业主大会等团体中也存在通过决议行为形成团体意思的必要,因此,应该在团体法思维和民商合一立法体例指导下,将决议行为相关共通性规则一并"提取公因式"规定于"民事法律行为"一章之中,以便为各类团体决议行为提供一般性的法律规则,避免立法的过度"碎片化"。虽如上文所述,民法决议行为的共通性法律规则的主要内容包括决议事项、决议主体、决议表决机制、决议行为的成立和生效要件、对违法决议行为的矫正措施等,但在"民事法律行为"一章要总结性规定决议行为的共通规则,不适宜将上述共通内容一并规定,毕竟不同团体中的决议

---

[91] 有学者指出:"我国对共同行为的规定,呈现出立法的'碎片化'……为迎合民商合一立法体例的要求,我国未来民法典应该在民法总则中确立共同行为特别是决议的相关规则,以规范共同行为。"参见许中缘:《论意思表示瑕疵的共同法律行为——以社团决议撤销为研究视角》,载《中国法学》2013年第6期。该文所示"共同行为"即为笔者在本书所使用的"决议行为",但该文并未对我国《民法典》中的共同行为法律规则的体系位置和具体内容作出设计,是一大遗憾。笔者主张区分决议行为和共同行为,并对《民法典》总则编中的决议行为法律规则提出具体设计方案。

事项、决议主体(人数比例等)有所不同,应该结合具体团体类型进行个别性的立法规定。

笔者认为,结合我国决议行为现行分散在民法商法立法中的既有具体经验,在民商合一的立法体例下,《民法典》具体规则应该体现团体法思维,我国《民法典》总则编中“民事法律行为”一章适宜对决议行为中的如下共同内容一并作出规定:〔92〕

第一,就决议行为意思表示的形成机制,《民法典》第××条规定:“决议行为实行少数服从多数的民主决策机制,决议内容依照法律规定或者章程约定的民主议定程序(或者表述为‘议事方式和表决程序’)作出。”〔93〕

第二,就决议行为的生效制度,《民法典》第××条规定:“依法成立的决议行为,自其成立时生效。法律、行政法规另有规定的,依照其规定。”〔94〕“决议行为人有权以决议行为违反法定或者约定的民主议定程序或者民主决策机制为由,请求人民法院撤销该决议。”〔95〕

第三,对决议行为的法律约束力制度,《民法典》第××条规定:“依法成立的决议行为,对所有决议行为人均具有法律约束力。决议行为不论利弊对就决议投反对票或未参与作出决议的行为人亦有法律约束力。决议行为人应当按照决议享有权利、承担义务,不得擅自变更或者解除决议。”〔96〕“在决议行为作出过程中单个决议行为人具体意思表示的瑕疵原则上不影响决议行为的法律效力,除非其达到影响多数决的程度。”

---

〔92〕王雷:《论民法中的决议行为——从农民集体决议、业主管理规约到公司决议》,载《中外法学》2015 年第 1 期。

〔93〕可资借鉴的规定如《村民委员会组织法》第 29 条、最高人民法院《关于审理涉及农村土地承包纠纷案件适用法律问题的解释》第 22 条第 1 句、《公司法》第 43 条第 1 款等规定。

〔94〕如果对民事法律行为的一般生效要件有此类似规定,则决议行为部分可不必再次重复。可资借鉴的规定如原《合同法》第 44 条。

〔95〕可资借鉴的类似做法如最高人民法院《关于审理建筑物区分所有权纠纷案件适用法律若干问题的解释》第 12 条规定。

〔96〕如果对民事法律行为的法律约束力有此类似规定,则决议行为部分可不必再做重复。可资借鉴的规定如原《合同法》第 8 条第 1 款、原《民法通则》第 57 条规定。《德国住宅所有权与长期居住权法》第 10 条第 4 款规定:“对于依照本法或依照住宅所有权人的约定可以通过投票多数作出决议的事项,在以此种多数通过的决议基础上就此类事项作出法律上的行为的,不论利弊也对对决议投反对票或未参与作出决议的住宅所有权人有效。”

第四,对权益受侵害的少数派决议行为人的法律救济制度,《民法典》第××条规定:“决议行为侵害决议行为人合法权益的,受侵害的决议行为人可以请求人民法院予以撤销,责任人依法承担相应法律责任。”[97]

---

〔97〕 可资借鉴的规定如原《物权法》第63条第2款、《村民委员会组织法》第36条第1款。

第二编　分　　论

第三章

《民法典》总则编中决议行为法律制度的力量与弱点

决议行为是从民事法律行为、多方民事法律行为和共同行为中逐渐发展出来的法律概念，属于团体法上的多方民事法律行为。我国民法教科书中多承认决议行为的独立性，认可决议行为具有独立于共同行为和合同行为的固有属性。[1] 德国学界教科书也多指出："当前主流观点认为决议行为属于法律行为的一种。"[2]原《民法总则》第 134 条将决议行为作为民事法律行为的新类型，连同该法第 69、72、85、95 条等规定，"决议"一词在原《民法总则》中共出现 10 次。原《民法总则》第 81 条第 2 款、第 94 条第 2 款、[3]第 98 条、第 106 条还使用与"决议"同等含义的"决定"8 次。

大陆法系传统民事法律行为调整规则大多是以双方民事法律行为，特别是合同行为为典型原型，对合同行为之外的决议行为等其他民事法律行为以及对身份法律行为的关照回应不足。[4] 原《民法总则》第 134 条第 2 款规定了决议行为的成立要件，成为该法决议行为法律制度的核心条款，因此亟须以原《民法总则》第 134 条第 2 款(《民法典》第 134 条第 2 款)为中心构建决议行为的民法教义学体系。

决议行为民法教义学体系不仅限于对决议行为具体制度的法律解释和体系化建设，还包括进一步发掘决议行为团体法的法理基础(法哲学基础)。决议行为的民法教义学体系以解释论为主，但也兼及立法论，要对决议行为法律制度进行发现、归类、解释和完善，这就要本着最大善意将决议行为的实定法条文尽可能解释得有意义。

---

〔1〕 王利明主编:《民法》(第 6 版)，中国人民大学出版社 2015 年版，第 99 页；朱庆育:《民法总论》(第 2 版)，北京大学出版社 2016 年版，第 137 ~ 138 页。

〔2〕 Reinhard Bork, Allgemeiner Teil des Bürgerlichen Gesetzbuchs, 4. Auflage, 2016 Mohr Siebeck Tübingen. Rn. 436. S. 173. Vgl. Hans Brox, Wolf – Dietrich Walker, Allgemeiner Teil des BGB, 32 Aufl. Carl Heymanns Verlag 2008. § 5, Rn. 99 – 102. 弗卢梅也认为，多方法律行为主要是合同，与合同相关联的尚有共同行为、决议和协议。参见[德]维尔纳·弗卢梅:《法律行为论》，迟颖译，法律出版社 2013 年版，第 160 页。

〔3〕 当然，原《民法总则》第 94 条第 2 款对应捐助法人的法定代表人作出决定时，该决定乃法定代表人一人所为，虽仍是捐助法人的决定，但不属于决议行为。

〔4〕 王雷:《婚姻、收养、监护等有关身份关系协议的法律适用问题——〈合同法〉第 2 条第 2 款的解释论》，载《广东社会科学》2017 年第 6 期。

第一节　决议行为是民事法律行为的新类型

一、决议行为属于民事法律行为

笔者曾对决议行为做如下定义:“决议行为是指多个民事主体在表达其意思表示的基础上根据法律规定或者章程约定的表决规则作出决定的民事行为。”〔5〕现在看来,该定义须进一步完善,笔者认为对决议行为更为妥当的定义是:决议行为是多个民事主体在表达其意思表示的基础上,根据法律或者章程等规定的议事方式和表决程序为形成团体意思而作出的民事法律行为。常见的决议行为包括农民集体决议、业主大会或业主委员会决议、按份共有人之间的决议、合伙企业决议、农民专业合作社决议、公司决议、捐助法人决议、企业破产法上的债权人会议决议等。

笔者对决议行为的新定义作如下解释:第一,新定义可以更好地与《民法典》第134条第2款衔接。第二,新定义突出决议行为的团体性和程序性这两大核心特点,决议行为是在集合团体成员个体意思表示的基础上按照决议行为的特定程序而形成的团体意思。该定义中的“多个民事主体”即决议行为的主体,是指每个表决权人,但作为团体内部意思形成机制,多个表决权人行使表决权的对象则是团体内部设立的股东会、股东大会、董事会、业主大会、村民代表会议、村民会议等。经由团体内部设立的这些机构来集合每个表决权人的个体意思,以形成团体意思。〔6〕“决议不同于合同,人们通过决议共同形成统一的意思,而不论是为法人(例如协会)还是自身不能被视为法人的共同体(例如第705条以下各条的合伙、第741条以下各条的共同关系)的设立所形成的统一意思都不属于合同。”〔7〕第三,新定义中强调“根据法律或者章程等

---

〔5〕王雷:《论民法中的决议行为——从农民集体决议、业主管理规约到公司决议》,载《中外法学》2015年第1期。

〔6〕每个表决权人行使表决权作出的即为意思表示,德国学者卡纳里斯认为,在(私法上的)社团内部进行投票达成多数决议时,社团各成员作出的即为单方意思表示。参见[德]克劳斯－威廉·卡纳里斯:《民法典总则的功能及其作用的限度》,陈大创译,载张双根、田士永、朱庆育等主编:《中德私法研究》(第10卷),北京大学出版社2014年版。

〔7〕[德]维尔纳·弗卢梅:《法律行为论》,迟颖译,法律出版社2013年版,第721页。

规定的议事方式和表决程序”，除法律或者章程之外，合伙协议、管理规约、村民自治章程、村规民约等均为适例。〔8〕

对决议行为的法律定性，学界存在法律行为说和意思形成说的对立观点。在原《民法总则》颁布之前，我国学者就有此争议。原《民法总则》颁布后，争议仍未停止，仍有部分学者对决议行为的法律定性存在疑虑。如有学者认为：“并非所有的决议行为都是民事法律行为。有一些决议行为仅处理法人、非法人组织的内部事务（例如决定董事长人选），并不产生设立、变更、终止民事法律关系的效果，则不属于严格意义上的民事法律行为。”〔9〕有学者指出：“多方行为属于民事法律行为的一种类型，而决议行为则不应当属于民事法律行为。”〔10〕有学者认为：“公司决议是商行为，不是民事法律行为，不能适用意思表示规则。”〔11〕“与单方法律行为有着本质区别的决议，则并非由多个意思表示组成，亦非法律行为的下位概念，不应适用法律行为规则。”〔12〕“有关意思表示和法律行为的规定只能适用于表决，尤应注意不可适用于决议……应将决议作为单独的行为类型，独立于法律行为之外。”〔13〕

笔者认为，根据原《民法总则》第133条和《民法典》第133条规定，民事法律行为并非均须对外产生法律约束力，类似于有关公司董事长人选的决议虽然只对公司内部具有法律约束力，但仍然属于引起民事法律关系变动的民事法律行为，不能因为决议行为效力的内部指向性而否定其民事法律行为属性。公司决议以内部事项为主，“公司通过股东会对变更公司章程内容、决定股权

〔8〕 2015年4月20日至5月20日，就中国法学会民法典编纂项目领导小组和中国法学会民法学研究会组织撰写的《中华人民共和国民法典·民法总则专家建议稿（征求意见稿）》公开征求意见的过程中，崔建远教授曾建议将决议行为的依据扩及合伙协议。

〔9〕 张新宝：《〈中华人民共和国民法总则〉释义》，中国人民大学出版社2017年版，第266～267页。

〔10〕 王利明主编：《中华人民共和国民法总则详解》，中国法制出版社2017年版，第580页。

〔11〕 范健教授2020年10月15日在中国法学会商法学研究会主办的“公司法修改巡回论坛”第五场——“公司决议及其法律效力与公司法修改”上表达的观点，参见中国法学会商法学研究会：《【纪实】公司决议及其法律效力与公司法修改｜“公司法修改巡回论坛”第五场》，载微信公众号“中国法学会商法学研究会”2020年12月8日，https://mp.weixin.qq.com/s/tneGpco-jjOr6TnYkpXQrtg。

〔12〕 ［德］罗士安、汉娜·史密茨：《单方法律行为与决议的特征》，胡强芝译，载王洪亮、田士永、张双根等主编：《中德私法研究》（第19卷），北京大学出版社2020年版。

〔13〕 ［德］罗士安、汉娜·史密茨：《单方法律行为与决议的特征》，胡强芝译，载王洪亮、田士永、张双根等主编：《中德私法研究》（第19卷），北京大学出版社2020年版。

转让等事项作出决议,其实质是公司股东通过参加股东会议行使股东权利、决定变更其自身与公司的民事法律关系的过程”。[14] 杜万华法官在最高人民法院《关于适用〈中华人民共和国公司法〉若干问题的规定(四)》(以下简称《公司法司法解释四》)的新闻发布会上指出:“有观点认为,召开会议并作出决议,是公司意志的形成过程,而非公司的意思表示,因此不属于民事法律行为,不存在是否成立的问题。我们认为,原《民法总则》明确将包括公司在内的法人的决议行为,规定在民事法律行为制度中,对此《解释》(笔者注——《公司法司法解释四》)应当严格贯彻。”[15] 有学者指出:“决议作为组织法上特有的民事法律行为,是理解公司组织法上的相关法律关系的一把钥匙,可以说,对于决议的理解,很大程度上决定了人们关于公司组织法的理解……虽然有人对决议的民事法律行为属性表示质疑,但大陆法系民商法学界的主流观点与立法均持肯定说。”[16]“那种认为决议不产生私法效果、仅仅是公司意思的形成机制的简介,是对决议的误解,至少是不全面的,可能其漠视了决议在组织法上产生的私法效果。”[17]“决议行为的实质是团体意思或共同意思形成,此与决议之法律行为性质并无冲突。”[18]

就决议行为所调整的团体内部民事法律关系而言,决议行为甚至在团体内部成员和团体之间产生意定之债法律关系。例如,公司股东会作出的利润分配决议、村集体作出的承包地分配决议、村集体作出的土地补偿费分配决议、村集体作出的其他集体福利分配决议等,均会在团体成员和团体之间产生债的法律关系,对决议行为所引发的债的履行可以参照适用合同履行和违约责任的规定。公司董事会不执行股东会通过的股利分配决议的,公司股东可以提起以公司为被告的股利分配给付之诉。公司一旦作出载明具体分配方案的股利分配决议,就在公司和股东之间形成债权债务关系。就意定之债而言,最典型的就是合同之债。但意定之债是否等同于合同之债?进言之,非合同

---

[14] 张某娟诉江苏万华工贸发展有限公司、万某、吴某亮、毛某伟股东权纠纷案,载《最高人民法院公报》2007 年第 9 期。

[15] 《最高人民法院关于适用〈中华人民共和国公司法〉若干问题的规定(四)》新闻发布会,载最高人民法院 2017 年 8 月 28 日,http://www.court.gov.cn/zixun-xiangqing-57392.html。

[16] 李建伟:《公司法学》(第 4 版),中国人民大学出版社 2018 年版,第 89 页。

[17] 李建伟:《公司法学》(第 4 版),中国人民大学出版社 2018 年版,第 90 页。

[18] 孔洁琼:《决议行为法律性质辨——兼评〈民法总则〉第 134 条第 2 款》,载《南京大学法律评论》2019 年第 1 期。

之债是否等同于法定之债？基于民事法律行为引发的债，是否还包括基于单方民事法律行为引发的债、基于共同行为引发的债和基于决议行为引发的债？合同之债在意定之债中“一枝独大”，当悬赏广告、其他单方允诺都被合同之债“收编”时，单方民事法律行为引发的债都可以被拟制为合同之债。有学者认为，在单方民事法律行为之外，通过法律行为确立的债的关系均为双方或者多方之债的关系，多方行为如合伙协议或者决议等。[19] 就合伙协议而言，其的确属于共同行为，是共同行为引发的债的关系，但《民法典》将“合伙合同”明确纳入合同编，这使合同之债继续保持强势主导地位。此外，不能将债的发生原因局限于合同、侵权行为、无因管理、不当得利，《民法典》第118条第2款还规定了“法律的其他规定”作为兜底，因而决议行为在特定情形下也可以作为引发债权的原因。当然，这并非法定之债，而属于意定之债。民法上的债是指特定当事人之间的请求为特定行为（一定给付）的财产法律关系。决议行为和单方法律行为均可以引发债的产生。《法国民法典》第1100、1100－1、1100－2条未将债的发生原因所对应的法律行为扩及共同行为和决议行为。决议行为的确有可能在团体和团体成员间产生债的关系，此时也存在补充适用债法一般规定的空间。从法律适用的角度看，《公司法》第166条第5款规定：“股东会、股东大会或者董事会违反前款规定，在公司弥补亏损和提取法定公积金之前向股东分配利润的，股东必须将违反规定分配的利润退还公司。”公司违反“无盈不分”原则作出违法分配股利的决议，股东此时承担的就是返还不当得利这一民事责任。如果债权人和公司通过合同约定，限制公司在偿还贷款本息或者提供担保之前分配股利，这就使合同具有组织经济的功能。当公司违反与债权人之间具有组织法功能的合同义务而作出分配股利决议时，该决议效力如何？从《公司法司法解释四》第1条和第4条的规定看，笔者认为不宜赋予公司债权人在组织法上的救济手段，债权人只能追究公司的违约责任。根据《民法典》第468条规定，“非因合同产生的债权债务关系”不仅限于法定之债，还包括合同之债之外的其他意定之债。因决议行为产生的债权债务关系，适用有关该债权债务关系的法律规定；没有规定的，适用《民法典》合同编通则的有关规定，但是根据其性质不能适用的除外。

鉴于决议行为的团体性，决议行为的确具有团体意思形成的特点，但这展

---

〔19〕 王洪亮：《债法总论》，北京大学出版社2016年版，第11页。

现的是决议行为的动态形成过程，作为团体意思形成结果的决议行为本身则属于民事法律行为。即使否认决议行为民事法律行为属性的学者也不得不承认，无论是学理研究还是立法，在决议行为成立和效力瑕疵判断上都受到了民事法律行为制度的影响，因而不能否认决议行为与作为民事法律行为典型形态的合同行为相比有很多特殊性，决议行为特别表现出团体性、程序性和效力的内部指向性特点，这不同于更强调当事人合意性的合同行为。在民商合一的立法体例下，不能因为决议行为的个性而抹杀其作为民事法律行为具体类型的共性。在既有实定法规则下，决议行为是否属于民事法律行为，这属于纯粹民法学问题中的解释选择问题，[20]取决于用何种上位概念指称决议行为这一社会现象，而不同概念指称对应不同法教义学知识体系的构建。对此存在不同争论的根本原因在于持论者观察描述的角度不同：从表决权人内部来看，决议行为是通过民主多数决机制来集合表决权人的个体意思，进而形成团体意思，其依托多数人的智慧；就团体外部第三人角度而言，决议行为作为团体集合而成的意思，代表了团体对外展示出来的一项意思表示，如此就会消弭表决权人个体意思表示的存在空间。强调决议行为的民事法律行为属性，可以在民事法律行为框架下更好地辨析决议行为的共性和个性。

坚持将决议行为定性为“意思形成说”的观点，看到了决议行为的个性，忽略了决议行为作为民事法律行为的共性，实际上犯了“白马非马”之误。本着辩证的眼光，我们既应该看到决议行为的特殊性之所在，又应该关注决议行为作为民事法律行为的普遍性。决议行为民法教义学理论绝非否定决议行为的特殊性，而是致力于回归普遍并总结普遍基础上的特殊。可以说，决议行为是一个普遍和特殊、过程和结果、个体和团体、民法和商法、外部和内部并立而生、关联互动的制度，对其不可只及其一、偏废其他。“如以决议适用法律行为一般规则的某些特殊性来否认、减损其法律行为属性，其谬显然。”[21]

我国台湾地区民法学著述多将决议行为归于共同行为之中，而且多将我

〔20〕 对此类问题的详细讨论方法，参见王轶：《论民事法律事实的类型区分》，载《中国法学》2013年第1期。

〔21〕 李建伟：《决议行为特殊效力规则的民法解释》，载《法学杂志》2021年第7期。

国大陆学理和立法上的合同行为称为“契约行为”,将共同行为称为“合同行为”。[22] 共同行为强调全体一致决,当事人意思表示同向一致;决议行为强调当事人意思表示多数决。共同行为更常发生在具有高度人身信赖关系的共同体之中,如根据我国《民法典》第 1062 条第 2 款规定,夫妻对共同所有的财产应该通过共同行为的方式进行处理;又如根据《合伙企业法》第 19 条规定,合伙协议须经全体合伙人一致同意方可签订,因此合伙协议本身也属于共同行为。

《民法典》第 134 条第 1 款从意思表示数量的角度将民事法律行为区分为单方民事法律行为、双方民事法律行为和多方民事法律行为。《民法典》第 134 条第 2 款则专门规定多方民事法律行为中决议行为的成立要件,决议行为属于多方民事法律行为,但决议行为的成立不必遵循该条第 1 款规定的多方意思表示一致。[23] 因此,《民法典》第 134 条第 1 款规定的多方民事法律行为主要指涉及的就是共同行为。有学者否定共同行为独立存在的意义,认为两人以上实施的合同行为仍以合意为本质,不改变其合同性质,并进而否定多方法律行为存在的必要。[24] 笔者认为,共同行为在强调当事人意思表示一致方面的确与合同行为更为接近,这也正是实定法多将共同行为人彼此之间的法律关系参照最相类似的合同法律规则的原因所在,如我国《公司法》第 28 条第 2 款和第 83 条第 2 款将股东瑕疵出资法律责任定性为违约责任,而公司设立行为实际上属于共同行为。又如,《德国民法典》和我国台湾地区“民法”更是直接将合伙作为具体类型的债加以规定。究竟将共同行为独立于合同行为之外,还是将前者纳入合同行为之中,这本属于纯粹民法学问题中的解释选择问题,涉及共同行为在民法教义学体系上的位置安放问题,不同解释策略并无高下优劣之分。有学者认为,决议行为的法律行为说和意思形成说两种观点关注的侧重点不一样,当认为决议是一种意思形成的时候,更多的是在强调公司

[22] 王泽鉴:《民法总则》,北京大学出版社 2009 年版,第 208 ~ 209 页;林诚二:《民法总则》,法律出版社 2008 年版,第 314 页。史尚宽教授也将决议行为置于合同行为(学者所指称的“共同行为”)类型之下。参见史尚宽:《民法总论》,中国政法大学出版社 2000 年版,第 311 页。

[23] 有学者认为:“决议,一般亦由多个意思表示构成,其特点如下:数个意思表示内容与词句相互一致……”参见梁慧星:《民法总论》(第 5 版),法律出版社 2017 年版,第 166 页。笔者认为,该说法并不准确,决议行为采取多数决的意思表示形成方式,不要求全体意思表示一致。

[24] 陈甦主编:《民法总则评注》,法律出版社 2017 年版,第 953 页。

的团体性，主张这是一个团体的意思。当认为决议是法律行为的时候，关注的视野主要是数量众多的股东或者董事们，所以决议才会被认为是多方法律行为。两种观点只是角度不同而形成了差别。[25] 在我国《民法典》第 134 条既有规定的基础上，应该本着最大善意将实定法条文尽可能解释得有意义，如此一来，更为适宜的解释方法是区分合同行为、共同行为和决议行为，使其各安其位。《民法典》第 134 条第 1 款的多方民事法律行为包括共同行为和决议行为，鉴于决议行为在成立要件上的特殊性，该条第 2 款作为第 1 款的特别规定，就决议行为的成立要件作特别规定。

二、决议行为具有团体性、程序性和内外部法律关系区分性特点

决议行为的团体性首先表现在其发生于团体法领域，包括但不限于法人、非法人组织，在自然人组成的松散式联合体中也有决议行为发挥作用的空间。决议行为是团体自治的工具。在团体机关的组织和召集下，表决权人在表达各自意思表示的基础上形成作为团体意志的决议行为。不同于合同相对性原理，依照法律或者章程规定的议事方式和表决程序作出的决议行为，对团体中未参加表决的成员，甚至是作反对意思表示的成员，均具有法律约束力。表决权人的个体意思表示丧失其独立性，依照多数决形成的意思表示，成为团体单一的意思表示。在团体法思维下，决议行为中少数表决权人的意思表示不具有规范意义，其被淹没在多数决所形成的团体意思之中。

决议行为以程序正义为其法哲学基础，这就不同于以交换正义作为法哲学基础的合同行为。[26] 决议行为的基本价值取向仍然是私法自治，尤其是私

---

〔25〕 伍坚教授 2020 年 10 月 15 日在中国法学会商法学研究会主办的“公司法修改巡回论坛”第五场——“公司决议及其法律效力与公司法修改”上表达的观点，参见中国法学会商法学研究会：《【纪实】公司决议及其法律效力与公司法修改 |“公司法修改巡回论坛”第五场》，载微信公众号“商法学研究会”2020 年 12 月 8 日，https://mp.weixin.qq.com/s/tneGpcojjOr6TnYkpXQrtg。

〔26〕 王雷：《我国民法典总则编的多元正义观》，载《甘肃社会科学》2021 年第 5 期。

法自治下的团体自治,[27]而决议行为实现私法自治的方法则是程序正义。程序正义和私法自治并不矛盾,只是分别从调整方法和基本价值取向的不同侧面来展示决议行为而已。程序正义具体化为正当程序规则,进一步实现了公法价值在民法商法领域的转化运用。决议行为作为团体自治的工具,法律对其审查具有有限性,更侧重对决议行为是否遵循正当程序规则的审查。如"李某军诉上海佳动力环保科技有限公司公司决议撤销纠纷案"中,原告李某军系被告佳动力公司的股东,并担任总经理。公司董事长召集并主持董事会,三位董事均出席,会议形成了鉴于李某军私自动用公司资金炒股,造成巨大损失,现免去其总经理职务等内容的决议。法院认为,该公司的章程未对董事会解聘公司经理的职权作出限制,也未规定解聘公司经理必须要有一定的原因。董事会召集程序、表决方式和决议内容均不违反法律、行政法规和公司章程规定。董事会决议解聘总经理职务的实体原因是否存在,并不影响决议是否可撤销。法院无须审查董事会解聘公司经理的原因决议所依据的事实是否存在。[28] 可见,基于对团体自治的尊重,司法审查不宜过度介入团体自治,而应该本着团体决议行为效力瑕疵事由这一法定原则,在决议行为是否可撤销上,更加强调对决议程序是否违法、决议内容是否违章的判断,而不审查决议内容是否合理或者决议所依据的事实是否属实、理由是否成立。法律支持团体自治、自我约束、自我管理,但法律对团体自治也不能袖手旁观,而要进行正当程序审查。又如,某信鸽协会两名会员因在信鸽竞翔活动中违反相关规范被信鸽协会处罚,分别被开除会员资格和停赛两年。二人认为协会的处罚决定违反了协会章程,故诉至法院,要求信鸽协会为其恢复会员资格并赔偿损失。法院认为,信鸽协会与会员之间系管理与被管理的关系,并非平等主体之间的法

---

〔27〕 例如,《民法典》第72条规定:"清算期间法人存续,但是不得从事与清算无关的活动。法人清算后的剩余财产,根据法人章程的规定或者法人权力机构的决议处理。法律另有规定的,依照其规定。清算结束并完成法人注销登记时,法人终止;依法不需要办理法人登记的,清算结束时,法人终止。"这就为优先清算权的设定提供了法律依据,同时也拓宽了法人章程的个性化设计范围,给法人决议行为提供了更大的自治空间。该条款的设计同样也为上市公司优先股类型的拓展提供了法律依据。参见刘艳艳:《专业解析〈民法总则〉对公司法律业务的七个影响》,载微信公众号"聚法"2017年4月22日,https://mp.weixion.qq.com/s/xWw5qQTDP5Lc27SCrCr4Xg。

〔28〕 李某军诉上海佳动力环保科技有限公司公司决议撤销纠纷案,最高人民法院指导案例10号(2012年)。

律关系。信鸽协会系依法成立的社会团体组织,其对所属会员作出的取消会员资格或取消两年参赛资格的处理决定属于信鸽协会内部管理行为,不属于人民法院民事案件的受案范围,故裁定驳回二人的起诉。信鸽竞翔属于竞技体育活动,在竞技体育中发生的纠纷,应当由体育仲裁机构负责调解、仲裁。〔29〕

决议行为内外部法律关系的区分性特点是《民法典》在决议行为法律制度上的重要立法进步。《民法典》第85条后段、第94条第2款后段规定的决议行为效力瑕疵不当然影响团体对外民事法律关系规则体现了妥当兼顾团体自治和相对人信赖保护的立法考量,而此前有关决议行为的分散立法如原《物权法》《公司法》《合伙企业法》《村民委员会组织法》等并无该制度。《公司法》第22条第4款也仅规定,公司根据决议已经办理变更登记的,该决议被撤销或者宣告无效后,公司应当向登记机关申请撤销变更登记。《公司法》第22条第4款规制的仍然是公司的内部行为,而非公司对外行为。团体内部决议行为被撤销,团体法定代表人或者负责人以团体名义对外从事民事法律关系时就成为无权代表,这就导向对《民法典》第504条的解释适用。再如,鉴于公司决议具有效力的内部指向性,有学者进一步指出,公司决议无法侵害债权人等公司外部主体的利益,债权人利益只会基于其与公司间的外部法律关系而受侵害。〔30〕

三、《民法典》总则编开创了决议行为立法新体例

比较法上就决议行为的立法体例,具有代表性的是《德国民法典》将决议行为的一般规则置于总则"社团法人"制度之中加以规定,并未将决议行为置于法律行为制度中规定,而是作为法人制度的有机组成部分,并且其法律行为制度也是以合同行为为典型原型进行构建,但不能据此否认决议行为的法律

---

〔29〕 丁雪伟、万承源:《会员被开除起诉信鸽协会,法院为何"不管"?》,载扬子晚报网2020年3月20日,https://www.yangtse.com/zncontent/372026.html。中国音乐家协会2021年10月21日声明,经秘书长办公会研究决定,取消李某迪中国音乐家协会会员资格,载中国音乐家协会网2021年10月21日,http://www.chnmusic.org/xwdt/202110/t20211022_563201.html。《中国音乐家协会章程》第25条规定:"会员如严重违反本章程或违法违纪、失德失范,视情节轻重,由驻会领导机构讨论决定,予以提醒教育、诫勉谈话、通报批评、暂停会籍以至取消其会员资格。"中国演出行业协会2021年10月22日发布公告,"对演艺人员李某迪的违法行为进行道德申斥,并根据《演出行业演艺人员从业自律管理办法》的规定,要求会员单位对其进行从业抵制"。

〔30〕 丁勇:《组织法的诉讼构造:公司决议纠纷诉讼规则重构》,载《中国法学》2019年第5期。

行为属性。笔者认为,既然决议行为的适用领域不限于法人等某一类民事主体从事民事活动,对决议行为的法律规范配置宜置于《民法典》总则编“民事法律行为”一章之中,而非“法人”一章。原《民法总则》第134条和《民法典》第134条将决议行为置于“民事法律行为”一章下规定,认可了决议行为的民事法律行为属性,是重要的立法创举,丰富了实现民主的法律方案,开创了决议行为立法新体例。

在民商合一的立法体例下,《民法典》规定决议行为的共通性法律规则是立法回应现实之举,可以避免决议行为法律制度分散式、碎片化立法带来的法律不统一现象。我国台湾地区“民法”并未规定决议行为的一般法律规则,有学者就曾批评指出:“由于民法中对于社团总会决议之瑕疵态样尚未有与时俱进之立法,此或可参考公司法之近期发展而为法律之类推适用或解释。”[31]

《民法典》第134条正式将决议行为作为民事法律行为的新类型,成为该法中关于决议行为的一般规则,《民法典》总则编第69、72条、第81条第2款、第85条、第94条第2款、第95、98、106条等对决议行为作特别规定,这构成了《民法典》总则编中决议行为的立法体系。有学者批评原《民法总则》第85条,认为该条与《公司法》第22条类似,二者均未对决议行为的不成立作出规定。[32] 笔者认为,应该系统地看待《民法典》中的决议行为法律制度,《民法典》第134条第2款规定了决议行为的成立要件,从对该款规定的反面解释中可以得出决议行为不成立制度,这也就弥补了《公司法》第22条对公司决议行为瑕疵可撤销与无效二分法的法律漏洞,[33] 也弥补了其他特别法中决议行为效力瑕疵制度的不足。

当然,《民法典》总则编规定的是决议行为的共通性法律规则,而不是决议行为法律制度的全部。笔者认为,应该本着《民法典》总则和分则相结合、民法商法合一的立法体例,在《民法典》分则编以及《民法典》之外的民法特别法中进一步完善决议行为的具体法律规则,在决议行为具体规则立法过程中还要

---

〔31〕 林诚二:《社团总会决议之不成立与撤销》,载《月旦法学教室》第157期(2015年)。

〔32〕 陈甦主编:《民法总则评注》,法律出版社2017年版,第611页;朱晓喆教授也持该观点,参见该书第961页。

〔33〕 我国司法实践中法院有判决认定虚构的股东会决议不成立,参见张某娟诉江苏万华工贸发展有限公司、万某、吴某亮、毛某伟股东权纠纷案,载《最高人民法院公报》2007年第9期。《公司法司法解释四》第5条最终认可了公司决议不成立制度。

特别注意民法和商法中决议行为相关法律制度的合理差别。例如,决议行为的可撤销制度不同于普通民事法律行为的可撤销,决议行为作出过程中,个体表决权人因重大误解、被欺诈、被胁迫或者显失公平作出意思表示,不当然导致决议行为本身可撤销。“法律行为的可撤销事由理论上可适用于表决行为,并通过多数决规则间接影响决议的效力,但无法直接适用于决议。”〔34〕《民法典》第280条第2款规定业主大会或者业主委员会决议侵害业主合法权益的,受侵害的业主可以请求人民法院予以撤销。当然,如果业主大会或者业主委员会作出的决议包括多项具有可分性的内容,则存在因决议侵害业主合法权益而部分内容可撤销的问题。而《公司法》第22条第2款就公司决议可撤销事由更强调决议程序违法、内容违章,并未规定决议侵害股东合法权益的,受侵害的股东可以请求人民法院予以撤销。这种立法差别的原因在于,公司决议侵害股东固有权利违反股权平等、股权保护原则,相关决议无效。〔35〕当公司决议不分配利润时,有限责任公司持异议的股东在符合《公司法》第74条规定时可以请求公司回购自己的股权,股份有限公司的股东可以“用脚投票”对外转让自己的股份。对比来看,当业主大会或者业主委员会决议侵害业主合法权益时,该业主无法请求其他业主回购自己的专有权,也无法轻易对外转让自己的专有权,因此对决议的撤销诉权就成为更方便的救济途径。

第二节　决议行为成立与效力制度的特殊性

一、决议行为成立要件具有团体性和程序性的突出特点

决议行为是团体自治的工具,是民主价值观在民法商法领域的具体体现,决议行为借鉴并实践了政治哲学上的民主多数决机制和正当程序规则等核心要义,前者是决议行为成立要件团体性的体现,后者是决议行为成立要件程序

---

〔34〕李建伟:《决议行为特殊效力规则的民法解释》,载《法学杂志》2021年第7期。类似的观点,另参见马强:《论决议行为适用意思表示瑕疵的规则——以公司决议中表决人意思瑕疵为考察重点》,载《华东政法大学学报》2021年第1期;吴飞飞:《论决议对法律行为理论的冲击及法律行为理论的回应》,载《当代法学》2021年第4期。

〔35〕王雷:《公司决议行为瑕疵制度的解释与完善——兼评公司法司法解释四(征求意见稿)第4~9条规定》,载《清华法学》2016年第5期。

性的体现。

在决议行为中,起决定性作用的是经由多数决等程序机制得出的意思表示,团体意思源于个体表决权人的个体意思但又高于个体意思,在团体意思形成过程中,少数人的意思表示可置而不问,弗卢梅就曾指出:"通常,决议行为中起作用的不是参与者的意思表示一致,而是多数决原则",〔36〕多数决机制使决议行为具有鲜明的团体法品格。

决议行为的成立须经法定决议程序。决议大致包括议事和表决两个过程,分别对应《民法典》第 134 条第 2 款规定的"议事方式"和"表决程序"。"议事方式"主要是指决议行为采用集体讨论的形式,还是采用书面征求意见的形式。〔37〕决议行为中的"表决程序"具体包括召集程序、会议通知、出席会议、主持会议、审议讨论议案、表决方式、形成决议、作成会议记录、公布讨论决定的事项及其实施情况等,其核心则是召集程序和表决方式,因此,如同《公司法》第 22 条第 2 款和《民法典》第 85 条规定,决议行为中召集程序和表决方式的欠缺会影响决议行为的效力。〔38〕

在"南京安盛财务顾问有限公司诉祝某股东会决议罚款纠纷案"中,公司章程中明确授权股东会可对股东处以罚款,南京安盛财务公司据此以祝某在职期间存在违反竞业禁止的行为为由对其处以罚款。法院认为,章程关于股东会对股东处以罚款的规定合法有效,符合公司的整体利益,体现了有限公司人合性特征,不违反禁止性规定。但在赋予股东会罚款职权时,章程应明确规定罚款的标准、幅度,否则会使罚款的可预见性丧失,也无法防止股东会滥用罚款权利,本案公司章程未作明确规定,股东会罚款的决议因法定依据不足而无效。〔39〕决议行为中能否对社团成员作出"处罚"?这涉及社团是否具有"处

---

〔36〕 Werner Flume, *Allgemeiner Teil des Bürgerlichen Rechts*. Zweiter Band, Das Rechtsgeschäft, 4. Auflage, Springer Verlag Berlin 1992, S. 602. Vgl. Wolfgang Fikentscher, Andreas Heinemann, *Schuldrecht*. De Gruyter Recht, Berlin, 2006, 10 Auflage, S. 650.

〔37〕 参见《公司法》第 37 条第 2 款、《物业管理条例》第 12 条第 1 款。

〔38〕 决议行为中召集程序和表决方式的健全,是为了实现公司决议民主的深度。民主的广度是第一位的,民主的深度是第二位的。民主的深度是由参与者参与时是否充分、有效而决定的。投票是社会成员参与的一种形式,但充分的参与则包括投票行为以前围绕社会事务提案等的许多活动,投票不过是思考的最后一步。参见[美]卡尔·科恩:《民主概论》,聂崇信、朱秀贤译,台北,台湾商务印书馆 1995 年版,第 18 ~ 19 页。

〔39〕 南京安盛财务顾问有限公司诉祝某股东会决议罚款纠纷案,载《最高人民法院公报》2012 年第 10 期。

罚”权这一争议问题。[40] 有学者认为，原《民法总则》法人一章没有规定社团罚，造成了法律空白。[41] 笔者认为，基于公司的团体性特点，为了维护公司整体利益，公司可以通过章程规定的“社团罚”约束股东的行为，股东应该受此约束。社团罚应该受正当程序规则的制约，需要在团体自治和成员权利保护之间进行平衡，如社团决议行为可以通过《民法典》第286条第2款等既有法律责任制度进行具体化。类比行政处罚法定和正当程序规则，公司股东会社团罚决议的作出必须遵循职权法定和正当程序规则。[42] 具体表现在，第一，在公司章程未作另行约定的情况下，有限公司的股东会并无对股东处以罚款的法定职权，如股东会据此对股东作出罚款决议，则属超越法定职权，该决议无效。第二，在公司章程授权股东会作出社团罚职权时，若授权不明，只规定了罚款事由，没有规定罚款的标准、幅度，也不符合社团罚职权法定原则。第三，在社团罚职权法定的前提下，公司股东会对股东作出社团罚的决议还须遵循正当程序规则，遵循法律和章程规定的议事方式和表决程序。第四，并非公司章程授权股东会实施的任何社团罚都合法有效，公司社团罚不应该随意削减或者剥夺股东的自益权，例如，除非全体股东在订立公司章程时一致同意，否则不能规定出现某种事由时就径行剥夺股东的股权。[43] 综上，公司“社团罚”决议需要兼顾公司决议行为的团体性和程序性，其他团体的“社团罚”决议同样如此。

二、决议行为效力瑕疵不当然影响团体对外民事法律关系

《民法典》第85条后段规定营利法人的决议行为被撤销时，“营利法人依

---

〔40〕 See Vgl. Dieter Medicus, *Allgemeiner Teil des BGB*, 9. neu bearbeitete Auflage, 2006 C. F. Müller Verlag Heidelberg, S. 440.

〔41〕 王利明、周友军：《我国〈民法总则〉的成功与不足》，载《比较法研究》2017年第4期。

〔42〕 有学者认为，对法人权力机构的处罚决议，不去适用民事法律行为规则，却将社团罚类比于公权力，属于牵强附会，缺乏法律依据，混淆了私法和公法的区分。参见李宇：《民法总则要义：规范释论与判解集注》，法律出版社2017年版，第438~439页。笔者认为，正当程序规则本身就是团体法从公法领域借鉴的基本价值取向，社团罚不仅在处罚内容和幅度上应该避免出现畸重现象，其处罚决议作出过程也应遵守法律或者章程规定的议事方式和表决程序。

〔43〕 宋某国与山东龙兴化工机械集团有限公司股权确认纠纷上诉案，载吴庆宝主编：《权威点评最高法院公司法指导案例》，中国法制出版社2010年版。《公司法司法解释三》第17条规定满足法定条件下股东会有权作出决议解除特定股东的股东资格。值得注意的是，解除该股东的股东资格并不意味着剥夺该股东的全部股东权益，其依法出资部分对应的股权不能被股东会决议所剥夺。类似地，《合伙企业法》第49条规定了除名决议。

据该决议与善意相对人形成的民事法律关系不受影响”。《民法典》第94条第2款后段也规定捐助法人决定被撤销时,“捐助法人依据该决定与善意相对人形成的民事法律关系不受影响”。[44] 这些规定都体现出决议行为效力不当然影响团体的对外民事法律关系,这也是决议行为效力的内部指向性特点所带来的决议行为内外部法律关系区分规则,而且该规则的适用范围不仅限于区分团体内部决议行为与外部合同行为,还及于区分团体内部决议行为和外部合同行为之外的其他民事法律关系。有学者认为:“团体法作为自治规范和组织法,主要调整团体内部关系,主要在团体内部发生效力。”[45] 有学者进一步指出,“团体法主要调整团体内部关系,主要在团体、团体成员及团体机关之间即团体内部发生效力,对团体外部人不产生约束力……(团体与第三人之间的外部关系)不应当适用团体法,而应当适用民商事一般法”。[46] 基于诚信原则,对团体内外部民事法律关系的区分,有助于避免团体动辄以违反决议为由主张外部合同无效而最终危害交易安全。

在“绵阳市红日实业有限公司、蒋某诉绵阳高新区科创实业有限公司股东会决议效力及公司增资纠纷案”中,科创实业有限公司(以下简称科创公司)通过股东多数决作出“关于吸纳陈某高为新股东”的股东会决议。红日实业有限公司(以下简称红日公司)和蒋某二股东对该决议事项投反对票。陈某高与科创公司随后签订“入股协议书”。蒋某和红日公司诉请法院确认科创公司该股东会决议无效,确认相关“入股协议书”无效,确认其对新增资本优先认购。最高人民法院认为,科创公司增资决议中新增股份中14.22%和5.81%的部分因分别侵犯了蒋某和红日公司的优先认缴权而无效,该股东会决议属于部分无效,相关“入股协议书”也存在瑕疵,但陈某高作为合同相对方并无审查科创公司意思形成过程的义务,科创公司对外达成协议应受到其表示行为的制约。出于保护善意第三人和维护交易安全的考虑,在公司内部意思形成过程存在瑕疵时,只要对外合同行为不存在无效情形,公司就应受到其合同行为的约

〔44〕 李德健:《论捐助法人主管机关撤销权及其制度完善——以〈民法典〉第94条为切入点》,载《山东大学学报(哲学社会科学版)》2021年第3期。

〔45〕 叶林:《私法权利的转型——一个团体法视角的观察》,载《法学家》2010年第4期。

〔46〕 吴高臣:《团体法的基本原则研究》,载《法学杂志》2017年第1期。

束。[47] 该案件确立的裁判规则显示,团体内部决议行为的部分无效并未导致团体以此为基础对外签订的外部合同行为也部分无效,这扩展了《民法典》第85条后段规定的营利法人的决议行为被撤销时,"营利法人依据该决议与善意相对人形成的民事法律关系不受影响"的适用范围,从广义上确立了决议行为被撤销或者无效不当然影响团体对外民事法律关系,也是维护交易安全原则和团体法上外观主义原则的体现。

有学者指出:"决议主要调整组织内部关系,不调整组织与第三人之间的关系。"[48]"纵然按照法律规定团体对外进行某些民事法律行为必须以团体决议为基础,即使团体决议不存在或者无效,也不应当影响该民事法律行为的效力,除非与团体进行民事法律行为的第三人事先知晓团体决议不存在或者无效。"[49]笔者认为,并非决议行为的任何效力瑕疵一律不影响团体对外民事法律关系。法律规定团体外部合同行为须以内部决议行为的授权为前提时,这就将外部合同行为的法律效力与内部决议行为的存在关联在一起,如《公司法》第16条规定的公司对外担保制度。因此,应细化交易相对人对团体决议瑕疵的审查义务,交易相对人不承担对团体决议无效或者事后被撤销的审查义务,但其对团体决议是否成立的审查义务不应该被否定。在"招商银行股份有限公司大连东港支行与大连振邦氟涂料股份有限公司、大连振邦集团有限公司借款合同纠纷案"中,招商银行股份有限公司大连东港支行(以下简称招行东港支行)与大连振邦集团有限公司(以下简称振邦集团公司)签订了借款合同。同天,招行东港支行与大连振邦氟涂料股份有限公司(以下简称振邦股份公司)分别签订了两份"抵押合同"并随后办理了相应抵押登记手续。振邦股份公司也出具了"不可撤销担保书",承诺对上述贷款承担连带保证责任。振邦集团公司为振邦股份公司的大股东。贷款到期后,两公司均未履行相应合同义务。振邦股份公司的股东共有8位,"股东会担保决议"的决议事项并未经过股东大会的同意,公司也未就此事召开过股东大会,该担保决议上有

[47] 绵阳市红日实业有限公司、蒋某诉绵阳高新区科创实业有限公司股东会决议效力及公司增资纠纷案,载《最高人民法院公报》2011年第3期。

[48] 梁慧星:《民法总论》(第5版),法律出版社2017年版,第167页。类似的观点,"决议调整公司内部关系,而不是公司与第三人之间的关系"。王军:《中国公司法》(第2版),高等教育出版社2017年版,第275页。

[49] 吴高臣:《团体法的基本原则研究》,载《法学杂志》2017年第1期。

5 名股东的印章,其中一枚印章为被担保人振邦集团公司所盖(振邦集团公司占振邦股份公司总股本的61.5%),但有两枚印章经鉴定是伪造的,另外两枚印章的名称与股东单位名称明显不一致,也是伪造的。招行东港支行诉请振邦集团公司偿还贷款本金及利息,振邦股份公司承担连带责任。最高人民法院认为,《公司法》第 16 条第 2、3 款规定的实质是内部控制程序,不能以此约束交易相对人,该两款为管理性强制性规范,原则上不宜据此认定合同无效。[50] 笔者认为,该案中公司对外越权担保行为是否无效取决于是否构成《民法典》第 504 条规定的表见代表,《公司法》第 16 条第 2、3 款作为法律明文规定,属于交易相对人招行东港支行“知道或者应当知道”(合理审慎的形式审查义务)的范畴。[51] 诚然,招行东港支行对“股东会担保决议”上的两枚伪造印章难以审查辨别,但另两枚印章的名称与股东单位名称不一样,这应该属于其可以审查辨识的范畴。具体来看,印章“辽宁科技创业投资责任公司”没有“有限”二字,与股东名称明显不符;另一印章上为股东 2003 年更名前的旧名称,股东大连科技风险投资有限公司在 2003 年就已经将名称由“大连科技风险投资有限公司”变更为现名称“大连科技风险投资基金有限公司”,其所盖印章名称仍系更名前的名称,这些明显虚假的印章对作为商事交易相对人的招行东港支行而言,属于其理性审查辨识的范围,[52] 招行东港支行未予审查,难谓其构成“善意”。法院应该在此基础上进一步考察,不在招行东港支行审查能力范围的另外两枚伪造印章对应的股东表决权份额是否符合《公司法》第 16 条第 3 款后段所规定的“过半数”要求。

---

〔50〕 招商银行股份有限公司大连东港支行与大连振邦氟涂料股份有限公司、大连振邦集团有限公司借款合同纠纷案,载《最高人民法院公报》2015 年第 2 期。

〔51〕 有学者认为,原《民法总则》第 85 条后段规定善意相对人的“善意”判断标准原则上是指不知道决议被撤销的相对人;相对人因过失而不知,仍属善意。参见李宇:《民法总则要义:规范释论与判解集注》,法律出版社 2017 年版,第 255 ~ 256 页。笔者认为,这种对营利法人的相对人善意判断标准过低,并不符合我国现行法(如《民法典》第 504 条)的既有价值判断结论。本条调整营利法人依据决议与相对人所形成民事法律关系的效力,该民事法律关系只能是在决议基础上间接形成,不存在直接形成或者间接形成的区分问题。

〔52〕 相反的观点,参见陈甦主编:《民法总则评注》,法律出版社 2017 年版,第 611 页。

第三节 《民法典》总则编决议行为法律制度的弱点

一、不宜将决议行为的作用领域局限于法人和非法人组织

《民法典》第 134 条第 2 款将决议行为的主体限于法人、非法人组织。有学者认为:"决议行为是法人和非法人组织及其内部所作出的决议,原则上只适用于法人或者非法人组织的内部决议事项,其并不适用于自然人。"[53]笔者认为,通过对决议行为的类型梳理可见,现行法上的决议行为发生领域并不局限于法人、非法人组织。

根据《民法典》第 278 条规定,业主就建筑区划内有关共有和共同管理权利的重大事项共同决定,对应业主大会的决议行为。根据《物业管理条例》第 7 条第 3 项规定,业主大会也可以授权业主委员会作出相关决定,这对应业主委员会的决议行为。业主大会和业主委员会作为决议行为主体就无法为《民法典》第 134 条第 2 款所涵盖,因此,须对该条做目的性扩张解释。也有学者认为,业主大会和业主委员会类似于公司股东会,属于会议形式,并非独立的民事主体。笔者认为,业主委员会作为常设机构和业主大会的执行机构,业主大会会议也由业主委员会召集,立法论上适宜认可业主委员会的独立民事主体和诉讼主体地位。但与普通合伙企业不同的是,业主委员会的民事责任不应该由业主委员会成员承担,而应该由全体业主分担。

根据《村民委员会组织法》第 24、25 条等规定,村民会议和村民代表会议可以讨论决定涉及村民利益的事项,作出相应的决议行为。村民会议和村民代表会议均非常设机构,而是由村民委员会召集的会议。笔者认为,村民会议和村民代表会议作出的决议行为应该视为村民委员会的决议行为,村民委员会负责执行村民会议、村民代表会议的决定、决议,《民法典》第 101 条认可了村民委员会的法人资格。

二、对决议行为不能当然适用合同行为效力瑕疵制度

在原《民法总则》通过前,李永军教授主编的《中华人民共和国民法典总则

---

〔53〕《民法学》编写组:《民法学》,高等教育出版社 2019 年版,第 65 页;王利明主编:《中华人民共和国民法总则详解》,中国法制出版社 2017 年版,第 580 页。

编草案(专家建议稿)》第147条规定:“多方法律行为,参照适用双方法律行为的规定,但法律另有规定或者当事人另有约定的除外。”[54]张谷教授也认为:“把单方行为、决议行为的特殊性加以体现,没有特殊性的,允许准用契约的有关规定。”[55]原《民法总则》通过后,杨立新教授指出:“如果法人的权力机构或者执行机构作出的决议在内容或者程序上存在瑕疵,就构成营利法人的决议瑕疵,应当适用法律规定的有关行为瑕疵的规则,对这种后果予以纠正。”[56]许中缘教授指出:“有关意思表示的规则,对决议行为一般也都是适用的。例如,有关欺诈、胁迫等意思表示瑕疵规则,也应当可以参照适用于决议行为。”[57]若如此论,决议行为的特殊性何在?决议行为在何种程度上准用契约或合同行为的有关规定?这是亟待具体回答的问题。

“在民法上,由于长期以来个人法独占鳌头,团体法一直不发达,法律行为理论也好,意思表示瑕疵规则也罢,其实都是以个人法行为为蓝本提炼抽象出来的,所以这套规则在适用于团体法时将不可避免地产生排异反应。”[58]笔者认为,在团体法视角下,应该充分重视决议行为法律效力的个性,使表决权人表决行为瑕疵不当然影响决议行为的法律效力。《民法典》第6章“民事法律行为”第3节有关民事法律行为效力瑕疵的相关规定不当然适用于决议行为,如参与决议行为的个体表决权人的意思表示存在瑕疵,不能当然适用民事法律行为可撤销等相关制度以撤销由此作出的整体决议行为,这是基于团体法思维和决议行为团体性特点而对个体意思作出的必要限制,不能当然将双方法律行为的调整思维径行适用于决议行为之上。决议作为团体意思不适用自然人意思表示瑕疵的相关法律规则。个体表决权人存在可撤销或者其他意思表示瑕疵情形时,如果不影响决议行为多数决的实现,则该表决权人只能撤销

---

〔54〕 该条立法理由为:“法律往往对公司股东会决议、业主大会决议等多方法律行为有专门规定,当事人也可能通过章程等对多方法律行为作出特别约定,在法律适用中,如果法律没有特别规定、当事人没有专门约定,可以参照适用关于双方法律行为的规定。”李永军主编:《中国民法典总则编草案建议稿及理由》,中国政法大学出版社2016年版,第292页。

〔55〕 张谷:《对当前民法典编纂的反思》,载《华东政法大学学报》2016年第1期。

〔56〕 杨立新主编:《中华人民共和国民法总则要义与案例解读》,中国法制出版社2017年版,第315页。

〔57〕 王利明主编:《中华人民共和国民法总则详解》,中国法制出版社2017年版,第580页;王利明、杨立新、王轶等:《民法学》(第6版),法律出版社2020年版,第191页。

〔58〕 吴飞飞:《〈公司法〉修订背景下公司决议规则重点立法问题探讨》,载《经贸法律评论》2021年第5期。

自己作出表决的意思表示。笔者曾撰文论证并向立法机关提交书面建议,建议在《民法总则(草案)》三次审议稿第6章“民事法律行为”第3节“民事法律行为的效力”第157条之后增加决议行为效力瑕疵的相关规定:“表决权人意思表示的瑕疵不影响决议行为的效力,除非其导致法律或者章程等规定的召集程序或者表决方式无法实现。”遗憾的是,原《民法总则》及《民法典》均未作此规定,只能留待法律解释学以作完善。决议行为的效力瑕疵不能当然适用民事法律行为特别是合同行为效力瑕疵的法律规定,在团体法思维下,表决权人个体意思表示瑕疵原则上不影响决议行为的效力,这是区分决议行为和其他民事法律行为效力过程中的重要价值判断问题,也是贯穿于决议行为各种具体类型中的共通性法律规则。我国现行民事立法和司法解释对决议行为中表决权人意思表示瑕疵没有作单独规定,而是在团体法视角下通过决议行为召集程序、表决方式瑕疵等制度来调整,表决权人意思表示瑕疵如果已经达到致使决议行为的召集程序不存在或者具有严重瑕疵,或者影响到决议行为多数决表决方式的实现,方须借助决议行为的效力瑕疵来调整。有学者指出:“民法上意思表示瑕疵的理论很难适用于股东大会决议,民法基于自然人主观心理的瑕疵判断,对股东大会决议瑕疵的判断存在适用上的困难。”[59]还有学者进一步明确,基于团体意思表示外观主义视角,表决权人意思表示瑕疵也不适用真意保留、虚伪表示和隐藏行为等意思表示瑕疵制度。[60]

若个体表决权人的签名是伪造、虚构的,也不宜当然认定相关决议行为不成立;若该被伪造签名表决权人对决议行为所投的反对票不会对实体决议产生实质性影响,则决议行为法律效力不受影响。在某公司决议效力确认纠纷案中,法院认为,伪造个别股东签名而形成的股东会决议,如经过超过表决比例的股东同意,其效力应根据决议内容分别判断:如果决议事项属于股东会职权范围,且被伪造签名的股东是否参加该次会议均不影响表决结果,则伪造签名的行为属于会议召集程序或者表决方式存在瑕疵,该决议事项属于可撤销范畴;如果股东会的决议事项属于处分股东私权利,必须经被伪造签名的股东

---

〔59〕 钱玉林:《股东大会决议瑕疵研究》,法律出版社2005年版,第105页。

〔60〕 石纪虎:《股东大会制度法理研究》,知识产权出版社2011年版,第229~232页。

同意方为有效,则该决议事项因并非股东本人真实意思表示而无效。[61] 笔者认为,法院第一项裁判要点不妥当,在这种情形下,该股东表决权瑕疵不影响决议行为的法律效力,不会导致公司决议行为的可撤销。该案中,公司股东会决议伪造某股东签名,其中一个决议事项是同意将自己的股权全部转让给公司其他股东,并进一步伪造该签名签订股权转让协议,对这些冒名行为可以参考无权处分规则,在未经事后追认的情况下,相关股权转让协议无效。而该股东是否将自己的股权转让给其他股东,并非公司股东会决议事项范围,该项决议并不成立。

三、《民法典》总则编第 85 条、第 94 条第 2 款存在解释适用的难题

《民法典》第 85 条后段、第 94 条第 2 款后段规定的决议行为效力瑕疵不当然影响团体对外民事法律关系的规则也存在一定的法律漏洞。主要理由如下:

第一,《民法典》第 85 条、第 94 条第 2 款仅分别规定营利法人和捐助法人决议行为可撤销这一效力瑕疵制度,对其分别规定可撤销事由是否意味着其他非营利法人、特别法人、非法人组织等民事主体决议行为的效力瑕疵只能适用《民法典》第 6 章第 3 节有关民事法律行为效力瑕疵的相关规定,对此立法规定不清晰,存在法律漏洞。结合上文分析,各类决议行为中表决权人意思表示瑕疵原则上不影响决议行为的法律效力,除非其导致法律或者章程等规定的召集程序或者表决方式无法实现。

第二,《民法典》第 85 条后段、第 94 条第 2 款后段仅分别规定营利法人和捐助法人决议行为的可撤销这一效力瑕疵制度与外部民事法律关系的区分规则,没有规定决议行为无效与外部民事法律关系的区分规则。[62] 《公司法司法解释四》第 6 条则一并规定公司决议行为无效或者撤销与外部民事法律关

---

〔61〕 李某毅诉北京慈铭生物医药技术有限公司公司决议效力确认纠纷案,北京市第二中级人民法院(2012)二中民终字 17626 号民事判决书。

〔62〕 王志诚教授认为,原《民法总则》第 85 条对决议被撤销的法律后果作出规定,但存在决议内容违反法令、决议不成立时所为行为,且相对人善意时无法通过解释得出合理答案的法律漏洞。在面对相关案件时,应根据利益衡量方法,综合考量规范目的、交易安全、法律关系安定性等因素,来解释外部法律行为的效力。参见王志诚:《公司法人未经合法决议所为法律行为的效力——我国台湾地区司法实务的实践经验及启发》,载《北方法学》2017 年第 4 期;柯勇敏:《决议对外效力的立法安排——评〈民法总则〉第 85 条、第 94 条但书》,载《北京科技大学学报(社会科学版)》2019 年第 3 期。

系的区分规则。2021年12月24日《公司法(修订草案)》第75条第2款规定:“股东会、董事会决议被人民法院宣告无效、撤销或者确认不成立的,公司根据该决议与善意相对人形成的民事法律关系不受影响。”结合上文分析,各类决议行为被撤销时,团体依据该决议与善意相对人形成的民事法律关系不受影响。有学者认为:“《公司法解释四》第6条没有提到决议不成立,应该属于‘立法’漏洞,并不妨碍决议不成立和决议无效在法律效果上等量齐观。”[63] 笔者认为,决议行为无效或者不成立时,善意相对人的审慎审查义务会更高。因为决议行为可撤销属于“瑕不掩瑜”,相对人的审查难度更大。而决议行为不成立属于“无中生有”,决议行为无效属于“难以容忍”的瑕疵,相对人的审查难度相对更低,这些瑕疵决议展现给相对人的信赖更低。因此,对《公司法司法解释四》第6条所规定“善意相对人”的“善意”判断,应根据决议行为不同瑕疵类型,区分不同判断标准。

第三,《民法典》第85条后段、第94条第2款后段分别规定营利法人和捐助法人决议行为的可撤销这一效力瑕疵制度与外部民事法律关系的区分规则,对该两处条文中的“善意”是否可做同解?“善意”是指相对人不知道也不应当知道营利法人、捐助法人据以与其发生民事法律关系的决议存在可被撤销的瑕疵。捐助法人对外从事民事法律关系时,善意相对人应该负担更高的审慎审查义务。

第四,《民法典》第85条、第94条第2款均未规定营利法人和捐助法人决议行为可撤销时的除斥期间,该法也未规定其他类型决议行为可撤销时的除斥期间。对此究竟是本着体系解释方法,径行适用《民法典》第152条第1款第1项前段所规定的“自知道或者应当知道撤销事由之日起一年”除斥期间?[64] 还是在法律没有明确规定的情况下类推适用《公司法》第22条第2款“自决议作出之日起六十日”。[65] 从法律解释方法的运用上看,体系解释方法优先于类推适

---

〔63〕 殷秋实:《法律行为视角下的决议不成立》,载《中外法学》2019年第1期。

〔64〕 有学者建议,对决议行为向法院提出确认不成立、无效的诉请,除斥期间为一年。参见徐银波:《法人依瑕疵决议所为行为之效力》,载《法学研究》2020年第2期。

〔65〕 谢鸿飞教授主张对可撤销公司决议的除斥期间适用《公司法》第22条第2款,对其他营利法人撤销权除斥期间可以类推适用该规定,但未做论证,也未回应其他类型决议行为可撤销时的除斥期间问题。陈甦主编:《民法总则评注》,法律出版社2017年版,第609~610页。

用方法,[66]但鉴于我国《民法典》民事法律行为调整规则大多是以双方民事法律行为特别是合同行为为典型原型,决议行为撤销权的除斥期间不在《民法典》第152条第1款第1项考量范围,基于团体决策效率的考量,类推适用《公司法》第22条第2款"自决议作出之日起六十日"的结论更符合决议行为的本质。[67] 当然,《公司法》第22条第2款对撤销权除斥期间的纯客观起算方法并不合理。

此外,《民法典》第153条规定民事法律行为无效制度,该制度在适用决议行为无效纠纷时,如何本着普遍与特殊相结合的思考方法,辨析决议行为无效的具体事由,值得反思。在决议行为具体制度层面,我国《民法典》并未规定农民集体决议、业主大会或业主委员会决议、按份共有人之间的决议无效事由;《公司法》第22条第1款对公司股东会或者股东大会、董事会的决议无效事由的规定失之笼统,没能结合《公司法》的特殊调整对象和立法目的,体现特别法对公司决议无效事由的具体化,而这也成为《公司法司法解释四》的未竟之事。

第四节 小　　结

原《民法总则》和《民法典》将决议行为增加为民事法律行为的新类型,这是重要的立法创举,在民事法律行为制度中贡献了"中国元素"。决议行为成为团体依法开展自我约束、民主决策和民主管理的重要机制,是团体自治的重要方式。决议行为借鉴并实践了政治哲学上民主的多数决机制和正当程序规则等核心要义,决议行为也是民主这一社会主义核心价值观在民法和商法领域的具体体现。[68] 决议行为具有程序性和团体性特点,决议行为瑕疵制度的

〔66〕 王利明教授曾指出:"裁判者必须先穷尽狭义解释方法、价值补充之后,发现确实存在法律漏洞,而又能找到准确的比较点,才能适用类推的解释方法。"参见王利明:《法学方法论》,中国人民大学出版社2012年版,第504页。

〔67〕 不同观点参见李宇:《民法总则要义:规范释论与判解集注》,法律出版社2017年版,第256~257页。

〔68〕 王雷:《〈民法总则〉中的"中国元素"》,载观点中国2017年3月16日,http://opinion.china.com.cn/opinion_71_160071.html。

主要规范目的是导正决议行为使之符合程序正义观(正当程序)等基本法律价值,以推进团体治理的有序开展。基层民主是不可逆转的趋势,决议行为经由民主决策实现团体自治。在团体法思维下,民主选举、民主协商、民主决策、民主管理、民主监督的公法智慧在民法和商法决议行为领域生根发芽、开枝散叶。

作为团体自治的工具,决议行为也推动了团体法理论的发展。有学者认为,基尔克的团体法理论解决了团体属于民事主体地位的问题,而未揭示团体内部运行规律与规则。[69] “团体法是社会成员结成团体(或称私人团体)所遵循的特别私法,它既规范团体的设立、组织和运行,又规范团体与成员、成员与成员的相互关系,还规范团体机关的职权等。”[70] 决议行为恰恰弥补了团体法理论在团体内部治理规律研究上的“短板”。结合决议行为的法律特点,团体法的基本原则应该至少包括团体自治原则、正当程序原则、内外部法律关系区分原则等。

借鉴格罗斯菲尔德在《比较法的力量与弱点》一书中对比较法功能的经典表述,[71] 只有在认识到《民法典》中决议行为法律制度的弱点时,我们才能知道它真正的价值。只要我们在充分了解《民法典》中决议行为法律制度的力量与弱点的基础上迎接它的挑战,对《民法典》中决议行为法律制度进行法律解释和漏洞填补,对《民法典》各分编中决议行为法律制度进行立法完善,我们在民事法律行为制度上贡献的决议行为这一鲜明的“中国元素”就能更加熠熠生辉。

本章分析了《民法典》总则编中决议行为法律制度的力量与弱点,本着决议行为《民法典》总分结合、民事一般法与商事特别法结合的思路,本书第 4 章至第 8 章着重讨论《民法典》各分编中的决议行为和《公司法》中的决议行为。

---

〔69〕 李志刚:《公司股东大会决议问题研究——团体法的视角》,中国人民大学 2011 年博士学位论文,第 48 页。

〔70〕 叶林:《私法权利的转型——一个团体法视角的观察》,载《法学家》2010 年第 4 期。

〔71〕 [德]伯恩哈德·格罗斯菲尔德:《比较法的力量与弱点》,孙世彦、姚建宗译,清华大学出版社 2002 年版,第 179 页。

第四章

农民集体成员权、农民集体决议行为与乡村治理体系的健全

农民集体成员权是农民对集体所享有权利的总称，包括实体性的受益权能和程序性的管理权能。决议行为是农民集体成员权的主要行使方式和村民自治的民法体现。党的十九大报告提出“健全自治、法治、德治相结合的乡村治理体系”；中共中央、国务院《关于实施乡村振兴战略的意见》（2018 年 1 月 2 日）指出：“乡村振兴，治理有效是基础。”对此，笔者提出乡村治理体系“一体两翼”的理论：以乡村治理体系为“一体”、农民集体成员权和农民集体决议行为为“两翼”，以完善农民集体决议行为法律制度为具体法律手段和着力点，实现保障农民集体成员权这一微观法律目标和健全乡村治理体系这一宏观政策目标。其中，作为“一体”的乡村治理本身并不是目的，而是作为上位抽象概念和宏观政策目标来回答乡村发展的方向——经由治理有效，达致乡村振兴。农民集体决议作为“两翼”中的“一翼”，回答的是“谁来治理”和“如何治理”的问题，作为民主的实现形式，其本身只是治理手段，而非治理目的。农民集体成员权作为“两翼”中的另“一翼”，回答的是“为谁治理”的问题。一切发展和治理都要以人为本，都要服从和服务于人的自由与幸福。将保障农民集体成员权的实现作为健全乡村治理体系和完善农民集体决议行为规则的根本目的，是中国农业、农村、农民发展问题的理论逻辑、历史逻辑和实践逻辑的有机统一和必然要求。

对“一体两翼”的乡村治理体系可以从多角度、全方位观察和研究，涉及党规与国法、法治与德治、公法与私法。本书在坚持集体所有权的背景下，以《民法典》、原《物权法》、《村民委员会组织法》为规范中心，从村民自治、民主决议的民法视角对基层治理自治化、法治化进行探索，着重围绕农民集体成员权和农民集体决议行为展开论证。一方面，“赋予农民更多财产权利”和“深化农村集体产权制度改革，保障农民财产权益”都离不开对农民集体成员权及其实现机制的深入研究，相关探讨有助于实现农民集体财产的分配正义，并通过明确农村产权和农民集体成员权权属实现定分止争、保障和树立农民恒产恒心、激发农业农村发展活力。另一方面，农民集体决议行为是决议行为的重要类型，对农民集体决议行为进行法教义学体系的研究有助于推进农村基层社会治理的法治化。农民集体决议是民主这一社会主义核心价值观在农村治理过程中的具体体现，在农村社会治理过程中，总结村民自治实践经验、完善《村民委员会组织法》和《民法典》以及探索未来“农村集体经济组织法”中有关农民集体决议行为的相关法律规则，有利于“健全自治、法治、德治相结合的乡村治理体系”。

第一节 从农民集体所有权到农民集体成员权

一、农民集体所有权的规范目的是保障农民集体成员权的实现

我国原《物权法》第 5 章、《民法典》物权编第 5 章规定了农民集体所有权制度。该制度规定一直被指责主体模糊性、抽象性或者主体虚化。农民集体所有权的主要法律特征如下：

第一，农民集体所有权不等于农民集体成员所有权，也不等于农民集体成员共有权。农民集体所有权的规范目的是实现集体成员的利益。《民法典》第 261 条第 1 款规定："农民集体所有的不动产和动产，属于本集体成员集体所有。"在国家所有权和集体所有权的法律构造中，国家和集体均非终极的利益主体。根据原《物权法》第 45 条第 1 款、《民法典》第 246 条第 1 款规定，国家所有权所体现的规范目的是实现全民利益；同样，"农村土地作为集体成员的基本社会保障"，[1]对原《物权法》第 59 条第 1 款所规定的"本集体成员集体所有"，及对有学者所主张的"集体成员是集体所有权的终极权利主体"，[2]均应该从规范目的上解释为集体所有权体现的规范目的是实现集体成员的利益，实现农民集体所有的财产由农民集体成员共享，"这一规定显然不能简单地被解释为'集体所有就是集体成员的共有'"，[3]而应该结合分配正义、从利益共享而非所有权共有的角度理解农民集体所有权乃至国家所有权。[4] 中共中央、国务院 2016 年 12 月 26 日发布《关于稳步推进农村集体产权制度改革的

---

[1] 韩松：《农民集体所有权主体的明确性探析》，载《政法论坛》2011 年第 1 期。

[2] 管洪彦、孔祥智：《集体建设用地使用权出让中的集体成员权体系与实现》，载《河南社会科学》2017 年第 3 期。

[3] 刘家安：《物权法》（第 2 版），中国政法大学出版社 2015 年版，第 87 页。

[4] 笔者曾对比分析原《物权法》第 45 条第 1 款和第 58 条第 1 项，认为其"法律规定属于……"的表述在立法技术上存在体系矛盾。参见王雷：《生命伦理学理念在我国民法典中的体现——以环境权为视角》，载《法学评论》2016 年第 2 期。现在看来，将原《物权法》第 58 条第 1 项解释为立法权源规范，否定其法政策开放性的根本原因在于应该对该项和《物权法》第 48 条做体系解释，立法者在自然资源国家所有权的客体范围上采取开放性的立场，在自然资源集体所有权的客体范围上采取严格法定性立场。不宜将《物权法》第 58 条第 1 项和第 45 条第 1 款做对比体系解释，与《物权法》第 45 条第 1 款处于同一规范层次的是该法第 59 条第 1 款，二者分别对应国家所有权和集体所有权的规范目的。

意见》指出,农村集体产权制度改革也并非将农村集体资产还原为集体成员所有,而是坚持农民集体所有不动摇,从保障集体成员权和避免集体资产产权虚置角度,通过清产核资、折股量化、确权到户等方式,着力实现经营性资产产权清晰、权能完善,落实好农民对集体经济活动的民主管理权利,保障民利民享。

第二,农民集体所有权的主体是农民集体、“本集体成员集体”或者“集体所有为成员团体所有”,〔5〕农民集体具有单一性和整体性,农民集体资产不可分割到个人。农民集体不等于农民集体成员,也不等于农村集体经济组织。〔6〕农民集体包括原《物权法》第60条、《民法典》第262条所规定的“村农民集体”“村内两个以上农民集体”“乡镇农民集体”。农村集体经济组织仅仅是农民集体所有权的代表行使主体之一,农民集体成员也不当然等同于农民集体经济组织成员,2018年12月29日第十三届全国人民代表大会常务委员会第七次会议通过的《关于修改〈中华人民共和国农村土地承包法〉的决定》仍未有意识区分这两组概念,因而需要对其在理论上作解释完善。农民集体与国家所有权主体的特征具有类似性,其均只能从规范目的上还原为成员利益,而不能从所有权主体构造上还原为具体的成员所有。农民集体成员集体财产与农民集体成员个人财产相分离,任何农民集体成员均无权要求分割集体财产。农民集体成员集体享有所有权,农民集体成员享有成员权。

有学者建议确认农民集体的法人地位,对所有的农民集体进行法人化改造,赋予农民集体特殊法人资格。〔7〕有学者认为,原《物权法》第60条规定了农村集体经济组织对于集体财产的所有人地位。〔8〕“农村集体经济组织作为

---

〔5〕高富平:《农民集体土地再物权化:民法典编纂的使命和策略》,载《交大法学》2018年第4期。

〔6〕原国土资源部、中央农村工作领导小组办公室、财政部、原农业部《关于农村集体土地确权登记发证的若干意见》(国土资发〔2011〕178号)要求:“将农村集体土地所有权确认到每个具有所有权的农民集体。”“属于村农民集体所有的,由村集体经济组织或者村民委员会受本农民集体成员的委托行使所有权;分别属于村内两个以上农民集体所有的,由村内各该集体经济组织或者村民小组代表集体行使所有权;属于乡镇农民集体所有的,由乡镇集体经济组织代表集体行使所有权;没有乡(镇)农民集体经济组织的,乡(镇)集体土地所有权由乡(镇)政府代管。”这就基本确认了原《物权法》第60条的规定。另参见管洪彦:《农民集体成员权:中国特色的民事权利制度创新》,载《法学论坛》2016年第2期。

〔7〕宋志红:《中国农村土地制度改革研究:思路、难点与制度建设》,中国人民大学出版社2017年版,第67~70、401页;宋志红:《中国农村土地制度改革八讲》,国家行政学院出版社2017年版,第23页。

〔8〕陈甦主编:《民法总则评注》(上册),法律出版社2017年版,第699页;李永军:《集体经济组织法人的历史变迁和法律结构》,载《比较法研究》2017年第4期。

特别法人,是农村土地所有权的主体,主要负责集体的各种经济事务。"[9]实际上,根据原《物权法》第60条、《民法典》第262条规定,村集体经济组织或者村民委员会、村内各该集体经济组织或者村民小组、乡镇集体经济组织属于农民集体所有权的代表行使主体,而非集体所有权的主体,它们可以代表集体行使所有权,管理、经营集体经济组织财产,讨论、决定集体成员权益事项。本着因地制宜、适应中国特色社会主义发展要求的考虑,原《物权法》第60条、《民法典》第262条规定的农民集体所有权的代表行使主体具有多样性,当村民委员会或者村民小组代表行使集体所有权时,村民委员会或者村民小组的职能就具有综合性特点,既包括经济职能,也包括村公共事务管理职能。《民法典》第99~101条延续了这种立法态度。

也有学者从立法论的角度解构农民集体所有权,认为作为农民集体所有权主体的"农民集体"已经虚化或者被架空。如孙宪忠教授通过实证调研发现这种"集体"已经不存在了,在经济欠发达地区,它被农村的村民自治组织即村民委员会取代了;在东部经济发达地区,它被新兴发展的农业公司、乡镇合作社、乡镇合作经济联合社等股份制的"集体"取代了。农民在股份制"集体"中的身份取决于他的财产份额。在立法论上应该对这些"集体"的替代机制进行法人制改造。与集体所有权相对应,如何实现集体成员权也非常重要,应当以农民个人的成员权作为解决农民土地权利和其他权利的基本出发点。实行成员权也有助于改变家庭承包责任制将土地分成小块、没有生产效益的局面,可以把土地合并起来做规模化统一经营。[10] 梁慧星教授曾质疑农村土地所有权主体归属问题的讨论意义,认为土地承包经营权作为用益物权,在承包期满之后,根据原《物权法》第126条规定,由土地承包经营权人按照国家有关规定继续承包,"继续承包,也就是自动延长的意思",这就使土地承包经营权和土地所有权的差别不大,"实际是将农村土地的所有权人架空了、虚化了。谁是土

---

〔9〕 孙宪忠:《以集体成员权为基础推动农村集体经济组织立法的议案》,载中国法学网2022年3月7日,http://iolaw.cssn.cn/bwsf/202203/t20220307_5397254.shtml。

〔10〕 孙宪忠:《中国农村土地制度的发展与改革》,中南财经政法大学中国民商法高峰论坛第十七讲,载中国私法网,http://www.71.cn/2014/0226/760344_2.shtml;孙宪忠:《中国农民"带地入城"的理论思考和实践调查》,载《苏州大学学报(哲学社会科学版)》2014年第3期;孙宪忠:《推进农地三权分置经营模式的立法研究》,载《中国社会科学》2016年第7期。

地的所有权主体已经不重要了”。[11]《民法典》第 99 条规定:“农村集体经济组织依法取得法人资格。法律、行政法规对农村集体经济组织有规定的,依照其规定。”

笔者认为,从解释论上看,全民所有制和集体所有制是社会主义公有制的两种重要表现形式,农民集体所有权是我国《宪法》和《民法典》所确立的社会主义基本经济制度的重要体现,农民集体所有权和国家所有权一样,都采取代表行使的机制。农民集体所有权制度的问题不在于农民集体所有权主体不明或者虚置,也不必对农民集体所有权的主体乃至农民集体所有权代表行使的全部主体进行重塑或者法人化改造,[12]更重要的是在既有法律体系下坚持农村土地集体所有权的根本地位并对农民集体所有权的代表行使机制进行完善,以充分实现农民集体成员的利益。中共中央办公厅、国务院办公厅于 2016 年 10 月 30 日印发并实施的《关于完善农村土地所有权承包权经营权分置办法的意见》指出:“农村土地农民集体所有,是农村基本经营制度的根本,必须得到充分体现和保障,不能虚置。”

第三,相对于国家所有权而言,农民集体所有权的客体具有法定限制性。以自然资源国家所有权和集体所有权制度为例,自然资源所有权法律制度具有《民法典》和《宪法》两个面向,属于具有公权性质的私权。“自然资源国家所有权蕴含着宪法所有权与民法所有权的双阶构造。”[13]《宪法》对自然资源国家所有权的规定属于“社会主义基本经济制度”的范畴,是自然资源国家主权的体现,其规范本质是避免生产要素集中而导致剥削,保障对战略性自然资源的全民共享,其作为国家利益具有“整体利益性”和“长远利益性”的特点,这也决定了《宪法》对国家所有权客体“等自然资源”的规定是开放的而非封闭的,国家对自然资源的所有权是一个具有法政策形成空间的开放结构。[14]如《民法典》第 247、251、252、253 条就增加规定:海域、法律规定属于国家所有的

〔11〕 梁慧星:《民事立法、理论、实务若干问题》(四川大学法学院报告),载中国法学网 2014 年 3 月 19 日,http://www.iolaw.org.cn/showArticle.aspx? id=3999。

〔12〕 高飞:《集体土地所有权主体制度研究》,法律出版社 2012 年版,第 113~124、238~297 页。当然,《民法典》第 99~100 条赋予农村集体经济组织、城镇农村的合作经济组织、村民委员会法人资格,这就实现了对农民集体所有权代表行使主体的法人化改造。

〔13〕 税兵:《自然资源国家所有权双阶构造说》,载《法学研究》2013 年第 4 期。

〔14〕 王旭:《论自然资源国家所有权的宪法规制功能》,载《中国法学》2013 年第 6 期。

野生动植物资源、无线电频谱资源、法律规定属于国家所有的文物等“具有战略意义的物质生产资料”属于国家所有权的客体。《民法典》第 209 条第 2 款规定:“依法属于国家所有的自然资源,所有权可以不登记。”2016 年 12 月 20 日起施行的《自然资源统一确权登记办法(试行)》(国土资发〔2016〕192 号)第 2 条规定:“国家建立自然资源统一确权登记制度。自然资源确权登记坚持资源公有、物权法定和统一确权登记的原则。”该确权登记办法先行在国家部署的试点地区实施。与此相适应,笔者曾建议我国《民法典》物权编应该将原《物权法》第 9 条第 2 款修改为“国家对自然资源推行统一登记制度”或者将其表述为:“国家推行自然资源统一登记制度。”随着社会发展,自然资源国家所有权的客体还可能出现进一步扩张。与之相对应,自然资源集体所有权的客体则具有法定性特征,《民法典》第 260 条第 1 项规定:“集体所有的不动产和动产包括:(一)法律规定属于集体所有的土地和森林、山岭、草原、荒地、滩涂……”国家所有权的规范目的是实现全民利益,集体所有权的规范目的是实现集体成员集体利益,从分配正义的角度看,全民利益相对于集体利益在共享和惠及范围上更广泛。相应地,法律限制自然资源集体所有权的客体范围就具有更高程度的正当性。

第四,农民集体所有权的行使具有民主程序性,须经由民主程序实现村民自治。“集体所有权的内容在法律上的一个重要特点就是必须由集体组织的成员进行民主管理,并且依照法定的程序行使……集体所有权的行使必须要依法实行民主管理,对于一些重大的事务必须由集体的成员依法民主作出决定。”〔15〕如我国《民法典》第 261 条第 2 款、《村民委员会组织法》第 24 条、《农村土地承包法》第 18、48 条等都对农民集体所有权的多数决民主决策机制作出规定,以落实农民对集体事务的民主管理权利。

农民集体成员通过农民集体决议的方式作出集体决策、行使农民集体所有权、民主管理集体事务,实现乡村治理。当村民委员会作为农民集体所有权代表行使主体时,农民集体决议的重要法律依据之一就是《村民委员会组织法》,特别是该法第 4 章“村民会议”“村民代表会议”制度。类似地,如果由农

---

〔15〕 王利明:《物权法研究》(上卷,第 3 版),中国人民大学出版社 2013 年版,第 529 页;崔建远:《物权:规范与学说——以中国物权法的解释论为中心》,清华大学出版社 2011 年版,第 393～395 页。

村集体经济组织作为农民集体所有权的代表行使主体，则民主管理集体事务的机构就是农村集体经济组织成员（代表）大会会议。宪法学界的通说将《村民委员会组织法》作为调整宪法关系的“宪法性法律”或者说“宪法附属法”，并使之成为宪法的重要组成部分和宪法的渊源。[16]《中国特色社会主义法律体系》白皮书也将调整乡村基层群众自治的《村民委员会组织法》作为“宪法相关法”。笔者认为，乡村治理体系的健全并非简单属于宪法等公法问题，《村民委员会组织法》具有鲜明的公法私法融合的特点，民主也并非仅仅是公法中持守的价值观，民主同样可以成为民法团体决议中的价值取向。

综上，农民集体所有的特征包括如下四个方面：在主体方面，集体财产由集体所有；在客体方面，集体财产范围由法律规定；在目的方面，集体利益由集体成员分享，由此派生出农民集体成员权；在行使方面，集体事务由集体民主管理，并采取农民集体决议行为的民主决策方式。

二、农民集体成员权是具有复合性特点的新类型民事权利

中国共产党十八届三中全会通过的《中共中央关于全面深化改革若干重大问题的决定》指出：“赋予农民更多财产权利。保障农民集体经济组织成员权利……”2015 年中共中央办公厅、国务院办公厅印发的《深化农村改革综合性实施方案》强调建立健全农村集体产权制度，“必须以保护农民集体经济组织成员权利为核心，以明晰农村集体产权归属、赋予农民更多财产权利为重点”。农民集体经济组织成员权利的上位概念是农民集体成员权，农民集体经济组织成员权利“是指农村集体经济组织成员依据法律和章程对农村集体经济组织的财产权的行使和其他重大事务的处理所享有的管理权，以及收益分配权等权利”。[17] 农民集体成员权由农民集体所有权派生，是农民作为集体成员对集体所享有权利的总称。“农民的成员权在农村集体经济组织的法律构造上，已经处于基础性地位。”[18]“在制度构建上，成员权问题业已成为农村

---

〔16〕 胡锦光、韩大元：《中国宪法》（第 3 版），法律出版社 2016 年版，第 90 ~ 91 页；林来梵：《宪法学讲义》（第 2 版），法律出版社 2015 年版，第 73 ~ 74 页；朱福惠主编：《宪法学原理》，厦门大学出版社 2011 年版，第 287 ~ 288、290 页。

〔17〕 王利明：《物权法研究》（上卷），中国人民大学出版社 2013 年版，第 533 页。

〔18〕 孙宪忠：《以集体成员权为基础推动农村集体经济组织立法的议案》，载中国法学网 2022 年 3 月 7 日，http://iolaw.cssn.cn/bwsf/202203/t20220307_5397254.shtml。

法律制度中新的核心问题。"[19]保障农民集体成员权就要首先认识农民集体成员权的制度理念、法律性质、权利内容等内部法律构造。

因此,笔者认为应该从分配正义的角度理解农民集体所有权和农民集体成员权之间的辩证关系。"正义是某些事物'平等(均等)'观念……简而言之,正义包含两个因素——事物和应该接受事物的人;大家认为相等的人就该配给到相等的事物。"[20]分配正义是指两个人和两份事物间的几何比例的平等。[21]霍布斯也曾经总结:"分配的正义则在于对条件相等的人分配相等的利益……给予一个人多于其应得的东西也是不义。"[22]分配正义是人类分配物质财富、政治权利等一切社会资源所追求的公正价值目标。[23]农民集体成员权涉及农民个体和集体之间的关系,农民集体对集体所有权的实现和相关利益的分配应该践行分配正义的理念,实现在集体成员之间尽可能地避免对人群加以分类,从而使每一个人都被视为"同样的人",使每一个参与分配的人都能够在利益或负担方面分得平等的"份额",这也是农村集体产权制度改革过程中界定农民集体成员资格的法理基础。在分配正义几何比例平等规则的指引下,实现同样的情况同样对待,不同的情况不同对待。[24]保障农民集体成员权既是坐实农民集体所有权的根本途径,也是健全乡村治理体系的根本目的。"现行农地制度的本质是将原来集体控制的集体所有制改革为以成员权为核心的集体所有制,这个集体所有制的本质是每个集体组织的合法成员天然平等享有集体所有土地的各项权利。"[25]

民事立法和民法学理论对作为民事权利的成员权未给予足够重视。从法

---

〔19〕 陈小君:《我国农村土地法律制度变革的思路与框架——十八届三中全会〈决定〉相关内容解读》,载《法学研究》2014 年第 4 期。

〔20〕 [古希腊]亚里士多德:《政治学》,吴寿彭译,商务印书馆 1965 年版,第 152 页。

〔21〕 易军:《个人主义方法论与私法》,载易军:《民法基础理论新视域》,法律出版社 2012 年版。

〔22〕 [英]霍布斯:《利维坦》,黎思复、黎廷弼译,商务印书馆 1985 年版,第 114 页。

〔23〕 向玉乔:《社会制度实现分配正义的基本原则及价值维度》,载《中国社会科学》2013 年第 3 期。

〔24〕 郑成良:《法律之内的争议:一个关于司法公正的法律实证主义解读》,法律出版社 2002 年版,第 40 页;高飞:《论集体土地所有权主体立法的价值目标与功能定位》,载《中外法学》2009 年第 6 期。

〔25〕 刘守英、高圣平、王瑞民:《农地三权分置下的土地权利体系重构》,载《北京大学学报(哲学社会科学版)》2017 年第 5 期。

律性质上看,农民集体成员权属于民法中成员权(Mitgliedschaftsrecht)的一种,[26]是农民对农民集体所享有权利的总称,以作为村集体农民的特定身份为前提,属于独立的民事权利类型。农民集体所有权和农民集体成员权是理解和"深化农村土地制度改革"的前提,土地承包经营权和宅基地使用权等农民用益物权也是农民集体成员权行使的产物,其均以农民集体成员权为前提。中国法学会民法典编纂项目领导小组和中国法学会民法学研究会组织撰写,并于2015年6月24日正式提交全国人大常委会法制工作委员会的《中华人民共和国民法典·民法总则专家建议稿》第81条就规定了社团法人中的成员权或社员权,该条规定:"社团法人的成员通过成员大会依法制定、修改章程,选举或者更换执行机关、监督机关成员,并可以依法行使章程规定的其他权力。"当然,《民法典》中应该确立普遍适用的成员权法律制度,成员权主要发生于社团法人之中,但成员权也不仅限于社团法人中社员对社团所享有权利的总称,对于农民集体、合伙、业主大会或业主委员会等不当然以法人形式出现的团体也均存在并适用。如农民对农民集体所享有权利的总称、合伙人对合伙组织所享有权利的总称[27]均属于成员权的范畴。因此,适宜在《中华人民共和国民法典·民法总则专家建议稿》第81条增加第2款规定:"农民集体成员、业主大会或业主委员会成员、合伙人等就其相应权力的行使参照前款规定。"《民法典》"法人"一章未采纳社团法人和财团法人的分类,也未对社团法人中的成

[26] 谢怀栻先生将成员权表述为社员权,参见谢怀栻:《论民事权利体系》,载《法学研究》1996年第2期。笔者建议恢复成员权的表达,毕竟成员权不仅限于社团法人中存在,在农民集体、业主大会等组织体中也均存在成员权,成员权的表述更贴切、更有涵括力。还有学者从知识发生学的角度,考察社员权的表达"可能是由于20世纪初间接或直接继受德国旧有理论,特别是囿于继受了日本法学所使用的'社团'与'社员'概念,未进行汉语翻译的转变"。参见任中秀:《德国团体法中的成员权研究》,山东大学2014年博士学位论文,第13、14、16、30页;侯德斌:《农民集体成员权利研究》,吉林大学2011年博士学位论文,第35~36页。

[27] Prütting/Wegen/Weinreich BGB Kommentar, 3. Auflage, Luchterhand 2008. §705 22, 24; §717 2; §719 2.

员权作一般规定；民事权利一章只规定了作为成员权子类型的股权。[28]

从权利内容看，农民集体所有的不动产和动产属于本集体成员集体所有。集体所有权的目的是实现集体成员的利益，农民集体成员权属于包含多种权能的复合性权利，农民集体成员权派生于农民集体所有权，农民集体成员权不能取代农民集体所有权。农民集体成员权包括："一是直接的物权，即对集体所有的动产和不动产的占有、使用、收益的权利；二是物权派生的管理权利，即对集体财产进行管理决策的权利。"[29] 保障农民集体成员权利的核心是作为集体成员的农民对集体财产的受益权（Genussrecht），集体成员通过民主决策参与集体所有权的行使以实现其受益权（自益权）。参与管理权（Mitwirkungsrecht）也称为民主管理权，其与知情权一道是保障受益权实现的重要手段（均属于共益权），参与管理权的核心是农民在集体决议过程中所行使的表决权。农民相对于农民集体所享有的知情权有助于保障民情民知，农民参与管理权有助于保障民事民议、民事民决、民事民办、民事民管、民权民用。农民集体成员依法取得土地承包经营权、宅基地使用权、集体土地补偿费分配请求权、对农民集体所提供公共物品的受益权、集体收益分配权等都是农民对集体所有财产的受益权之体现，以保障实现民利民享。农民集体成员对集体所有权的受益权属于资格性权利，以具有集体成员身份为前提。[30] 相应地，"两权分离"背景下的土地承包经营权、宅基地使用权等也均具有明显的成员权属性，是行使农民集体成员权所取得的重要成果。在农村土地所有权、承包权和经

〔28〕 孙宪忠研究员指出："在农民土地权利之中，我们认为一直没有得到足够理解和重视的，是农民家庭和个人在集体之中的成员权。该权利在过去的政策和法律中一直被忽视，这种局面现在并未真正改变。"参见孙宪忠：《推进农地三权分置经营模式的立法研究》，载《中国社会科学》2016 年第 7 期。陈小君教授也指出，我国原《民法总则》并未将成员权作为基本民事权利加以规定，对成员权的研究多集中于公司股东权之上，对农民集体成员权缺乏深入细致的研究，农民集体成员权也一直未被立法者充分重视。参见陈小君：《我国农民集体成员权的立法抉择》，载《清华法学》2017 年第 2 期。

〔29〕 最高人民法院民事案件案由规定课题小组编著：《最高人民法院民事案件案由规定理解与适用》，人民法院出版社 2008 年版，第 60 页；王利明、周友军：《论我国农村土地权利制度的完善》，载《中国法学》2012 年第 1 期；戴威、陈小君：《论农村集体经济组织成员权利的实现——基于法律的角度》，载《人民论坛》2012 年第 2 期；童列春：《论中国农民成员权》，载《浙江大学学报（人文社会科学版）》2015 年第 2 期；Vgl. Münchener Kommentar zum Bürgerlichen Gesetzbuch. Band 5 Schuldrecht Besonderer Teil Ⅲ. Verlag C. H. Beck München 2004. 4. Auflage. § 823 165.

〔30〕 韩松：《论农民集体土地所有权的集体成员受益权能》，载《当代法学》2014 年第 1 期。

营权“三权分置”的背景下，农村土地承包权具有成员权属性，农民集体成员权本身是不可流转的，“承包权不应作为用益物权规定，应作为集体所有权主体之集体的成员的成员权内容规定”，[31] 土地承包者可以流转土地经营权，农村土地承包方原则上只能是本集体的农户，农户对本集体土地的承包权是其成员权的体现。[32] 在宅基地“三权分置”改革的政策背景下，宅基地所有权、资格权、使用权“三权分置”，法律上宜相应采取农村土地所有权、宅基地成员权、宅基地使用权的法律结构，其中，农户对宅基地的资格权属于农民集体成员权的具体表现。综上，农民集体成员权中的受益权能是核心，属于实体性质的权利；参与管理权能是手段，属于程序性质的权利。

农民集体成员权与业主建筑物区分所有权中的成员权不完全相同，根据这两个概念的不同使用习惯，农民集体成员权是由农民集体所有权派生并包含多项权能的复合性权利，业主建筑物区分所有权中的成员权则属于业主建筑物区分所有权的下位概念（一项权能）。根据《民法典》第 271 条规定，业主的建筑物区分所有权就是指业主对建筑物内的住宅、经营性用房等专有部分所有权、共有部分共有权以及因区分所有建筑物共有部分和共同管理关系所生的成员权共同组成的复合性物权。区分所有人因区分所有而产生了共同生活关系，并必然会产生需要共同管理的事务，而管理这些事务的成员权不能为专有权或者共有权所包含；相反地，对成员权的肯定和妥当行使能够保障专有权和共有权的物尽其用，符合《民法典》的立法宗旨。《民法典》第 277、278、280、286 条还对区分所有权中的成员权进行规定，业主可以设立业主大会这一意思决定机构、选举业主委员会这一事务执行机构，业主大会或业主委员会的决定对全体业主具有法律约束力，其决定侵害个体业主合法权益时，该业主还有撤销诉权；共同管理行为侵害业主合法权益时，该业主也可以依法向人民法院提起诉讼。业主成员权是落实业主自治的技术手段，业主自治则是私法自治原则在建筑物区分所有权中的具体体现。业主可以制定管理规约这种自治规则以规范区分所有建筑物的管理、使用乃至所有关系，管理规约的制定或修改须依据《民

---

〔31〕 韩松：《论民法典物权编对土地承包经营权的规定——基于“三权分置”的政策背景》，载《清华法学》2018 年第 5 期。

〔32〕 陈锡文：《关于解决“三农”问题的几点考虑——学习〈中共中央关于全面深化改革若干重大问题的决定〉》，载《中共党史研究》2014 年第 1 期；宋志红：《三权分置下农地流转权利体系重构研究》，载《中国法学》2018 年第 4 期。

法典》第278条第2款所规定的多数决表决规则,故属于多方民事法律行为中的决议行为。从行使的外在方式上看,农民集体成员权与业主建筑物区分所有权中的成员权具有相似性,其均以采取多数决意思表示形成机制的决议行为作为实现其私法自治的技术工具。与可反复适用的业主管理规约类似,农民集体成员也可制定村规民约,但二者本质上均属于作为团体自治手段的民法决议行为。

从民事权利分类的角度看,不能简单将农民集体成员权归位到物权和债权二分体系或者绝对权与请求权二分体系之下。农民集体成员权还具有如下特点:第一,农民集体成员权作为复合性权利,是自益权和共益权等具体权能集合在一起的"权利束",农民集体成员权不仅具有纯粹自利性特点,〔33〕还兼及共益性。自益权和共益权的结合使得成员权中私利性和利他性(共利性)得到有机结合。黑格尔就曾经指出:"人作为伦理性的实体,除了他私人目的之外,有必要让其参加普遍活动。"〔34〕第二,农民集体成员权具有一定的相对权和绝对权属性,〔35〕但又非纯粹的相对权或者绝对权。农民集体成员权存在于农民集体和农民集体成员之间,其并无绝对权和支配权那样的权利客体,农民集体成员不能直接支配农民集体所有的动产或者不动产,农民集体成员和农民集体本身均既为权利主体又互为权利义务指向的对象,农民集体成员权也就具有了相对权的特点。但农民集体成员权的民主程序性和共益性特点使其不简单等同于作为相对权典型形态的债权。农民集体成员权还可以作为侵权责任法保护的权利范围,〔36〕具有对抗第三人的效力,但又非纯粹的绝对权,农民集体成员权的实现离不开农民集体的积极配合。第三,农民集体成员权区别于物权、债权等普通民事权利的根本特点在于农民集体成员权中的共益权,如农民集体成员权中的参与管理权既非支配权,也非请求权,而是与形成权具有一定近似性的权利。因为农民集体成员在农民集体决议过程中作出自己的意思表示,这些个体的意思表示汇聚成农民集体的多数意思,就能够对农民集

---

〔33〕 Vgl. Karl Larenz, Manfred Wolf, Allgemeiner Teil des Bürgerlichen Rechts, C. H. Beck München 2004, S. 273.

〔34〕 [德]黑格尔:《法哲学原理》,范扬、张企泰译,商务印书馆1961年版,第251页。

〔35〕 [日]松冈义正口述:《民法总则》(上),熊元楷、熊元襄编,上海人民出版社2013年版,第121页。

〔36〕 Vgl. Münchener Kommentar zum Bürgerlichen Gesetzbuch. Band 5 Schuldrecht Besonderer Teil Ⅲ. Verlag C. H. Beck München 2004. 4. Auflage. § 823 164 – 166. Prütting/Wegen/Weinreich BGB Kommentar, 3. Auflage, Luchterhand 2008. § 823 68.

体和每个农民集体成员产生法律约束力。[37] 第四，农民集体成员权具有团体法特点，是一种身份属性的财产权，是团体法上的资格性权利，是农民集体成员对农民集体的权利，并且农民集体成员权的取得和消灭以是否具有农民集体成员资格为标准，农民集体成员权不得随意转让，[38] 比如，成员权人不得将自己的参与管理权让与他人行使，农民集体成员权与同作为成员权的股权在可转让性上有所不同。农民集体成员权的行使也须受团体决策的制约，农民集体成员在个体决策过程中还受诚信原则的限制，[39] 以免对其他农民集体成员或者对农民集体带来负外部性。修正后的《农村土地承包法》第 69 条规定："确认农村集体经济组织成员身份的原则、程序等，由法律、法规规定。"农村集体成员身份界定也是农村集体产权制度改革的关键环节。鉴于农民集体成员权的复合性特点，以及农民集体成员权派生于农民集体所有权的特点，从民事基本法层面看，适宜在《民法典》物权编"国家所有权和集体所有权、私人所有权"这一章规定确认农民集体成员身份的实体规则和程序规则等，立法应该例示农民集体成员身份认定的实体考量因素，如户籍、是否存在土地承包关系、对集体资产积累的贡献等，并授权农民集体因地制宜通过民主决议作出决定。农民集体成员身份的界定标准应当随着决议事项的不同而有所不同。

三、农民集体决议行为是行使农民集体成员权的重要外在方式

农民对集体享有成员权，农民集体成员权的主要行使方式就是决议行为。农民集体成员权存在的法理基础在于集体财产的分配正义；农民集体成员权行使的法理基础在于根据程序正义的要求，基于民主多数决的意思表示形成机制实现集体的公共选择。作为团体，农民集体团体治理的实现依赖农民集体决议行为的依法成立和生效。农民集体决议行为是农民集体成员权行使的外在重要方式，也是农民集体团体治理的重要技术工具，因此，《民法典》有必要修订和细化原《物权法》第 58～63 条，对农民集体决议行为作出集中规范。

---

[37] Vgl. Karl Larenz, Manfred Wolf, Allgemeiner Teil des Bürgerlichen Rechts, C. H. Beck München 2004, S. 273.

[38] Vgl. Palandt, Bürgerliches Gesetzbuch, 63. Auflage, C. H. Beck München 2004, §413 4. 有关团体法对个体权利做必要限制的论述，参见叶林：《私法权利的转型——一个团体法视角的观察》，载《法学家》2010 年第 4 期。

[39] Vgl. Prütting/Wegen/Weinreich BGB Kommentar, 3. Auflage, Luchterhand 2008. §705 22, 24; §717 2; §705 24.

不同民事权利有据以实现私法自治的不同工具,传统物权、债权的变动原因主要是合同行为,农民集体成员权则主要通过农民集体决议行为的方式行使。决议行为不同于典型的双方民事法律行为的合同行为,合同行为须要约人和承诺人意思表示一致,双方的对向意思表示由此得到调和。在决议行为中,起决定作用的是多数决得出的意思表示,团体意思源于个体表决权人的个体意思但又高于个体意思,在团体意思形成过程中,少数人的意思表示可置而不问。弗卢梅就曾指出:"通常,决议行为中起作用的不是参与者的意思表示一致,而是多数决原则(Mehrheitsprinzip)。"〔40〕合同行为的法律约束力及于合同双方当事人,而决议行为的法律约束力不仅及于行使参与管理权的表决权人,还及于"该人合团体章程所约束的所有成员",〔41〕包括作出与多数决意思一致的团体成员、作出少数意思的团体成员以及未行使表决权的团体成员。

除农民集体决议行为外,常见的决议行为还包括公司决议行为、业主大会或业主委员会决议行为、合伙企业决议行为、农民专业合作社决议行为等,它们共享了决议行为的根本特征——根据程序正义的要求采取民主多数决的意思表示形成机制,其成立和效力的一般规则相通,但在召集程序、会议通知、会议出席人数、表决权行使、表决规则、会议记录、决议签署及公开等具体规则上则各有差别。《民法典》第 85 条、第 94 条第 2 款、第 134 条第 2 款等规定了决议行为的抽象一般规则,《民法典》物权编、《农村土地承包法》、《土地管理法》、《村民委员会组织法》等有必要规定农民集体决议行为的具体特别规则。《民法典》第 134 条第 2 款实际上也授权特别法对各具体类型决议行为的议事方式、表决程序作具体规定。

农民集体成员权主要通过决议行为的方式来行使,农民集体决议行为服务于农民集体成员权的实现。但农民集体决议行为也有可能侵害农民集体成员权乃至农民集体所有权,"保障农民集体经济组织成员权利"就要赋予农民对集体决议行为直接或者间接侵害成员合法权益时的救济措施,以防止农民集体决议行为的异化,对此需要做类型化讨论。

---

〔40〕 Werner Flume, Allgemeiner Teil des Bürgerlichen Rechts. Zweiter Band, Das Rechtsgeschäft, 4. Auflage, Springer Verlag Berlin 1992, S. 602. Vgl. Wolfgang Fikentscher, Andreas Heinemann, Schuldrecht. De Gruyter Recht, Berlin, 2006,10 Auflage, S. 650.

〔41〕 Bernd Rüthers, Astrid Stadler, Allgemeiner Teil des BGB, 14 Aulfalge. C. H. Beck München 2006, S. 113.

第一，在决议行为作出的过程中，农民集体成员权中的参与管理权有可能受到侵害，这主要发生农民集体就涉及村民利益的法定事项进行表决时，若未提前通知某农民集体成员，导致该农民集体成员参与管理权被侵害，此时不当然适用《民法典》第1165条第1款或者《民法典》第265条第2款等规定进行保护，而应该基于团体法思维，优先适用决议行为成立和效力的判断规则，考察该个体表决权人参与管理权受侵害是否当然导致农民集体决议行为的多数决表决机制受到根本影响，若无，则农民集体决议行为不受影响，这属于基于团体法思维对农民集体成员个体权利的必要限制，在其他各类决议行为中均可能存在该问题，对此从立法论上看适宜在《民法典》第六章“民事法律行为”第三节“民事法律行为的效力”第154条之后增加决议行为效力瑕疵的相关规定：“表决权人意思表示的瑕疵不影响决议行为的效力，除非其导致法律或者章程等规定的召集程序或者表决方式无法实现。”

与参与管理权类似，农民集体成员的知情权也同属于农民集体成员权中的共益权，农民集体成员知情权受到侵害时，也不当然适用侵权损害赔偿责任或者《民法典》第265条第2款规定的撤销诉权进行保护，而要以《民法典》第264条为请求权基础，要求集体经济组织等依法公布集体财产状况，这实际上属于继续履行式的非财产责任方式。〔42〕

第二，若农民集体决议行为侵害农民集体成员权中的自益权，受侵害的农民有权要求撤销该决议行为。《民法典》第265条第2款规定：“农村集体经济组织、村民委员会或者其负责人作出的决定侵害集体成员合法权益的，受侵害的集体成员可以请求人民法院予以撤销。”集体经济组织决议行为直接侵害成员合法权益时，该农民集体成员享有撤销诉权，〔43〕这有助于纠正农民集体经济组织决议行为可能出现的“多数人暴政”，实现矫正正义。“更为现代、更为实

---

〔42〕 德国民法学通说也认为成员权受侵害时既可以适用侵权损害赔偿责任，也可以适用预防性的非损害赔偿责任（非财产责任）方式。Vgl. Karl Larenz, Manfred Wolf, Allgemeiner Teil des Bürgerlichen Rechts, C. H. Beck München 2004, S. 274.

〔43〕 德国民法学通说认为成员权可以成为《德国民法典》第823条侵权责任所保护的权利范围。Münchener Kommentar zum Bürgerlichen Gesetzbuch. Band 5 Schuldrecht Besonderer Teil Ⅲ. Verlag C. H. Beck München 2004. 4. Auflage. § 823 164. Prütting/Wegen/Weinreich BGB Kommentar, 3. Auflage, Luchterhand 2008. § 823 68.

际的民主概念是多数人决定同时尊重少数人的权利。"[44]"民主虽对多数之治念念不忘,但却从未真正地主张过多数的权力是绝对和无限的,这为法治留下了作为的空间。"[45]笔者主张对《民法典》第265条第2款中的"合法权益"作目的性限缩解释,农民集体成员权中的自益权和共益权所适用的法律规则不同,前者更近似传统财产权的特点,后者则具有更多的民主性、程序性和参与管理性特点,应该根据权利性质的不同,分别讨论其救济措施。当农民集体决议行为侵害农民集体成员权中的参与管理权等共益权时,适用上段论述予以救济;当农民集体决议行为侵害农民集体成员权中的自益权时,方有适用《民法典》第265条第2款予以救济的可能,对此将于本章后文再做详述。

第三,在侵害农民集体所有权致使农民集体成员权间接受损害的情况下,也应当为农民提供相应代位诉讼的救济措施,以防止出现"公地悲剧"的现象。《民法典》第265条第1款没有涉及集体所有权受侵害情形下的具体诉讼救济机制。在农民集体所有权受到本集体某成员侵害或者他人侵害时,此种侵权行为不属于《民法典》第261条第2款所规定的"应当依照法定程序经本集体成员决定"的事项,此时进行决议行为不能够满足对侵权行为及时高效矫正的需要,这属于民法决议行为"力有未逮"之处。此时,应当由本集体代表行使侵权请求权,本集体代表怠于行使时,本集体其他成员为了维护农民集体所有权,可以代位行使农民集体的侵权请求权并提起诉讼,代位诉讼主张的权益归本集体所有。[46]

笔者建议,应该借鉴原《物权法》第83条第2款的解释论见解和《公司法》第151条股东派生诉讼(股东代表诉讼)的规定,降低本集体成员行使诉权的门槛,这也是回应2015年中共中央办公厅、国务院办公厅印发的《深化农村改革综合性实施方案》要求,"健全农村基层民主管理制度……建立务实管用的

---

〔44〕[美]迈克尔·罗斯金等:《政治科学》(第9版),林震等译,中国人民大学出版社2009年版,第88页。

〔45〕秦前红、叶海波:《论民主与法治的分离与契合》,载《法制与社会发展》2005年第1期。

〔46〕韩松:《农民集体所有权和集体成员权益的侵权责任法适用》,载《国家检察官学院学报》2011年第2期;管洪彦:《农民集体成员派生诉讼的合理性与制度建构》,载《法律科学(西北政法大学学报)》2013年第4期。王利明教授负责起草的《中国民法典学者建议稿及立法理由》(物权编)也曾专门设计条文规定农民集体成员派生诉讼制度,该建议稿第766条规定:"集体组织的负责人非法侵害集体财产或容忍他人侵害集体财产,集体组织过半数的成员有权以集体的名义在法院起诉,要求对集体财产停止侵害、返还原物、赔偿损失。"参见王利明主编:《中国民法典学者建议稿及立法理由》(物权编),法律出版社2005年版,第163页。

村务监督机制……落实群众监督权”的有力法律举措。因此，笔者建议将《民法典》第265条第1款修改为：“集体所有的财产受法律保护，禁止任何组织或者个人侵占、哄抢、私分、破坏。集体经济组织、村民委员会或者其负责人作出的决定侵害集体所有的财产，或者集体经济组织负责人、村民委员会负责人怠于向行为人请求承担侵权责任的，本集体十分之一以上的成员或者三分之一以上的成员代表有权要求行为人承担停止侵害、消除危险、排除妨害、返还原物、赔偿损失等责任。”这也可作为回应中共中央办公厅、国务院办公厅2015年印发的《深化农村改革综合性实施方案》要求“健全农村基层民主管理制度……建立务实管用的村务监督机制……落实群众监督权”的有力法律举措。

第二节　农民集体决议行为的成立要件辨析

“中国幅员最辽阔的是农村，最大多数人口是农民，因此，民主化最重要的课题是农民的现代化，农民治理的现代化。农村基层治理的民主化无疑是中国全社会治理民主化的重点。”[47]因此，应从村民自治、民主决议的角度，探讨农民集体决议行为的成立和效力，从而对基层治理自治化、民主化、法治化开展有益探索。

村民自治是《村民委员会组织法》确立的农村基层民主方式，村民自治要求民主化和法治化。保障农村村民实行自治，由村民依法办理自己的事情，关键是确立和保障农民集体成员权，并保障农民集体决议行为的依法、民主、有序开展。农民集体成员在平等的基础上以民主的方式管理自己的事务，以实现生活在自己选择的决议之下的愿景。[48] 农民集体决议行为是指农民集体成员按照法律规定的民主议定程序组成议事主体并召开村民会议或者村民代表

---

〔47〕 杨海坤：《农民权利的公法保护》，北京大学出版社2015年版，第484页。

〔48〕 民主是一种公共选择决策的技术手段，民主决策本身缺乏正当性，但民主决策通过决策者自己决定如何统治自己的程序正义成功回避了决策者对正当性的可能质疑。通过自主选择和自负其责，公共选择就获得了程序上的合法性。正如有学者所言：“民主创造了一个政治循环解释，即人民自己决定如何统治自己，这就解构或回避了各种令人心惊胆战的政治问题。”赵汀阳：《双票民主与反票数公议》，载赵汀阳：《每个人的政治》，社会科学文献出版社2010年版。

会议，对涉及村集体经济组织财产和成员权益的事项进行讨论、作出决定的法律行为。农民集体决议是农民集体成员权（特别是参与管理权）的主要行使方式，是村民自治的表现。有学者将自治型的基层治理称为"契约化治理"。[49]与合同行为类似，农民集体决议行为也存在决议的订立和成立的区分，既包括行为意义上的决议作出过程，也包括结果意义上的决议结果。农民集体决议行为同样具有决议行为的程序性、团体性和效力内部指向性特点。与民法和商法中决议行为的法教义学体系一样，农民集体决议行为法教义学体系包括农民集体决议行为的成立和决议效力等。由法治保障的、具体的、真实的民主，[50]有利于增强人民的民主获得感，法治化、民主化的农民集体决议也有助于更好地保障农民集体成员权。农民集体决议行为的成立以正当程序原则和多数决原则为指导，具体包括决议主体、决议程序、决议事项等。

一、农民集体决议行为由村民会议或者村民代表会议作出

农民集体决议行为的决议主体是本集体成员集体，这是单一的集体，也是农民集体所有权的主体；决议的参与主体则是集体成员，对应每一位农民集体成员个体。

根据《民法典》第262条和《土地管理法》第10条规定，村集体经济组织或者村民委员会、村内各该集体经济组织或者村民小组、乡镇集体经济组织属于农民集体所有权的代表行使主体，而非集体所有权的主体，它们可以代表集体行使所有权，管理、经营集体经济组织财产，讨论、决定集体成员权益事项。《民法典》第264条规定："农村集体经济组织或者村民委员会、村民小组应当依照法律、行政法规以及章程、村规民约向本集体成员公布集体财产的状况。集体成员有权查阅、复制相关资料。"集体所有权和国家所有权在行使方式上都采取代表行使机制，《民法典》第246条第2款规定："国有财产由国务院代表国家行使所有权。法律另有规定的，依照其规定。"本集体成员集体和国家分别作为集体所有权和国家所有权的权利主体，属于"抽象的法律构造物"，"须借助具体的组织机构来行使其所有权"，[51]由此其所有权具体权能只能由本集体成员集体内部的组织机构或者国务院等代表行使。可见，农民集体作

---

〔49〕 汪世荣：《"枫桥经验"视野下的基层社会治理制度供给研究》，载《中国法学》2018年第6期。

〔50〕 秦前红、刘高林：《论民主与法治的关系》，载《武汉大学学报（社会科学版）》2003年第2期。

〔51〕 刘家安：《物权法》（第2版），中国政法大学出版社2015年版，第87页。

为农村集体所有权主体和村集体经济组织、村民委员会等作为农村集体所有权的代表行使主体可以区别开来。农村集体经济组织成员与农民集体成员不完全等同。有学者就以农民专业合作社这类集体经济组织为例,分析指出“集体经济组织”可能只包括集体的部分成员和财产,与“农民集体”的人员和财产构成并不一定相同。[52]

根据《民法典》第 262 条第 1 项规定,属于村农民集体所有的财产,由村集体经济组织或者村民委员会代表集体行使所有权,这就与公司股东与公司机关的关系不同,公司机关并非均可代表行使公司财产权。村民委员会作为基层群众性自治组织,其代表权限具有法定限制性,其有职责管理本村属于村农民集体所有的土地和其他财产,但对相关事宜,村民委员会不能径行决策,而应该根据《民法典》《村民委员会组织法》《农村土地承包法》《土地管理法》等法律所规定的民主议定程序进行民主决策、民主管理。这有助于经由民主议定程序,实现被代表成员的民主参与,防止代表人的决策损害被代表成员的合法权益。根据《村民委员会组织法》第 24、25 条等规定,村民委员会的民主议定事项具体由村民会议或者村民代表会议(人数较多或者居住分散的村且经村民会议授权方可)讨论决定方可办理,[53] 这分别是直接民主和代议制民主在村民自治领域的具体体现。因此,应当由村民会议或者村民代表会议民主讨论决定方可办理的事项,村民委员会未经该民主讨论决定而径行作出相关决定的,该村民委员会就构成无权代表。2015 年中共中央办公厅、国务院办公厅印发的《深化农村改革综合性实施方案》也强调要“探索以村民会议、村民代表会议为载体,创新村民议事形式,完善议事决策主体和程序,落实群众知情权和决策权”。

综上,农民集体所有权的主体和农民集体决议行为的决议主体是本集体成员集体,集体经济组织或者村民委员会等属于代表农民集体行使农民集体所有权的主体,村民委员会、农村集体经济组织对本村属于村农民集体所有的

---

〔52〕 于飞:《“农民集体”与“集体经济组织”:谁为集体所有权人?——风险界定视角下两者关系的再辨析》,载《财经法学》2016 年第 1 期。

〔53〕 农民进城务工人员往往无法实际参与集体事务决策,此时可以通过委托代理授权他人以自己的名义行使表决权,也可以选择放弃自己表决权的行使、单纯受村民会议或者村民代表会议决定的拘束。当然,根据农民集体决议事项的不同,也可以探索采用网络表决、书面通信表决等多样化的表决权行使方式,以便利进城务工人员行使农村集体事务表决权。

土地和其他财产的管理须具体由村民会议（村民代表会议）、农村集体经济组织成员（代表）大会讨论决定方可。

二、应根据正当程序规则完善农民集体决议的召集通知和表决方式

“决议行为的根本特征在于其根据程序正义的要求采取多数决的意思表示形成机制，决议结果对团体全体成员都具有法律约束力。”〔54〕根据《民法典》第134条第2款规定，农民集体决议与公司决议等具体形态的决议行为均须遵循正当程序规则，经由法定决议程序作出。广义的农民集体决议行为决议程序包括召集程序、会议通知、表决方式、公布讨论决定的事项及其实施情况〔55〕等，其核心则是表决方式，这些程序规则共同保障农民集体成员权的实现。推进基层治理法治化，离不开对基层治理法治经验的总结。〔56〕

2015年中共中央办公厅、国务院办公厅印发的《深化农村改革综合性实施方案》要求，“健全农村基层民主管理制度。以扩大有序参与、推进信息公开、健全议事协商、强化权力监督为重点，健全村党组织领导的充满活力的村民自治机制，探索村民自治的有效实现形式……完善议事决策主体和程序，落实群众知情权和决策权”。农民集体决议成立要件中的召集通知和表决方式均存在需要根据正当程序规则予以完善之处，以充分实践村民自治，保障农民集体成员的知情权和决策权。

农民集体决议行为采取法定程序作出，农民集体决议行为的表决方式采取民主多数决机制，以实现农民集体成员的大众意志。“那么大众意志又该如何确定呢？简单的回答就是由多数人决定。”〔57〕“民主是一种通过多数表决的

〔54〕 王雷：《论民法中的决议行为——从农民集体决议、业主管理规约到公司决议》，载《中外法学》2015年第1期。

〔55〕 《村民委员会组织法》第30条规定：“村民委员会实行村务公开制度。村民委员会应当及时公布下列事项，接受村民的监督：（一）本法第二十三条、第二十四条规定的由村民会议、村民代表会议讨论决定的事项及其实施情况……”《民法典》第264条则进一步规定了集体财产状况公开制度。

〔56〕 如邓州市2004年推出的“四议两公开”工作法成为向全国推广的加强基层民主自治组织能力建设的重要创举。参见王雷：《民法典编纂的地方经验——以南阳市依法治国若干实践为题材》，载《财经法学》2017年第1期。

〔57〕 ［美］迈克尔·罗斯金等：《政治科学》（第9版），林震等译，中国人民大学出版社2009年版，第88页。

选择方式来做出政治决策的制度安排。”[58] 以村农民集体所有土地在本集体成员内部发包，作出土地承包方案的决定为例，根据《民法典》第 261 条第 2 款第 1 项和《村民委员会组织法》第 24 条第 1 款第 4 项规定，土地承包方案应当依照法定程序经本集体成员决定，具体地，须经村民会议讨论决定方可办理。而《民法典》对本集体成员根据何种法定程序具体作出土地承包经营方案没有明确规定，对此须结合《村民委员会组织法》和《农村土地承包法》做进一步展开。根据《村民委员会组织法》第 21、22、30 条等相关规定，首先，须由村民委员会主动召集村民会议，或者应有 1/10 以上的村民或者 1/3 以上的村民代表提议召集村民会议。村民会议的召集主体负有保障村民会议程序合法的义务，须相应地对村民会议决议符合成立要件和有效要件的事实承担举证责任。其次，召集村民会议，应当提前 10 天通知村民。再次，正式召开村民会议，依照法定表决方式作出决定。最后，村民委员会应当及时公布村民会议讨论决定的土地承包经营方案事项及其实施情况。

值得注意的是，《村民委员会组织法》第 21 条后段对召集村民会议提前通知的内容未作规定。与之类似，《公司法》第 41、90、110 条等对股东会会议、股份公司发起人创立大会、股份公司董事会会议等召集通知的内容也均未作明确规定。《公司法》第 25 条第 1 款第 6 项规定有限责任公司章程应当载明“公司的机构及其产生办法、职权、议事规则”，未详及于会议召集通知方式等。《公司法》第 81 条第 11 项规定股份有限公司章程应当载明“公司的通知和公告办法”。有限责任公司和股份有限公司在一定程度上均将公司会议的通知方式、内容等列为章程自治的范围。《公司法》第 102 条第 1 款前段和第 3 款分别明确规定，“召开股东大会会议，应当将会议召开的时间、地点和审议的事项于会议召开二十日前通知各股东”；“股东大会不得对前两款通知中未列明的事项作出决议”。[59] 笔者认为，《村民委员会组织法》第 21 条后段对召集村民会议提前通知的内容未作规定，对此，应当类推适用同属决议行为法律调整规则的《公司法》第 102 条第 1 款前段和第 3 款的股份公司股东大会会议召集

---

〔58〕 季卫东：《法律程序的意义——对中国法制建设的另一种思考》，中国法制出版社 2004 年版，第 85 页。

〔59〕 《德国民法典》第 32 条第 1 款中段规定：“为使决议有效，必须在召集时述明议题。”该规定属于强制性的，即使表决事项所涉紧急，仍然必须遵循正确的召集通知方式。Prütting/Wegen/Weinreich BGB Kommentar, 3. Auflage, Luchterhand 2008. § 32 6.

通知规则,具体要求:“村民委员会召集村民会议应当提前通知会议召开的时间、地点和审议的事项。村民会议不得对召集通知中未列明的事项作出决议。”笔者认为,村民会议拟审议的事项应当成为村民委员会召集通知中的强制内容,这有助于防止村民会议突袭决议,有利于本集体成员提前就村民会议拟审议事项作出筹划,以更好地实现其意思自治。正所谓在民主管理过程中,“除了时间上的合理限制,每个成员都应该拥有平等而有效的机会去了解相关的备选政策和它们可能出现的结果”。[60]《农村土地承包法》第20条规定:“土地承包应当按照以下程序进行:(一)本集体经济组织成员的村民会议选举产生承包工作小组;(二)承包工作小组依照法律、法规的规定拟订并公布承包方案;(三)依法召开本集体经济组织成员的村民会议,讨论通过承包方案;(四)公开组织实施承包方案;(五)签订承包合同。”该规定是对农村集体土地承包方案的决议程序作出的更为详细的规定,特别是《农村土地承包法》第20条第2项要求在召开村民会议讨论承包方案之前,须由承包工作小组拟订并公布承包方案,这就增加了村民会议召集通知中的承包方案公示要求,可以弥补《村民委员会组织法》在相关程序上的规定不足,根据《立法法》第92条中“特别规定优于一般规定”的法律适用方法,就农村集体土地承包应该优先适用《农村土地承包法》第20条等所规定的决议程序。

就农村集体土地承包方案决议的表决方式,《村民委员会组织法》第22条第1款前段规定:“召开村民会议,应当有本村十八周岁以上村民的过半数,或者本村三分之二以上的户的代表参加,村民会议所作决定应当经到会人员的过半数通过。”该法第26条后段规定:“村民代表会议有三分之二以上的组成人员参加方可召开,所作决定应当经到会人员的过半数同意。”《农村土地承包法》第19条第3项规定:“承包方案应当按照本法第十三条的规定,依法经本集体经济组织成员的村民会议三分之二以上成员或者三分之二以上村民代表的同意。”季卫东教授曾经指出:“不同的程序赋予结果的权威性也是不一样的。例如,过半数表决通过、三分之二或四分之三多数通过与全体一致通过的程序效果是很不一样的。这种具体程序的选择反映了内容和结果的权威性的

---

〔60〕［美］罗伯特·A.达尔:《论民主》,李风华译,中国人民大学出版社2012年版,第33页。

不同要求。”[61]《农村土地承包法》和《村民委员会组织法》在农村集体土地承包决议表决规则上存在法律冲突，为使涉及村民利益的承包方案权威合理，此时，仍应该根据特别规定优于一般规定的法律适用方法，以《农村土地承包法》第 19 条第 3 项所规定的表决规则为准。《村民委员会组织法》第 22 条和第 26 条的表决规则无法真正体现决议行为多数决的要求，不利于实现民权民用，应该做立法修正。

值得特别指出的是，农民集体决议行为公开制度是我国《村民委员会组织法》的重要创举，这极大地完善了农民集体决议行为的决议程序，保障了农民集体成员的知情权，经由对决议行为本身和实施情况的事后公开，来督促事中的民主决策，是事中和事后民主议定程序的完整体现。笔者认为，农民集体决议行为公开制度体现了立法者对农民集体决议行为先进的、程序的规制策略，应该为同属决议行为重要类型的业主大会或业主委员会决定、业主管理规约和公司决议等适当参考借鉴。

三、农民集体决议涉及村集体成员共同利益的事项

农民集体决议行为的决议事项对应村民自治的范围。农民集体成员有权依法决定何种事项列入农民集体决议行为讨论表决，这是村民民主管理的当然要求。民主过程要求团体成员充分知情、有效平等参与和对议程有最终的控制。“唯有成员有机会去决定他们怎样去抉择——把什么事情提到议程来讨论……通过对议程的控制，这个小团体足以确信这个社团将再也不会违背自己的利益，因为它将不会再允许任何其他的建议得以列入议程，只要他们不同意。”[62]

就农民集体成员权的决议事项，我国《民法典》第 261 条第 2 款规定：“下列事项应当依照法定程序经本集体成员决定：（一）土地承包方案以及将土地发包给本集体以外的组织或者个人承包；（二）个别土地承包经营权人之间承包地的调整；（三）土地补偿费等费用的使用、分配办法；（四）集体出资的企业的所有权变动等事项；（五）法律规定的其他事项。”《民法典》第 261 条第 2 款主要从农民集体所有权的角度规定了农民集体决议行为的决议事项，并非完

---

〔61〕 季卫东：《法律程序的意义——对中国法制建设的另一种思考》，中国法制出版社 2004 年版，第 92 页。

〔62〕 [美]罗伯特・A. 达尔：《论民主》，李风华译，中国人民大学出版社 2012 年版，第 33、35 页。

全列举,仅属于例示规定。一方面,从体系解释的角度看,《民法典》第 261 条第 2 款所规定的农民集体决议行为的决议事项主要对应农民集体所有的动产和不动产所有权行使事宜。另一方面,从历史解释的角度看,有关立法释义著作多将原《物权法》第 59 条第 2 款第 5 项解释为引致规范,对应《村民委员会组织法》中所规定的村集体经济项目的立项、村公益事业的建设承包方案、宅基地的使用方案等涉及村民利益的事项。[63]

与《民法典》第 261 条第 2 款主要从农民集体所有权的角度规定农民集体决议行为的决议事项不同,《村民委员会组织法》第 24 条对农民集体决议行为决议事项从“村集体经济组织财产和成员权益”的角度作了更广泛的规定,“涉及村民利益”的公共事务和公益事业等事项是须经农民集体决议的事项,其提供了村民自治更加实质性的判断标准。《村民委员会组织法》第 24 条规定:“涉及村民利益的下列事项,经村民会议讨论决定方可办理:(一)本村享受误工补贴的人员及补贴标准;(二)从村集体经济所得收益的使用;(三)本村公益事业的兴办和筹资筹劳方案及建设承包方案;(四)土地承包经营方案;(五)村集体经济项目的立项、承包方案;(六)宅基地的使用方案;(七)征地补偿费的使用、分配方案;(八)以借贷、租赁或者其他方式处分村集体财产;(九)村民会议认为应当由村民会议讨论决定的涉及村民利益的其他事项。村民会议可以授权村民代表会议讨论决定前款规定的事项。法律对讨论决定村集体经济组织财产和成员权益的事项另有规定的,依照其规定。”对比农民集体决议行为的决议事项和《民法典》第 278 条所规定的业主大会、业主委员会共同决定事项,后者涉及“有关共有和共同管理权利的”重大事项,无论是实践村民自治还是业主自治,其均涉及有关共同管理权利(参与管理权)的事项,不同的是村民对集体所有权并非共有,所以村民自治不涉及共有权利事项。可见,村民自治涉及对集体所有权的直接或者间接行使事项,包括村集体经济组织财产和成员权益事项,对《村民委员会组织法》第 24 条规定中的“涉及村民利益”应该目的性限缩解释为“村民共同利益”。如果只是涉及村民个体利益事项,就不能通过集体决议替代个体意思自治。例如,很多农村通过召开村民会议或者村

---

〔63〕 胡康生主编:《中华人民共和国物权法释义》,法律出版社 2007 年版,第 143 页。全国人大常委会法制工作委员会民法室编:《中华人民共和国物权法条文说明、立法理由及相关规定》,北京大学出版社 2007 年版,第 92~93 页。

民代表会议作出决议，积极推行宅基地置换或归并，以拆旧建新，节约宅基地用地，改善农村居住条件，但在这个过程中，对少数不同意参与拆旧建新的村民的宅基地，不能一并被“拆旧”。因为对每户宅基地的置换或归并不同于《村民委员会组织法》第24条第6项规定的可通过多数决确定的“宅基地的使用方案”。宅基地的使用方案是对全体村民具有普遍约束力并能反复适用的方案，该方案涉及全体村民宅基地共同利益，〔64〕既不同于个体村民建房申请分配宅基地，也不同于每户是否同意腾退置换宅基地。

第三节　农民集体决议行为的法律效力瑕疵类型

农民集体决议行为的成立须同时依法满足上文所述决议主体、决议程序和决议事项相关要求，欠缺任何一个要件，都会导致农民集体决议行为的不成立，具体表现为如下任一情形：决议主体不适格、未满足出席人数的最低要求、未召集村民会议、召集后未作出表决、表决时未达到法定的多数决表决方式、就法定决议事项之外的事项作表决等，这些农民集体决议行为存在程序上的严重瑕疵，以至于无法在法律上承认决议时，决议不成立，并且导致决议不成立的程序瑕疵也无法被补正。

农民集体决议效力瑕疵制度体现在乡村治理问题上村民自治和国家管制之间的边界，农民集体决议行为法律效力瑕疵制度的解释和完善有助于乡村治理体系中自治与法治的协调。农民集体决议行为属于民事法律行为中的决议行为，我国现行法律并未直接集中规定农民集体决议行为的效力瑕疵类型，对此应该参考合同行为效力瑕疵分类和民事法律行为效力瑕疵分类，还应该区分农民集体决议行为与农民集体对外合同行为的法律效力。对农民集体决议行为的效力瑕疵判断须类推适用有关合同行为效力制度的规定、《公司法》第22条有关决议行为效力瑕疵规定，补充适用《民法典》有关民事法律行为效力瑕疵的规定。已经成立的农民集体决议行为是否无效的制定，适用《民法

〔64〕 李飞主编：《中华人民共和国村民委员会组织法释义》，法律出版社2010年版，第113页；许安标、吴高盛主编：《中华人民共和国村民委员会组织法解读》，中国法制出版社2010年版，第132～133页。

典》第 153 条判断民事法律行为是否无效的一般规定。如司法实践中经常根据《村民委员会组织法》第 27 条第 2 款、《妇女权益保障法》第 2 条等认定侵害妇女成员权益的集体决议行为无效、违反村民待遇平等原则侵害村民同等收益分配权的决议行为无效。[65] 农民集体决议行为无效制度提出了乡村治理过程中一个妥当平衡国家管制和村民自治之间关系的关键问题，需要通过类型化总结司法实务经验，结合规范目的和规范对象，运用利益动态衡量方法，综合判断《民法典》《村民委员会组织法》《农村土地承包法》等有关农民集体决议行为法律条文是否属于效力性强制性规定。

一、农民集体决议不成立与农民集体对外合同无效的区分

司法实践中，有关农民集体决议行为效力瑕疵纠纷的热点和难点问题是相关决议行为对农民集体外部合同行为的效力影响。法院普遍将用于判断农民集体决议行为是否成立的《村民委员会组织法》第 22 条第 1 款和第 24 条、《农村土地承包法》第 19 条第 3 项等规定误作判断农民集体对外合同行为是否无效的依据，对此，代表性做法有二：

第一，将用于判断农民集体决议行为是否成立的《村民委员会组织法》第 22 条第 1 款和第 24 条、《农村土地承包法》第 19 条第 3 项等规定误作判断农民集体对外合同行为无效的效力性强制性规定。

如《村民委员会组织法》第 24 条第 1 款第 8 项规定，“以借贷、租赁或者其他方式处分村集体财产”等涉及村民利益的事项，经村民会议讨论决定方可办理。根据该规定，涉及村民利益的事项，必须提请村民会议决定。有法院认为，村委会无权就集体财产处分事宜自行签订协议，违反民主议定原则而签订的协议属于无效协议，他人与村委会签订未经村民大会讨论决定的处分村集体财产的协议不属善意。未召开村支“两委”会议，也未召开村民代表大会和村民会议，该场地租赁协议的签订违反了《村民委员会组织法》第 24 条第 1 款第 8 项的规定，依照原《合同法》第 52 条第 5 项“违反法律、行政法规的强制性

[65] 代表性案例参见徐某燕等 12 名招婿上门的女性村民诉呼和浩特市赛罕区西把栅乡沙梁村委会集体经济收益分配纠纷案，内蒙古自治区高级人民法院(2007)内民一终字第 20 号民事判决书。原告徐某清等人与被告金秀瑶族自治县桐木镇桐木村民委解放街第三村民小组侵犯集体组织成员权益案，广西壮族自治区来宾市金秀瑶族自治县人民法院(2011)金民初字第 269 号民事判决书。另参见房绍坤、张泽嵩：《农村集体经济组织决议效力之认定》，载《法学论坛》2021 年第 5 期。

规定的合同无效”的规定，应认定该协议无效。[66] 还有法院认为《村民委员会组织法》第24条第1款第9项涉及村民利益须经村民会议讨论决定方可办理的规定属于强制性规定，属于原《合同法》第52条第5项规定的合同无效情形，涉案“一次性补偿淹没土地协议”虽有大田社区四组组长等人的签名，且加盖该村民小组的公章，但签订该协议时并未召开村民会议讨论决定，故“一次性补偿淹没土地协议”无效。[67]

第二，虽然未将用于判断农民集体决议行为是否成立的《村民委员会组织法》第22条第1款和第24条、《农村土地承包法》第19条第3项等规定认作判断农民集体对外合同行为无效的效力性强制性规定，但前述相关规定仍属于管理性强制性规定，因而不影响农民集体相应对外合同行为的法律效力。

如《村民委员会组织法》第22条第1款对村民会议多数决程序有明确规定，《农村土地承包法》第19条对土地承包方案的决议程序也有相应的规定。有法院在裁判中指出，虽然涉案承包合同未依《农村土地承包法》第19条第3项经村民会议2/3以上成员或2/3以上村民代表的同意，但双方已全面履行合同义务，故该“民主决议原则”仅为管理性强制规定，违反该规定不影响合同效力。[68] 根据《村民委员会组织法》第24条第8项规定，以借贷、租赁或者其他方式处分村集体财产的，经村民会议讨论决定方可办理。未经村民会议讨论决定，村民委员会作为出借人对外签订的借款合同是否无效？有法院认为，《村民委员会组织法》第24条属于管理性强制性规定，[69] 而非效力性强制性规定，因此，未经村民会议讨论决定，村民委员会作为出借人对外签订的借款合同有效。

---

〔66〕 黄某亮诉汝城县热水镇长塘村村民委员会确认合同无效纠纷再审案，湖南省郴州市中级人民法院（2013）郴民再终字第21号民事判决书。类似观点，另参见罗某与法库县包家屯镇大三家子村民委员会农村土地承包合同纠纷上诉案，辽宁省沈阳市中级人民法院（2014）沈中民五终字第1495号民事判决书。

〔67〕 屈某胜等与吉首市峒河办事处大田社区四组全体村民合同纠纷上诉案，湖南省湘西土家族苗族自治州中级人民法院（2012）州民一终字第289号民事判决书。

〔68〕 湛江市东海岛实验区东简镇龙水村后山村民小组与吴某来农村土地承包合同纠纷案，广东省高级人民法院（2013）粤高法审监民提字第53号民事判决书。类似涉及民主决议程序之“管理性”规范属性者，另参见林某贵等585人与平川区水泉乡下堡村村民委员会买卖合同纠纷上诉案，甘肃省高级人民法院（2010）甘民二终字第65号民事裁定书。

〔69〕 新昌县大市聚镇桐中井村民委员会与梁某洪民间借贷纠纷上诉案，绍兴市中级人民法院（2014）浙绍商终字第1078号民事判决书。

笔者认为,一方面,决议行为主要在团体内部产生法律约束力,[70]一般不产生对外法律约束力,农民集体决议行为也不例外。如《村民委员会组织法》第24条和《农村土地承包法》第19条的规定属于管理性强制规定,是约束村集体作为发包方对外发包土地时村集体内部所需进行的程序,不能对抗合同相对人,对第三方不具有约束力。该规定不是效力性强制性规定,不属于原《合同法》第52条所规定的"法律、行政法规的强制性规定"范畴,不能作为评判合同效力的法律依据。[71] 另一方面,决议行为在特定情形下可能作为另一法律行为的前提条件。欠缺多数决程序的农民集体决议不成立,而针对相应土地承包方案所作出的农民集体决议又是土地承包经营合同得以成立和生效的前提。农民集体决议行为主要约束农民集体和集体成员,但在特定情形下,农民集体决议行为也可能对农民集体和第三人之间的法律关系产生外部影响。如上文所述,村民小组或者村民委员会属于农村集体所有财产的代表行使主体,应当由村民会议或者村民代表会议民主讨论决定方可办理的事项,村民小组或者村民委员会未经该民主讨论决定而径行与第三人缔结土地承包经营合同,就构成无权代表,根据原《合同法》第50条、《民法典》第504条规定,相应土地承包经营合同效力待定;[72] 该第三人知道或者应当知道《村民委员会组织法》第22条第1款、第24条和《农村土地承包法》第19条第3项等法定

---

〔70〕 Vgl. Karl Larenz, Manfred Wolf, Allgemeiner Teil des Bürgerlichen Rechts, C. H. Beck München 2004, S. 408. 张谷:《对当前民法典编纂的反思》,载《华东政法大学学报》2016年第1期。

〔71〕 日照市东港区涛雒镇栈子一村村民委员会等诉郭某伟等确认合同无效纠纷案,山东省日照市中级人民法院(2013)日民一终字第1059号民事判决书。烟台市芝罘区只楚街道沙埠居民委员会、王曰胜返还原物纠纷案,山东省高级人民法院(2017)鲁民申62号民事裁定书。

〔72〕 基于村民自治原则,农村土地承包应当坚持公开、公平、公正,以何种方式发包集体土地由村民会议开会自行决定。如果村民委员会未依照《村民委员会组织法》第24条第1款第4项规定经村民会议讨论决定土地承包经营方案,而擅自将集体土地发包或者租赁给村民耕种,法院此时可以判决村民委员会将涉案事项组织召开村民会议讨论决定,这就给村民委员会科加了组织民主议定程序的作为义务。如有法院就曾在判决书中写道:"被告北京市昌平区城南街道邓庄村民委员会召开村民会议讨论决定原告谷某义的土地承包经营方案。"参见谷某义诉北京市昌平区城南街道邓庄村民委员会土地承包经营权纠纷案,北京市昌平区人民法院(2010)昌民初字第4356号民事判决书。另参见张红:《农地纠纷、村民自治与涉农信访——以北京市调研为依据》,载《中国法学》2011年第5期。

程序规定的，则相应的土地承包经营合同无效。[73] 可见，村民小组或者村民委员会并非集体财产的所有权人，只是集体财产的代表行使主体，村民小组或者村民委员会超越法定职权范围对外签订的合同构成无权代表合同。即使土地承包经营合同已经全面履行也不当然导致其有效，也不能据此判断作为其前提条件的《村民委员会组织法》第22条第1款、第24条和《农村土地承包法》第19条第3项的规范性质。实际上，在判断此类农民集体对外合同行为法律效力时，原《合同法》第50条方为合同效力判断的基础规范；《村民委员会组织法》第22条第1款、第24条和《农村土地承包法》第19条第3项等程序规定属于认定农民集体对外合同行为法律效力的前置条件，是用于判断相对人是否善意的辅助规范。[74] 《村民委员会组织法》第22条第1款、第24条和《农村土地承包法》第19条第3项等程序规定在判断农民集体决议行为是否成立时方属于基础规范。

二、农民集体决议可撤销事由的目的性限缩解释

农民集体在行使所有权作出决议行为的过程中，若该决议行为侵害集体成员合法权益，受侵害的成员可以请求人民法院予以撤销，这是对农民集体决议的事后规制，对应了农民集体成员的撤销诉权和农民集体决议行为的可撤销制度。考察农民集体成员撤销诉权的制度效果并探讨如何使农民集体成员撤销诉权从“纸面上的权利”更好地变为“现实中的权利”，是理论研究和实务应予关注的重点。我国《民法典》第265条第2款规定：“农村集体经济组织、村民委员会或者其负责人作出的决定侵害集体成员合法权益的，受侵害的集体成员可以请求人民法院予以撤销。”《村民委员会组织法》第36条也有类似规定。

《民法典》总则编未对决议行为的可撤销制度作正面规定，有学者曾指出：决议行为的撤销与一般民事法律行为的撤销有所不同，原《民法总则》应当作出除外规

[73] 如村委会未经村民会议讨论决定而订立的集体土地租赁合同，违反了《村民委员会组织法》第24条第8项的规定，应当认定无效。参见文某池、东莞大宁永盛制衣有限公司与增城市新塘镇久裕村民委员会、增城市新塘镇久裕村经济联合社土地租赁合同纠纷申请再审民事裁定书，最高人民法院(2015)民申字第759号。柘荣县乍洋乡水碓村民委员会与陈某华、刘某达土地租赁合同纠纷案，福建省高级人民法院(2014)闽民终字第1292号民事判决书。

[74] 这非常类似于公司对外担保时公司决议行为对担保合同效力的影响，这也涉及《公司法》第16条和《合同法》第50条的适用关系。参见王雷：《公司决议行为瑕疵制度的解释与完善——兼评公司法司法解释四(征求意见稿)第4～9条规定》，载《清华法学》2016年第5期。

定:“决议行为的撤销,单行法有特别规定的,依照其规定。”[75]笔者认为,农民集体决议行为侵害集体成员合法权益时,不管从民法原理、制度效果还是司法技术等角度看都不宜当然赋予受害人撤销诉权,对此首先应该做具体的类型化分析。

若被侵害的是农民集体成员权中的知情权、参与管理权等共益权时,宜另作特别处理:一方面,如果农民集体成员权中的知情权被侵害,此时不能适用《村民委员会组织法》第36条或者《民法典》第265条第2款,而应该适用《村民委员会组织法》第31条和《民法典》第264条,要求村民委员会、集体经济组织或者村民小组依法公布相关事项即可。另一方面,如果农民集体成员参与管理权中的表决权被侵害,致使表决权人意思表示存在瑕疵,除非由此导致法律规定的农民集体决议召集程序或者表决方式无法实现,否则该意思表示瑕疵也不影响农民集体决议的效力。[76]

因土地被征用而得到的补偿款属集体收益。对于集体收益,同一集体经济组织成员应享有同等的权利,即均可主张补偿费分配请求权(集体经济收益分配权),这属于基于集体经济组织成员资格而享有的成员权中的受益权,如《妇女权益保障法》第32、33条就有相应规定。对土地补偿费分配请求权如此,对土地承包经营权补偿费请求权、地上附着物及青苗补偿费请求权的司法处理亦然。农民集体决议行为侵害集体成员上述受益(自益)权利时,若简单将该决议行为整体撤销,也并不妥当。理由如下:第一,从民法原理上看,撤销该农民集体决议不符合比例原则,毕竟农民集体决议行为的法律约束力及于农民集体和全体集体成员,若因为个别集体成员合法权益受到侵害就径行将该决议行为撤销,则显得并不妥当。第二,从制度效果上看,虽然现行法赋予集体成员撤销诉权,但更多案例显示法院不倾向于径行撤销相关决议行为,如果土地补偿费的使用、分配方案侵害了个体村民的合法权益,受害人有权要求法院判决农村集体经济组织给受害人补发相关补偿款。[77] 第三,以农民集体

---

〔75〕 张素华:《〈民法总则草案〉(三审稿)的进步与不足》,载《东方法学》2017年第2期。

〔76〕 王雷:《论我国民法典中决议行为与合同行为的区分》,载《法商研究》2018年第5期。

〔77〕 三亚市凤凰镇桶井村民委员会坡村村民小组与蓝某英承包地征收补偿费用分配纠纷上诉案,海南省三亚市中级人民法院(2011)三亚民一终字第86号民事判决书。有学者指出,原《物权法》第63条第2款“在司法实践中基本不发挥作用,长期处于休眠状态”。参见朱金东:《农民集体成员撤销权制度的实证分析——基于107份裁判文书的整理》,载《烟台大学学报(哲学社会科学版)》2013年第3期。

成员变更诉权代替农民集体成员撤销诉权，更能兼顾农民集体决议行为的安定性和妥当性，既能有效保护受害集体成员的合法权益，又能维持农民集体意思的稳定性，是更为妥当的司法技术方案。当然，在解释论上，也可以解释为何此时仅撤销农民集体成员决议中侵害集体成员合法权益对应的那部分条款，其他部分仍予以维持。如此，即对《民法典》第265条第2款从法律后果上进行目的性限缩解释。笔者建议《民法典》物权编将原《物权法》第63条第2款修改为："农村集体经济组织、村民委员会或者其负责人作出的决定侵害集体成员土地承包经营权、宅基地使用权、集体土地补偿费分配权或者集体收益分配权等受益权利的，受侵害的集体成员可以请求人民法院予以变更或者撤销。"

此外，适用农民集体成员撤销诉权制度过程中要注意司法审查和尊重村民自治之间的协调。土地补偿费分配纠纷是农民集体成员撤销诉权的主要适用领域，如村民因为不满土地补偿费的使用、分配方案而提起的诉讼在司法实践中往往以"侵害集体经济组织成员权益纠纷"或者"承包地征收补偿费用分配纠纷"为案由展开。以集体经济组织作为农村土地的代表行使主体为例，在承包地被依法征收的情况下，应该对集体经济组织进行合理的补偿。根据最高人民法院《关于审理涉及农村土地承包纠纷案件适用法律问题的解释》（法释〔2020〕17号）第22条的规定，农村集体经济组织又可依照法律规定的民主议定程序将土地补偿费在本集体经济组织成员之间进行分配。村集体经济组织具有自治权，代表村民管理集体财产。村民自治是《宪法》和《村民委员会组织法》规定的我国农村社会治理的基本结构，是划分中央和地方治理权力的一个很重要的面向。集体经济组织经民主议定而确定扣除征地补偿款的一定比例用于集体公益事业，属于村民自治的事项，并未超出村民自治的合理界限，对此，司法主体无须也无权进行介入。法院多认为土地补偿费的使用、分配方案属于涉及村民利益的重大事项，属于村民自治的范围，法院只对该方案的作出是否符合民主议定程序进行审查，若符合法律规定的民主议定程序则确认该方案合法。根据《关于审理涉及农村土地承包纠纷案件适用法律问题的解释》第1条第3款规定，对村民要求变更土地补偿费的使用、分配方案的诉讼请求一般不予支持。〔78〕

---

〔78〕　雷某庆农户与宾阳县黎塘镇三李村委会雷响村第二村民小组承包地征收补偿费用分配纠纷上诉案，南宁市中级人民法院（2012）南市民一终字第1438号民事判决书。

第四节　小　　结

农民集体所有权的实现、农村土地“三权分置”和农村集体产权制度改革都需要本着分配正义的理念，赋予农民更多财产权利，以保障农民集体经济组织成员权利，实现民利民享。农民集体所有权的规范目的是实现集体成员的利益，农民集体所有权的行使具有民主程序性，经由民主决策程序实现村民自治。农民集体成员权是农民对集体所享有权利的总称，农民集体成员权存在的法理基础在于集体财产的分配正义，农民用益物权是行使农民集体成员权的产物。农民集体成员权与股权、业主共同管理权均属于民商法上的成员权，均具有团体法特征，都采取决议行为的行使方式。与其他成员权相对比，农民集体成员权具有特定身份性、非营利性和社会保障性特点。“赋予农民更多财产权利”“深化农村集体产权制度改革，保障农民财产权益”都离不开对农民集体成员权的确认及其实现机制的完善。乡村治理体系的健全是“一体”，农民集体成员权和农民集体决议行为是“两翼”。健全乡村治理体系和完善农民集体决议行为法律制度的根本目的都是保障农民集体成员权的实现。

农民集体决议行为是农民集体成员权行使的重要方式。农民集体成员权行使的法理基础在于，根据程序正义的要求基于民主多数决的意思表示形成机制实现农民集体的公共选择。农民集体决议行为法教义学体系包括农民集体决议行为的成立和效力等，应该本着程序正义的理念，妥当界定农民集体决议行为的成立和效力。基于农民集体决议行为的团体性和程序性特点，农民集体决议行为的成立要件包括决议主体、决议程序、决议事项等。基于农民集体决议行为法律效力原则上的内部指向性特点，应该区分农民集体决议行为的不成立与农民集体对外合同行为的法律效力；在特定情形下，农民集体决议行为也可能对农民集体和第三人之间的法律关系产生外部影响。农民集体决议行为还有可能侵害农民集体成员权乃至农民集体所有权，“保障农民集体经济组织成员权利”就要赋予农民对集体经济组织决议行为直接或者间接侵害成员合法权益时的救济措施，以充分实现矫正正义。法律对农民集体成员合法权益，应该区分受益权（自益权）与参与管理权（共益权），并分别配置不同的保障措施。不宜简单认定集体经济组织、村民委员会或者其负责人作出的决定侵害集体成员合法权益时,该决定即可撤销。此外,从立法技术上,农民集体决议行为的法律规范配置应该采取《民法典》总则编和物权编相结合、《民法典》和民法特别法相结合的立法技术,以推进农村基层社会治理的法治化和“健全自治、法治、德治相结合的乡村治理体系”。

第五章

《民法典》中业主大会决议行为的法教义学体系

建筑物区分所有权人彼此之间因建筑物所有和使用关系而形成了休戚与共的共同体，为维持共同生活或经营的和谐秩序，需要妥当平衡业主个体利益和共同利益、业主利益与建设单位利益、业主利益与物业服务企业利益，《民法典》物权编本着团体法思维，通过提高业主大会和业主委员会的组织程度和有序运转，增强业主大会或者业主委员会决议制度等团体自治规则的行为规范和裁判规范功能，支持业主大会和业主委员会自我约束、自我管理，发挥业主大会和业主委员会决议及管理规约等在业主自治和小区治理中的积极作用，以保障小区品质，防止区分所有建筑物加速折旧。《民法典》中业主共同决定的决议事项范围、业主大会或者业主委员会决议成立和效力制度等存在较大的立法变化。

本章力图构建《民法典》中业主大会决议行为的法教义学体系，对现行民事一般法和特别法中关于业主大会决议行为法律制度进行法律解释完善和体系化。[1] “中国特色社会主义进入新时代……人民美好生活需要日益广泛，不仅对物质文化生活提出了更高要求，而且在民主、法治、公平、正义、安全、环境等方面的要求日益增长。”民主理论的核心是多数决机制和正当程序规则，民主理论不仅在公法中有强大解释力，在私法中也有转化运用的广泛空间。业主大会决议行为借鉴民主政治多数决机制，程序正义是业主大会决议行为的法哲学基础，这都展现了民主理论在业主大会决议行为领域的转化运用。[2]

第一节 业主大会决议行为主体和决议事项

一、业主大会和业主委员会作为民事主体，均可作出决议行为

从文义解释的角度看，原《物权法》第75条第1款、《民法典》第277条第1款并非强行性规范，是否设立业主大会、选举业主委员会，完全交给业主决定。

---

〔1〕 正如有学者所言：“规范的意义为解释所创造，而最具可接受性的，必定是最具正当性的解释。如此，当解释者回答‘规范是什么’时，其实亦在回答‘规范应当是什么’，二者融合于统一的解释过程。”朱庆育：《民法总论》（第2版），北京大学出版社2016年版，第1页。

〔2〕 “从历史意义上来说，民主的倡导者们一直将关注的焦点聚集在国家上。他们这样做是正确的。无论国家是否是所有人类社团中最重要的，它无疑都是极为重要的。”参见［美］罗伯特·A. 达尔：《民主及其批评者》，曹海军、佟德志译，中国人民大学出版社2016年版，第142页。

笔者曾建议将原《物权法》第 75 条第 1 款修改为:“业主应当设立业主大会,选举业主委员会。只有一个业主的,或者业主人数较少且经全体业主一致同意,决定不成立业主大会的,由业主共同履行业主大会、业主委员会职责。”由此,可以明晰该款前段的性质为行为规范和强行性规范。当然,从裁判规范的角度看,业主违反设立业主大会和选举业主委员会的行为义务时,是否须承担“继续履行”的法律责任,以及谁有权要求业主承担该责任?从法律责任可操作性的角度看,此时无法实际科加业主继续履行责任的义务,只能使业主承担法律上的不利益,即在围绕原《物权法》第 76、78 条、第 83 条第 2 款和《物业管理条例》第 15 条等有关共有和共同管理权利的重大事项发生诉讼时,业主仍然需要根据《民事诉讼法》第 56、57 条规定选出代表人以方便参加诉讼。相比于业主委员会参加诉讼而言,分散业主参诉的便利性程度更低,如果业主在代表人诉讼过程中未登记权利并推选代表人,其他业主还可能由于《民事诉讼法》第 57 条第 4 款的规定直接承受人民法院已经作出判决或者裁定的拘束。即使从行为规范和裁判规范相结合的角度看,违反民事义务不一定必然对应民事责任,《民法典》第 176 条认可了此结论,即民事义务和民事责任并非一一对应关系。[3] 义务人承担民法之外其他法律所规定的不利益也可以作为义务人违反民事义务的法律后果,这也不影响规定民事义务的该行为规范同时作为强行性规范发挥作用。

民主决策的三大核心要素是决策主体的有效参与、表决方式的多数决机制和决策过程的正当程序规则。“在做出具有约束力的决策的过程中,公民应

[3] 值得注意的是,与原《民法通则》第 106 条第 1 款类似,《民法总则(草案)》一次审议稿、二次审议稿、三次审议稿分别在第 156 条第 2 款、第 171 条第 2 款和第 180 条第 2 款作同一规定:“民事主体不履行或者不完全履行民事义务的,应当依法承担民事责任。”而原《民法总则》第 176 条未保留该规定,从历史解释和体系解释的角度看,这体现出民事义务和民事责任并非一一对应的关系。一方面,民事主体不履行或者不完全履行民事义务的,未必均应当承担民事责任。如原《民法总则》第 180 条规定的不可抗力情形,当然,不可抗力也并非一概可以作为免责事由,有些情形下虽发生不可抗力但会相应派生义务人的通知、协助等附随义务,义务人不履行该附随义务仍须承担相应的民事责任。不可抗力通常也不能免除金钱债务的履行。另一方面,承担民事责任也并非均基于民事主体违反法定或者约定的民事义务,如原《民法总则》第 183 条所规定的受益人适当补偿责任就是如此。另外,公平责任、无过错责任等在侵权责任法中有规定,原《民法总则》第 176 条民事责任的一般规定也可涵盖这类情形。

该有充分且平等的机会，来表达他们关于最终结果的各种偏好。"[4]在建筑物区分所有权领域，业主正是通过业主大会或者业主委员会实现民主参与、民主决策。基于法人独立人格和股东有限责任，公司和公司股东均属于独立的民事主体，公司股东会（股东大会）、董事会和监事会属于股东参与公司治理的不同组织形式。不同于公司股东会（股东大会）、董事会或者监事会，业主大会、业主委员会既是业主进行团体管理的组织形式，又具有不同于业主的民事主体地位，属于"其他组织"或"非法人组织"这一独立的民事主体类型，业主委员会具有诉讼主体资格。[5] 关于法人类型法定，《民法典》并未认可业主大会、业主委员会的法人地位，可以将业主大会和业主委员会归类为《民法典》第102条第2款规定的"等"非法人组织。业主大会和业主委员会均可在其决议事项范围内依照法律规定或者管理规约约定作出决议行为。

为维持区分所有建筑物的良好状态，确保舒适的居住生活品质，区分所有人间存在围绕共有部分和共同事务进行共同管理的必要，因区分所有人之间存在共同利益，事实上形成一种共同体关系，业主大会、业主委员会作为自治性的团体组织，也具有浓厚的团体法色彩。[6] 业主大会并非仅仅是一个会议，业主大会还是业主团体的最高意思决定机关，业主委员会则为业主大会的执行机构和常设机构，业主委员会的职责由业主大会赋予。[7] 有学者认为："业主可以设立业主委员会，也可以不设立业主委员会……是否设立业主委员会是业主的一项权利。"[8]笔者认为，作为业主团体最高意思决定机关的业主大会和作为执行机构的业主委员会原则上均应属于必设机构，业主委员会还属于常设机构。在司法实践中，多由业主委员会来行使相应诉权。[9] 业主委员

〔4〕［美］罗伯特·A.达尔：《民主及其批评者》，曹海军、佟德志译，中国人民大学出版社2016年版，第142页。

〔5〕王雷：《我国民法典编纂中的团体法思维》，载《当代法学》2015年第4期。

〔6〕谢在全：《民法物权论》（上册，第5版），中国政法大学出版社2011年版，第254页。

〔7〕《物业管理条例》第15条规定："业主委员会执行业主大会的决定事项，履行下列职责：（一）召集业主大会会议，报告物业管理的实施情况；（二）代表业主与业主大会选聘的物业服务企业签订物业服务合同；（三）及时了解业主、物业使用人的意见和建议，监督和协助物业服务企业履行物业服务合同；（四）监督管理规约的实施；（五）业主大会赋予的其他职责。"

〔8〕王利明：《物权法研究》（上卷，第3版），中国人民大学出版社2013年版，第635页。

〔9〕业主委员会依据业主共同或业主大会决议，在授权范围内，以业主委员会名义从事法律行为，具备诉讼主体资格。参见徐州西苑艺君花园（一期）业主委员会诉徐州中川房地产开发有限公司物业管理用房所有权确认纠纷案，载《最高人民法院公报》2014年第6期。

会在住宅小区业主的共同利益遭受损害时,有权代表全体业主向人民法院提起诉讼,依据《民法典》第280、286条规定,业主委员会的诉权范围仅限于住宅小区内业主的共有权和共同管理权遭受损害的情形,业主的专有权受到侵害,应由业主主张权利。[10] 业主委员会职责之外的业主共同决定事项属于业主大会专属职责兜底保留范围。"业主委员会无权决定处理涉及业主共同财产权利的重大事项。"业主委员会超越职责范围对外签订合同构成无权代表,合同行为的相对人不属于善意第三人,业主委员会的职责范围属于合同相对人应尽审查义务的范围,相关合同行为未经业主大会追认,应当属于无效。[11] 业主大会由物业管理区域内的全体业主组成,代表和维护物业管理区域内全体业主在物业管理活动中的合法权利,履行相应的义务。住房和城乡建设部发布的《业主大会和业主委员会指导规则》(建房〔2009〕274号)第15条第2款规定:"业主大会自首次业主大会会议表决通过管理规约、业主大会议事规则,并选举产生业主委员会之日起成立。"业主委员会由业主大会依法选举产生,履行业主大会赋予的职责、执行业主大会决定的事项、接受业主的监督。

有学者"不但赞同业主大会为一独立的民事主体的观点,而且主张可以原告和被告的身份参加诉讼,至于它无独立财产的问题,可由全体业主的共有财产解决有关义务和责任的承受问题,不能因此影响其诉讼主体资格"。[12] 有学者则认为,业主大会本身仅仅是作为全体业主集体决策以及共同管理事项的议事会议,不具有实体性。业主大会不具有诉讼主体资格,业主或者业主委员会具有诉讼主体资格。[13]《物业管理条例》第8条规定:"物业管理区域内全体业主组成业主大会。业主大会应当代表和维护物业管理区域内全体业主在物业管理活动中的合法权益。"该条例第9条第1款规定:"一个物业管理区域成立一个业主大会。"该条例第10条规定:"同一个物业管理区域内的业主,应当在物业所在地的区、县人民政府房地产行政主管部门或者街道办事处、乡

---

〔10〕 山东省高级人民法院2011年12月2日发布的《关于印发全省民事审判工作会议纪要的通知》,鲁高法〔2011〕297号。

〔11〕 黄某碧与重庆市南岸区万寿花园业主委员会等业主撤销权纠纷上诉案,重庆市第五中级人民法院(2014)渝五中法民终字第01072号民事判决书。

〔12〕 崔建远:《物权:规范与学说》(上册),清华大学出版社2011年版,第434页。

〔13〕 陈华彬:《建筑物区分所有权》,中国法制出版社2011年版,第224页。另参见扬州市邗江区富丽康城业主委员会、于某与扬州市邗江区富丽康城业主委员会、于某业主撤销权纠纷案,江苏省高级人民法院(2015)苏审二民申字第01486号民事裁定书。

镇人民政府的指导下成立业主大会,并选举产生业主委员会。但是,只有一个业主的,或者业主人数较少且经全体业主一致同意,决定不成立业主大会的,由业主共同履行业主大会、业主委员会职责。”我国现代城市商品住宅小区,陌生的邻里关系使业主彼此之间形成一个陌生人社会,小区组织程度低,无法通过业主大会和业主委员会的方式行使选任和解聘物业服务企业等共同管理权利,这就使建设单位选聘的物业服务企业得以延续且得不到有效约束。相对于物业服务企业而言,分散的业主个体属于弱势群体,业主只有被组织起来,才会提高其与物业服务企业的谈判能力并对物业服务企业进行有效的监督约束。实践中,业主大会和业主委员会的成立比例不高,〔14〕无法有效实际行使选聘、解聘物业服务企业及其他共同管理的权利。“要保障业主的各项权利能够得到实现,充分地尊重业主自治,必须设立业主大会。”〔15〕业主大会和业主委员会是业主共同管理权的组织保障,也是区分所有建筑物领域作出决议行为的法定主体,业主经由业主大会或者业主委员会决议实现业主的自我决定,“只有那些服从决策的人,亦即社团的成员,而不是社团之外的人,才能做出具有约束力的决策”。〔16〕 业主应当设立业主大会,选举业主委员会,以提高业主的组织化程度,完善经由决议行为的业主团体自治。在《民法典》第 277 条坚持业主“可以”设立业主大会、选举业主委员会的规则下,对未设立业主大会、未选举业主委员会的业主,就会存在汇集多数人意志的困难,实践中只能通过逐户征求意见的方式解决。

二、业主大会决议事项为区分所有建筑物共有部分和共同管理事务

原《物权法》第 70 条、《民法典》第 271 条是关于业主的建筑物区分所有权的定义,该条规定:“业主对建筑物内的住宅、经营性用房等专有部分享有所有权,对专有部分以外的共有部分享有共有和共同管理的权利。”业主建筑物区分所有权是由多个权利组成的一个“权利束”,具有权利构成的复合性特点。对业主建筑物区分所有权的定义,存在一元论、二元论和三元论的不同立法例或学说。《民法典》第 271 条规定建筑物区分所有权包括专有权、共有权和共

〔14〕 卢文洁:《广州仅 25% 左右小区建立业主委员会》,载环球网 2013 年 11 月 5 日,https://chrna.huanqin.com/anticle/qCakrnJD0sE。

〔15〕 王利明:《物权法研究》(上卷,第 3 版),中国人民大学出版社 2013 年版,第 624 页。

〔16〕 [美]罗伯特·A. 达尔:《民主及其批评者》,曹海军、佟德志译,中国人民大学出版社 2016 年版,第 140 页。

同管理权。学说上也常把业主共同管理权称为业主成员权。[17]

笔者认为,须对建筑物区分所有权中共同管理权的客体做进一步明晰。针对原《物权法》第70条所规定的共同管理权,历史解释的结论是:“业主对建筑区划内的共有部分的共同管理权。即本条规定的,业主对专有部分以外的共有部分享有共同管理的权利。”[18]然而,将共同管理权的客体限制为共有部分的做法并不符合体系解释的结论。原《物权法》第76条第1款对业主共同决定的事项并未限制于“共有部分”,而是通过该款第7项兜底规定为“有关共有和共同管理权利的其他重大事项”,《民法典》第278条第1款第9项坚持此做法。可见,建筑物区分所有权中的共同管理权及于区分所有建筑物的共有部分和共同事务,例如,业主基于共同管理权选举业主委员会或者更换业主委员会成员,这就并非对共有部分行使管理权利,而是对共同事务实行民主管理。有学者更为妥当全面地界定共同管理权,“共同管理权,是指业主对于共有部分和共同事务从事管理的权利”,[19]“共同管理权是管理共有财产和共同事务的权利”。[20] 最高人民法院《关于审理建筑物区分所有权纠纷案件适用法律若干问题的解释》第7条规定:“处分共有部分,以及业主大会依法决定或者管理规约依法确定应由业主共同决定的事项,应当认定为民法典第二百七十八条第一款第(九)项规定的有关共有和共同管理权利的‘其他重大事项’。”住房和城乡建设部《业主大会和业主委员会指导规则》(建房〔2009〕274号)第17条规定:“业主大会决定以下事项:……(九)利用共有部分进行经营以及所得收益的分配与使用……”这就扩展了常见的业主共同决定事项范围,增强原《物权法》第76条第1款的可操作性和涵括力,增强了该条的行为规范和裁判规范功能。《民法典》第278条第1款第8项将这种部门规章规则法律化。在司法实践中,有法院还认定物业服务收费标准属于“有关共有和共同管理权利的其他重大事项”,在不超过物价部门核定的关于物业管理费用的收费标准前提下,对于决定具体收费标准,应当经专有部分占建筑物总面积过半数的业主且占总人数过半数的业主同意,而非由业主委员会与物业服务企业任

〔17〕 梁慧星、陈华彬:《物权法》(第7版),法律出版社2020年版,第200页。
〔18〕 全国人大常委会法制工作委员会民法室编:《中华人民共和国物权法条文说明、立法理由及相关规定》,北京大学出版社2007年版,第107页。
〔19〕 崔建远:《物权:规范与学说》(上册),清华大学出版社2011年版,第426页。
〔20〕 王利明:《物权法研究》(上卷,第3版),中国人民大学出版社2013年版,第617页。

意进行约定。[21] 当然,业主大会可以在管理规约中事先授权业主委员会在特定幅度内调整物业费的权利。

从司法实践来看,业主共同管理权的客体不局限于共有部分,业主对专有部分的使用如果产生负外部性,影响到其他众多业主的利益,也可能上升为共同事务,可经由业主共同决定以对专有部分所有权进行必要的限制。建筑物专有部分专有权的行使除了不得滥用权利外,还要受到基于保护小区业主共同利益的共同生活规则的制约。从实践来看,除以法律的形式规定建筑物区分所有权人行使专有权应受到的限制外,建筑区划内的业主也可以订立自治规则对业主专有权的行使进行一定限制,以维护小区业主的共同利益。如管理规约中对业主就其专有部分进行租赁的控制,对经营性用房统一经营方式的约定,根据原《物权法》第 77 条和《民法典》第 279 条管理规约中对"住改商"的约款,根据原《物权法》第 83 条和《民法典》第 286 条管理规约中对饲养动物、违章搭建、拒付物业费等问题的约款等,此时究竟解释为管理规约对业主专有权的限制,还是解释为因业主专有权产生负外部性而转化为共同管理事务而受到管理规约的限制,这属于民法学问题中的解释选择问题,不影响相应价值判断结论,当然,后种解释结论与原《物权法》第 76 条第 1 款第 7 项、《民法典》第 278 条第 1 款第 9 项更协调一致。如果业主专有权未产生负外部性,业主共同管理权则不能任意介入干预专有部分所有权,司法实践中有结合建筑物规划设计情况认定管理规约等所约定的禁止封闭阳台条款无效的做法。[22]

综上所述,笔者认为,从解释论上宜将《民法典》第 271 条解释明确为:"业

〔21〕 广州市鼎恒物业管理有限公司与黄汉粱物业管理合同纠纷案,广东省广州市中级人民法院(2012)穗中法民五终字第 1856 号民事判决书。

〔22〕 李艳:《小区不能封阳台业主怎么办》,载《云南日报》2021 年 6 月 2 日,第 7 版。《为美观开发商规定不得封阳台法院判无效》,载搜狐网 2016 年 5 月 5 日,http://mt. sohu. com/20160505/n447790433. shtml。经营性用房专有部分的经营方式不属于业主大会共同决定的事项,业主管理规约根据少数服从多数原则作出的该专有部分是自主经营还是委托他人经营的约定无效,业主大会根据管理规约作出委托经营决定后,业主委员会与他人签订的委托经营合同,对未经同意或追认的业主不发生法律效力。参见最高人民法院民一庭:《限制业主专有部分所有权的业主公约或章程的效力问题》,载最高人民法院民事审判第一庭编:《民事审判指导与参考》(第 41 辑),人民法院出版社 2011 年版。相反意见,参见杨某某诉舟山某某城业主委员会业主撤销权纠纷再审案,浙江省高级人民法院(2012)浙民再字第 66 号民事判决书。陆甲等与上海市虹口区曲阳花苑业主委员会排除妨害纠纷上诉案,上海市第二中级人民法院(2012)沪二中民二(民)终字第 824 号民事判决书。

主对建筑物内的住宅、经营性用房等专有部分享有所有权,对专有部分以外的共有部分享有共有权,对共有部分和共同事务享有共同管理的权利。”由此可以明晰建筑物区分所有权中共同管理权的客体范围为区分所有建筑物共有部分和共同事务,这也与对业主大会共同决定事项体系解释结论相协调。

三、业主大会决议行为是业主行使共同管理权的重要方式

业主对业主大会或者业主委员会享有权利的集合为业主成员权,业主成员权不同于农民集体成员权。农民集体成员权属于包含多种权能的复合性权利,保障农民集体成员权利的核心是作为集体成员的农民对集体财产的受益权,集体成员通过民主决策参与集体所有权的行使以实现其受益权。农民集体成员依法取得土地承包经营权、宅基地使用权、集体土地补偿费的分配,对农民集体所提供公共物品的受益、集体收益分配权等都是农民对集体所有财产的受益权之体现。农民集体成员权中的受益权能是核心,属于实体性质的权利;参与管理权能是手段,属于程序性质的权利。业主建筑物区分所有权中的成员权则属于业主建筑物区分所有权的下位概念(一项权能)。区分所有人因区分所有而产生了共同生活关系,并必然会产生需要共同管理的共同事务,而管理这些事务的成员权不能为专有权或者共有权所包含;相反地,对成员权的肯定和妥当行使能够保障专有权和共有权的物尽其用。业主成员权是建筑物区分所有权的有机组成部分,业主成员权又以共同管理权为核心。

值得注意的是,业主成员权除共同管理权(原《物权法》第 70 条后段、《民法典》第 271 条后段)外,还包括另两类很重要的子类型——业主知情权(最高人民法院《关于审理建筑物区分所有权纠纷案件适用法律若干问题的解释》第 13 条、《民法典》第 285 条第 1 款最后一句)和业主监督权(原《物权法》第 82 条、《民法典》第 285 条第 1 款前段)。[23] 业主知情权以民主决策中的信息对

[23] 有学者认为业主成员权包括对公共物业财产的合理使用权,“在区分所有建筑中,业主对公共物业财产的使用是其主要的成员权”。参见尤佳:《团体法视角下业主对公共物业财产权利的性质之反思》,载《法学家》2013 年第 2 期。笔者认为,不宜混淆业主成员权与业主对公共物业财产的合理使用权,业主对区分所有建筑物共有部分的共有权可以涵括业主对共有部分(或所谓的“公共物业财产”)合理使用的权利,解释论上不必使业主成员权与共有权的权利内容发生交叉,不同解释进路并不影响业主对共有部分合理使用权的团体性特点。根据《关于审理建筑物区分所有权纠纷案件适用法律若干问题的解释》第 4 条规定,业主基于对住宅、经营性用房等专有部分特定使用功能的合理需要,有权无偿利用屋顶以及与其专有部分相对应的外墙面等共有部分。但违反法律、法规、管理规约,损害他人合法权益的除外。

称为法哲学基础，业主应该有机会去获得对公共事务的了解，而此项知情权在决议行为过程中就对应决议召集主体须遵循法定召集程序并告知决议事项，以便业主了解相关资讯并作出准备。业主知情权能够保障业主获得供决策参考的关键信息，充分的信息公开也避免业主大会民主决策过程流于形式，使业主共同管理权落到实处。业主知情权指向的义务人除业主大会和业主委员会外，还包括物业公司等，业主对小区公共事务和物业管理的相关事项享有知情权，可以向业主委员会、物业公司要求公布、查阅依法应当向业主公开且确由业主委员会和物业公司掌握的情况和资料。业主知情权应限于建筑区划内涉及自身利益、直接关系全体业主共同利益或间接关系其自身利益的事项。如在司法实践中，物业公司应当根据业主管理规约、最高人民法院《关于审理建筑物区分所有权纠纷案件适用法律若干问题的解释》第 13 条和《民法典》第 285 条第 1 款最后一句的规定，向业主、业主大会或者业主委员会提供对公共区域进行出租经营的收支账目以供查阅。业主管理规约中还可以进一步规定其他应当向业主公开的情况和资料，如"产权人有权监督物业管理的收费情况，并要求管委会和物业管理企业按照规定的期限公布物业管理服务费用收支账目"。[24] 业主作为建筑物区分所有人享有知情权，享有了解本小区建筑区划内涉及业主共有权及共同管理权等相关事项的权利，业主知情权是业主成员权的子类型，[25] 业主委员会应全面、合理公开其掌握的情况和资料，但对于业主行使知情权也应加以合理限制，防止业主滥用权利，因而其范围应限于涉及业主合法权益的信息，并遵循经济简便的公示原则。[26]

业主在参与决议行为过程中可以行使自己的表决权表达自己的选择，业主的个体选择规范化表达为表决意思表示。业主通过业主大会表达自己对有关共有和共同管理权利事项的自主选择，个体业主的表决意思汇集成业主大会的团体多数决意思——业主大会决议行为。主张业主大会决议行为不

---

〔24〕 北京鸿图展翔物业管理有限公司与北京市朝阳区九台 2000 家园业主委员会物业服务合同纠纷上诉案，北京市第二中级人民法院(2009)二中民终字第 13510 号民事判决书。

〔25〕 相反的观点则把业主知情权作为共有所有权的子权利类型。

〔26〕 孙某军诉南京市清江花苑小区业主委员会业主知情权纠纷案，载《最高人民法院公报》2015 年第 12 期；夏某鹏等人诉上海市闸北区精文城市家园小区业主委员会业主知情权纠纷案，载《最高人民法院公报》2011 年第 10 期。

属于民事法律行为，而系所谓“社团依赖意思机关形成社团意思的行为”〔27〕的观点陷入了“白马非马”之论，其虽对决议行为做此定性，但在对决议行为进行法律规制的过程中仍不得不借鉴民事法律行为成立与效力的制度体系。业主委员会在其职权范围内也可以作出决议行为，业主委员会决议行为在成立和效力问题上同样适用业主大会决议行为的法律规则，法律、行政法规另有规定的除外。为行文方便，本章以业主大会决议行为为典型对象进行讨论。

第二节　业主大会决议行为的成立

一、业主大会决议行为的成立要件

业主大会决议行为成立的规范体系包括作为一般法的《民法典》和作为特别法和下位法的《物业管理条例》中的相关制度，后者对业主大会决议行为的议事方式、会议形式、召集程序、管理规约等均作出详细规定，这就需要妥当处理建筑物区分所有权民事基本法律制度与特别法律乃至行政法规制度之间的关系。如对《物业管理条例》中有关业主大会或者业主委员会决议行为的相关详细法律制度，不应照单全收，而是要在尽量整合的基础上，给《民法典》之外的特别民法留有充分发展空间，使《民法典》和特别民法相得益彰。农民集体成员权与农民集体决议行为也存在物权法律制度与特别法上物权制度的衔接整合问题。

原《物权法》没有专门规定业主大会决议行为的成立要件，《民法典》物权编也没有必要对此专作规定。其理由在于：我国《民法典》第 134 条第 2 款规定了决议行为的成立要件：“法人、非法人组织依照法律或者章程规定的议事方式和表决程序作出决议的，该决议行为成立。”遵循何种议事方式和表决程序的业主大会决议方可被认定已经成立？《物业管理条例》第 12 ~ 18 条对此作出了具体规定。根据上段所述的立法技术，这些决议规则仍由《民法

〔27〕 徐银波：《决议行为效力规则之构造》，载《法学研究》2015 年第 4 期。

典》物权编之外的特别法或行政法规规定为宜。[28] 业主大会决议行为的成立须满足:业主大会会议的外观存在;业主委员会向全体业主发送会议通知或者公告并召集业主大会会议;业主大会实际作出决议;业主大会决议满足多数决要求。从业主大会决议行为的议事方式上看,未经召集程序而虚构的业主大会决议不成立;[29] 从业主大会决议行为的表决程序上看,不符合《民法典》第 278 条所规定的多数决表决方式的决议行为不成立。

业主大会决议行为的成立是对其效力是否存在瑕疵进行判断的前提。区分业主大会决议行为的不成立与可撤销属于业主大会决议行为法教义学体系中的疑难价值判断问题,其他类型决议行为的不成立和可撤销也均存在类似疑难问题。业主大会决议行为应当遵循法律规定的议事方式和表决程序作出,但并非任何违反法定议事方式或者表决程序的业主大会决议均不成立。如能够导致业主大会决议行为不成立的瑕疵属于上段所述严重的程序瑕疵,此时相关决议根本不存在,法律评价上不能使之“无中生有”。业主大会决议行为中议事方式和表决程序方面的轻微瑕疵不应影响决议行为的安定性,显著轻微的程序

---

〔28〕《民法典》编纂过程中,笔者曾建议,如果将《物业管理条例》中有关业主大会和业主委员会职权、决议行为及管理规约的相关民事基本制度上升为《民法典》物权编的条文,可以考虑在“业主的建筑物区分所有权”一章进一步增加如下规定:(1)业主大会会议可以采用集体讨论的形式,也可以采用书面征求意见的形式。(《物业管理条例》第 12 条第 1 款前段)业主可以委托代理人参加业主大会会议。(《物业管理条例》第 12 条第 2 款)(2)业主大会会议分为定期会议和临时会议。业主大会定期会议应当按照业主大会议事规则的规定召开。经 20% 以上的业主提议,业主委员会应当组织召开业主大会临时会议。(《物业管理条例》第 13 条)(3)召开业主大会会议,应当于会议召开 15 日以前通知全体业主。业主委员会应当做好业主大会会议记录。(《物业管理条例》第 14 条第 1、3 款)(4)业主委员会执行业主大会的决定事项,履行下列职责:①召集业主大会会议,报告物业管理的实施情况;②代表业主与业主大会选聘的物业服务企业签订物业服务合同;③及时了解业主、物业使用人的意见和建议,监督和协助物业服务企业履行物业服务合同;④监督管理规约的实施;⑤业主大会赋予的其他职责。(《物业管理条例》第 15 条)(5)管理规约应当对有关物业的使用、维护、管理,业主的共同利益,业主应当履行的义务,违反管理规约应当承担的责任等事项依法作出约定。管理规约应当尊重社会公德,不得违反法律、法规或者损害社会公共利益。(《物业管理条例》第 17 条第 1、2 款)(6)业主大会议事规则应当就业主大会的议事方式、表决程序、业主委员会的组成和成员任期等事项作出约定。(《物业管理条例》第 18 条)(7)业主大会、业主委员会应当依法履行职责,不得作出与物业管理无关的决定,不得从事与物业管理无关的活动。(《物业管理条例》第 19 条第 1 款)

〔29〕有学者经过比较分析后妥当地总结:“在业主大会召集过程中如果出现无召集权人的情况,则可认定业主大会的决定不成立。”参见陈广华、顾敏康:《业主大会瑕疵决定撤销制度之检讨及完善》,载《法学》2016 年第 11 期。

瑕疵不会影响决议行为的法律效力；议事方式和表决程序中的瑕疵如果属于比较严重的召集程序和表决方式瑕疵，则会导致业主大会决议行为可撤销，此时相应程序瑕疵"瑕不掩瑜"，允许决议主体采取相应措施加以补救。

二、业主大会决议行为的表决方式

业主集体决策过程中，应该保证业主有平等机会去表达自己的选择，这就要求决策过程中的表决平等，并以表决平等作为多数决的前提。业主表决平等的基数是业主人数和业主专有部分面积。"任何社团的政府满足了有效参与和表决平等的标准，就是在有限的程度上通过民主程序实现了自身的统治。"[30]最高人民法院《关于审理建筑物区分所有权纠纷案件适用法律若干问题的解释》第8、9条均属于表决基数的技术规则，该规则妥当协调了建设单位、普通业主与大业主的利益关系，有助于明晰专有部分面积和业主人数两个表决基数规则。[31] 同时，将作为表决基数的建筑物总面积限缩为建筑物专有部分的总面积，更简便易算，不违反立法本意，也符合《关于审理建筑物区分所有权纠纷案件适用法律若干问题的解释》第8条的限缩解释结论。"如果总面积包括了专有部分和共有部分，而共有部分的公摊面积很大，业主的专有部分面积较少，则业主投票时就难以达到《物权法》所要求的'三分之二'表决权的要求，所以，司法解释实际上采取了限缩解释的方法，将总面积认定为专有部分总面积的总和，其规范目的在于判断业主表决权的表决能力，这有利于业主充分行使其共同管理权。"[32]

业主大会决定、业主委员会决定和业主管理规约均属于采取多数决决策

---

〔30〕［美］罗伯特·A. 达尔：《民主及其批评者》，曹海军、佟德志译，中国人民大学出版社2016年版，第144页。

〔31〕要使业主大会决议行为合法有效并具有法律约束力，欧洲国家建筑物区分所有权法上还普遍存在对业主大会法定出席人数的要求（quorum requirement）。欧洲大多数国家采纳传统的法定出席人数要求，规定业主大会必须由过半数业主或者其代理人出席。少数国家法律要求业主人数和所持有专有部分面积双过半数出席，多数国家法律仅要求业主所持有专有部分面积过半数出席即可。See Cornelius Van Der Merwe, *European Condominium Law*, Cambridge University Press, 2015, p. 433. 笔者认为，我国原《物权法》没有必要规定业主大会最低法定出席人数或者参与表决人数，原《物权法》第76条第2款已经区分不同决议事项分别规定了多数决要求，这就可以包含对出席人数或者参与表决人数的规定。原《物权法》第76条第2款规定的双过半数决或者双2/3以上决均以全体业主人数及其持有专有部分面积计算，而非简单以出席业主大会的人数为基数。《民法典》第278条第2款规定了业主参与表决数要求。

〔32〕王利明：《物权法研究》（上卷，第3版），中国人民大学出版社2013年版，第631页。

机制且对全体业主都具有法律约束力的决议行为。[33]《民法典》第278条限制业主共同决定的事项范围，限于"有关共有和共同管理权利的重大事项"。《物业管理条例》第19条进一步规定："业主大会、业主委员会应当依法履行职责，不得作出与物业管理无关的决定，不得从事与物业管理无关的活动。业主大会、业主委员会作出的决定违反法律、法规的，物业所在地的区、县人民政府房地产行政主管部门或者街道办事处、乡镇人民政府，应当责令限期改正或者撤销其决定，并通告全体业主。"[34]《物业管理条例》第12～18条还就业主大会会议形式、表决规则及决定的约束力，业主大会会议类型，业主大会会议通知制度，[35]业主委员会职责，业主委员会备案，管理规约约定事项范围，业主大会议事规则[36]等分别作出具体规定。

有学者建议，应降低建筑物区分所有权行使的条件标准，降低业主共同决定的人数比例限制，现行法律规定的人数比例过高，实践中难以达到，反倒不

---

〔33〕 王雷：《论民法中的决议行为——从农民集体决议、业主管理规约到公司决议》，载《中外法学》2015年第1期。Cornelius Van Der Merwe, *European Condominium Law*, Cambridge University Press, 2015, p. 430 – 493. 决议行为与共同行为之间存在可转化性，业主大会决议行为同样如此。奥地利和荷兰法律规定，如果全体业主(all owners)书面同意决议事项，则可不必召开业主大会，无论该决议要求全体一致决还是其他多数决。根据希腊、葡萄牙和南非的法律规定，无论是要求全体一致决还是其他多数决的决议行为，均可以不召开业主大会会议，而由相应多数决对应的业主签署包含该决议事项的书面文件。Cornelius Van Der Merwe, *European Condominium Law*, Cambridge University Press, 2015, p. 436.

〔34〕 《物业管理条例》第19条第2款赋予有关机关对业主大会、业主委员会决定的撤销权。《民法典》第94条第2款也赋予主管机关对捐助法人决定的撤销权。

〔35〕 有法院认为，《物业管理条例》对于业主委员会成立后选聘物业服务企业的决议要求作了强制性规定，但应区分管理性规定和效力性规定。如《物业管理条例》第12条第3款属于效力性规定，业主委员会违反该条之规定，没有取得业主大会的授权决定或未按业主大会授权决定的内容签订物业服务合同，应认定为相关物业服务合同或者合同条款无效。《物业管理条例》第14条有关召开业主大会会议应于会议召开15日以前通知全体业主的规定，并非效力性规定，不能直接作为认定有关业主大会决议无效的依据。参见珠海市金豪物业管理有限公司与珠海市香洲区金地花园业主委员会物业服务合同纠纷上诉案，广东省珠海市中级人民法院(2014)珠中法民三终字第30号民事判决书。

〔36〕 《物业管理条例》第18条规定："业主大会议事规则应当就业主大会的议事方式、表决程序、业主委员会的组成和成员任期等事项作出约定。"业主可以共同决定制定和修改业主大会议事规则。议事规则能否改变法律规定的表决程序？法律规定的表决程序是强行性规范，不能通过议事规则加以改变。法律规定的表决程序协调了各方利益，改变了法定表决程序就可能使部分业主的权利受到损害，不能实现程序公正。参见王利明：《物权法研究》(上卷，第3版)，中国人民大学出版社2013年版，第632页。

利于业主大会团体决策的达成,不利于实现物权法物尽其用的立法目的。[37]《民法典》第278条第2款采此做法。笔者认为,业主大会和业主委员会成立比例低、业主在团体自治中的参与程度低,这都是建筑物区分所有权实践中的重要社会问题,但不宜据此降低《民法典》第278条所规定的表决人数或面积最低比例要求,否则不利于通过多数决充分集合多数业主的共识。因此,可以探求其他不危及多数决正当性的、代价更低的解决方案:优化表决规则、在网络社会探索表决权人行使表决权的网络投票等便捷方式、提高业主组织的决策效率。如《民法典》第140条规定了意思表示作出的方式,该规定当然适用于业主行使表决权环节。又如《物业管理条例》第12条所规定的业主大会会议书面征求意见的形式、业主委托表决方式。再如住房城乡建设部办公厅、财政部办公厅《关于进一步发挥住宅专项维修资金在老旧小区和电梯更新改造中支持作用的通知》(建办房〔2015〕52号)中所指出的委托表决、集合表决、默认表决、异议表决等表决方式。[38] 为了进一步有效使用维修资金,[39]笔者建议还应该在原《物权法》第80条、《民法典》第283条第2句和第3句之间增加规定:"有交存住宅专项维修资金的,应当优先使用住宅专项维修资金进行费用分摊。"

若降低《民法典》第278条第2款规定的业主大会决议表决比例,存在实

---

〔37〕 王利明:《我国民法典物权编的修改与完善》,载《清华法学》2018年第2期。崔建远:《民法典物权编(草案)的重大疑难问题》(中国法学会民法学研究会2018年年会会议简报第四期),载民商法律网2018年10月27日,http://www.civillaw.com.cn/zt/t/? id=34812。

〔38〕 住房城乡建设部办公厅、财政部办公厅(建办房〔2015〕52号)《关于进一步发挥住宅专项维修资金在老旧小区和电梯更新改造中支持作用的通知》指出:"四、优化表决规则,提高业主组织的决策效率。在老旧小区和电梯更新改造中使用维修资金,为解决业主'双三分之二'表决难题,降低业主大会和业主委员会的决策成本,提高业主使用维修资金的决策效率,各地可以根据《业主大会和业主委员会指导规则》(建房〔2009〕274号)的有关规定,指导业主大会在管理规约和业主大会议事规则中约定以下表决方式:(一)委托表决:业主将一定时期内维修资金使用事项的表决权,以书面形式委托给业主委员会或者业主代表行使;(二)集合表决:业主大会对特定范围内的维修资金的使用事项,采取一次性集合表决通过后,授权业主委员会或者物业服务企业分批使用;(三)默认表决:业主大会约定将未参与投票的业主视为同意维修资金使用事项,相应投票权数计入已投的赞成票;(四)异议表决:在维修资金使用事项中,持反对意见的业主专有部分占建筑物总面积三分之一以下且占总人数三分之一以下的,视为表决通过。"

〔39〕 住宅专项维修资金是房屋的"治病钱""养老钱",截至2018年年底,北京已累计归集维修资金近550亿元,使用率为8.07%,远远大于全国1%的平均水平。参见张骜:《住宅维修金要用到百姓心坎里》,载《北京晚报》2019年3月6日,第11版。

质上的少数决，所凝聚的共识较低，可能会存在决议正当性危机。本着最大善意理解立法者、理解立法者在实定法中体现的价值判断结论，可能的化解之道是，将该款与《民法典》第 140 条第 2 款做体系解释，认定《民法典》第 278 条第 2 款背后对应了这样一个价值判断：不参与表决也是一种选择，说明那些不参与表决的业主同意由那些积极参与表决的业主代为选择。没有参与表决的业主同意该款第 2 句和第 3 句对应形成的多数决意见，属于《民法典》第 140 条第 2 款规定的沉默作为意思表示的情形，如此，可以理解降低业主大会决议表决比例这一规则。

三、能否通过缔结合同代替作出业主大会决议

作为一般法的《民法典》和作为特别法、下位法的《物业管理条例》，其均规定了业主大会、业主委员会决议行为的成立要件。作为各类决议行为的一般条款，《民法典》第 134 条第 2 款更是规定了其一般成立要件。决议行为与合同行为的成立要件迥然不同，决议行为的成立强调程序性和团体性，合同成立突出当事人的合意性。〔40〕 从法律规范逻辑分析的角度看，不能通过合同的缔结代替决议的作出，但“法律的生命不是逻辑，而是经验”。〔41〕 法律规范逻辑分析不能代替社会生活实践经验。

例如，物业服务收费标准涉及全体业主共同利益，鉴于这种共同利益的团体性特点，其属于“有关共有和共同管理权利的其他重大事项”，在不超过物价部门核定的关于物业管理费用收费标准的前提下，对于具体收费标准及其调整，应当经业主依照法定议事方式和表决程序、召开业主大会，作出决议行为来共同决定，而非由业主委员会与物业服务企业任意约定，〔42〕或者由个体业主与物业服务企业私下协商。实践中，有些小区没有设立业主大会，也没有选举业主委员会，或者难以召开业主大会进行协商作出决议，或者业主委员会基于自利等考虑拒绝召集业主大会会议，物业服务企业与符合法定人数的业主分别签订合同确认调价，或者符合法定人数的业主按照调价后的标准实际缴纳

〔40〕 王雷：《论我国民法典中决议行为与合同行为的区分》，载《法商研究》2018 年第 5 期。

〔41〕 [美]霍姆斯：《普通法》，冉昊等译，中国政法大学出版社 2006 年版，第 1 页。

〔42〕 景一鸣：《北京世纪城小区时雨园业主不同意物业费上涨，想维权后遭遇蹊跷事》，载晚新视觉 2019 年 6 月 14 日，https://www.takefoto.cn/viewnews-1814603.html。

物业费的,[43]能否推定调价成立,并认定调价行为对全体业主具有法律约束力?笔者认为,对此需要作实质解释而非形式解释。《民法典》第278条的确属于强制性规定,是全体业主对涉及共同利益事项实践私法自治时的法定议事方式和表决程序。但当召开业主大会会议作出决议陷入不能之"僵局",且无法期待通过法定程序调整物业服务收费标准时,物业服务企业退而求其次,诉诸"一对一"谈判协商方法,与原《物权法》第76条第2款所规定的过半数业主分别签订合同确认调价,或者过半数的业主实际按照调价后的标准缴纳物业费,即可推定调价成立,对小区全体业主具有法律约束力。理由在于:决议行为是一种团体决策的民主机制,[44]法定议事方式和表决程序都是汇集全体业主共同意志的手段,法定议事方式服务于多数决表决程序形成的团体意志,以保障业主共同利益。决议是手段,维护共同利益是目的。当无法通过决议行为这一议事方式,转而采取谈判成本更高的"一对一"合同行为的议事方式,只要确保集合的是多数业主的真实意思,就应该超越议事方式的形式,关注多数决的共同意志。在不同议事方式的"形式"和多数决表决程序集合起的团体共同意志这一"实质"之间,后者显然是可以破除决议行为议事方式"僵局"的有效方式。

第三节　业主大会决议行为的效力

一、业主大会决议行为的可撤销

业主、业主大会、业主委员会以及物业公司,都是在同一小区共同生活的个体和群体,在日常生活过程中,业主大会或者业主委员会基于小区业主共有和共同管理等共同利益事项所作出的决议行为应当产生法律约束力。[45]

"《公司法》第22条与《物权法》第63条及第78条所规定的决议行为效力

---

〔43〕 北京中海物业管理有限公司中海凯旋分公司与黎伟物业服务合同纠纷案,北京市第二中级人民法院(2017)京02民终4152号民事判决书。

〔44〕 王雷:《〈民法总则〉中决议行为法律制度的力量与弱点》,载《当代法学》2018年第5期。

〔45〕 原《物权法》第78条第1款、《民法典》第280条第1款所规定业主大会或者业主委员会决定的约束力即"法律约束力",以与原《合同法》第8条、《民法典》第465条所使用的法律术语保持一致。

判断规则不尽相同……《物权法》第63条和第78条分别侧重对农民集体决定侵害集体成员合法权益、业主大会决定侵害业主合法权益时的实体权利救济，对农民集体决定、业主大会决定本身因为召集程序、表决方式等带来的效力瑕疵规定付之阙如……立法论上适宜借鉴公司决议瑕疵的立法经验对农民集体成员决定和业主大会决定的效力瑕疵做出补充规定。”[46]业主大会作出的涉及小区业主共同利益的决定应当限于法律、法规规定的决议事项范围，并遵守法律、法规规定的议事方式和表决程序。业主大会或者业主委员会作出的决定侵害业主合法权益或者违反了法律规定召集程序和表决方式的，受侵害的业主可以请求人民法院予以撤销。最高人民法院《关于审理建筑物区分所有权纠纷案件适用法律若干问题的解释》第12条规定：“业主以业主大会或者业主委员会作出的决定侵害其合法权益或者违反了法律规定的程序为由，依据民法典第二百八十条第二款的规定请求人民法院撤销该决定的，应当在知道或者应当知道业主大会或者业主委员会作出决定之日起一年内行使。”如业主大会作出的续聘物业公司决议并未统计同意票户数所占的建筑面积，[47]业主大会作出的选举成立业主委员会的决定中未统计参选业主专有部分建筑面积，[48]业主委员会无法提供业主大会决定对应的书面会议记录、参会业主到场情况和签字确认情况，[49]业主委员会成员上门征集业主签名时未如实告知签名对应的具体决议事项，[50]这些都构成程序违法，业主有权要求撤销该决议。笔者认为，《物业管理条例》第19条第2款赋予相关行政机关对业主大会、业主委员会决定的撤销权，并不妥当，相关决定是否存在可撤销的瑕疵关涉业主

〔46〕 王雷：《论民法中的决议行为——从农民集体决议、业主管理规约到公司决议》，载《中外法学》2015年第1期。

〔47〕 周某与某业委会等业主撤销权纠纷上诉案，上海市第一中级人民法院（2013）沪一中民二（民）终字第1165号民事判决书。司法实践中，业主大会解聘和选聘物业服务企业的决议程序存在违法情形时，往往也只能由业主提起撤销之诉，相关物业服务企业无权提起撤销之诉。参见郑某英与武侯区武青嘉苑首届业主委员会业主撤销权纠纷上诉案，四川省成都市中级人民法院（2013）成民终字第3533号民事判决书。

〔48〕 于某以业主大会选举成立业委会程序违法为由行使业主撤销权纠纷案，江苏省扬州市中级人民法院（2014）扬民终字第0801号民事判决书。

〔49〕 北京首地恒瑞投资管理有限公司诉北京朝阳区旺座商务中心小区业主委员会业主撤销权纠纷案，北京市第三中级人民法院（2016）京03民终74号民事判决书。

〔50〕 北京天旭运河房地产开发有限责任公司诉北京市通州区芙蓉园（京贸家园）小区业主委员会业主撤销权纠纷案，北京市第三中级人民法院（2014）三中民终字第05391号民事判决书。

共同利益,适宜交由业主自主决定。

业主行使撤销权的前提既包括实体权益受到侵害,也包括程序权益受到侵害。如业主大会作出决定涉及的事项并非法定应由业主大会决定的有关共有和共同管理的事项,而是限制或者剥夺某部分业主合法权益的,损害了业主对专有部分的所有权等,受侵害的业主即有权请求人民法院予以撤销。〔51〕 业主大会决议行为是基于业主共同利益而构建的团体秩序,其存在于业主之间,要否定这些决议行为的法律效力,就得推翻多数决对应的业主表决意思。业主表决权等程序权利受到侵害时,除非该表决权人意思表示瑕疵导致法律或者行政法规规定的召集程序、表决方式无法实现,否则表决权人意思表示瑕疵不影响业主大会或者业主委员会决议行为的效力。“团体法的目标不仅关注个体权利的保护,还关注组织的效率和安定。”〔52〕可见,从解释论上,应该对《民法典》第 280 条第 2 款所规定的“侵害业主合法权益”做目的性限缩解释,以适应业主大会或者业主委员会团体法特征。

在业主申请撤销业主大会、业主委员会决议案件中,业主和作出决议的业主大会、业主委员会应当分别承担何种举证责任?对此应作类型化分析:一方面,业主以程序严重违法为由,要求撤销业主大会决议的,应当由作出决议的主体对决议作出程序的合法性承担举证责任。另一方面,业主以侵害其实体性权益为由,要求撤销业主大会或业主委员会决议的,业主应举证证明自己合法的民事权益受到了业主大会或业主委员会所做决议的侵害,这种权益的侵害应是明确具体和个体化的,而不应该是模糊抽象和概括性的。理由如下:依据最高人民法院《关于审理建筑物区分所有权纠纷案件适用法律若干问题的解释》第 12 条规定,上述情形适用的案由都是“业主撤销权纠纷”,但举证责任却有差别,根本原因不在于前一种情形对业主委员会适用举证责任倒置,而是业主委员会本来就负有此项作为义务——保障业主大会或者业主委员会决议程序合法,其应当对已经履行该义务承担举证责任。业主大会或者业主委员

---

〔51〕 此时究竟根据《民法典》第 280 条第 2 款基于决议侵害业主的合法权益而撤销,还是根据决议超出业主大会决议事项范围导致违反法律或者行政法规规定的召集程序、表决方式而撤销,属于不同的立法技术问题,反映到司法适用中则对应法院审查职责限于形式审查还是及于实质审查,但对当事人之间利益关系的安排并无价值判断结论上的根本差别。

〔52〕 于凤瑞:《中国民法典业主决议效力规则释论》,载《法律科学(西北政法大学学报)》2021 年第 6 期。

会作出决议侵害业主实体性权益，属于违反不作为义务，应该由受侵害业主对该不作为义务的违反承担举证责任，这同样符合侵权责任构成要件事实举证责任一般规范。

决议行为的根本特征在于其根据程序正义的要求采取多数决的意思表示形成机制，决议结果对团体全体成员具有法律约束力。为了维护团体决策的稳定性，如果业主大会或者业主委员会决议瑕疵显著轻微，则不宜否定其法律效力。“一般而言，决议行为程序上如果存在对决议结果会产生实质影响的瑕疵，则该决议可撤销。”[53]借鉴《公司法》第22条第2、3款的规定，业主大会或者业主委员会的决定侵害业主合法权益或者违反法律、行政法规规定的召集程序、表决方式，该决定当属可撤销。此处所谓召集程序包括会议召集人和召集通知发送时间、[54]方式、对象、拟议事项等；表决方式包括参与表决主体、参与表决人数、表决权行使、会议记录及签署、多数决机制等。[55]

二、不能根据管理规约认定业主大会决议行为是否可撤销

需要注意的是，管理规约不同于公司章程。公司决议行为违反章程规定的召集程序、表决方式，或者公司决议内容违反公司章程的，公司决议可撤销。但不能概括地说“业主大会的召集程序或决议方法违反法律、行政法规或管理

---

〔53〕 Cornelius Van Der Merwe, *European Condominium Law*, Cambridge University Press, 2015, p. 430.

〔54〕 《物业管理条例》第14条第1款规定：“召开业主大会会议，应当于会议召开15日以前通知全体业主。”就业主大会决议(resolution of the general meeting)通知要件(notice requirement)，“欧洲多数国家法律认为未作出适当通知的业主大会决议原则上无效(void)，或者至少面临被撤销(voidable)的危险，某些国家法律允许意外情形下通知失败或者非故意导致通知失败不影响决议行为效力”。Cornelius Van Der Merwe, *European Condominium Law*, Cambridge University Press, 2015, p. 432. “来自丹麦的国别报告采取相对实用主义的进路，建议如果通知方式所存在瑕疵无足轻重，则即使决议行为没有采取正确的通知方式，也不会当然导致决议行为无效(invalid)。”来自挪威的国别报告也倾向于指出：“未遵守会议召集通知要求并不会导致决议行为无效，除非瑕疵通知对决议结果有实质影响(material influence)。”Cornelius Van Der Merwe, *European Condominium Law*, Cambridge University Press, 2015, p. 432.

〔55〕 王雷：《公司决议行为瑕疵制度的解释与完善——兼评公司法司法解释四(征求意见稿)第4～9条规定》，载《清华法学》2016年第5期。

规约时,业主得于决议后一定期间内请求法院撤销其决议",[56]更不能说"规约为业主团体的最高自治规则,全体业主应予遵循,业主大会及业主委员会的决定、管理人的行为等都不得与之抵触,否则无效"。[57] 业主大会管理规约对业主大会或者业主委员会决定无此效力上的控制力。理由如下:

第一,业主大会管理规约与业主大会或者业主委员会决定,均属于决议行为。根据《民法典》第278条规定,决议均采多数决的意思表示形成机制。[58]因此,不能根据一项决议行为审查判断另一项决议行为的法律效力,法律也未赋予业主大会管理规约高于业主大会或者业主委员会决定的法律效力。例如,管理规约是全体区分所有权人就建筑物的管理、使用与所有关系,以书面形式订立的自治规则。议事规则是有关业主行使民主管理权利的方式和范围的规则,是业主的基本权利,是表决权行使的方式。制定和修改业主大会议事规则与管理规约均属于业主大会的职权,管理规约和议事规则的效力无高低之分。当业主大会同时通过的管理规约和议事规则出现了明显矛盾时,如是否授权业主委员会调整物业服务收费标准存在不一致时,笔者认为,此种情况属于业主大会授权不明,应认定为未作授权,相关物业服务收费标准调整仍属于业主大会决定范围。当然,如果先后通过的业主大会决定和业主管理规约不一致,则以通过在后的为准。

第二,业主大会管理规约不同于公司章程。总体上看,公司章程所代表的股东意思表示一致程度远高于业主大会的管理规约。有限公司股东所共同制定的公司章程属于共同行为,发起方式设立的股份公司发起人制定的公司章程也属于共同行为,募集方式设立的股份公司经创立大会表决通过的公司章程则属于决议行为。公司股东会或者股东大会不能制定公司章程,只能修改公司章程,这就使制定公司章程行为不同于公司决议行为。公司章程的合意程度高于公司决议的合意程度,公司章程具有凌驾于公司决议行为之上的法

---

〔56〕 陈华彬:《业主大会法律制度探微》,载《法学》2011年第3期;于凤瑞:《中国民法典业主决议效力规则释论》,载《法律科学(西北政法大学学报)》2021年第6期。还有学者认为,违反业主管理规约的业主大会决议或者业主委员会决议无效。徐海燕:《业主大会决议瑕疵的司法救济——兼析〈物权法〉第78条第2款》,载《北京大学学报(哲学社会科学版)》2009年第4期。

〔57〕 梁慧星、陈华彬:《物权法》(第7版),法律出版社2020年版,第206页。

〔58〕 相反观点认为管理规约属于共同行为。参见王利明:《物权法研究》(上卷,第4卷),中国人民大学出版社2016年版,第624页。

律地位。《公司法》第 11 条也规定了公司章程的普遍约束力:“设立公司必须依法制定公司章程。公司章程对公司、股东、董事、监事、高级管理人员具有约束力。”而业主管理规约仅属于采取简单多数决通过的业主大会决定,其并非共同行为,不具有当然凌驾于业主大会其他决定之上的法律效力。

第三,公司章程应规定公司决议行为的召集程序和表决方式规则。《公司法》第 25 条第 1 款规定:“有限责任公司章程应当载明下列事项……(六)公司的机构及其产生办法、职权、议事规则……”该法第 81 条规定:“股份有限公司章程应当载明下列事项……(六)董事会的组成、职权和议事规则……”业主大会管理规约不涉及业主大会或者业主委员会议事方式、表决程序等议事规则事项,业主大会议事规则属于独立的业主大会决定事项类型。《物业管理条例》第 17 条规定:“管理规约应当对有关物业的使用、维护、管理,业主的共同利益,业主应当履行的义务,违反管理规约应当承担的责任等事项依法作出约定。管理规约应当尊重社会公德,不得违反法律、法规或者损害社会公共利益。管理规约对全体业主具有约束力。”该条例第 18 条规定:“业主大会议事规则应当就业主大会的议事方式、表决程序、业主委员会的组成和成员任期等事项作出约定。”由此,也就无法根据业主大会管理规约来判断业主大会或者业主委员会的决定是否违反管理规约规定的召集程序、表决方式。即使业主大会或者业主委员会决定的内容违反管理规约,也可以根据《物业管理条例》第 17 条这一完全法条来判断相关决定的法律效力,无须在《民法典》物权编中作一般规定。

第四,在业主的建筑物区分所有权问题上不能简单移植公司决议或者公司章程制度,[59] 业主团体治理致力于维护业主共同利益,这与公司治理侧重于实现商业营利有根本不同。从立法论上看,当前也没有必要参照公司章程将管理规约改为业主团体根本自治法规。有学者认为:“管理规约是规范区分所有建筑物的管理、使用乃至所有关系的自治规则,它如同公司的章程、国家的宪法,具有业主团体(共同体)根本自治法规的性质。我国管理规约的订立、变更及废止,应由目前的普通多数决变易为特别多数决;管理规约应对业主间的

---

〔59〕 在欧洲建筑物区分所有权法国别报告中,也反对简单将公司会议制度移植到业主大会会议领域,从而忽视二者的差别。See Cornelius Van Der Merwe, *European Condominium Law*, Cambridge University Press, 2015, p. 439.

基础法律关系、业主间的共同事务、业主间的利害关系的调节及对违反义务者的处置等作出规定。业主大会、业主委员会的决议、管理人的行为等,不得与管理规约抵触。”〔60〕法律实践中,管理规约大多表现为《物业管理条例》第22条所规定的建设单位在销售物业前单方面制定的临时管理规约,《民法典》与《物业管理条例》均未赋予业主大会设立后必须另行制定管理规约或者修改临时管理规约的义务;另外,还存在业主大会设立难、业主委员会选举难的问题。在这些背景下,将管理规约赋予高于业主大会决定的法律效力,反倒有可能造成建设单位单方面制定的临时管理规约对业主的压制,更为迫切的是解决业主大会设立难的问题。

三、业主大会决议行为的无效

业主大会或者业主委员会作出的决定违反法律或者行政法规的效力性强制性规定的,该决定无效。《民法典》民事法律行为无效制度中已有相关规定,在建筑物区分所有权制度中不必再重复作具体规定。

业主大会决议无效制度中有一类特殊而又常见的无效情形是相关决议行为属于效力待定,但因未有追认权人的追认而终局无效。如业主委员会是业主大会的执行机构,代表业主行使自治管理权,必须对业主大会负责并报告工作,不享有自行选聘、解聘、决定是否续聘物业服务企业的权利。业主大会未明确授权业主委员会具体选定物业服务企业并直接与其签订物业服务合同,故业主委员会应在开展选聘工作时,对参与竞聘的物业服务企业进行审查、评议后,须另行召开业主大会,向全体业主汇报相关情况,并由全体业主对选聘物业服务企业的事项作出最终决定。业主大会未作出选聘物业服务企业的决定,业主委员会自行与物业公司签订的物业服务合同不能体现业主大会的意志,该越权代表合同应属无效;〔61〕相应地,业主委员会未经业主大会投票而作出选聘物业公司决议的行为构成越权代表,也属无效,这种无效属于未经业主大会通过决议行为作出追认而导致的终局无效。

---

〔60〕 陈华彬:《论区分所有建筑物的管理规约》,载《现代法学》2011年第4期。

〔61〕 江门市恩威物业管理有限公司等诉江门市蓬江区骏景花园业主委员会物业服务合同纠纷案,广东省江门市中级人民法院(2014)江中法民一终字第332号民事判决书。也有法官不适当地将业主委员会越权作出的选聘物业服务企业的决议认定为可撤销,这就混淆了业委会越权代表作出决议与可撤销决议之间的界限。参见刘培英:《业主撤销权的适用》,载《人民司法》2011年第2期。

当然,业主大会和业主委员会的职责划分属于业主大会决议行为领域的重要价值判断问题,关涉建筑物区分所有权制度的根本规范目的,业主大会的专属权利(职责)是不可转让及转授的,以防止不同权利主体之间法律地位的混淆及权利滥用,防止业主委员会僭越业主大会。例如,业主大会议事规则授权业主委员会采用邀请招标的方式选聘物业服务企业,授权业主委员会在物业服务合同到期或物业服务企业出现严重违约时终止物业服务合同,"因业主大会自身以外原因导致业主大会常设机构无法顺利换届,原机构继续履行职责,直至换届完成,选举出新一届常设机构",这些授权均属非法。〔62〕业主大会议事规则属于业主大会共同决定的事项,如果议事规则剥夺业主的自主决定权,如业主大会议事规则中有"未投票视为有效同意"条款,〔63〕由于这一条款违反我国《民法典》第 140 条第 2 款规定,该议事规则的相应条款无效。

第四节 小 结

私法自治原则在业主大会决议行为领域体现为经由业主自主选择、作出表达意思,实现集体决策过程中的自我决定。业主大会决议行为法教义学体系的核心是业主大会决议法律制度的解释与体系化,并及于相关制度的立法完善。从立法论上看,业主大会决议成立和业主大会决议无效制度均可适用《民法典》总则编的一般规定。本章对《民法典》中的业主大会决议行为规则理解和适用,形成如下一般性结论:

第一,业主大会和业主委员会有利于提高业主自治的组织性和民主参与程度。业主未设立业主大会、选举业主委员会的情形下,会存在汇集多数业主

〔62〕 刘井玉、梁菲、杨晓琼:《业主自治权的行使边界以及公权力介入的正当性探讨——北京市某社区业主委员会诉北京市某区某地区办事处撤销〈业主大会议事规则〉案相关法律问题研究》,载北京市高级人民法院编:《审判前沿:新类型案件审判实务(总第 50 集)》,法律出版社 2014 年版。

〔63〕 薛源:《对业主大会议事规则"未投票视为有效同意"条款的检讨》,载《华南师范大学学报(社会科学版)》2014 年第 4 期。临时股东大会上通过的"默示同意、明示反对"股东意思表示规则也属于无效。参见王雷:《公司决议行为瑕疵制度的解释与完善——兼评公司法司法解释四(征求意见稿)第 4 ~9 条规定》,载《清华法学》2016 年第 5 期。

意志的困难,可通过逐户征求意见的方式进行。

第二,建筑物区分所有权中共同管理权的客体范围为区分所有建筑物共有部分和共同事务,这也与业主大会共同决定事项体系解释结论相协调。业主对建筑物内的住宅、经营性用房等专有部分享有所有权,对专有部分以外的共有部分享有共有权,对共有部分和共同事务享有共同管理的权利。

第三,可以对照最高人民法院《关于审理建筑物区分所有权纠纷案件适用法律若干问题的解释》第13条,来理解《民法典》第285条第1款最后一句对应的业主知情权,业主知情权丰富了业主成员权的内涵,增强了业主自治的信息对称程度。业主成员权除共同管理权外,还包括业主知情权和业主监督权。

第四,业主大会决议难的解决之道不是降低业主大会决议的表决人数或专有部分面积占比要求,否则不利于通过多数决充分集合多数业主的共识,宜优化表决规则、在网络社会探索表决权人行使表决权的便捷方式、提高业主组织的决策效率。《民法典》第278条第2款降低业主大会决议的表决比例后,存在实质上的少数决,存在决议正当性危机。对此可能的化解之道是,将该款与《民法典》第140条第2款作体系解释,《民法典》第278条第2款背后对应了这样一个价值判断:没有参与表决的业主同意该款第2句和第3句对应形成的多数决意见,属于《民法典》第140条第2款规定的沉默作为意思表示的情形。此外,当召开业主大会会议作出决议陷入不能之“僵局”时,可以例外地通过“一对一”合同行为集合法定多数意思,以利于维护全体表决权人共同利益。

第五,业主大会或者业主委员会的决定对业主具有法律约束力。业主以业主大会或者业主委员会作出的决定侵害其合法权益或者违反法律、行政法规规定的召集程序、表决方式为由,可以请求人民法院撤销该决定。业主撤销权应当在知道或者应当知道业主大会或者业主委员会作出决定之日起一年内行使。业主行使撤销权的情形既包括实体权益受到侵害,也包括程序权益受到侵害。但管理规约不同于公司章程,不能根据管理规约认定业主大会决议行为是否可撤销。

第六章

《民法典》中决议行为与合同行为的区分

决议行为是从民事法律行为[1]、多方民事法律行为和共同行为中慢慢发展出来的法律概念,属于团体法上的多方民事法律行为。1911 年京师法律学堂笔记出版的日本学者松冈义正的《民法总则》就曾提到共同行为,但尚未论及决议行为。“除一方行为、双方行为外,另有一种共同行为,为近十年来学者之创见,共同行为者,非数人共同一致则不生法律上效力之行为也,例如社团法人之设立,基于多数人之共同行为,断非一人所能设立。”[2] 芮沐先生在民国时期出版的《民法法律行为理论之全部》一书中将决议行为作为多方民事法律行为的一种。[3] 民国时期民法学著述对法律行为的第一种分类通常就是单独行为(一方行为)、契约(双方行为)及共同行为(协定行为)。法律行为的这种分类,最开始只有单独行为和契约。契约与共同行为观念的区别,始于德国学者孔茨(Kunze)。契约的内容是对应的;共同行为的内容是平行的。共同行为须有数个意思表示合致,这一点与契约相同。不过,共同行为意思表示非有别异内容,而是同一方向、同一内容。契约意思表示是错综合致,共同行为意思表示是平行合致,例如,“总会之决议,即共同行为之一种也”。[4] 我国新近民法教科书中多承认决议行为的独立性,认可决议行为具有独立于共同行为和合同行为的固有属性。[5] 我国原《民法总则》第 134 条正式将决议行为作为民事法律行为的新类型。

作为法律行为家族中的新成员,我国现行民事立法对决议行为的规范配置分散且较为简陋,传统民事法律行为调整规则大多是以双方民事法律行为特别是合同行为为典型原型,无论是原《民法通则》、原《民法总则》,还是《民法典》均然。《民法典》中民事法律行为效力制度主要以双方民事法律行为,特别是合同行为以及财产法律行为为典型,对合同行为之外的决议行为等其他民事法律行为以及对身份法律行为的关照回应不足。以《民法典》第 134 条为代表,该条也为我们提出了区分决议行为与合同行为等其他民事法律行为的

---

[1] 我国《民法典》中的“民事法律行为”一词相当于大陆法系传统民法上“法律行为”。

[2] [日]松冈义正口述:《民法总则》(下),熊元楷、熊元襄编,上海人民出版社 2013 年版,第 222 页。

[3] 芮沐:《民法法律行为理论之全部》(民总债合编),中国政法大学出版社 2003 年版,第 81 页。

[4] 李秀清、陈颐主编:《朝阳法科讲义》(第 4 卷),上海人民出版社 2014 年版,第 107 ~ 108 页。

[5] 王利明主编:《民法》(第 6 版),中国人民大学出版社 2015 年版,第 99 页;朱庆育:《民法总论》(第 2 版),北京大学出版社 2016 年版,第 137 ~ 138 页。

新课题。决议行为和合同行为的区分属于重要的民法价值判断问题，相关区分结论有助于帮助我们明确法律行为特别是合同行为法律规范的适用边界，正如佟柔先生早已指出的那样："民法学必须从理论上对法律行为适用范围的问题作出回答，这是对法律行为制度研究的起点。"[6]决议行为和合同行为的区分还有助于在立法论上检视总结决议行为的特殊法律规则，既有利于决议行为在立法上适当借鉴合同行为的有益规则，又有利于突出决议行为的特殊性。此外，学术界对决议行为的民商法学研究过度集中于公司决议行为，特别是公司决议行为效力瑕疵制度，对决议行为的其他适用领域尤其是民法中决议行为制度关注较少。[7] 对比决议行为和合同行为，我们既可以从合同行为之外更加深入地理解合同行为法律规范本身，也可以梳理民法和商法教义学体系中决议行为的一般与特殊来进一步区分。

第一节　决议行为与合同行为在成立制度上的异同

一、决议行为属于多方民事法律行为，存在多个意思表示

决议行为，是指多个民事主体在表达其意思表示的基础上根据法律规定或者章程约定的议事方式和表决程序作出决定的民事法律行为。常见的决议行为包括公司决议、农民集体决议、业主大会或业主委员会决议、按份共有人决议、合伙企业决议、农民专业合作社决议、企业破产法上的债权人会议决议等。决议行为的根本特征是根据程序正义的要求采取民主多数决的意思表示形成机制。决议行为除具有程序性特点之外，还具有团体性的特点，决议结果对团体内部全体成员都具有法律约束力，而合同行为一般采取要约承诺的成立机制，且仅在合同当事人之间有法律约束力。[8] 从民事法律行为类型划分

〔6〕 董安生：《民事法律行为》，中国人民大学出版社2002年版，"前言"第8页。

〔7〕 有学者甚曾指出："在整个法律行为制度当中，最重要的就是契约；在整个法律行为制度当中，契约是'唱主角的'，是'大腕儿'，单方行为和决议行为都是'唱配角的'，是'跑龙套的'。"张谷：《对当前民法典编纂的反思》，载《华东政法大学学报》2016年第1期。

〔8〕 王雷：《论民法中的决议行为——从农民集体决议、业主管理规约到公司决议》，载《中外法学》2015年第1期。

上看，合同行为属于双方民事法律行为，决议行为则属于多方民事法律行为，存在多个民事主体的多个意思表示。当然，不同具体类型决议行为的多数决机制有所差别，有资本多数决、成员多数决与混合多数决之别。[9]

有学者主张决议行为属于团体意思形成行为，而非单独类型的民事法律行为。"决议行为不构成意思表示。决议行为为团体的意思形成机制，经由决议行为形成的意思，仍为团体的内在意思，一般无表达于外的要素。"[10]"决议是意思形成的制度"，[11]"决议行为……系法律行为之外的社团依赖其意思机关形成社团意思的行为"，因而认为决议行为并非法律行为，而系社团意思形成行为，系社团单方行为，不能直接适用法律行为的规则。规制决议行为的伦理基础及逻辑主线并非程序正义，而系社团自治。[12] 有学者将决议行为的法律性质界定为价值判断问题，认为决议行为作为独立的法律行为是团体自治这种集中性的民事权利自治方式。[13]

对决议行为的法律定性，存在法律行为说和意思形成说的对立观点。《德国民法典》并未将决议行为置于法律行为制度中加以规定，而是将其作为法人制度的有机组成部分，其法律行为制度也是以合同行为为典型原型进行构建，但不能据此否认决议行为的法律行为属性。德国学界新近教科书也多指出："当前主流观点认为决议行为属于法律行为的一种。"[14] 究竟是将决议行为看作团体意思形成行为或者单方行为，还是看作多数表决权人在各自表达自己

---

〔9〕 决议行为多数决机制的差别，还会带来其他议事方式、表决程序上的差别，如村民会议、村民代表会议采取成员多数决机制，根据《村民委员会组织法》第22、26条的规定，村民会议、村民代表会议对到会人员有最低法定数的要求。而采取资本多数决的公司决议则对出席人数无最低法定数要求。

〔10〕 2015年4月20日至5月20日，就中国法学会民法典编纂项目领导小组和中国法学会民法学研究会组织撰写的《中华人民共和国民法典·民法总则专家建议稿(征求意见稿)》公开征求意见的过程中，吉林大学法学院所提立法建议。

〔11〕 陈醇：《意思形成与意思表示的区别：决议的独立性初探》，载《比较法研究》2008年第6期。

〔12〕 徐银波：《决议行为效力规则之构造》，载《法学研究》2015年第4期。许中缘教授也曾指出："多方行为属于民事法律行为的一种类型，而决议行为则不应当属于民事法律行为。"王利明主编：《中华人民共和国民法总则详解》，中国法制出版社2017年版，第580页。

〔13〕 吴飞飞：《决议行为归属与团体法"私法评价体系"构建研究》，载《政治与法律》2016年第6期。

〔14〕 Reinhard Bork, Allegemeiner Teil des Bürgerlichen Gesetzbuchs, 4. Auflage, 2016 Mohr Siebeck Tübingen. Rn. 436. S. 173. Vgl. Hans Brox, Wolf-Dietrich Walker, Allgemeiner Teil des BGB, 32 Aufl. Carl Heymanns Verlag 2008. § 5, Rn. 99-102.

意思表示基础上形成的团体法律行为,这属于纯粹民法学问题中理论建构层面的解释选择问题,对决议行为相关法律规则的适用实际上并不存在根本差异。即使主张决议行为仅系社团意思形成行为的学者也同样需要结合决议行为的特殊性并在借鉴法律行为成立和效力瑕疵制度的基础上构建决议行为的法律规则,不同解释选择结论在价值判断上并无差别。[15] 决议行为在法律行为教义学体系中的类型归属和体系位置属于纯粹民法学问题中的解释选择问题,体现了运用不同民法语言来概括、解释、描述、反映现实生活事实的不同结论。[16] 民法对生活事实中存在的意愿表达不一定必须一一对应意思表示或者通过法律行为加以调整。即使团体成员借助决议行为形成彼此之间的民事权利义务关系,也并不意味着决议行为就必然对应法律规范意义上的"客观事实"。作为成员权行使的重要方式,决议行为究竟属于独立类型的法律行为,还是仅属于意思表示的形成行为?存在不同争论的根本原因在于持论者观察描述的角度不同:从表决权人内部来看,决议行为是通过民主多数决机制来集合表决权人的个体意思以形成团体意思;从团体外部第三人角度而言,决议行为作为团体集合而成的意思,代表了团体对外展示出来的一项意思表示,但其同时会消弭表决权人个体意思表示的存在空间。在原《民法总则》制定和《民法典》编纂过程中,笔者曾建议将决议行为作为对民事法律行为类型的有益扩充,如此既有利于揭示决议行为与其他法律行为在意思表示内容、方向、决议行为成立及效力等方面的差异,也有利于展现民法基于团体法思维对决议行为调整方法的丰富内涵。

将决议行为的法律性质归属界定为价值判断问题,则混淆了该问题与决议行为的效力规制,后者属于涉及对决议行为当事人利益取舍和排序的价值判断问题。民法决议行为当然需要遵循私法自治原则及其相应的团体自治规则,但民法对决议行为的调整方法则更具体地体现为基于团体法思维下的程序正义,这两个判断分别从民法的基本价值取向和民法的具体调整方法的角度展开,并不矛盾。决议行为的民法哲学基础究竟是程序正义还是私法自治,

---

〔15〕 "公司决议不是法律行为,但不得不接受的事实是无论是学理研究还是立法在瑕疵决议效力的判断上都受到了法律行为制度的影响。"类似观点,另参见马更新:《公司担保中决议形成程序与合同效力认定间牵连关系探析》,载《法学杂志》2020 年第 6 期。

〔16〕 对此类问题的详细讨论方法,参见王轶:《论民事法律事实的类型区分》,载《中国法学》2013 年第 1 期。

这也属于不同讨论层面的问题，主张程序正义并不否认私法自治，只是强调决议行为在实践私法自治的基础上更加突出程序正义而已，或者说决议行为的私法自治更依赖于决议行为作出过程中的程序正义，当事人在决议行为中经由程序正义实践私法自治，程序正义方为决议行为多数决这一根本法律特征的直接民法哲学基础，单纯私法自治并不能将决议行为和其他法律行为有效区分开来。与决议行为不同，合同行为的民法哲学基础则在于交换正义。交换正义是使一般的合同行为得以顺利进展的理论基础，交换正义建立在合同自由原则和等价有偿规则之上，使交易出于当事人的意愿并可为货币这种一般等价物进行数量平等上的衡量，当然，在合同自由原则下，交换正义对应的数量平等侧重主观价值的数量平等。

至于将决议行为和共同行为分置于团体法和个人法领域，并以是否产生共益权作为二者核心区分标准的做法，[17]也取决于我们对"团体""共益权""公共管理属性"等前提性概念的界定，仍属于纯粹民法学问题中的解释选择问题。例如，我们就无法先验地断定共同共有人对共有物的处分行为仅属于参与者个体权利的简单加总，[18]也并非对共同利益和共同事务的处理，因此对"共同利益""共同事务"等前提概念界定方式的不同当然会影响相应的后续讨论结果。

二、不宜将决议行为的作用领域局限于法人和非法人组织

《民法典》第134条第2款规定："法人、非法人组织依照法律或者章程规定的议事方式和表决程序作出决议的，该决议行为成立。"2015年4月20日，中国法学会民法典编纂项目领导小组和中国法学会民法学研究会组织撰写的《中华人民共和国民法典·民法总则专家建议稿(征求意见稿)》公开征求意见中，中国法学会商法学研究会建议将决议行为的决议事项、召集程序、决议作出比例要求、成员表决权等基本规则在民法总则"法人"一章作专节规定，而非在"法律行为"一章作规定，认为将决议行为概括性地规定在法律行为一章"缺乏实质意义"，这种观点的实质是维持决议行为法律规则的"碎片化"立法模

〔17〕 吴飞飞：《决议行为归属与团体法"私法评价体系"构建研究》，载《政治与法律》2016年第6期。

〔18〕 如有学者就妥当地指出："如果采取二人以上的共有，无论按份共有或者共同共有，在所有权行使中则有管理的必要，对所有权的行使或多或少需要所有人之间的协力。"韩松：《论农民集体土地所有权的管理权能》，载《中国法学》2016年第2期。

式。吉林大学法学院对决议行为也提出类似的分散立法建议。比较法上具有代表性的做法是《德国民法典》将决议行为的一般规则置于总则“社团法人”制度之中加以规定。笔者认为,既然决议行为的适用领域不限于是法人还是哪一类民事主体从事民事活动,对决议行为的法律规范配置宜置于《民法典》“民事法律行为”一章之中,而非“法人”一章。相应地,也不宜将决议行为的作出主体限定为“法人、非法人组织”,法人、非法人组织之外的团体同样可以将决议行为作为团体自治的工具。

决议行为的适用领域不限于“法人、非法人组织”,决议行为也并非“仅对部分主体有意义。作为最主要民事主体的自然人,不发生决议行为的问题”。〔19〕 在农民集体和业主大会、业主委员会乃至个人合伙、按份共有中,均存在决议行为的广泛适用空间,这些主体的存在形式并非法人,《民法典》也未正面赋予其非法人组织的地位,但他们均属于广义的团体,是基于共同利益的结合体。决议行为作为团体自治的工具,其打通了民法和商法领域。例如,《民法典》第 261 条第 2 款规定农民集体所有权重大事项“应当依照法定程序经本集体成员决定”,决议行为也就成为农民集体所有权中管理权能的行使方式。又如根据《民法典》第 301 条规定,按份共有人处分共有的不动产或者动产以及对共有的不动产或者动产作重大修缮、变更性质或者用途的,就需要采取集合共有份额 2/3 以上按份共有人意思而形成决议行为的方式,〔20〕 而按份共有人彼此之间并不形成法人或者非法人组织。根据私法自治原则,在个人合伙、家庭共同财产处分等领域,当事人也都可以自主约定采取多数决的决议

〔19〕 2015 年 4 月 20 日至 5 月 20 日,就中国法学会民法典编纂项目领导小组和中国法学会民法学研究会组织撰写的《中华人民共和国民法典·民法总则专家建议稿(征求意见稿)》公开征求意见的过程中,吉林大学法学院所提立法建议。许中缘教授也认为:“决议行为是法人和非法人组织及其内部所作出的决议,并不适用于自然人。”王利明主编:《中华人民共和国民法总则详解》,中国法制出版社 2017 年版,第 580 页。

〔20〕 有学者认为,“与按份共有相比,多数决原则在共同共有物的处分中其实更有理由被接受”。参见薛军:《〈物权法〉关于共同共有的规定在适用中的若干问题》,载《华东政法大学学报》2007 年第 6 期。

行为而非一致决的共同行为的决策方式。[21]

就民法决议行为中的决议事项、决议主体、决议召集程序、表决机制、决议行为的成立和生效要件、对违法决议行为的矫正等共通性法律规则的体系位置,我国决议行为立法规范配置呈现出"碎片化"的特点,决议行为不单纯是公司法的问题,决议行为的适用领域贯穿民法和商法,在民商合一立法体例下,我国《民法典》在总则编中运用"提取公因式"的立法技术确立决议行为的共通性法律规则。相应地,作出决议行为的依据也不仅限于《民法典》第134条第2款所规定的"法律或者章程规定",在此之外,合伙协议、管理规约、村民自治章程、村规民约等均为适例,[22]解释论上适宜将该款解释为:"决议行为应当依照法律或者章程等规定的议事方式和表决程序成立。"如此,就可以将"法律或者章程规定"作为立法上的例示,而非列举。

就作为决议行为主体的多个民事主体,还有学者指出:"多个民事主体通常是指法人或其他组织的成员以及法人或其他组织内部设立的机构,例如股份有限公司的股东代表大会、股份有限公司的董事会等。"[23]笔者认为,决议行为的主体是每个表决权人,但作为团体内部意思形成机制,多个表决权人行使表决权的对象则是团体内部设立的股东会、股东大会、董事会等。经由团体内部设立的这些机构来集合每个表决权人的个体意思,以形成团体意思。或者说,表决权人所作出的表决意思表示的受领人主要是团体内部设立的股东会、股东大会、董事会等机构。与决议行为不同,合同行为意思表示则针对合同对方当事人作出。

三、决议行为成立要件具有程序性和团体性的突出特点

有学者认为,双方行为和股东会决议等多方行为一般需要各方行为人的

---

〔21〕决议行为不同于共同行为(Gesamtakt),二者在意思表示形成机制、具体效果意思、行为主体数量规模、是否可能存在对少数人的侵害等方面均有不同。共同行为中当事人意思表示同向一致,合同行为中当事人意思表示对向一致,而决议行为则采取表决权人的多数决意思,不同于共同行为中的全体一致决,更详细论述,参见王雷:《论民法中的决议行为——从农民集体决议、业主管理规约到公司决议》,载《中外法学》2015年第1期。

〔22〕2015年4月20日至5月20日,就中国法学会民法典编纂项目领导小组和中国法学会民法学研究会组织撰写的《中华人民共和国民法典·民法总则专家建议稿(征求意见稿)》公开征求意见的过程中,崔建远教授曾建议将决议行为的依据扩及合伙协议。

〔23〕王利明主编:《民法》(第6版),中国人民大学出版社2015年版,第99页。

意思表示达成一致,民事行为方能成立。[24] 笔者不赞同该观点,决议行为不同于作为典型双方法律行为的合同行为,合同行为须要约人和承诺人意思表示一致,双方对向意思表示由此得到调和。黑格尔就曾经指出:"由于契约是意志和意志间的相互关系,所以契约的本性就在于共同意志和特殊意志都获得表达。"[25] 在决议行为中,起决定作用的是经由多数决等程序机制得出的意思表示,团体意思源于个体表决权人的个体意思但又高于个体意思,在团体意思形成过程中,少数人的意思表示可置而不问,决议行为具有鲜明的程序性和团体性特点。[26] 弗卢梅就曾指出:"通常,决议行为中起作用的不是参与者的意思表示一致,而是多数决原则。"[27] 合同行为的法律约束力及于合同双方当事人,而决议行为的法律约束力不仅及于行使参与管理权的表决权人,还及于"该人合团体章程所约束的所有成员",[28] 包括作出与多数决意思一致的团体成员、作出少数意思的团体成员以及未行使表决权的团体成员,因此决议行为也就具有团体性特点。"社团决策在许多重要方面不同于个人选择与决策,我们可以将这些决策称为统治性的或具有约束力的集体性决策。"[29]

《民法总则(草案)》(一次审议稿)第 113 条第 2 款规定:"法人、非法人组

〔24〕 魏振瀛主编:《民法》(第 5 版),北京大学出版社 2013 年版,第 142 页。

〔25〕 [德]黑格尔:《法哲学原理》,范扬、张企泰译,商务印书馆 1961 年版,第 85 页。

〔26〕 从法律特征角度看,决议行为不同于合同行为,决议行为强调团体性和程序性特点,而合同行为更强调当事人合意性特点。二者在意思表示中表示行为的具体方式、具体效果意思、行为主体数量、成立要件和生效要件、法律约束力等方面均有不同,更详细论述,参见王雷:《论民法中的决议行为——从农民集体决议、业主管理规约到公司决议》,载《中外法学》2015 年第 1 期。本文更侧重运用决议行为和合同行为上述法律特征的不同来分析决议行为与合同行为在成立、各自的效力评价、效力上的互相影响等方面的异同。

〔27〕 Werner Flume, Allgemeiner Teil des Bürgerlichen Rechts. Zweiter Band, Das Rechtsgeschäft, 4. Auflage, Springer Verlag Berlin 1992, S. 602. Vgl. Wolfgang Fikentscher, Andreas Heinemann, Schuldrecht. De Gruyter Recht, Berlin, 2006, 10 Auflage, S. 650.

〔28〕 Bernd Rüthers, Astrid Stadler, Allgemeiner Teil des BGB, 14 Aulfalge. C. H. Beck München 2006, S. 113.

〔29〕 [美]罗伯特·A. 达尔:《民主及其批评者》,曹海军、佟德志译,中国人民大学出版社 2016 年版,第 107 页。

织的决议行为应当依照法律或者章程规定的程序和表决规则成立。"〔30〕笔者曾向立法机关提交书面意见，建议对决议行为成立的程序要件做立法术语统一。

一方面，召集程序和表决方式的立法用语与《公司法》第22条有关公司决议可撤销的规定相协调一致。议事方式和表决程序的立法用语则与《公司法》第43、48、119条等有关公司决议成立的规定相协调一致。〔31〕笔者曾建议，《民法总则》应借规定民事法律行为成立要件的机会统一立法用语，以免嗣后民法解释论面对不同立法用语时存在解释困难。另一方面，决议行为须经由法定决议程序作出。决议大致包括议事和表决两个过程，广义的决议行为的决议程序包括召集程序、会议通知、表决方式、公布讨论决定的事项及其实施情况等，其核心则是召集程序和表决方式。因此，如同《公司法》第22条第2款规定，决议行为中召集程序和表决方式的欠缺会影响决议行为的效力。综上所述，笔者曾建议将《民法总则(草案)》(一次审议稿)第113条第2款修改为"决议行为应当依照法律或者章程等规定的议事方式和表决程序成立"或者"决议行为应当依照法律或者章程等规定的民主议定程序成立"。值得肯定的是，《民法总则(草案)》(二次审议稿)第127条第2款、《民法总则(草案)》(三次审议稿)第135条第2款、原《民法总则》第134条第2款均对决议行为成立的程序要件立法术语作了统一，该三款均规定："法人、非法人组织依照法律或者章程规定的议事方式和表决程序作出决议的，该决议行为成立。"但如上述，遗憾的是，原《民法总则》及《民法典》第134条第2款仍将决议行为的适用领域局限于法人、非法人组织，将决议行为的作出依据局限于法律或者章程规定，从解释论上看，对此均需做目的性扩张解释。

有学者还指出，决议行为"意思表示的方式与程序受到法律的严格限定，

---

〔30〕 有学者认为《民法总则(草案)》(一次审议稿)第113条(对应原《民法总则》第134条)仅给出简单定义，没有裁判规范功能，也不能为当事人提供请求权基础。温世扬：《民法总则应如何规定法律行为》，载《法学家》2016年第5期。笔者认为，原《民法总则》对决议行为等民事法律行为成立要件的规定，当特别法没有具体规定的情况下，在判断这些类型民事法律行为是否成立时(如公司决议不成立之诉、单方民事法律行为不成立之诉)，具有独立的裁判规范功能，可以作为请求权基础规范。在判断民事法律行为效力是否存在瑕疵时，也要以这些类型民事法律行为的成立为前提，此时该规定可以发挥请求权辅助规范的功能。

〔31〕 另参见《村民委员会组织法》第29条、最高人民法院《关于审理涉及农村土地承包纠纷案件适用法律问题的解释》第22条第1句。

采用书面形式,恪守严格的法定程序。虽然公司法没有明文规定,但依照立法体系解释,一般认为决议以形成书面决议为成立要件”。[32] 笔者认为,不宜将书面形式作为决议的成立要件。理由如下:第一,《民法典》第134条第2款对决议行为的成立要件仅强调程序性要求,并未要求书面形式。第二,从对《公司法》相关条文的体系解释角度看,该法第37条第2款规定股东书面形式的共同行为可以代替股东会决议行使股东会职权。《公司法》第61条规定一人有限公司股东行使股东会职权作出决议时应当采用书面形式;第25条规定股东应当在有限公司章程上签名、盖章;第41、48、55条分别规定出席会议的股东、董事、监事应当在会议记录上签名,并未对股东会决议、董事会决议或监事会决议作要求;第107、112、119条分别对股份公司股东大会会议记录、董事会会议记录和监事会会议记录有签名要求。会议记录不同于公司决议,《公司法》并未将书面形式作为决议的成立要件。第三,根据《民法典》第135条规定,民事法律行为以形式自由为原则,以采取特定形式为法定或者约定例外,这同样适用于公司决议等决议行为。公司决议实践中多采取书面形式,并不等同于公司决议应当以书面形式为成立要件。第四,民事法律行为的不同形式,对应民事法律行为的不同证据方法规范,书面形式对应的书证相对而言更有利于当事人保存证据。“虽然与决议的效力无关,但为了留作证据应以书面或者电子记录的方式撰写股东大会会议记录。”[33] 就书面形式对决议行为的影响,除非法律、行政法规有特别规定或者当事人有特别约定,否则不宜作为成立要件对待。

第二节 决议行为与合同行为在效力评价上的异同

一、决议行为存在不成立、未生效、可撤销与无效问题

李永军教授主编的《中华人民共和国民法典总则编草案(专家建议稿)》第147条规定:“多方法律行为,参照适用双方法律行为的规定,但法律另有规定

---

〔32〕 李建伟:《公司法学》(第4版),中国人民大学出版社2018年版,第91页。

〔33〕 [日]山本为三郎:《日本公司法精解》,朱大明等译,法律出版社2015年版,第138页。

或者当事人另有约定的除外。”〔34〕张谷教授也认为：“把单方行为、决议行为的特殊性加以体现，没有特殊性的，允许准用契约的有关规定。”〔35〕确如此论，但决议行为的特殊性何在？决议行为在何种程度上准用契约或合同行为的有关规定？这是亟待具体回答的问题。决议行为与合同行为均受法律效力评价，二者的异同也主要表现在法律效力评价上。

法律行为成立制度有其独特的要件和价值，决议行为成立制度亦然。决议行为讲究程序正义原则，其须由法定主体依据法定职权经由法定召集程序和表决方式依法作出。〔36〕“决议的正当性不是来自表意的一致性，而是来自正当程序——经由会议的正当程序由个体意思生成公司组织体的团体意思。所以，程序之于决议而言具有独立价值，必须坚定维护程序的独立价值。”〔37〕以公司决议行为为例，法定表决程序（方式）是公司决议行为成立的必要条件，我国《公司法》第22条只区分了公司决议行为的无效和可撤销。然而，“（如果）根本无股东会或其决议之存在，即无检讨股东会决议有无瑕疵之必要”。〔38〕例如，公司决议未达到法定或者章程规定的表决权比例的，公司股东会或者董事会召集人无召集权的，未经召集程序、大股东私自伪造签名、虚构炮制的公司决议，相关公司决议均不成立。〔39〕此时不能将这些决议归于可撤销，并以期随除斥期间的经过而“无中生有”。公司决议行为无效或者可撤销也要以决议行为的成立为前提，表决权人请求确认公司决议不成立之诉权不

---

〔34〕该条立法理由为：“法律往往对公司股东会决议、业主大会决议等多方法律行为有专门规定，当事人也可能通过章程等对多方法律行为作出特别约定，在法律适用中，如果法律没有特别规定、当事人没有专门约定，可以参照适用关于双方法律行为的规定。”李永军主编：《中国民法典总则编草案建议稿及理由》，中国政法大学出版社2016年版，第292页。

〔35〕张谷：《对当前民法典编纂的反思》，载《华东政法大学学报》2016年第1期。

〔36〕有学者早就指出程序在民法上的重要意义，参见崔建远：《民法，给程序以应有的地位》，载《政治与法律》1998年第2期。有学者更将私法上的“程序”上升为与“权利”并列的法理学基石范畴，参见陈醇：《私法程序理论的法理学意义》，载《法制与社会发展》2006年第6期。

〔37〕李建伟：《公司法学》（第4版），中国人民大学出版社2018年版，第91页。

〔38〕柯芳枝：《公司法论》（上），台北，三民书局2002年版，第272页。

〔39〕法院在“张某娟诉江苏万华工贸发展有限公司、万某、吴某亮、毛某伟股东权纠纷案”中明确作出了伪造虚构炮制的公司决议不成立的判决。参见张某娟诉江苏万华工贸发展有限公司、万某、吴某亮、毛某伟股东权纠纷案，载《最高人民法院公报》2007年第9期。控股股东不召开股东会即签署股东会决议的做法，属于滥用资本多数决的行为，相关决议行为也不成立。参见江苏法院公司审判十大案例：《案例六：控股股东不召开股东会即签署的股东会决议不成立》，载江苏省高级人民法院2017年7月3日，http://www.sohu.com/a/153998215_752455，2017-07-03。

受期间限制。[40] 至于有召集程序和表决方式，但存在瑕疵的情形，则属于公司决议是否可撤销的问题，此时公司决议“瑕不掩瑜”。有学者为此总结：决议不成立和决议可撤销的事由都属于程序瑕疵，可撤销决议的程序瑕疵可以被补正，其严重程度弱于决议不成立。[41]《公司法》第22条第2款未区分公司决议不成立与公司决议可撤销，解释论上须对该款做目的性限缩解释，完全未经召集程序“作出”的公司决议，应该认定为不成立。司法实践中则倾向于对该款做简单文义解释，无论召集程序瑕疵的程度，将完全未经召集程序“作出”的公司决议也认定为可撤销，[42]此种做法并不妥当。

农民集体决议行为的成立须同时依法满足决议主体、决议程序和决议事项相关要求，欠缺任何一个要件，都会导致农民集体决议行为的不成立，具体表现为如下任一情形：决议主体不适格、未满足出席人数的最低要求、未召集村民会议、召集后未作出表决、表决时未达到法定的多数决表决方式、就法定决议事项之外的事项作表决等。这些农民集体决议行为存在程序上的严重瑕疵，决议不成立的程序瑕疵也无法被补正。

《公司法》第22条第1款还对公司决议行为的无效作了规定。公司决议无效事由对应公司决议“不能容忍的缺陷”，与合同行为无效类似，法院可以对公司决议无效进行主动审查。[43] 借鉴原《合同法》第52条第5项的规定，对《公司法》第22条第1款也应该进行目的性限缩解释，公司决议内容只有违反法律、行政法规的效力性强制性规定才无效，认定公司决议是否无效应当以其内容是否违反法律、行政法规的效力性强制性规定为判断标准。[44] 合同行为无效和公司决议等决议行为无效共享了法律、行政法规效力性强制性规定这一判断标准，但何为合同法、公司法、合伙企业法、村民委员会组织法、业主的建筑物区分所有权法等领域的效力性强制性规定，则须结合各个具体部门法的规范

---

〔40〕 马小新：《未召开股东会形成的决议效力如何》，载《人民法院报》2010年8月5日，第7版。

〔41〕 李建伟：《公司决议效力瑕疵类型及其救济体系再构建——以股东大会决议可撤销为中心》，载王保树主编：《商事法论集》（2008年第2卷）（总第15卷），法律出版社2009年版。

〔42〕 周岩：《召集程序违法的股东会决议可撤销》，载《人民法院报》2015年11月11日，第7版。

〔43〕 相反观点，参见王欣新：《股东大会决议无效案件的审理》，载法律快车2019年12月18日，http://www.lawtime.cn/zhishi/a1814874.html。

〔44〕 王雷：《公司决议行为瑕疵制度的解释与完善——兼评公司法司法解释四（征求意见稿）第4～9条规定》，载《清华法学》2016年第5期。司法实务中也持同样观点，参见周晓莉：《瑕疵股东会决议并非当然无效》，载《人民法院报》2014年8月7日，第6版。

作具体判断。又如,司法实践中经常出现农民集体决议限制外嫁女、离婚女、入赘女婿、非婚生子女、超生子女集体土地征收补偿款分配权的现象,这也属于利用多数决限制或者剥夺农民集体成员资格,违反了效力性强制性规范,应属无效。

综上所述,决议行为的成立要件为:根据法定或章程规定,表决权主体依据其职权经由议事方式和表决程序作出团体的意思表示,法律对决议行为采取法定主义和团体自治相结合的调整方法。“合同区分了成立与生效,股东会决议则是成立即生效”,[45]但笔者认为这仅属一般情形,并非没有例外。有学者就主张在公司决议行为瑕疵三分法之外进一步认可公司决议行为的未生效制度,公司决议行为一旦成立,即推定其有效并生效,除非决议行为另附特别生效要件。[46] 此外,当决议行为侵害特定团体成员自益权时,如业主管理规约禁止业主封闭阳台、公司决议行为违法对某股东作出除名决议等,该成员可以主张此决议行为相对特定第三人无效。对此,可以借鉴《中华人民共和国民法典民法总则专家建议稿》第 144 条规定:“双方法律行为、共同行为、决议行为损害特定第三人合法权益的,该行为相对该特定第三人无效。”

值得注意的是,《民法总则(草案)》(二次审议稿)第 86 条借鉴《公司法》第 22 条,规定营利法人决议行为的无效和可撤销制度。针对该规定,笔者曾向立法机关提交书面建议,笔者认为《民法总则(草案)》(二次审议稿)第 86 条对营利法人决议行为效力的规定与第 147 条民事法律行为无效制度存在一定的体系不协调,后者将民事法律行为因违法而无效的事由限定为“法律、行政法规的效力性强制规定”,而第 86 条第 1 款将作为民事法律行为具体类型的决议行为无效事由仅规定为“违反法律、行政法规”,两处规定不一致。《民法总则(草案)》(三次审议稿)第 83 条和正式颁行的原《民法总则》第 85 条保留了对营利法人决议行为可撤销制度的规定,删除了营利法人决议行为无效制度条款。原《民法总则》和《民法典》第 85 条、第 94 条第 2 款仅分别规定营利法人和捐助法人决议行为的可撤销这一效力瑕疵制度,但这是否意味着其

---

〔45〕 陈媛:《论股东会决议的形成》,华东政法大学 2014 年硕士学位论文,第 33 页。

〔46〕 张旭荣:《法律行为视角下公司会议决议效力形态分析》,载《比较法研究》2013 年第 6 期。司法实务中有关公司决议行为约定未生效的代表性案例,参见谷某满诉北京康弘娱乐有限责任公司公司决议效力确认纠纷案,北京市怀柔区人民法院(2012)怀民初字第 00184 号民事判决书、北京市第二中级人民法院(2013)二中民终字第 05629 号民事判决书。

他非营利法人、特别法人决议行为的效力瑕疵径行适用《民法典》第 6 章第 3 节有关民事法律行为效力瑕疵的相关规定,立法规定得不清晰,存在法律漏洞。

二、表决权人表决行为瑕疵不当然影响决议行为的法律效力

有学者认为:"决议行为是法律行为在团体法领域的特殊化表现,决议行为制度与民法典总则中的一般性法律行为制度一脉相承。"〔47〕有学者指出:"决议行为的效力应类推适用法律行为的效力理论。"〔48〕笔者认为,这些观点只注意到了决议行为与合同行为等法律行为在法律效力评价上的共性,未充分重视决议行为的个性。鉴于决议行为的团体性特点,民事法律行为效力瑕疵的相关规定不当然适用于决议行为,应该区分团体决议行为效力瑕疵和个体表决权人表决行为效力瑕疵,表决权人意思表示存在瑕疵,不能当然导致决议行为可撤销等,这是基于团体法思维和决议行为团体性特点而对个体表决权人意思表示作出的必要限制。决议作为团体意思也不适用自然人意思表示瑕疵的相关法律规则。个体表决权人存在意思表示瑕疵情形时,如果不影响决议行为多数决的实现,则该表决权人只能撤销或者变更自己作出的意思表示。钱玉林教授指出:"公司决议虽为民事法律行为,但毕竟不同于自然人的意思决定,而是一种有赖于意思决定程序的法律行为,民法上基于自然人主观心理的瑕疵判断,如错误、欺诈、胁迫等,难以适用于公司决议。故《民法总则》中有关民事法律行为重大误解、欺诈、胁迫的规定,对公司决议并无补充适用的余地。然而,《民法总则》第 151 条有关民事法律行为'显失公平'的规定……能否适用于公司决议,值得讨论……公司决议采取多数决原则,决议的赞成者和反对者形成了事实上的对立双方,客观上存在优势一方侵害另一方的可能性。例如,公司增资时,控股股东利用显失公平的股价来稀释其他股东的股权,在此情形下,应当对受损害股东予以司法救济。比较法上,日、韩等国公司法都将决议'显著不公正',作为决议撤销的理由。因此,《民法总则》第

〔47〕 吴飞飞:《决议行为归属与团体法"私法评价体系"构建研究》,载《政治与法律》2016 年第 6 期。

〔48〕 薛波:《我国未来〈民法总则〉决议行为的立法安排》,载《湖北社会科学》2016 年第 2 期。许中缘教授更进一步指出:"有关意思表示的规则,对决议行为一般也都是适用的。例如,有关欺诈、胁迫等意思表示瑕疵规则,也应当可以参照适用于决议行为。"王利明主编:《中华人民共和国民法总则详解》,中国法制出版社 2017 年版,第 580 页。

151 条对显失公平的公司决议应当有补充适用的余地。”〔49〕

如上所述，司法实务中被伪造、虚构的公司决议乃至其他各类决议均可被认定不成立，但如果伪造、虚构的是个体表决权人的签名，则不宜当然认定相关决议行为不成立。而应该区分决议行为的效力瑕疵与表决权人个体表决行为的效力瑕疵，表决权人表决行为瑕疵不当然影响决议行为的法律效力，这也是决议行为效力瑕疵不同于合同行为效力瑕疵的根本之处。合同一方当事人的意思表示瑕疵会导致合同本身存在效力瑕疵，民法在调整合同效力过程中不特意区分合同效力瑕疵与意思表示瑕疵，这与合同行为强调当事人意思合意性有关。合同行为成立与有效关注合同行为中意思表示的一致性及每项意思表示的品质有关。〔50〕 即使公司会议召集程序、表决方式方面不出现表决权人签名被伪造等程序瑕疵，若该被伪造签名表决权人的反对票不会对公司实体决议产生实质性影响，则公司决议行为法律效力即不受影响。当然，还应当在通过正当程序维护表决权人意思表示真实与团体决议的安定性、效率性之间保持适当的平衡，如果受到间接影响的表决权人也被允许通过举证的方式重新召开会议并推翻原表决，〔51〕则会过度妨碍团体决议的安定性、效率性，也不符合表决权行使的外观原则。区分团体决议行为效力瑕疵与个体表决权人意思表示瑕疵，除与决议行为的团体性、程序性特点有关，还直接关涉个体表决权人对团体决议不当时的后果承担问题，在立法上区分决议行为与个体表决权人的意思表示，有助于在决议行为的法律实践过程中固定个体表决权人的决策风险，如《深圳壹基金公益基金会章程》第 16 条第 3 款规定：“……壹基

---

〔49〕 钱玉林：《民法总则与公司法的适用关系论》，载《法学研究》2018 年第 3 期。施天涛教授也认为，显失公平的决议主要表现为滥用多数决和利用不正当手段形成决议，此种决议可撤销。参见施天涛：《公司法论》，法律出版社 2005 年版，第 401～402 页。

〔50〕 2016 年 10 月 17 日，王轶教授在中国人民大学法学院主持召开“单方法律行为和决议行为法律规范配置”读书会，王轶教授在这次读书会上指出：单方法律行为、合同行为与共同行为在效力判断上不区分法律行为与意思表示的瑕疵，在这些法律行为类型中，一个意思表示存在瑕疵，会导致整个法律行为也存在瑕疵，这属于共存共荣式的意思表示或法律行为效力机制。笔者认为，此观点也可延伸运用到解释《民法典》第 134 条第 1 款和第 2 款对不同类型民事法律行为成立要件上的差别。针对合同行为和共同行为，《民法典》第 134 条第 1 款第 1 句更强调当事人意思表示的一致性；针对单方民事法律行为，《民法典》第 134 条第 1 款第 2 句更强调其意思表示的无瑕疵性；针对决议行为，《民法典》第 134 条第 2 款更强调表决权人意思表示的程序性和多数决特点。

〔51〕 赵心泽：《股东会决议效力的判断标准与判断原则》，载《政法论坛》2016 年第 1 期。

金理事会违反法律、法规和章程规定决策不当，致使基金会遭受财产损失的，参与决策的理事应当承担相应的赔偿责任。但经证明没有参与决策或在表决时反对并记载于会议记录的，该理事可免除责任。”

合同行为效力瑕疵存在补正和转换的问题，决议行为效力瑕疵也存在补正的可能。如在公司决议作出前对某股东未履行通知程序，但决议作出过程中该股东得到其他股东的通知而参会并行使了表决权，或者决议作出后该股东表示追认，则先前通知存在程序瑕疵的决议就视为被补正了。当然，如果公司决议完全未经任何召集程序而由个别股东传签或者个别股东伪造炮制，则该决议不成立，事后也不可经由多数股东补签而补正，[52]因为此时公司决议的正当程序原则遭到破坏，这种“无中生有”之“决议”无补正的可能。如果股东大会决议合法有效，不存在无效或可撤销事由，现在所有股东同意对同一事项再次决议，是否可以再次决议？之前的决议是否就被替换而无效了呢？如果是先前决议选举董事会成员，决议生效之后，所有股东又再次决议重新选举了一批董事会成员，后一决议的效力如何？就涉及公司发展决策的决议，股东大会后来发现决策失误，是不是可以再次就同一事项进行决议？股东集体同意再次决议是再次就同一事项重新考虑，原则上是可以的，等于是用后决议废除了先前决议。

第三节　团体内部决议行为与外部合同行为效力瑕疵的区分原则

表决权人分散的意思表示通过表决规则汇集形成集体意志，转化为团体意思。决议行为是团体意志的法律表达，在承认决议行为属于民事法律行为的前提下，决议行为要产生外部效力通常需借助合同行为的协力。团体内部意思与外部交易行为之间存在关联互动和效力区分，后者也主要对应决议行为与合同行为的效力区分，对此需要妥当兼顾实现团体内部自治和维护外部交易安全。有学者认为：“决议行为不同于共同行为，决议行为指向团体或其

[52] 许某龙等诉南京市工商局撤销工商登记案，南京市白下区人民法院(2003)白行初字第76号行政判决书、南京市中级人民法院(2004)宁行终字第115号行政判决书。

机关的内部意思形成(der internenWillensbildung),而非指向外部。”〔53〕笔者认为,决议行为并非一概不产生外部效力。

一、公司担保决议对担保合同的效力影响

以公司担保决议对担保合同的效力影响为例,鉴于公司对外活动须经其代表权人行使,由此将公司担保合同的效力转化为公司表见代表合同问题,〔54〕而非简单讨论《公司法》第16条的规范性质或者公司是否越权担保。最高人民法院《关于适用〈中华人民共和国担保法〉若干问题的解释》(法释〔2000〕44号,已失效,以下简称原《担保法解释》)第11条更是早有规定:“法人或者其他组织的法定代表人、负责人超越权限订立的担保合同,除相对人知道或者应当知道其超越权限的以外,该代表行为有效。”该规定也是对原《合同法》第50条的具体化。《公司法》第16条实质上要求公司担保合同的相对人(担保权人)对公司章程和公司相关决议负担法定程序性(形式)审查注意义务,〔55〕以明确公司代表权人是否从事越权担保,这也是判断公司担保合同的相对人(担保权人)是否“知道或者应当知道”越权担保的标准。此时,公司内部决议行为对外部合同行为的效力就会产生影响,也正是从这个意义上我们才能妥当理解民法教科书中的这一论断:“决议通常仅就法人或其他组织的内部事务作出决断,并不调整法人或其他组织与第三人之间的关系。”〔56〕“决议则系团体内部意思形成过程,原则上不对团体外部产生效力,亦相应地以团体或团体机关(如董事会)为其受领人。”〔57〕《公司法》第16条即为此论断所谓“通常”或“原则”之例外情形。“因为法律本身的周知性及普遍约束力,法律规定可能使公

---

〔53〕 Reinhard Bork, Allegemeiner Teil des Bürgerlichen Gesetzbuchs, 4. Auflage, 2016 Mohr Siebeck Tübingen. Rn. 436. S. 173. 张新宝教授认为:“并非所有的决议行为都是民事法律行为。有一些决议行为仅处理法人、非法人组织的内部事务(例如决定董事长人选),并不产生设立、变更、终止民事法律关系的效果,则不属于严格意义上的民事法律行为。”张新宝:《〈中华人民共和国民法总则〉释义》,中国人民大学出版社2017年版,第266~267页。笔者认为,根据《民法典》第133条规定,民事法律行为并非均须产生对外法律约束力,类似于有关公司董事长人选的决议虽然只对公司内部具有法律约束力,但仍然属于民事法律行为,不能因为决议行为效力的内部指向性而否定其民事法律行为属性。

〔54〕 高圣平:《公司担保相关法律问题研究》,载《中国法学》2013年第2期。

〔55〕 王雷:《论表见代表——以我国〈合同法〉第50条为视角》,载杨遂全主编:《民商法争鸣》(第7辑),法律出版社2014年版。

〔56〕 王利明主编:《民法》(第6版),中国人民大学出版社2015年版,第99页。

〔57〕 朱庆育:《民法总论》(第2版),北京大学出版社2016年版,第137页。

司内部决议具有外部约束力。”〔58〕正所谓“任何人均不得以不知法律有此规定或宣称对法律有不同理解而免于适用该法律”，不知法律不免责。一方面，在公司普通担保行为中，交易第三人（担保权人）应当知道“公司向其他企业投资或者为他人提供担保，依照公司章程的规定，由董事会或者股东会、股东大会决议；公司章程对投资或者担保的总额及单项投资或者担保的数额有限额规定的，不得超过规定的限额”。交易第三人（担保权人）未对相关公司决议或者公司章程进行法定程序性审查的，该担保合同无效。另一方面，在公司关联担保行为中，交易第三人（担保权人）应当知道“公司为公司股东或者实际控制人提供担保的，必须经股东会或者股东大会决议”。交易第三人（担保权人）未对相关股东会或者股东大会决议作法定程序性审查的，该担保合同无效。这不同于合同相对性原理，因为基于该原理，合同行为涉及第三人时不能为其科加合同义务，但公司担保交易中的债权人对公司章程和公司担保决议负担法定程序性审查义务，公司担保决议实际上也就发挥了对外约束力。当然，基于交易安全的维护和对善意第三人信赖利益的保护，如果公司内部担保决议事后被撤销，则不影响公司据该先前内部担保决议与善意第三人已经形成担保合同的法律效力。“与合同只涉及合同双方的个体关系不同，决议涉及的是公司组织的重要事项甚至是组织自身的变更，这决定了其在关注股东个体权利救济的同时也不能忽视甚至不合理地牺牲公司整体利益，这尤其体现为决议能够及时实施的效率利益以及实施后公司内外关系能保持安定利益。”〔59〕在价值判断上，《民法典》第 85 条后段值得赞同：“……营利法人的出资人可以请求人民法院撤销该决议，但是，营利法人依据该决议与善意相对人形成的民事法律关系不受影响。”〔60〕

---

〔58〕 蒋大兴：《公司组织意思表示之特殊构造——不完全代表/代理与公司内部决议之外部效力》，载《比较法研究》2020 年第 3 期。

〔59〕 丁勇：《公司决议瑕疵诉讼：历史、功能与规则改进》，上海人民出版社 2020 年版，引言第 4 页。

〔60〕 《民法总则（草案）》（二次审议稿）第 86 条第 2 款后段及《民法总则（草案）》（三次审议稿）第 83 条后段均曾作此规定。从立法技术上看，《民法总则》第 85 条后段实际上可以整合作为《民法总则（草案）》（三次审议稿）第 153 条［对应《民法总则（草案）》（一次审议稿）第 130 条和《民法总则（草案）》（二次审议稿）第 145 条］的一种特殊情形，该条规定：“民事法律行为因重大误解、欺诈、显失公平被撤销的，不得对抗善意第三人。”如在三次审议稿第 153 条中增加一款，立法技术上会更简约。但正式颁行的原《民法总则》并未保留草案中该规定，也就不存在立法技术上的整合问题。

简言之,公司内部意思瑕疵不影响其外部意思表示的效力,[61]但法律规定必须经过公司决议的对外合同交易行为除外,此时未经公司决议而径行作出的对外合同行为效力存在瑕疵;如果公司董事会执行公司决议中存在关联交易等违法情形,也不当然影响先前作出的公司决议行为的法律效力。[62] 以上就是在团体内部决议行为和外部合同行为效力判断上的区分原则,即团体内部决议行为不当然影响外部合同行为的效力,反之亦然。

二、农民集体决议对农民集体外部合同行为的效力影响

类似地,在司法实践中,有关农民集体决议行为效力瑕疵纠纷的热点和难点问题主要涉及相关决议行为对农民集体外部合同行为的效力影响。我国现行法律并未直接规定农民集体决议行为的效力瑕疵类型,因而应该区分农民集体决议行为的不成立与农民集体对外合同行为的法律效力。而在司法实务中普遍将用于判断农民集体决议行为是否成立的《村民委员会组织法》第 22 条第 1 款和第 24 条、《农村土地承包法》第 18 条第 3 项等规定误作判断农民集体对外合同行为是否无效的依据,对此,代表性做法有二:第一,受合同无效判断标准的影响,将用于判断农民集体决议行为是否成立的《村民委员会组织法》第 22 条第 1 款和第 24 条、《农村土地承包法》第 18 条第 3 项等规定误作判断农民集体对外合同行为无效的效力性强制性规定。[63] 第二,虽然未将用于判断农民集体决议行为是否成立的《村民委员会组织法》第 22 条第 1 款和第 24 条、《农村土地承包法》第 18 条第 3 项等规定认作判断农民集体对外合同行为无效的效力性强制性规定,但仍认为前述相关规定属于管理性强制性规定,

---

〔61〕 绵阳市红日实业有限公司、蒋某诉绵阳高新区科创实业有限公司股东会决议效力及公司增资纠纷案,《最高人民法院公报》2011 年第 3 期。

〔62〕 王欣新:《股东大会决议无效案件的审理》,载法律快车 2019 年 12 月 18 日,https://www.law-time.cn/zhishi/a1814874.html。

〔63〕 黄某亮诉汝城县热水镇长塘村村民委员会确认合同无效纠纷再审案,湖南省郴州市中级人民法院(2013)郴民再终字第 21 号民事判决书。类似观点,另参见罗某与法库县包家屯镇大三家子村民委员会农村土地承包合同纠纷上诉案,辽宁省沈阳市中级人民法院(2014)沈中民五终字第 1495 号民事判决书。另参见屈某胜等与吉首市峒河办事处大田社区四组全体村民合同纠纷上诉案,湖南省湘西土家族苗族自治州中级人民法院(2012)州民一终字第 289 号民事判决书。

从而不影响农民集体相应对外合同行为的法律效力,[64]这仍然是合同无效思维在发挥作用。违反法定决策程序,导致相应农民集体决议不成立,村民小组或者村民委员会未经该民主讨论决定而径行与第三人缔结土地承包经营合同,就构成无权代表,此时须根据《民法典》第504条判断相应土地承包经营合同的法律效力。

第四节 小　　结

将决议行为增加为民事法律行为的新类型是原《民法总则》和《民法典》的重要立法创举,在民事法律行为立法例上贡献了“中国元素”。[65]

决议行为与合同行为的区分是重要的民法价值判断问题,其直接影响合同法律规范的适用边界。决议行为属于多方法律行为,存在多个意思表示,而合同行为要求当事人双方意思表示一致。

“我国未来民法总则,还应兼顾单方法律行为、共同行为以及决议行为的特殊效力规则。”[66]借鉴合同行为效力瑕疵制度,应该区分决议行为的不成立和可撤销,将决议行为的瑕疵区分为决议行为的不成立(严重程序瑕疵所致)、约定未生效、可撤销与无效。在决议行为与合同行为效力对比上还存在两项区分原则:一是应该区分决议行为与表决权人表决行为的效力瑕疵,在团体法视角下,个体表决权人表决行为中的意思表示被团体决议行为意思表示所吸收,表决权人意思表示的瑕疵不影响决议行为的效力,除非其导致法律或者章程等规定的召集程序或者表决方式无法实现。这就不同于合同意思表示对合同行为的效力影响,因为合同一方当事人的意思表示瑕疵会导致合同行为的瑕疵。二是区分团体内部决议行为和外部合同行为的效力瑕疵,团体内部决议行为通常只产生内部约束力,不直接约束团体外的第三人。

---

〔64〕 湛江市东海岛实验区东简镇龙水村后山村民小组与吴某来农村土地承包合同纠纷案,(2013)粤高法审监民提字第53号民事判决书。类似涉及民主决议程序之“管理性”规范属性者,另参见林某贵等585人与平川区水泉乡下堡村村民委员会买卖合同纠纷上诉案,(2010)甘民二终字第65号民事判决书。

〔65〕 王雷:《〈民法总则〉中的“中国元素”》,载中国网2017年3月16日,http://opinion.china.com.cn/opinion_71_160071.html。

〔66〕 王轶:《民法总则法律行为效力制度立法建议》,载《比较法研究》2016年第2期。

第七章

公司决议行为瑕疵制度的解释与完善

在《论民法中的决议行为——从农民集体决议、业主管理规约到公司决议》一文中，笔者认为，作为团体法的产物，社员权中的共益权经由决议的方式行使。决议行为是指多个民事主体在表达其意思表示的基础上根据法律规定或者章程约定的表决规则作出决定的民事行为，如公司股东会决议、董事会决议等。决议行为的根本特征在于其根据程序正义的要求采取多数决的意思表示形成机制，决议结果对团体全体成员都具有法律约束力。决议行为不同于共同行为或者合同行为，其扩展了民事法律行为的类型。我国《民法典》总则编“民事法律行为”制度中应该规定决议行为的共通性法律规则，以有助于团体意志的依法形成和保障农民集体经济组织成员权、业主成员权、股东共益权等社员权的实现。在以上共性特点之外，较农民集体决议和业主管理规约，我国《公司法》对公司决议行为的事先程序约束和事后效力控制均较为先进，公司决议行为的法律规制更多体现了对公司组织和行为的规范，公司决议行为还具有组织法上鲜明的交易性特点，这些都使公司决议行为不简单等同于其他类型的民法决议行为。民法决议行为以公司决议行为为典型原型，并从中提炼其共性特点和共通规则，但也不能简单扩张公司决议行为法律规则的适用范围，尤其不能简单适用到更强调非交易性团体协作的农民集体决议、业主管理规约及非营利性法人决议行为（如非营利性社团法人决议行为、财团法人决议行为）等。我国《公司法》对公司决议行为效力瑕疵的相关规定也并非尽善尽美，《公司法》第22条对公司决议行为法律效力的规定也存在应该完善之处，公司决议行为效力瑕疵类型和效力瑕疵事由的规定都须进一步完善。当然，也不能简单套用合同行为法律规范对公司决议行为进行效力规制，公司决议具有团体性和程序性的鲜明特点，不同于强调当事人合意性的合同行为。[1]

公司法领域长期以来的难点问题是“公司决议行为的法律效力”。[2] 2016年4月12日，最高人民法院发布《关于适用〈中华人民共和国公司法〉若干问题的规定（四）》（征求意见稿）（以下简称为《公司法司法解释四征求意见稿》），向社会公开征求意见，该征求意见稿涉及的重点之一即关于公司股东会

---

〔1〕 王雷：《论民法中的决议行为——从农民集体决议、业主管理规约到公司决议》，载《中外法学》2015年第1期；王雷：《我国民法典编纂中的团体法思维》，载《当代法学》2015年第4期。

〔2〕 《民二庭就公司法司法解释（四）召开征求专家意见座谈会》，载最高人民法院网，http://www.court.gov.cn/spyw/mssp/201002/t20100222_1603.htm。

或者股东大会、董事会决议效力的解释。本章着重对公司决议行为的效力瑕疵类型及其事由做详细解释与完善,以更好地贯彻公司程序正义观,并重点区分公司决议行为的效力瑕疵与其他临近类似法律行为特别是合同行为的效力瑕疵,以避免公司决议行为动辄"被无效"从而过度影响公司决议的安定性和公司决策的效率性。

第一节 应该区分公司决议行为的不成立与可撤销、未生效

一、公司决议行为不成立与可撤销之区分

有学者认为:"法律行为不成立与无效,就其效果言,并无分别。"[3]实际上,法律行为的成立与生效是两个不同的概念,法律行为不成立与无效在法律效果上的趋同性并不意味着二者在判断标准(构成要件)和行为指引意义上不存在差别,法律行为成立制度有其独特的要件和价值,公司决议行为成立制度亦然。公司决议行为讲究程序正义原则,正当程序有助于实体结果公正,正当程序也有其本身秩序和效率等固有的过程价值,公司决议的成立须由法定主体依据法定职权经由法定召集程序和表决方式依法作出。[4] 法定表决程序(方式)是公司决议行为成立的必要条件,"股东会之决议乃公司之意思决定,然不似自然人之意思决定,仅系一种心理之过程而已,其本身即系一种法律程序。从而,其决议须基于适法之程序而形成时,始能发生公司意思决定之效力"。[5] "决议行为以社员大会的决议能力(Beschlussfähigkeit)为前提。"[6]"(如果)根本无股东会或其决议之存在,即无检讨股东会决议有无瑕疵之必要。"[7]例如,社员大会的召开须经一定人数的社员出席方可,不具备法定出

〔3〕 王泽鉴:《民法总则》,北京大学出版社2009年版,第203页。

〔4〕 有学者早就指出程序在民法上的重要意义,参见崔建远:《民法,给程序以应有的地位》,载《政治与法律》1998年第2期。

〔5〕 柯芳枝:《公司法论》(上),台北,三民书局2002年版,第250页。

〔6〕 Hans Brox, Wolf – Dietrich Walker: Allgemeiner Teil des BGB; 32 Aufl. Carl Hezmanns Verlag 2008. S. 291.

〔7〕 柯芳枝:《公司法论》(上),台北,三民书局2002年版,第272页。

席人数的社员大会无决议能力,其作出的决议不能成立。又如,公司决议未达到法定或者章程规定的表决权比例的、公司股东会或者董事会召集人无召集权的、未经召集程序而虚构公司决议等,相关公司决议均不成立。

《公司法司法解释四征求意见稿》第 4 条和第 5 条区分决议行为瑕疵的上述不同情形,并分别将之归于"决议不存在"和"未形成有效决议"两种类型。笔者认为,该做法并不合适,应当将《公司法司法解释四征求意见稿》第 4 条和第 5 条统合为"决议不成立"。理由如下:第一,"决议不存在"和"未形成有效决议"作为公司决议行为瑕疵的不同类型,对应决议行为瑕疵方面不同的价值判断结论,但结合《公司法司法解释四征求意见稿》第 9 ~ 12 条规定,此种效力瑕疵的不同表述,未见在瑕疵法律后果——包括"决议不存在"和"未形成有效决议"的确认之诉程序以及决议被确认"不存在"和"未形成"后的实体法律后果——上不同。可以说,"决议不存在"和"未形成有效决议"两种情形形异实同,没有必要在司法解释层面创立这两个新概念,这种概念区分显得实益不彰;其形异之处在于发生阶段不同,即是否已经召开过相关会议,而生活事实上的差别不一定一一对应地反映到法律条文中,法律条文恰恰是对生活事实的抽象概括归纳,〔8〕"决议不成立"正是此种概括归纳的共识结论。第二,"决议不存在"和"未形成有效决议"的瑕疵类型表述与我国民事法律行为效力瑕疵类型的既有共识结论不相吻合。我国原《民法通则》和原《合同法》根据民事行为效力状态的不同,将其区分为民事法律行为、未生效的民事行为、效力待定的民事行为、无效的民事行为、可变更的民事法律行为和可撤销的民事行为等。无论是民事一般法、公司法等特别法,还是相关理论通说研究,均无"决议不存在"和"未形成有效决议"之表达,况且此种区分在价值判断方面的差别不彰,纯属概念"创新",尚无足够充分且正当的理由突破民事行为乃至决议行为效力瑕疵既有立法传统和理论研究的共识结论。第三,如上所述,鉴于"决议不存在"和"未形成有效决议"在价值判断上的实同,司法解释技术上宜遵循立法传统和理论共识,将之一并规定为"决议不成立",而不必标新立异,另创新词。这种对同一价值判断结论的不同词语表达,即使有必要,也仅属于纯粹法学问题中对概念术语的解释选择问题,留待学理发展,司法解释的对象是"人

---

〔8〕 法律语言对生活现象的抽象概括和归纳很大程度上属于解释选择问题。参见王轶:《论民事法律事实的类型区分》,载《中国法学》2013 年第 1 期。

民法院在审判工作中具体应用法律的问题”,“司法解释应当根据法律和有关立法精神,结合审判工作实际需要制定”,不宜动辄以图引领立法或学术。因此,笔者建议将《公司法司法解释四征求意见稿》第 4 条和第 5 条合并规定为“决议不成立”制度:“本规定第一条规定的原告有证据证明存在下列情形之一,请求确认决议不成立的,应予支持……”

综上所述,公司决议行为的成立要件为根据法定或章程规定,表决权主体依据其职权经由召集程序和表决方式作出公司的意思表示,法律对公司决议行为采取法定主义的调整方法。公司决议行为的成立要件也就具体包括如下方面:一是有股东会会议或者董事会会议的外观存在,要求有召集权人召集会议,并向全体表决权人发送召集通知或公告,这也是商事外观主义的要求;二是股东会会议或者董事会会议作出决议,如果会议上未作出决议,会后伪造虚构决议,则此决议不成立;三是决议满足多数决的要求,未达到多数决要求的公司决议属于不成立而非可撤销,可撤销的公司决议经过一定时间可成为永久有效的决议。〔9〕 叶林教授也指出:“股东同意议案的票数达到或超过决议通过的法定比例的,会议决议即告成立……持有超过某一表决权比例的到会股东的意思,将自动转化为公司意思,少数派股东的反对意见不足以推翻基于多数派股东意思而形成的会议决议。因此,会议决议不是‘合意’的产物,而是依照公司决议的独特程序所拟制的公司意思。”〔10〕

可见,公司会议无决议能力时作出的决议,该公司决议不成立,具体表现为未通过召集程序、未达到法定或者章程约定的多数决表决方式、未满足出席人数的最低要求而作出的公司决议,此时不能将之归于可撤销决议。至于有召集程序和表决方式,但存在程序瑕疵,则属于公司决议是否可撤销的问题,此时公司决议“瑕不掩瑜”,公司决议成立已无疑问。公司决议行为不成立与可撤销的区分属于重要的价值判断问题,二者在构成要件和法律后果(特别是可否被补正)上均有不同:决议不成立和决议可撤销的事由都属于程序瑕疵,二者的区别在于可撤销决议的程序瑕疵严重程度弱于决议不成立,可撤销决议行为中的程序瑕疵可以被补正。决议程序有严重瑕疵,以至于无法承认决

〔9〕 李建伟:《公司决议效力瑕疵类型及其救济体系再构建——以股东大会决议可撤销为中心》,载王保树主编:《商事法论集》(2008 年第 2 卷,总第 15 卷),法律出版社 2009 年版。

〔10〕 叶林:《股东会会议决议形成制度》,载《法学杂志》2011 年第 11 期。

议在法律上存在时,决议不成立,导致决议不成立的程序瑕疵无法被补正。程序违法的公司决议原则上按照可撤销处理,最严重的按照不成立处理。[11]

二、公司决议行为瑕疵的三分法

我国《公司法》第 22 条只区分公司决议行为的无效和可撤销,这种简单二分法的做法缺乏深刻的法理基础和对现实生活的有效回应,[12] 无论如何人们无法撤销一个没有成立的公司决议行为。[13]

借鉴合同不成立和合同效力瑕疵制度,公司法理论和实务上须区分公司决议行为的不成立和可撤销等瑕疵状态。因而应该将公司决议行为瑕疵作为上位概念,具体包括公司决议行为不成立、公司决议行为可撤销和公司决议行为无效三种情形。鉴于公司决议行为只针对公司内部管理关系,不涉及公司与第三人之间的交易法律关系,公司决议行为瑕疵也就不存在类似于合同行为那样的法定未生效制度和效力待定制度。公司决议行为瑕疵的三分法也符合比较法立法和司法的发展趋势。[14] 有学者还主张在公司决议行为瑕疵三分法之外进一步认可公司决议行为的未生效制度,[15] 公司决议行为一旦成立即推定其有效[16] 并生效,除非决议行为另附特别生效要件,如决议行为中约定"本决议经全体股东签字或盖章后生效"。[17] 还有学者主张已经成立的公司

---

〔11〕 李建伟:《公司决议效力瑕疵类型及其救济体系再构建——以股东大会决议可撤销为中心》,载王保树主编:《商事法论集》(2008 年第 2 卷,总第 15 卷),法律出版社 2009 年版;赵心泽:《股东会决议效力的判断标准与判断原则》,载《政法论坛》2016 年第 1 期;李建伟、王力一:《公司决议不成立之诉实证研究——〈公司法解释四〉出台前审判创新实践的价值发现》,载《经贸法律评论》2020 年第 3 期。

〔12〕 钱玉林:《股东大会决议瑕疵的救济》,载《现代法学》2005 年第 3 期。

〔13〕 就像安徒生童话中所讲的"皇帝的新装"的故事那样,没有成立的公司决议不存在无效或者可撤销的问题,正像我们无法去评价安徒生笔下皇帝身上的衣服是否合身那样。

〔14〕 张旭荣:《法律行为视角下公司会议决议效力形态分析》,载《比较法研究》2013 年第 6 期。相反观点,参见柯勇敏:《公司决议不成立的质疑与二分法的回归》,载《法律科学(西北政法大学学报)》2020 年第 5 期。

〔15〕 张旭荣:《法律行为视角下公司会议决议效力形态分析》,载《比较法研究》2013 年第 6 期。

〔16〕 据此,公司决议行为有效不能作为确认之诉的诉讼标的。参见石纪虎:《关于股东大会决议效力的探讨》,载《政治与法律》2009 年第 5 期。

〔17〕 谷某满与北京康弘娱乐有限责任公司公司决议效力确认纠纷案,北京市怀柔区人民法院(2012)怀民初字第 00184 号民事判决书,北京市第二中级人民法院(2013)二中民终字第 05629 号民事判决书。周晓莉:《瑕疵股东会决议并非当然无效》,载《人民法院报》2014 年 8 月 7 日,第 6 版。

决议只有送达表决权人及受决议约束之人以保障其知情权，才产生实质约束力。[18]《公司法司法解释四》第1、3、5条等正式认可了公司决议不成立制度。

有学者认为，创设决议不成立是为弥补无效、可撤销二分法保护的不足，其理论基础为决议是强调程序的共同法律行为。由于法律行为以合同为典型对象，而决议与合同存在不同，现有的法律行为一般理论无法准确判断决议不成立。决议不成立的功能在于填补无效事由过窄的漏洞，其实包含不成立和虽成立但无效两种性质不同的情况。因此，决议不成立的事由应该分两步讨论，首先确定决议构成的最低要件，其次讨论否定决议效力的程序瑕疵。决议不成立事由应限定在召集程序、会议记录的缺乏或严重瑕疵以及表决程序的缺乏这几种情形之内。《公司法司法解释四》第5条应作相应的限缩解释。[19]笔者认为，此种观点混淆模糊了决议不成立与无效的区分，所谓无效事由"过窄"的判断并不妥当，《公司法》第22条第1款关于公司决议无效事由的规定存在广泛的解释空间。司法实践中恰恰也不是通过公司决议不成立制度来弥补公司无效制度的漏洞，而是在公司法司法解释中确认，在规定公司决议不成立制度前，很长时间都由公司决议无效制度代行决议不成立的功能。[20]《公司法》要求出席会议的表决权人在公司会议记录上签名，这实际上是对公司会议记录提出书面形式的要求，公司会议记录并非证明公司决议成立的必要条件，仅仅是证明公司决议的一种证据方法，即使不存在会议记录，仍然可能通过其他方法如决议事项和表决结果等证明决议的成立。基于公司决议结果的正式性和商事外观主义，从公司决议解释方法上看，也不存在决议内容和会议记录内容不一致的问题。[21]

---

〔18〕 叶林：《股东会会议决议形成制度》，载《法学杂志》2011年第10期。

〔19〕 殷秋实：《法律行为视角下的决议不成立》，载《中外法学》2019年第1期。

〔20〕 首创龙基科技有限公司与九九实业股份有限公司公司决议效力确认纠纷案，北京市第二中级人民法院(2015)二中民(商)终字第05325号二审民事判决书。

〔21〕 相反观点，参见叶林：《股东会会议决议形成制度》，载《法学杂志》2011年第10期；殷秋实：《法律行为视角下的决议不成立》，载《中外法学》2019年第1期。

第二节　应该区分公司决议行为与表决权人表决行为效力之瑕疵

我国向来缺乏“公司会议文化”和公司决议程序思维，而更看重“能人决策”，公司定期会议制度甚至有名存实亡的危险。[22] 司法实务中伪造、虚构炮制公司决议等现象层出不穷。被伪造签名的公司决议（或称伪造某表决权人签名的公司决议）效力确认纠纷案在理论和实务上可以带给我们进一步的类型化思考。

一、表决权人表决行为瑕疵不当然影响公司决议行为的法律效力

第一，应该区分公司决议行为的效力瑕疵与表决权人个体表决行为的效力瑕疵，[23]表决权人表决行为瑕疵不当然影响公司决议行为的法律效力，这也是公司决议行为效力瑕疵不同于合同行为效力瑕疵的根本之处。司法实践中，在被伪造签名的公司决议效力确认纠纷案的裁判上，存在根据原《民法通则》第55条第2项之规定对相关公司决议行为作出无效判决的做法。[24]

“在公司法领域，有学者认为公司决议属于多方法律行为，应由法律行为制度加以规范。这种观点有失妥当。”[25]公司决议作为团体意思也不适用自然人意思表示瑕疵的相关法律规则。在团体法的视角下，个人权利必然受到减损或者限制，个体表决权人表决行为中的意思表示被团体决议行为意思表

---

〔22〕 叶林：《股东会会议决议形成制度》，载《法学杂志》2011年第10期。

〔23〕 有学者将公司决议权主体的意思表示瑕疵称为“表决权瑕疵”，以区别于公司决议行为召集程序、表决方式瑕疵对应的“决议瑕疵”。参见许中缘：《论意思表示瑕疵的共同法律行为——以社团决议撤销为研究视角》，载《中国法学》2013年第6期。笔者认为，对公司决议权主体的意思表示瑕疵更妥当的指称是“表决行为瑕疵”。

〔24〕 谷某满与北京康弘娱乐有限责任公司公司决议效力确认纠纷案，北京市怀柔区人民法院（2012）怀民初字第00184号民事判决书。夏某琴、张某安因与夏某山股东会决议效力确认纠纷，北京市第二中级人民法院（2008）二中民终字第17655号民事判决书。许某红、许某青与北京市金陛房地产发展有限责任公司、曲某股东会决议效力案，北京市第二中级人民法院（2009）二中民终字第15150号民事判决书。北京大山子仓储有限公司、李某兰、薛某瑜与高某股东会决议效力纠纷案，北京市第二中级人民法院（2009）二中民终字第17091号民事判决书。

〔25〕 叶林：《私法权利的转型——一个团体法视角的观察》，载《法学家》2010年第4期。

示所吸收，其个体意思表示瑕疵原则上不影响团体决议行为的法律效力，这也是公司决议行为与合同行为的重要区别。

公司决议行为召集程序、表决方式的瑕疵会导致决议行为本身的效力瑕疵，公司决议权主体的意思表示瑕疵则不当然导致公司决议行为的瑕疵。伪造某表决权人签名的公司决议属于召集程序、表决方式方面的程序瑕疵，被伪造签名的表决权人所“作出”的“表决行为”不成立，被伪造签名的表决权人表决行为的瑕疵若不实质性影响法定或者章程规定的多数决之实现（如成为“决定性”的一票〔26〕），则公司决议行为本身的法律效力不受影响。“应当根据程序上的瑕疵是否对公司实体决议产生实质上影响来确定决议的效力，如果对实体决议并不产生实质性影响则不宜使该决议无效或被撤销。”〔27〕可见，即使公司会议召集程序、表决方式方面不出现表决权人签名被伪造的程序瑕疵，若该被伪造签名表决权人的反对票不会对公司实体决议产生实质性影响，则公司决议行为法律效力也不受影响。《公司法司法解释四征求意见稿》第5条第3项对股东或者董事被伪造签名时决议行为不成立制度设置了两个方案，基于以上论述，笔者同意第二个方案，即“决议上的部分签名系伪造，且被伪造签名的股东或者董事不予认可，在去除伪造签名后通过比例不符合公司法或者公司章程的规定”。

第二，伪造签名的公司决议不当然无效或者可撤销，当然，这并非意味着间接鼓励公司决议存在程序瑕疵，作为利益平衡机制，被伪造签名的表决权人合法权益受侵害时可以行使《公司法》第74、142条规定的异议股东股权（份）回购请求权、《公司法》第71、137条规定的股权转让权、《公司法》第152条规定的诉诸自益权对应的直接诉权等其他救济措施或者根据原《侵权责任法》第2条第2款及第6条等规定向伪造签名的侵权行为人主张股权侵权法律责任。

对伪造签名人和被伪造签名人之间的内部法律关系仍可进一步研究，被伪签人和伪签人之间并不存在委托代理法律关系，伪签人以被伪签人之名义

---

〔26〕 有学者指出：“公司会议决议中的某一个或某几个表意人的意思表示被撤销制度撤销后，该会议决议是否不成立，则取决于剩余表意人的表决权是否达到公司法所规定的最低数，如果达到，则会议决议仍然成立；反之，则不成立。”张旭荣：《法律行为视角下公司会议决议效力形态分析》，载《比较法研究》2013年第6期。不同意见，参见叶林：《股东会会议决议形成制度》，载《法学杂志》2011年第10期。

〔27〕 赵旭东主编：《公司法学》（第2版），高等教育出版社2006年版，第382页。

从事决议行为就构成原《合同法》第48条所规定的无权代理行为，而非无权处分行为。被伪签人事后未做追认的，决议行为对被伪签人不发生效力，[28]由伪签人承担责任。伪签人的行为不构成表见代理的情况下，其以被伪签人名义作出的表决行为对公司也不产生法律效力。

二、伪造、虚构的公司决议不成立

如果公司决议完全没有经过召集、表决程序，而是由大股东私自伪造签名、虚构炮制公司决议，则公司决议行为的程序正义荡然无存，公司会议须给表决权人参与讨论、辩论和表决的机会，以实现民主决策。公司决议完全没有经过召集、表决程序，而是由大股东私自伪造签名、虚构炮制的公司决议行为不成立而非无效或者可撤销，这种“无中生有”的做法不属于《公司法》第22条第2款所规定的具有“瑕不掩瑜”特点的“召集程序、表决方式”违法，《公司法》第22条未将决议行为不成立从无效或者可撤销中区分出来，存在法律漏洞。

以有限责任公司的股东会决议为例，其应当由符合法律规定的召集人依照法律或公司章程规定的程序，召集全体股东出席，并由符合法律规定的主持人主持会议。股东会会议需要对相关事项作出决议时，应由股东依照法律、公司章程规定的议事方式、表决程序进行议决，达到法律、公司章程规定的表决权比例时方可形成股东会决议。例如，法院在“张某娟诉江苏万华工贸发展有限公司、万某、吴某亮、毛某伟股东权纠纷案”中明确作出了伪造虚构炮制的公司决议不成立的判决，法院认为：未依法召开股东会会议并作出会议决议，而是由实际控制公司的股东虚构公司股东会会议及其会议决议的，即使该股东实际享有公司绝大多数的股份及相应的表决权，其个人决策亦不能代替股东会决议的效力。在此情况下，虚构的股东会会议及其决议不成立。对于虚构的股东会会议及其决议，只要其他股东在知道或者应当知道自己的股东权利被侵犯后，在法律规定的诉讼时效内提起诉讼，人民法院即应依法受理，不受《公司法》第22条关于股东申请撤销股东会决议的60日期限的规定限制。[29]

---

〔28〕 此即上文所言：被伪造签名的表决权人所“作出”的“表决行为”不成立。

〔29〕 张某娟诉江苏万华工贸发展有限公司、万某、吴某亮、毛某伟股东权纠纷案，载《最高人民法院公报》2007年第9期。另参见吴建斌：《公司决议虚构的法律盲区》，载《董事会》2011年第3期。三亚保力房地产投资开发有限公司、宝恒投资有限公司与三亚保力房地产投资开发有限公司、宝恒投资有限公司公司决议撤销纠纷案，最高人民法院（2016）最高法民申300号民事裁定书。

《公司法》第 37 条第 2 款规定:“对前款所列事项股东以书面形式一致表示同意的,可以不召开股东会会议,直接作出决定,并由全体股东在决定文件上签名、盖章。”据此,有限责任公司可以不召开股东会会议而直接作出决定的前提是:对于一致同意的事项,要求由全体股东在决定文件上签字、盖章,即具有与召开股东会形成的决议相同的法律效力。但如果没能形成统一的意见,还是要采取召开股东会会议的方式来解决。未实际召开股东会会议或者虽然召开股东会会议但未形成决议时,虚构或伪造的股东会决议不成立,决议自始不存在,不存在是否无效或可撤销的问题。公司决议行为无效或者可撤销也要以决议行为的成立为前提,表决权人请求确认公司决议不成立之诉权不受期间限制。[30]

第三节　程序瑕疵与公司决议行为可撤销制度的解释完善

现代公司法区分决议行为效力瑕疵的无效与可撤销,属于公司法中的价值判断问题。首先,决议行为无效的事由主要集中于决议内容方面的严重瑕疵,决议行为可撤销的事由主要集中于决议程序方面的瑕疵。其次,无效决议行为的确认之诉不受期间的限制,而可撤销决议行为则受除斥期间限制。最后,无效决议行为不可被补正,可撤销决议行为“瑕不掩瑜”,其可以被补正以有利于团体交易决策的安定性和鼓励交易。《公司法》第 22 条分别规定公司决议行为无效和可撤销制度,在民事诉讼法上分别对应确认之诉和形成之诉两种诉的类型。

一、程序瑕疵与公司决议行为的可撤销

《公司法》第 22 条第 2、3 款就公司决议行为的可撤销作出规定“股东会或者股东大会、董事会的会议召集程序、表决方式违反法律、行政法规或者公司

---

〔30〕 马小新:《未召开股东会形成的决议效力如何》,载《人民法院报》2010 年 8 月 5 日,第 7 版。刘素霞:《伪造签名的股东会决议应不受撤销时效限制》,载《检察日报》2012 年 9 月 14 日,第 3 版。有学者认为,应当为公司决议不成立之诉规定一定的时效期间。参见吴飞飞:《〈公司法〉修订背景下公司决议规则重点立法问题探讨》,载《经贸法律评论》2021 年第 5 期。

章程,或者决议内容违反公司章程的,股东可以自决议作出之日起六十日内,请求人民法院撤销";"股东依照前款规定提起诉讼的,人民法院可以应公司的请求,要求股东提供相应担保"。从规范目的角度分析,"公司法中之所以规定了公司股东会的召集程序,其目的是确保有参会资格的股东能有充分的时间考虑和准备出席股东会议,以保障股东能够充分行使表决权"。[31] 而表决方式的规范目的则在于贯彻股权平等原则。[32] 从解释论上看,公司决议行为可撤销制度还存在如下细节需要进一步解释明确:

第一,"股东会或者股东大会、董事会的会议召集程序、表决方式违反法律、行政法规或者公司章程"导致公司决议可撤销。这一规定是否意味着公司决议行为过程中任何程序瑕疵都当然导致公司决议行为可撤销?答案是否定的。如《公司法》第 48 条第 2 款规定:"董事会应当对所议事项的决定作成会议记录,出席会议的董事应当在会议记录上签名。"在"李某军诉上海佳动力环保科技有限公司公司决议撤销纠纷案"中,法院指出,尽管李某军作为董事会成员没有在董事会决议中签名,但根据佳动力公司章程规定,董事会决议由三位股东董事中的两位表决通过,因此,董事会决议表决方式并未违反章程规定,因此李某军诉请撤销董事会决议的请求不能得到支持。[33] 可见,对公司决议行为召集程序和表决方式上的瑕疵应该作严格解释,并非公司决议过程中的所有程序瑕疵都会导致决议行为的可撤销。

而对公司决议行为召集程序、表决方式方面的程序瑕疵,《公司法》第 22 条第 2 款采取"严格规定"[34] 的规范配置,未区分相关程序瑕疵的严重程度[35]

---

〔31〕 周晓莉:《瑕疵股东会决议并非当然无效》,载《人民法院报》2014 年 8 月 7 日,第 6 版。

〔32〕 参见我国《公司法》第 41、42、43 条的规定。

〔33〕 最高人民法院指导案例 10 号:李某军诉上海佳动力环保科技有限公司公司决议撤销纠纷案,上海市第二中级人民法院(2010)沪二中民四(商)终字第 436 号民事判决书,最高人民法院审判委员会讨论通过,2012 年 9 月 18 日发布,载《人民法院报》2012 年 9 月 26 日,第 3 版。

〔34〕 严格规定是指将一个一般而清楚之法律效力联结于一个一般而清楚之构成要件上的法律规定。衡平规定是指就所定的法律效力之发生与否及其范围,赋予法院或其他主管机关以裁量余地的法律规定。参见黄茂荣:《法学方法与现代民法》,法律出版社 2007 年版,第 152 ~ 155 页。

〔35〕 如我国台湾地区"公司法"第 189 条、第 189 条之一,《韩国商法典》第 379 条,《日本商法典》第 251 条,《日本公司法典》第 831 条第 2 款等。据此,公司决议撤销之诉的裁量驳回制度包括三个构成要件:决议程序瑕疵、瑕疵不严重、瑕疵不影响实体决议。我国《公司法》对可撤销公司决议裁量驳回认定标准不明晰,造成了审判实践中出现类似无法可依的局面。

而配置“衡平规定”，不利于公司决议的相对稳定，也不利于维持公司法律关系的稳定和防止股东滥用诉权，〔36〕由此会导致利益衡量显失公平，也有悖于维护交易安全和商事维持原则，因而应该在程序正义、实体决议稳定和防止诉权滥用之间进行平衡。正如有学者所言，如果恪守严格的程序主义从而使公司决议的所有程序瑕疵皆致其被撤销，将使得公司会议功亏一篑，无形中增加公司负担和社会成本。〔37〕法院适用《公司法》第22条第2款时是否享有自由裁量权？司法实践中裁判态度不一，导致出现大量同案不同判的现象。笔者建议对程序瑕疵的程度作目的性限缩解释，决议程序瑕疵导致可撤销的前提是有可能损害实体公正，从而达到《公司法》第22条第2款否定以违法程序假借多数决的公正意思而成立决议之效力的立法目的，即决议行为程序瑕疵情节“显著轻微”者（微不足道的、可以容忍的程序缺陷）不宜被撤销。如无表决权人参加表决，而除去该表决之后不影响多数决的达成；召开股东会议的通知晚于法定提前15天通知（如晚1天或者几个小时）〔38〕而作出；股东会议召集未通知到某小股东，而除去该表决之后不影响多数决的达成；〔39〕股东会议的召集通知以公司名义而非以董事会名义发出；出席会议的表决权人未在会议记录上签名；〔40〕“如果未发送召集通知而该股东却出席股东大会，并且对没有发送通知未提出异议就参加表决，那么应该可以允许裁量驳回”〔41〕等。“规定程序瑕疵

〔36〕 丁勇：《德国公司决议瑕疵诉讼滥用问题研究及启示》，载《比较法研究》2013年第4期。

〔37〕 王文宇：《进出公司法：几点跨领域的观察》，载王文杰主编：《公司法发展之走向》，清华大学出版社2004年版。

〔38〕 刘晓燕等：《股东会有瑕疵，决议未必撤销》，载《人民法院报》2008年3月26日，第8版。马某等与华汽投资控股集团有限公司公司决议撤销再审审查与审判监督纠纷，北京市高级人民法院（2019）京民申1402号民事裁定书。如果在董事会召开前一日，通过微信群向全体董事发出通知，未给参会董事留出合理且必要的准备时间，致使当时身在外地的董事无法到场参加会议，该次会议通知客观上排除了身在外地的公司董事参加公司董事会并行使相应权利，应视为此次董事会的召集程序存在重大瑕疵，会导致董事会决议可撤销。参见郭某新诉中洺发公司公司决议撤销案——公司决议撤销的适用情形，北京市第一中级人民法院（2019）京01民终5422号民事判决书。

〔39〕 丁绍宽：《股东会瑕疵决议的效力研究》，载《法学》2009年第6期。相反意见认为：“即使只是针对部分股东，未发送召集通知也侵害了股东权的行使并违反了股东平等原则，因此是重大的瑕疵。”参见［日］山本为三郎：《日本公司法精解》，朱大明等译，法律出版社2015年版，第146页。

〔40〕 李建伟：《公司决议效力瑕疵类型及其救济体系再构建——以股东大会决议可撤销为中心》，载王保树主编：《商事法论集》（2008年第2卷，总第15卷），法律出版社2009年版。

〔41〕 ［日］山本为三郎：《日本公司法精解》，朱大明等译，法律出版社2015年版，第146页。

一概产生决议无效或可撤销的法律后果未必是最恰当的选择……应当根据程序上的瑕疵是否对公司实体决议产生实质上影响来确定决议的效力，如果对实体决议并不产生实质性影响则不宜使该决议无效或被撤销。”〔42〕《公司法司法解释四》第 4 条规定：“股东请求撤销股东会或者股东大会、董事会决议，符合民法典第八十五条、公司法第二十二条第二款规定的，人民法院应当予以支持，但会议召集程序或者表决方式仅有轻微瑕疵，且对决议未产生实质影响的，人民法院不予支持。”有法院在审理案件时据此认为，原告在被告鸿桥公司的持股比例为 30%，第三人齐某博、杨某娟共计持股比例为 70%，第三人齐某博、杨某娟均出席了股东会，且均支持该临时股东会的决议，即使原告出席股东会，也不会对该决议产生实质影响，即使按照该公司章程第 15 条的规定再召开一次股东会，仍是相同的结果。因此，法院判决驳回原告的诉讼请求。〔43〕也有法院在审理案件时认为，三原告出席了股东会并发表了意见，股东会决议通过时出席人数及代表的表决权也符合法律和公司章程规定，且该案所涉两项决议内容已在后续的股东会决议中得到了纠正或变更。该次股东会的召开虽在通知程序上存在瑕疵，但已满足了上诉人的知情权和表决权需求，且对已经变更或纠正的股东会决议无须司法撤销。〔44〕 会议召集主体违反公司法、公司章程规定的，一般不应认定为轻微瑕疵，不应适用公司决议撤销之诉中的裁量驳回规则。〔45〕

第二，股东对公司决议行使撤销诉权的对象包括“股东会或者股东大会、董事会”的决议（包括定期会议决议和临时会议决议），不包括监事会决议。监事会作为对公司经营活动和财务状况的监督机关，“谁来监督监督者”的问题再次被提出。

“契约行为的可撤销事由包括表意人的欺诈、胁迫、重大误解与显失公平等，对决议均不适用，但决议独有自身的可撤销事由，即决议内容的违法（狭

---

〔42〕 赵旭东主编：《公司法学》（第 2 版），高等教育出版社 2006 年版，第 382 页。

〔43〕 吴某社与陕西鸿桥纺织有限公司、齐某海、齐某博、杨某娟公司决议效力确认纠纷二审民事判决书，陕西省宝鸡市中级人民法院（2018）陕 03 民终 656 号民事判决书。

〔44〕 袁某友等与贵州诚博煤业有限公司公司决议撤销纠纷上诉案，贵州省高级人民法院（2017）黔民终 539 号民事判决书。

〔45〕 江惠、冯妍：《股东会召集主体违反法律或公司章程规定的，不应认定为“轻微瑕疵”——H 文化有限公司与于某、黄某公司决议撤销纠纷上诉案》，载北京市第三中级人民法院官网，https://bj3zy.chinacourt.gov.cn/article/detail/2022/01/id/6505092.shtml。

义)、违反章程以及程序违反章程。”[46] 法院在公司决议撤销之诉中对相关审查事项主要集中于公司决议程序是否合法,对内容的审查也转化为内容是否合乎章程,因为司法介入公司决议时要避免对公司决议进行合理性审查,以免使法院意思“带入”公司决议以妨害公司自治。[47] 对公司决议行为的成立及公司决议召集程序、表决方式、决议内容等的合法性应当由公司承担证明责任。[48]

此外,公司决议瑕疵中召集程序瑕疵、表决方式瑕疵和决议内容瑕疵中的哪些具体事项瑕疵达到如前所述的何种程度会导致决议不成立,哪些具体事项瑕疵达到何种程度会导致决议可撤销,尚须做进一步的理论探讨和立法完善。有学者指出,如下情形的决议程序瑕疵属于可撤销的事由:(1)未经董事会决议董事长擅自召集、主持股东会作出的决议,从保护善意第三人对召集权外观之信赖的角度,宜将之归于可撤销;董事长之外的他人召集、主持则不产生信赖外观,相关决议不成立。(2)董事长依据有瑕疵的董事会决议召集股东会作出的决议。(3)召集通知的方式、时间、对象(如对象有遗漏)或内容(未说明拟议事项)等存在瑕疵。(4)无表决权人参与表决、主持人无主持权、表决权计数错误或者个别表决权人行使表决权的意思表示瑕疵(公司决议行为当场未达到法定多数决时,决议行为不成立;当场达到多数决,事后某表决权人主张撤销而直接影响多数决的实现时,决议行为本身属于可撤销,以维护交易安全和外观信赖)。[49] 《公司法司法解释四征求意见稿》第 7 条对此作了规定,是值得肯定的。结合上文相关论述,笔者建议对该条第 1 款做如下表述:“公司法第二十二条第二款所称的‘召集程序’包括会议召集人,召集通知发送

---

〔46〕 李建伟:《公司法学》(第 4 版),中国人民大学出版社 2018 年版,第 91 页。

〔47〕 最高人民法院案例指导工作办公室:《指导案例 10 号〈李建军诉上海佳动力环保科技有限公司公司决议撤销纠纷案〉的理解与参照》,载《人民司法》2013 年第 3 期。笔者认为,召集程序中还必须将拟通过股东会或者董事会议决的事项做明确告知,以便于表决权人有足够的时间进行合理的准备。如《德国民法典》第 32 条第 1 款第 2 句就规定:“为使决议有效,必须在召集社员大会时述明议题。”召集通知中应该具体告知审议事项,不能使用过于模糊概括的词语,如以“资产处置”代替“公司合并”。另参见叶林:《股东会会议决议形成制度》,载《法学杂志》2011 年第 11 期。

〔48〕 弘云中心与辛某昌、辛某云之间股东会决议撤销纠纷案,北京市朝阳区人民法院(2009)朝民初字第 25764 号民事判决书。

〔49〕 李建伟:《公司决议效力瑕疵类型及其救济体系再构建——以股东大会决议可撤销为中心》,载王保树主编:《商事法论集》(2008 年第 2 卷,总第 15 卷),法律出版社 2009 年版。

时间、方式、对象、拟议事项等;所称的‘表决方式’包括参与表决主体、参与表决人数、表决权行使、会议记录及签署、多数决机制等。”

有律师对司法实践中公司决议撤销纠纷进行类型化梳理,总结公司决议存在或具有以下主要情形之一时,将会被相关法院判决撤销:[50] (1)股东大会存在对事先会议通知中未列明事项(该事项亦无法被已列明事项所涵盖)进行决议,且具有无股东资格或无表决权之人在无合法授权委托情形下直接参与会议表决的;[51] (2)公司章程载明公司通知可以采用直接、邮寄以及其他合法方式进行书面送达,同时指定以某报为刊登公司发出公告,而涉案公司未以直接或者邮寄送达方式将临时股东大会召开事宜提前通知涉案股东,却直接在某报刊登公告的;[52] (3)股东会在公司并未经依法解散、清算前提下,径直在公司设立时决议将其作为评估资产与股东出资之房产所有权归属于某股东之外其他股东的;[53] (4)股东签订合作协议共同约定由一方股东相关人员担任涉案公司总经理并由该人员一同担任法定代表人,涉案公司章程亦载明公司总经理由董事会选举产生,且当章程与合作协议发生抵触时以后者为准等内容,而涉案董事会决议存在免去该相关人员总经理职务而另聘他人情形的;[54] (5)公司章程载明股东会会议应由股东依出资比例行使表决权,同时涉案股东并不存在涉案公司为其担保、未(完全)履行出资义务或抽逃出资情形,涉案股东会却直接表决解除其表决权、拒绝将其持股计入有效表决票的。[55] 《公司法司法解释四》第 4 条未对公司决议可撤销事由进行具体化。

2016 年 6 月 18 日,万科企业股份有限公司发布公告称,公司于 2016 年 6 月 17 日召开第十七届董事会第十一次会议,审议发行股份购买资产的预案,

[50] 廖正:《全国法院如何认定“公司决议撤销纠纷”?》,载微信公众号“iCourt 法秀”2018 年 12 月 3 日,https://mp.weixin.qq.com/c/s2C－s8dibv//XFWguhovSg。

[51] 江苏弘盛建设工程集团有限公司与俞某、卞某益公司决议撤销纠纷案,江苏省扬州市中级人民法院(2018)苏 10 民终 1058 号民事判决书。

[52] 长春绿新股份有限公司与李某进公司决议撤销纠纷案,吉林省长春市中级人民法院在(2018)吉 01 民终 1849 号民事判决书。

[53] 上海日晟物业管理有限公司诉上海顺昌电器有限责任公司公司决议撤销纠纷案,上海市第一中级人民法院(2017)沪 01 民终 317 号。

[54] 艾荻环境技术(上海)有限公司诉上海境闲机械设备制造有限公司公司决议撤销纠纷案,上海市第一中级人民法院(2018)沪 01 民终 3109 号。

[55] 姚某清、信阳市华珍矿业有限责任公司公司决议撤销纠纷案,河南省信阳市中级人民法院(2018)豫 15 民终 2446 号。

出席董事会会议的董事共 11 人,独立董事张某平认为其与公司存在潜在的关联与利益冲突,申请不对所有相关议案行使表决权,因此相关议案由无关联关系的 10 名董事进行表决。此次董事会最终以 7 票同意、3 票反对、1 票回避表决通过重组预案。随后,万科大股东华润集团发表公开声明,质疑上述决议已获通过的合法性,甚至有万科小股东向法院诉请撤销该次董事会决议。分析该次董事会会议可知,其召集程序、表决方式均不存在瑕疵。该次董事会决议事项不属于特别决议事项。张某平与该次董事会决议事项所涉及的企业不存在关联关系,其提出的回避表决的理由并不成立。独立董事张某平没有参与表决,并未在同意、反对和弃权中选择其一,因此,应视为其弃权。即使本次董事会决议有效,该次发行股份购买资产预案的最终决定权仍归股东会,并最终要获得中国证券监督管理委员会的批准方能实施,并且股份有限公司的股东会普通决议也需要经出席会议股东所持表决权的过半数通过。[56]

第三,2010 年 7 月 15 日,中共中央办公厅、国务院办公厅印发《关于进一步推进国有企业贯彻落实“三重一大”决策制度的意见》,该意见指出:按照中央关于凡属重大决策、重要人事任免、重大项目安排和大额度资金运作(以下简称“三重一大”)事项必须由领导班子集体作出决定的要求,国有企业应当健全议事规则,明确“三重一大”事项的决策规则和程序。党委(党组)、董事会、未设董事会的经理班子应当以会议的形式,对职责权限内的“三重一大”事项作出集体决策。董事会、未设董事会的经理班子研究“三重一大”事项时,应事先与党委(党组)沟通,听取党委(党组)的意见。据此,党委(组)成为国有企业法定的治理主体之一,“三会一层”变“四会一层”,国有企业重大经营管理事项须符合“前置程序”,即必须经党委(党组)研究讨论后,再由董事会或者经理层作出决定。“三重一大”的相关强制性规定对国有企业决议行为会产生何种影响?实践中,很多国有企业把“三重一大”制度、前置程序写进国有企业的公司章程。国有企业股东会地位高于党委(组)和董事会,党委(组)的前置讨论是针对董事会与经理层的,而不是针对股东会。一般来说,在国有企业中,股东(会)是“上级机构”,党委、董事会和监事会的职权源于股东(会)的授权。由此,董事会决议没有事先经过党组织研究讨论,可能是内容或者程序违反公

〔56〕 胡晓静:《万科董事会决议有效回避表决理由不成立》,载微信公众号“法匠学堂”2016 年 7 月 1 日,https://mp.weixin.qq.com/s/yark5chQVFqGE2yYCLWdeQ。

司章程，但其决议仍然具有法律效力，只不过股东可以根据《公司法》第 22 条第 2 款请求法院撤销。[57]

二、公司决议行为撤销诉权的行使

第一，公司决议行为撤销诉权的行使主体是公司股东，[58]无论该股东是否享有表决权或者是否出席作出该决议的会议，毕竟公司决议内容对全体股东具有法律约束力，这区别于股东自身合法权益受侵害时的直接诉权，[59]也是对我国《民事诉讼法》第 122 条“原告是与本案有直接利害关系的公民、法人和其他组织”这一起诉条件的有益突破，有助于实现对全体股东“群体利益”的保护。也有学者对赋予全体股东均享有撤销诉权的“公益之诉”做法质疑，认为应当还原公司决议撤销之诉“个体权利保护”的诉讼宗旨，醇化其“受害人诉讼”的定位，防止“职业反对者”的恶意诉讼。[60] 公司机关的决议行为视为公司本身的行为，公司决议行为撤销诉权的被告为公司。

第二，撤销公司决议行为的司法权力应当慎用。公司决议行为效力瑕疵事由是法定化的，因而应当避免司法过度介入公司股东会或者股东大会、董事会的商业自治判断，保持司法在介入公司决议问题上的克制主义。最高人民法院通过指导案例表明类似态度。如最高人民法院指导性案例 10 号“李某军诉上海佳动力环保科技有限公司公司决议撤销纠纷案”就明确了法院对可撤销的公司决议进行司法审查的界限，“人民法院在审理公司决议撤销纠纷案件中应当审查：会议召集程序、表决方式是否违反法律、行政法规或者公司章程，以及决议内容是否违反公司章程。在未违反上述规定的前提下，解聘总经理

[57] 甘肃省高级人民法院民事判决书，(2020)甘民终 576 号，最高人民法院民事裁定书，(2021)最高法民申 3524 号；吴刚梁：《国企案例：股东会决议未经党委会研究讨论，是否有效？最高院表态》，载微信公众号“老吴说国企改革”2021 年 8 月 16 日，https://baijiahao.baidu.com/s?id=1708217054884833124&wfr=spider&for=pc。

[58] 具备公司决议撤销之诉原告资格的是公司股东，公司法意义上的股东是指显名股东，而非隐名股东，隐名股东在显名前，不是公司法意义上的股东，不具备《公司法》第 22 条、《公司法司法解释四》第 4 条规定的原告资格。参见郎某凯与北京英迈特矿山机械有限公司公司决议撤销纠纷案，北京市顺义区人民法院 2015 年顺民(商)初字第 19740 号民事裁定书。

[59] 原《物权法》第 63 条和第 78 条分别侧重对农民集体决定侵害集体成员合法权益、业主大会决定侵害业主合法权益时的实体权利救济，对农民集体决定、业主大会决定本身因为召集程序、表决方式等带来的效力瑕疵规定付之阙如，立法论上适宜借鉴公司决议瑕疵的立法经验对农民集体成员决定和业主大会决定的效力瑕疵做出补充规定。参见王雷：《论民法中的决议行为——从农民集体决议、业主管理规约到公司决议》，载《中外法学》2015 年第 1 期。

[60] 丁勇：《股东大会决议撤销之诉功能反思》，载《法学》2013 年第 7 期。

职务的决议所依据的事实是否属实，理由是否成立，是否属于司法审查范围”。[61]“佳动力公司董事会可以行使公司章程赋予的权力作出解聘公司经理的决定。至于解聘经理是出于什么原因、基于何种理由，以及解聘的理由是否真实存在、是否合理，均属公司自治的范畴，法院不应予以审查。”[62]

第三，公司决议行为撤销诉权受到除斥期间和诉讼担保制度的限制。最高人民法院《关于适用〈中华人民共和国公司法〉若干问题的规定（一）》第3条规定：“原告以公司法第二十二条第二款、第七十五条第二款规定事由，向人民法院提起诉讼时，超过公司法规定期限的，人民法院不予受理。”这一规定不同于债权请求权在诉讼时效期间不行使，期间届满后债务人的抗辩权发生制度。《公司法》关于公司决议行为撤销诉权所规定的60日的起算点是“自决议作出之日起”，60日是法定不变期间，区别于诉讼时效，不适用诉讼时效关于中止、中断、延长的规定，无须对股东知道或应当知道与否的主观状态进行考量，公司章程或者决议也不得对之任意缩短或者延长。北京市高级人民法院2008年4月21日《关于审理公司纠纷案件若干问题的指导意见》（京高法发〔2008〕127号，以下简称《审理公司纠纷指导意见》）第11条规定：“股东会、董事会决议存在撤销原因，而当事人请求确认无效时，人民法院应审查原告是否在决议作出之日起60日内提起诉讼，如已超过此期限，则判决驳回诉讼请求；如在此期限内，则告知原告变更诉讼请求，原告同意变更的，按撤销之诉审理；原告不同意变更的，判决驳回其诉讼请求。”因而《公司法司法解释四征求意见稿》对此也应该加以解释。

《公司法》第22条第3款规定：“股东依照前款规定提起诉讼的，人民法院可以应公司的请求，要求股东提供相应担保。”为了防止对股东撤销诉权构成不当限制，人民法院在判定是否要求股东提供相应担保时，应该由公司举证证

---

〔61〕《最高人民法院指导案例10号：李建军诉上海佳动力环保科技有限公司公司决议撤销纠纷案》，载《人民法院报》2012年9月26日，第3版。

〔62〕笔者认为，董事会与经理之间形成委托代理法律关系，董事会基于专业技能和管理能力等方面的信赖关系经由委托合同聘任经理，人身信赖关系具有主观任意性，委托人享有任意解除权。当然，董事会解聘经理是否需要理由，可由公司在章程中自主选择规定。如果章程中没有规定，法院不必审查解聘事由。如果公司章程对解聘公司经理的事由作明确规定时，法院裁判中即须对该构成要件事实是否存在进行审查，这属于对“决议内容违反公司章程”与否的实体控制。

明股东是否为恶意诉讼,[63]原告股东胜诉的,股东因诉讼支付的合理费用和遭受的相应损失由公司承担。从诉讼程序的角度看,股东在公司决议效力之诉中还可以通过行为保全制度阻止《公司法》第 22 条第 4 款所规定的变更登记的发生。《公司法司法解释四征求意见稿》第 10 条对公司决议诉讼中的行为保全制度作了详细规定。

第四,可撤销的公司决议行为效力可以被补正。一方面,撤销权人撤销诉权逾期不行使,会导致可撤销的公司决议因为超过行使期限而被补正。另一方面,司法实践中还存在通过禁反言规则来限制股东撤销诉权(这也就实质上限制了公司决议撤销诉权的行使主体)的做法,以间接实现对公司决议瑕疵的补正。最高人民法院 2003 年 11 月 4 日发布的《关于审理公司纠纷案件若干问题的规定(一)》(征求意见稿)[64]第 41 条规定:"股东参加了股东会议且对会议召集程序未表示异议,或者虽对会议召集程序表示异议但对决议事项投票赞成,或者虽投票反对但已以自己的行为实际履行了股东会议决议,其提起诉讼,请求撤销股东会议决议或者认定股东会议决议无效的,人民法院应当驳回其诉讼请求。"相比较而言,《公司法司法解释四征求意见稿》第 8 条只规定了股东事后同意决议这一种补正情形,并不周全。笔者建议,对可撤销公司决议的补正制度,适宜作如下规定:"股东参加了股东会议且对会议召集程序未表示异议,或者虽对会议召集程序表示异议但对决议事项投票赞成,或者虽投票反对但决议作出后明确表示同意决议内容或者以自己的行为表明接受决议内容,或者作出新的决议、实质认可股东诉讼请求的内容,其提起诉讼,请求撤销股东会或者股东大会、董事会决议的,人民法院应当驳回其诉讼请求。"此外,公司决议涉及公司外部交易关系时,对信赖公司决议有效并与之为交易关系的善意第三人信赖利益应予保护,此时,公司决议撤销判决对该善意第三人的交易行为就不具有溯及力。[65]

综上所述,一方面,从"诉讼法律人"的角度看,对于公司决议可撤销制度,《公司法》第 22 条第 2 款属于"严格规定",该款将所有程序瑕疵都作为可撤销

---

〔63〕 刘俊海:《新公司法的制度创新:立法争点和解释难点》,法律出版社 2006 年版,第 245 页。

〔64〕 最高人民法院 2003 年 11 月 4 日发布的《关于审理公司纠纷案件若干问题的规定(一)》(征求意见稿)。该司法解释因为随后公司法被修改而未获颁行。

〔65〕 钱玉林:《论可撤销的股东大会决议》,载《法学》2006 年第 11 期。

事由的规范配置模式会导致适用上的僵化,应该通过“衡平规定”赋予法官在判断程序瑕疵“显著轻微”时的裁量驳回权。该款未将严重程序瑕疵所致决议不成立从决议可撤销制度中区分出来,也是不合理的。此外,该条未规定可撤销决议行为的补正措施,对撤销诉权主体规定过严,均须解释完善。《公司法》第22条第3款应该科加公司对股东恶意诉讼的举证责任,以防其不正当限制股东撤销诉权。《公司法》第22条第4款对于公司决议被撤销的法律后果规定也不完善,没有规定暂停公司决议执行的行为保全、善意第三人保护等配套制度。另一方面,从“合同法律人”的角度看,[66]《公司法》对于有限责任公司决议程序相关规则规定得较为模糊,适合通过公司章程对公司会议通知方式、通知事项、简单多数决规则、签名盖章效力、决议送达等技术性事项做更明确的预防性安排,以有助于降低公司运营成本和表决权人维权成本。

第四节　内容瑕疵与公司决议行为无效制度的解释完善

一、对《公司法》第22条第1款的目的性限缩解释

《公司法》第22条第1款就公司决议行为的无效作了规定:“公司股东会或者股东大会、董事会的决议内容违反法律、行政法规的无效。”公司决议无效事由对应公司决议“不能容忍的缺陷”。总体上,我国现行法律对公司决议效力瑕疵类型及事由规定混乱不清晰,立法上也偏爱公司决议无效制度。司法实践中也存在对公司决议行为无效判决的滥用,司法解释中甚至存在扩大公司决议无效事由,继续混同公司决议不成立与无效、混同公司决议行为效力瑕疵与表决权人表决行为效力瑕疵的做法。

借鉴原《合同法》第52条第5项的规定,对《公司法》第22条第1款也应该进行目的性限缩解释,即公司决议内容只有违反法律、行政法规的效力性强

---

〔66〕 王泽鉴教授强调法律人解决争议的能力包括预防争议发生于先,处理已发生的争议于后。具体包括个案的争讼,契约、章程的签订、法令规章的制定等。参见王泽鉴:《民法思维:请求权基础理论体系》,北京大学出版社2009年版,第1页。笔者认为,据此,法律人解决争议的主要角色能力大致可以分为预防争议于先的“合同法律人”和解决争议于后的“诉讼法律人”。

制性规定才无效,认定公司决议是否无效应当以其内容是否违反法律、行政法规的效力性强制性规定为判断标准。司法实务中也持同样观点:“这里的法律、行政法规规定仅指效力性、强制性的规定,而对于违反法律及行政法规的一般性、规范性规定及有违反公司章程内容的决议,不应当然地被认定为无效。”〔67〕这就提出一个涉及妥当平衡司法干预和公司自治之间关系的关键问题:如何结合规范目的和规范对象运用利益动态衡量方法综合判断《公司法》等相关法律规范条文的规范性质是否属于效力性强制性规定?〔68〕

二、《公司法》中的效力性强制性规定举要

我国《公司法》中很多条文因直接关涉“维护社会经济秩序”的规范目的或者直接附加“无效”的法律后果而属于效力性强制性规定。如公司决议行为变更注册资本致其低于法律、行政法规对法定注册资本最低额的规定,有限责任公司决议规避《公司法》第 71 条第 2 款从而允许股东随意对外转让股权,〔69〕违反《公司法》第 146 条第 1 款之规定“选举、委派董事、监事或者聘任高级管理人员的”〔70〕等。《公司法司法解释四征求意见稿》第 6 条规定:“股东会或者股东大会、董事会决议存在下列情形之一的,应当认定无效:(一)股东滥用股东权利通过决议损害公司或者其他股东的利益;(二)决议过度分配利润、进行重大不当关联交易等导致公司债权人的利益受到损害;(三)决议内容违反法律、

---

〔67〕 周晓莉:《瑕疵股东会决议并非当然无效》,载《人民法院报》2014 年 8 月 7 日,第 6 版。

〔68〕 王保树教授对此提出了简便合理、易于操作的公司法规范类型识别标准和结果。参见王保树:《从法条的公司法到实践的公司法》,载《法学研究》2006 年第 6 期。更早之前,有学者曾批评 2005 年第三次修正前的《公司法》,指出“我国公司法的显著特征是大量的强制性规范的存在,这使得我国公司法基本上堕落成为一部纯粹的企业管制法”。“公司法修正的首要课题就是要重新确立公司法的自由主义精神,并以此为基础构建其制度规则。”参见施天涛:《公司法的自由主义及其法律政策——兼论我国〈公司法〉的修改》,载《环球法律评论》2005 年第 1 期。有学者从公司的合同束理论出发对公司法规范予以分类,分别讨论其规范性质。参见罗培新:《公司法强制性与任意性边界之厘定:一个法理分析框架》,载《中国法学》2007 年第 4 期。有学者则对公司的合同束理论进行批判性反思,区分公司的不同类型及规范所调整对象的不同类型,分别探讨其规范性质。参见汤欣:《论公司法的性格——强行法抑或任意法?》,载《中国法学》2001 年第 1 期。

〔69〕 司法实务通说观点将《公司法》第 71 条第 2 款就有限责任公司股权对外转让的限制规定界定为效力性强制性规定。参见张某娟诉江苏万华工贸发展有限公司、万某、吴某亮、毛某伟股东权纠纷案,载《最高人民法院公报》2007 年第 9 期。

〔70〕《公司法》第 146 条第 2 款明确规定此时该选举、委派或者聘任无效,可见,《公司法》第 146 条第 1 款属于典型的效力性强制性规定。参见王保树:《从法条的公司法到实践的公司法》,载《法学研究》2006 年第 6 期。

行政法规强制性规定的其他情形。”笔者认为,《公司法司法解释四征求意见稿》第6条第1、2项所规定的事由在我国《公司法》第20、21、166条中已经分别有相应救济机制,不必再诉诸决议无效确认之诉,况且这些情形下侵害的也仅属于公司利害关系人的私人利益,而非公共利益,认定决议无效则失之过苛。《公司法司法解释四征求意见稿》第6条规定的决议无效事由过于宽泛,立法技术上也不尽合理,应该将公司决议无效的事由限缩为:“决议内容违反法律、行政法规效力性强制性规定。”《公司法》中更多的效力性强制性规定需要法律适用者结合规范目的和对象运用利益动态衡量方法综合识别判断,略举如下示例具体展开分析:

第一,《公司法》第34条规定:“股东按照实缴的出资比例分取红利;公司新增资本时,股东有权优先按照实缴的出资比例认缴出资。但是,全体股东约定不按照出资比例分取红利或者不按照出资比例优先认缴出资的除外。”〔71〕《公司法》第42条规定:“股东会会议由股东按照出资比例行使表决权;但是,公司章程另有规定的除外。”《公司法》第34条和第42条均属于任意性规定,但该任意性规定只能分别为“全体股东约定”及“公司章程另有规定”所排除,“全体股东约定”及“公司章程另有规定”属于采取全体股东一致同意的共同行为,〔72〕未经全体股东一致同意的股东会决议不能“越俎代庖”。从法律现实主义的视角看,法律强制可以表现为提供行为人可选择的范围,〔73〕《公司法》第34条后段和第42条后段均为适例。前述《审理公司纠纷指导意见》第12条的规范目的在于防止立法所规定的严格例外情形经由公司决议的多数决而落空,以保障股权平等原则〔74〕的真正实现。

第二,《公司法》第43条第1款规定:“股东会的议事方式和表决程序,除

〔71〕 公司决议行为侵害有限责任公司股东新增资本优先认缴权时,该决议行为相应无效。参见绵阳市红日实业有限公司、蒋某诉绵阳高新区科创实业有限公司股东会决议效力及公司增资纠纷案,载《最高人民法院公报》2011年第3期。

〔72〕 深圳市启迪信息技术有限公司与郑州国华投资有限公司、开封市豫信企业管理咨询有限公司、珠海科美教育投资有限公司股权确认纠纷案,最高人民法院(2011)民提字第6号民事判决书。

〔73〕 郭锐:《商事组织法中的强制性和任意性规范——以董事会制度为例》,载《环球法律评论》2016年第2期。

〔74〕 股权平等原则也有例外情形,参见叶林:《股东会会议决议形成制度》,载《法学杂志》2011年第10期。

本法有规定的外，由公司章程规定。”公司合同束理论（公司法“合同主义”学说）主张商事组织法是默示合同条款或应是默示合同条款，但公司法实际上是一个开放的标准合同，因为这样有助于提高公司决策效率，[75] 单纯根据此种理论判断，《公司法》第 43 条第 1 款规定就成为任意性规范，但实际上并非所有的“公司章程规定”都当然合法有效。在“郑某文资产、债务重组案”中，股东大会决议所定的“重组方案”要求每位股东放弃 50% 的股份或者向公司回售其股份，这就混淆了股东和公司的人格，侵害了股东的合法财产权益，也不具备股份回购的法律条件，属于无效决议行为。[76] 此外，郑某文事件中创造了“以默示同意方式将股权无偿转移给重组方”的重组表决模式，但最终临时股东大会的“关于股东采取默示同意和明示反对的意思表达的议案”的决议因为违反了意思表示方式的效力性强制性规定，妨害股东意思表示自由而无效。[77]

还需要特别注意的是，《公司法》第 71 条第 4 款规定：“公司章程对股权转让另有规定的，从其规定。”通常认为，只要公司章程的规定不违反法律规定，

---

[75] 郭锐：《商事组织法中的强制性和任意性规范——以董事会制度为例》，载《环球法律评论》2016 年第 2 期；罗培新：《公司法学研究的法律经济学含义——以公司表决权规则为中心》，载《法学研究》2006 年第 5 期；邓峰：《作为社团的法人：重构公司理论的一个框架》，载《中外法学》2004 年第 6 期；[美]理查德·A. 波斯纳：《法律的经济分析》（下），蒋兆康译，中国大百科全书出版社 1997 年版，第 519 页。公司合同束理论的代表性英文文献，参见 Henry Hansmann and ReinierKraakman, *The Essential Role of Organizational Law*, 110 Yale Law Journal 387 (2000)。对公司的合同束理论，也有学者从信托理论的角度提出商榷意见，认为公司法律关系当事人不能等同于自利性的合同当事人，法律应该鼓励公司法律关系当事人顾及公司及其他当事人的利益关系。Melvin A. Eisenberg, *Conception That the Corporation Is a Nexus of Contracts, and the Dual Nature of the Firm*, 24 J. Corp. L. 819 (1999). Eli Bukspan, *The Notion of Trust as a Comprehensive Theory of Contract and Corporate Law: A New Approach to the Conception That the Corporation Is a Nexus of Contract*, 2 Hastings Bus. L. J. 229 (2006).

[76] 党玉红、王琴：《郑百文重组：漫漫诉讼路》，载法律资讯网 2004 年 8 月 9 日，http://www.dyzxw.org/html/artide/200408/09/12014.shtml。

[77] 根据原《民法通则意见（试行）》第 66 条规定，单纯沉默只有在法律有规定或者当事人有约定的情况下，才可以视为承诺。如我国原《合同法》第 171 条、原《继承法》第 25 条等都属于在法律有规定的情况下“不作为的默示”“视为意思表示”的情形。即使如有学者所言，“郑百文资产、债务重组方案”所指的同意或者反对属于意思通知而非意思表示。笔者认为，意思通知作为准民事行为，也应准用民事行为的相关规则。除非经由公司章程事先明确规定沉默视为同意[类推适用原《民法通则意见（试行）》第 66 条“当事人双方有约定”]，否则也不能由临时股东大会决议改变法定通知规则。

就不构成对转让的实质禁止,而应当被视为有效规定,[78]这是对公司章程有效性的要求,也是对公司决议行为有效性的要求。禁止股东转让股权的公司股东会决议也属于无效。类似地,《公司法》第75条规定:"自然人股东死亡后,其合法继承人可以继承股东资格;但是,公司章程另有规定的除外。"基于有限责任公司的人合性特点,公司股东会决议可以禁止与股东人身权利相结合的权利(如股东资格)之继承,但禁止继承人继承股权中的财产性权利的公司决议无效,[79]因为其直接违反了合法财产继承的原则。

第三,公司决议作出"社团罚"时同样应该参照行政程序法定原则,遵循法定程序依照章程规定的法定标准,针对违章行为作出法定种类和幅度的处罚决议,[80]否则就可能因为违反公司决议正当程序原则而无效。在"南京安盛财务顾问有限公司诉祝某股东会决议罚款纠纷案"中,原告南京安盛财务顾问有限公司临时股东会对被告祝某作出罚款5万元的决议。该决议依据公司章程作出,在该公司章程中规定股东违反同业禁止约定时,由股东会强制取消其股东身份并有权对该股东进行罚款,但章程中未明确记载罚款的标准及幅度。"有限公司的公司章程在赋予股东会对股东处以罚款职权的同时,应明确规定罚款的标准和幅度,股东会在没有明确标准和幅度的情况下处罚股东,属法定依据不足,相应决议无效。"[81]当然,即使是依照正当程序作出的公司"社团罚"决议也并不尽然有效,"社团罚"决议的内容不能随意削减或剥夺股东的自益权,对社团罚决议应该设置类似于我国《民法典》第506条的法律权利保留条款,禁止以社团罚决议的形式侵害股东的自益权。社团罚决议仅在涉及社团内部管理的事项上遵循正当程序规则作出,且不能违反法律、行政法规的效力性强制性规定,社团罚的手段还须遵循比例原则,以有助于达到社团内部管理目的为必要限度。

---

〔78〕 叶林:《公司在股权转让中的法律地位》,载《当代法学》2013年第2期;王保树:《从法条的公司法到实践的公司法》,载《法学研究》2006年第6期。

〔79〕 王保树:《从法条的公司法到实践的公司法》,载《法学研究》2006年第6期。鉴于此时公司决议侵害特定股东的利益,理论上也可以将相关规范解读为授权第三人规范,相应法律后果为该公司决议相对特定第三人无效。参见王轶:《民法原理与民法学方法》,法律出版社2009年版,第240~245、282~287页。

〔80〕 宋某国与山东龙兴化工机械集团有限公司股权确认纠纷上诉案,载吴庆宝主编:《权威点评最高法院公司法指导案例》,中国法制出版社2010年版。

〔81〕 南京安盛财务顾问有限公司诉祝某股东会决议罚款纠纷案,载《最高人民法院公报》2012年第10期。

第四,当然,基于公司决议的团体性特点,并非所有违反公司法的效力性强制性规定的决议均无效,有可能只导致个体表决权行使的意思表示无效,而不影响整体决议行为效力。《公司法》第 112 条第 1 款规定:“董事会会议,应由董事本人出席;董事因故不能出席,可以书面委托其他董事代为出席,委托书中应载明授权范围。”对该条文法律适用解释如下:(1)规定股份有限公司董事只能委托其他董事参与董事会的,主要原因在于保护该股份有限公司的商业秘密,该规定属于强制性规定。股份有限公司作为资合公司,尤其是上市公司之类的公众公司,其商业秘密是否泄露不仅影响该公司本身的利益,还会影响到众多中小股民的利益,进而会影响整个社会的公共利益。(2)违反股份公司董事会委托规则的决议效力如何?该款规定只存在程序上的瑕疵,违反该规定并不会导致董事会决议的无效,至多只会导致董事会决议可撤销。当然,即便不计入委托他人参加的董事票数,该董事会决议也能正常通过的,应当认定此时委托非董事参与董事会决议仅构成轻微瑕疵,董事会决议不因此具有效力瑕疵。(3)对于有限责任公司董事会会议并未规定类似《公司法》第 112 条第 1 款的委托规则,在章程没有特殊规定的情况下,有限责任公司董事会应当无此限制,董事可以自由委托相关人员参与董事会。有限责任公司作为封闭公司,其利益受损对于整个社会的公共利益影响不大。即便商业秘密泄露,也不存在公司及股东之外的其他人受损的可能性,没有必要限定董事代理人的资格。有限责任公司董事会决议作为一种特定的意思表示,该决议所适用的一般规则即意思表示的一般规则。而意思表示的代理,非法律特殊规定,原则上没有特定形式和代理人身份要求。因此,有限责任公司董事缺席,委托他人议事的,代理人无须具备特定的身份。当然,对于有限责任公司而言,尽管《公司法》没有规定,但是如果公司为了确保商业秘密不外泄,也完全可以在章程中约定,董事只能委托其他董事参与董事会。而董事会决议违反章程规定的,该决议同样可以被撤销。[82]

综上可见,公司自治也非完全不受约束的自治,而是存在与股权平等、股权保护、公司决议正当程序等公司法基本法律价值密切关联的效力性强制性

---

〔82〕 丁佳佳、董冬冬:《董事会决议中公司董事会会议的委托规则委托非董事投票的效力研究》,载微信公众号“董董的墨迹”2018 年 4 月 28 日,https://mp. weixin. qq. com/s/acbL7bi - kN9bn5kzk49ATg。

规定,违反法律、行政法规中效力性强制性规定的公司决议无效。法律适用者需要结合规范目的(实定法中的利益评价)和规范对象(相互冲突的利益类型及其内容),考虑交易安全并运用利益动态衡量方法综合识别判断《公司法》中更多的效力性强制性规定。

第五节 公司决议行为与公司合同行为的区分

一、《公司法》中的合同行为、共同行为规则举要

《公司法》第28条规定:"股东应当按期足额缴纳公司章程中规定的各自所认缴的出资额。股东以货币出资的,应当将货币出资足额存入有限责任公司在银行开设的账户;以非货币财产出资的,应当依法办理其财产权的转移手续。股东不按照前款规定缴纳出资的,除应当向公司足额缴纳外,还应当向已按期足额缴纳出资的股东承担违约责任。"有限责任公司的出资义务被规定在作为共同行为的公司章程之中。股份有限公司章程也须记载发起人出资事项,而此又来源于之前作为共同行为的发起人协议。《公司法》第79条规定:"股份有限公司发起人承担公司筹办事务。发起人应当签订发起人协议,明确各自在公司设立过程中的权利和义务。"《公司法》第83条第2款规定:"发起人不依照前款规定缴纳出资的,应当按照发起人协议承担违约责任。"可见,无论是有限公司还是股份公司,设立阶段股东或发起人的出资义务对应的基础法律事实都是共同行为。

有学者认为"出资者与公司之间属于契约关系","股东违反出资义务的,对公司、其他股东承担的责任在性质上主要是违约责任"。〔83〕这种违约责任包括继续履行出资义务,以完成对公司的资本充实责任,也包括对其他股东或发起人的违约损害赔偿责任,而且股东出资义务不受诉讼时效期间的限制。这都体现了合同法思维在公司设立阶段的统领力。当然,如果股东抽逃已经转移到公司名下的财产,则会构成侵权。如果某股东违反投资协议约定的出资义务,其他股东能否基于根本违约主张解除合同?《公司法》将注册资本实缴制修订为认缴制后,对认缴期限没有明确规定,由股东根据公司章程约定。

---

〔83〕 李建伟:《公司法学》(第4版),中国人民大学出版社2018年版,第177、180页。

如股东内部协议与备案章程发生冲突，在各股东之间对出资义务产生争议时，应以股东内部协议为准。[84]

《公司法》第 71 条第 4 款规定："公司章程对股权转让另有规定的，从其规定。"有限公司章程为共同行为，多数决方式修改的章程为决议行为，章程对股权转让另有规定的，会影响对外股权转让协议的法律效力。当然，如果公司初始章程排除其他股东的优先购买权，也应予尊重。但如果通过修改章程的多数决决议排除其他股东的优先购买权，则该决议无效。

那么，当股份公司发起人协议和章程对股东转让股权这一行为有不同规定时，应当以何者为准？发起人协议是各发起人（股东）共同签署的法律文件，代表了协议各方的意思表示；但其效力仅限于股东内部，不能及于协议以外的善意第三人。即便发起人协议限制股东对外转让股权，但支付相应价款的善意第三人仍有权相信股权转让协议的效力进而成为公司股东。而章程虽也是由各发起人（股东）共同签署的法律文件，但代表的却是公司这一法人机构的意思表示。章程对股权转让的限制不但及于股东，而且及于善意第三人。当章程有限制股东转让股权的规定时，任何第三人均不得购买该股权，即便其购买也不会产生相应法律效力。从这个意义上讲，章程对股东转让股权的限制性规定，其效力优于发起人协议的相关约定。发起人协议不具有外部公开性，其虽然属于共同行为，但更多须类推适用合同行为的相关法律规则，特别是要适用合同相对性原理。而无论是经发起设立的作为共同行为的股份公司章程，还是募集设立的作为决议行为的股份公司章程，其均具有外部公示性，这就给了其限制外部交易相对人的可能。

依据全体股东内部出资约定，股东有权抗辩章程规定的出资责任。合资公司诉求股东承担缴足出资责任的出资纠纷，属于公司与其股东之间的内部纠纷，应以当事人之间基于真实意思表示订立的协议书作为判断案件事实和当事人权利义务的主要依据，并据此修改公司章程。此外，合资公司章程尚未修改这一事实，并不足以否定全体股东协议书的合法性以及该协议书对于合资公司的约束力。[85]

---

〔84〕 王冬青：《认缴资本制下股东出资义务应以实际约定为准》，载《人民法院报》2016 年 2 月 18 日，第 6 版。

〔85〕 最高人民法院民事判决书，(2018) 最高法民终 209 号。

有些公司章程存在“股留人走”条款或者公司和股东之间存在股权强制转让合同。为留住和激励公司核心人才，公司常拿出一定比例股权给其核心人才，但会在章程中约定，如获得股权奖励的职工离开公司，公司将按照一定的对价回购股权。对此，究竟是该从公司团体法的角度，还是从合同自由角度评价看待这种现象？这种对股权转让的限制性做法是否违反股权转让自由这一公司法的基本价值？公司章程是否将与公司具有劳动合同关系作为取得股东身份的依据继而作出“人走股留”的规定，符合有限责任公司封闭性和人合性的特点，亦系公司自治原则的体现。国有企业改制为有限责任公司，其初始章程对股权转让进行限制，明确约定公司回购条款，只要不违反《公司法》等法律强制性规定，就可认定为有效。《公司法》第 74 条所规定的异议股东回购请求权对应的是公司的回购义务。公司也不会因为“人走股留”条款成为抽逃出资的主体，抽逃出资专指公司股东抽逃其对于公司出资的行为，公司不能构成抽逃出资的主体。基于有限责任公司封闭性和人合性的特点，由公司章程对公司股东转让股权作出的某些限制性规定，系公司自治的体现。有限责任公司按照初始章程约定，支付合理对价回购股东股权，且通过转让给其他股东等方式进行合理处置的，人民法院应予支持。[86] 前述分析结论对封闭式公司成立，但对开放式公司则不见得适用。“非公开公司的股份公司的持股会按照出售时价格在职工退职时强制回购股份的，该回购特约有效。按此文理推断可知，如果是公开公司的话该特约就应当是无效的。”[87]

股东会就股东承担担保责任作出的决议有可能代行担保合同的功能。股东会担保决议是公司内部的程序性行为，是就公司是否对外担保等涉及公司利益事项进行表决形成的内部文件，并非股东单方出具的担保书，不具有对外承担保证责任的意思表示。至于股东个人是否同意承担连带责任等个人事项，股东会不能决议，也无法决议。但公司股东自愿为公司的债务承担保证责任，并不为公司法所禁止。公司借款合同协议展期后，作为借款人公司的股东，在公司的股东会上就公司借款不履行时，作出愿为该借款承担连带还款责任的意思表示，并在一审答辩中表示对债权人起诉各股东承担连带还款责任

〔86〕 宋某军诉西安市大华餐饮有限公司股东资格确认纠纷案，最高人民法院指导案例 96 号（2016 年）。

〔87〕 ［日］山本为三郎：《日本公司法精解》，朱大明等译，法律出版社 2015 年版，第 108 页。

的请求无异议。在二审期间,双方均认可股东会决议载明的“连带还款责任”的真实意思表示为连带保证责任,故股东作出承担连带保证责任的意思表示真实有效。最高人民法院《关于适用〈中华人民共和国担保法〉若干问题的解释》(已失效)第22条第1款规定,“第三人单方以书面形式向债权人出具担保书,债权人接受且未提出异议的,保证合同成立”;《民法典》第685条第2款规定:“第三人单方以书面形式向债权人作出保证,债权人接收且未提出异议的,保证合同成立。”上述条款规定对第三人单方作出订立保证合同的要约,债权人可以采用默示的形式作出承诺。由于案涉两份股东会决议由各自股东对公司借款和公司对外提供担保的重大事项共同作出的意思表示而形成,各股东对公司债务承担连带责任的意思表示记载于股东会决议中,并在该决议上签名盖章,该决议送达债权人构成股东承担保证责任的要约。债权人在取得股东会决议后未提出异议,根据上述司法解释条款的规定,双方保证合同成立。[88]

二、公司内部决议行为不当然影响外部合同行为的效力

就公司内部决议瑕疵与外部合同行为效力的关系而言,决议行为导向社团内部的意思形成(interne Willensbildungen),合同行为则对应社团外部的意思形成。民法决议行为只调整社团内部法律关系,不涉及社团与第三人之间的外部法律关系。社团与第三人之间的外部法律关系须由社团机关以社团名义通过合同行为的方式引发变动。[89] 其原因在于,社团外部合同行为遵循商事交易便捷原则,如果每项合同的缔结都须经由社团机关事先决议或者事后批准,则会极大地妨碍决策效率,增加公司的成本。可见,应该区分公司内部决议行为和在此基础上随后作出的公司对外合同行为。然而,一旦公司决议被认定为无效,依照该决议所进行的投资、担保以及其他交易行为的效力判断就不可避免地摆在我们面前。

基于合同的相对性原理和交易安全原则,社团法人先前的决议行为不影响随后合同行为的法律效力。“在民商事法律关系中,公司作为行为主体实施法律行为的过程可以划分为两个层次,一是公司内部的意思形成阶段,通常表

---

〔88〕 榆林市金域集团建筑工程有限公司、榆林市金域集团房地产有限公司金融借款合同纠纷案,最高人民法院(2018)最高法民申2481号民事裁定书。

〔89〕 Vgl. Karl Larenz, Manfred Wolf, Allgemeiner Teil des Bürgerlichen Rechts, C. H. Beck München 2004, S. 408.

现为股东会或董事会决议;二是公司对外作出意思表示的阶段,通常表现为公司对外签订的合同。出于保护善意第三人和维护交易安全的考虑,在公司内部意思形成过程存在瑕疵的情况下,只要对外的表示行为不存在无效的情形,公司就应受其表示行为的制约。"[90] 有学者也明确指出:"《公司法》第 22 条的效力规定仅是针对该条所指向的行为。由于决议无效和撤销引发的交易并不当然无效,具体效力如何应视交易的具体事实再确定。"[91] 原则上,对于纯粹的公司内部纠纷,应尊重公司章程、决议的效力,章程违法、决议无效的除外;若是涉及公司与善意第三人的外部争议,则应基于商事外观主义,以适用表见代表制度、公司登记为认定原则,对第三人的信赖利益给予保护。

简单而言,公司内部意思瑕疵不影响其外部意思表示的效力。但法律规定必须经公司决议的对外合同交易行为,[92] 就构成公司外部合同行为的法律风险点,未经公司决议而达成时,合同交易行为本身的效力会受到影响,此时交易善意第三人不存在值得保护的"信赖",公司决议实际上也就发挥了对外约束力。[93]

三、股东一致行动协议等合同行为对股东会决议效力的影响

在"江西华电公司股东会决议撤销案"中,2009 年 12 月 29 日,华电公司及其第一大股东胡某为甲方,张某庆为乙方,双方签订"股份认购协议"与"期权授予协议",约定:华电公司向张某庆定向增发股权,在华电公司股份上市交易前,张某庆承诺其所持华电公司股份的投票与胡某保持一致。上述约定的事项,后形成华电公司董事会决议。2015 年 8 月 20 日,华电公司股东大会增资扩股等事项进行了投票表决,胡某投赞成票,张某庆投反对票。但华电公司将张某庆所投反对票(张某庆持有华电公司 21.3889% 的股份)统计为同意票,最终该项议案获占股权表决权 78.1595% 的同意票,并形成了股东会决议。张某庆、周某康认为华电公司将两人所投反对票统计为同意票形成股东会决议,实

---

〔90〕 绵阳市红日实业有限公司、蒋某诉绵阳高新区科创实业有限公司股东会决议效力及公司增资纠纷案,载《最高人民法院公报》2011 年第 3 期。

〔91〕 王保树:《从法条的公司法到实践的公司法》,载《法学研究》2006 年第 6 期。

〔92〕 学界就"公司决议行为对担保合同效力影响"的相关讨论,参见高圣平:《公司担保相关法律问题研究》,载《中国法学》2013 年第 2 期;王雷:《论表见代表——以我国〈合同法〉第 50 条为视角》,载杨遂全主编:《民商法争鸣》(第 7 辑),法律出版社 2014 年版。

〔93〕 [韩]李哲松:《韩国公司法》,吴日焕译,中国政法大学出版社 2000 年版,第 348 ~ 349 页。

际上仅获得股权表决权 56.7706% 的同意票，违反公司法对股东大会该类议案须经所持表决权 2/3 以上股东通过的强制性规定，向渝水区人民法院起诉，请求撤销该股东会决议。该案历经一审、二审和再审，最终江西省高级人民法院判决驳回其诉讼请求。[94] 江西省高级人民法院认为，“股份认购协议”和“期权授予协议”两份协议，是当事人的真实意思表示，不违反法律法规的禁止性规定，不违背公序良俗，且经董事会决议通过，未损害华电公司及其他股东合法权益，内容合法有效，且当事人已经实际履行了协议，张某庆应当受协议条款约束。股东在股东会表决时违反一致行动协议约定的，股东会可直接根据一致行动协议的安排计票。

股东一致行动是指投资者通过协议或其他安排，与其他投资者共同扩大其所能够支配一个公司的表决权数量的法律事实。股东表决协议是一种股东间接行使表决权的协议。在“宝万股权之争”中，2015 年 8 月下旬，万科 A 股票下跌，前海人寿随即频繁举牌，一度登上万科 A 第一大股东的宝座，随后原第一大股东华润出手，再次夺回万科 A 最大股东。2015 年 12 月，宝能系企业——深圳钜盛华买入万科 4.969% 的股票，与其一致行动人前海人寿合计持有万科 20.008% 的股票，继而超越华润成为万科第一大股东。随后万科创始人王某称宝能系为“野蛮人”，称其信用不够，不欢迎他成为万科第一大股东。此后，深圳地铁、恒大集团加入这场股权争夺战中。“宝万股权之争”继“国美控制权之争”之后，再次成为公司治理典型事件。有学者认为：股东一致行动协议是否有效主要是合同法问题，而协议能否履行、能否直接影响公司治理，那就是公司法问题。此类协议无法强制履行。一旦外部投资人不履行协议，公司和内部股东只能追究其违约责任。[95] 笔者认为，股东一致行动协议不同于委托投票，不存在任意解除权问题，股东一致行动协议属于股东之间的合同行为，是表决权的联合，起到限制股东表决权的作用，股东应当遵循诚实信用

---

〔94〕 张某庆、周某康与江西华电电力有限责任公司公司决议撤销纠纷案，江西省新余市中级人民法院民事判决书(2016)赣05民终12号；张某庆、周某康与江西华电电力有限责任公司公司决议撤销纠纷案，江西省高级人民法院(2017)赣民申367号民事裁定书。

〔95〕 周游：《协议缘何“杀死”决议——以“江西华电公司决议撤销案”切入》，中央财经大学法学院2018年12月5日“学院难路”论坛第53讲；周游：《公司法语境下决议与协议之界分》，载《政法论坛》2019年第5期；陆苹：《民法典背景下团体性股东协议制度研究》，载《湖南社会科学》2021年第2期。

原则行使表决权,不得作出与一致行动协议相矛盾的表决行为,股东违反一致行动协议的表决权行使行为无效,这就使公司内部合同行为会影响到公司股东会决议效力。股东一致行动协议成为公司治理的重要手段,有利于保持公司股权结构稳定。当上市公司股东形成一致行动关系进而确认实际控制人或共同实际控制人时,一致行动协议的参与股东、内部表决规则、约定期限等具体内容都必须公示。因此,上市公司股东一致行动作出的合同关系将成为一项被监管机构认可、被社会公众信赖的承诺。一致行动协议虽缔结于一致行动人之间,但却能产生一定的外部性。

此外,在"艾荻环境技术(上海)有限公司诉上海境闲机械设备制造有限公司公司决议撤销纠纷案"中,股东签订合作协议共同约定由一方股东相关人员担任涉案公司总经理并由该人员一同担任法定代表人,公司章程亦载明公司总经理由董事会选举产生且当章程与合作协议发生抵触时以后者为准等内容,"共同投资合作协议书"和公司章程均系上海艾荻瑞公司全部股东的一致书面决定,具有决定公司内部自治事务的最高效力。而涉案董事会决议存在免去该相关人员总经理职务而另聘他人情形的,相关董事会决议内容因违反公司章程而可撤销。[96] 全体股东一致签署的股东协议不纯粹体现为合同法的问题,还具有公司组织法的特征;在公司内部,股东协议起到对章程进一步解释和补充的作用。未经明确意思表示一致的章程格式条款,不得对抗全体股东一致意思表示。[97]

第六节 《公司法司法解释四》与公司治理的完善

一、《公司法司法解释四》细化了公司决议行为法律制度

2016 年 12 月 5 日,《公司法司法解释四》通过,并自 2017 年 9 月 1 日起施

---

〔96〕 艾荻环境技术(上海)有限公司诉上海境闲机械设备制造有限公司公司决议撤销纠纷案,上海市第一中级人民法院(2018)沪 01 民终 3109 号。

〔97〕 蒙瑞:《马某等诉北京怡合春天科技有限公司等公司决议效力确认案》,载微信公众号"北京金融法院"2022 年 1 月 2 日,https://mp. weixin. qq. com/s/ORZoOpWyLHdcuQzSC4gS2A。

行。笔者就《公司法司法解释四》与公司治理的完善，分析如下：[98]

《公司法司法解释四》第1条明确，人民法院应当受理请求确认股东会或者股东大会、董事会决议不成立的诉讼，弥补了《公司法》第22条对决议效力瑕疵的分类仅包括决议无效和决议可撤销两种不足，首次确立了决议不成立之诉。该条还明确股东、董事、监事可以提起决议无效或不成立之诉，最终限缩明确了决议无效或不成立之诉的提起主体范围，即"公司股东、董事、监事等请求确认股东会或者股东大会、董事会决议无效或者不成立的，人民法院应当依法予以受理"。这一规定未坚持之前《公司法司法解释四征求意见稿》所规定的职工、债权人等也有权提起诉讼。

《公司法司法解释四》第4条规定决议撤销之诉的例外情形，在会议召集程序或者表决方式仅有轻微瑕疵，且对决议未产生实质影响的情况下，人民法院对股东撤销决议的请求不予支持。[99]

《公司法司法解释四》第5条规定决议不成立的情形："股东会或者股东大会、董事会决议存在下列情形之一，当事人主张决议不成立的，人民法院应当予以支持：（一）公司未召开会议的，但依据公司法第三十七条第二款或者公司章程规定可以不召开股东会或者股东大会而直接作出决定，并由全体股东在决定文件上签名、盖章的除外；（二）会议未对决议事项进行表决的；（三）出席会议的人数或者股东所持表决权不符合公司法或者公司章程规定的；（四）会议的表决结果未达到公司法或者公司章程规定的通过比例的；（五）导致决议不成立的其他情形。"该条第3项力图扩大公司决议民主的参与度。"民主广度的实质是社会成员中参与决策的比例。"[100]

二、合同债权人对公司决议行为瑕疵的审查注意义务

《公司法司法解释四》第6条规定了对善意相对人的保护："股东会或者股东大会、董事会决议被人民法院判决确认无效或者撤销的，公司依据该决议与善意相对人形成的民事法律关系不受影响。"该条规定确立了内外有别、保护

---

〔98〕 乔茜：《〈公司法司法解释四〉对银行业务的影响解读》，载微信公众号"金融法丛"，2017年8月31日，https://mp.weixin.qq.com/s/k29k5b26WmLAhb_sGBy72g。

〔99〕 鑫腾华公司诉中超控股公司决议撤销案，江苏省无锡市中级人民法院（2018）苏02民初577号民事判决书。

〔100〕 [美]卡尔·科恩：《民主概论》，聂崇信、朱秀贤译，台北，台湾商务印书馆1995年版，第10～11页。

善意相对人合法利益的原则,也与《民法典》第61、85条的规定保持一致。但该规定未包括决议“不成立”的情形,同时,构成“善意相对人”须具备“合法、有偿的交易行为”“善意且无过失”等法定条件,相对人对公司决议的审查是否应尽注意义务,该注意义务应为何种程度,法律规定并不明确,实践中也有争议。〔101〕

例如,银行如果对借款人或担保人的公司决议疏于审查,银行提出的“善意且无过失”抗辩一般很难成立,实践中也不乏相关银行败诉的案例。如(2008)民二终字第124号“兴业银行广州分行与深圳市机场股份有限公司借款合同纠纷上诉案”,最高人民法院在终审判决中认定:“兴业银行广州分行在签订和履行本案2.25亿元贷款合同的过程当中,未尽审慎注意义务,对私刻的深圳机场公司公章、伪造的证明文件和董事会决议未进行必要的鉴别和核实,在贷款的审查、发放、贷后跟踪检查等环节具有明显疏漏……故兴业银行广州分行在本案中也存在一定过错,对本案的损失应承担相应的民事责任。”但在(2012)民提字第156号“招商银行股份有限公司大连东港支行与大连振邦氟涂料股份有限公司、大连振邦集团有限公司借款合同纠纷案”中,最高人民法院却认定:“招行东港支行在接受作为非上市公司的振邦股份公司为其股东提供担保过程中,已尽到合理的审查义务,主观上构成善意。”因此,关于银行注意义务的法律规定并不明确,且司法实践中还存在争议的情况下,不能因为《公司法司法解释四》第6条规定而放松既有内部制度中授信审查的要求,并应特别根据《公司法》第22条和《公司法司法解释四》第5条,加强审查公司决议是否存在无效、可撤销和不成立的情形。〔102〕

第七节 小　　结

公司决议行为瑕疵制度的主要规范目的是导正公司决议行为使之符合程

〔101〕 乔茜:《〈公司法司法解释四〉对银行业务的影响解读》,载微信公众号“金融法丛”2017年8月31日,https://mp.weixin.qq.com/s/k29k5b26WmLAhb_sGBy72g。

〔102〕 乔茜:《〈公司法司法解释四〉对银行业务的影响解读》,载微信公众号“金融法丛”2017年8月31日,https://mp.weixin.qq.com/s/k29k5b26WmLAhb_sGBy72g。

序正义观(正当程序)等公司法基本法律价值,这也是公司作为营利性社团法人在团体决策方面所应遵循的正当程序规则,这既是一项技术规则,又具有践行程序正义的独立价值。经由合法决议行为,公司的团体决策就可以避免沦为少数表决权人的恣意,有助于全体表决权人自由表达意志和有效率地形成合意。

笔者认为,应该对《公司法》第22条做目的性限缩解释以区分公司决议行为的不成立和可撤销,将公司决议行为的瑕疵区分为公司决议行为的不成立(严重程序瑕疵所致)、约定未生效、可撤销与无效。公司决议行为瑕疵的常见情形主要包括不成立、可撤销、无效三种类型,司法实务中还存在公司决议行为的约定未生效情形。除此之外,还应该区分公司决议行为与表决权人表决行为的效力瑕疵,区分公司内部决议行为和外部合同行为的效力瑕疵。《公司法司法解释四征求意见稿》应该用决议不成立制度统合决议不存在制度和未形成有效决议制度,对可撤销公司决议的补正事由应该更丰富,并且还应醇化公司决议无效的事由。

对于公司决议可撤销制度,《公司法》第22条第2款"严格规定"将所有程序瑕疵都作为可撤销事由的规范配置模式导致适用上的僵化,使利益衡量显失公平,应该对此做目的性限缩解释,通过"衡平规定"赋予法官在判断程序瑕疵"显著轻微"时的裁量驳回权。《公司法》第22条第3款应该科加公司对股东恶意诉讼的举证责任,以防其不正当限制股东撤销诉权。《公司法》第22条第4款对公司决议被撤销的法律后果规定也不完善,没有规定暂停公司决议执行的行为保全、善意第三人保护等配套制度。《公司法》第22条第1款规定的公司决议行为无效事由涵盖过宽,应该将之目的性限缩解释为"法律、行政法规的效力性强制性规定"。《公司法》中存在与股权平等、股权保护、公司决议正当程序等公司法基本法律价值密切关联的效力性强制性规定,法律适用者需要结合规范目的(实定法中的利益评价)和规范对象(相互冲突的利益类型及其内容)、考虑交易安全、运用利益动态衡量方法综合识别判断。

第八章

公司决议行为无效事由实证研究

决议行为是公司团体决策的重要手段,可以展现出团体决策中民主和妥协的智慧,通过公司决议可以汇聚群体偏好、搁置少数派意见,但决议行为这种集体决策机制相较于合同缔约方式而言经常会产生较高的成本,尤其是在面临异质利益时,集体决策过程本身会带来高昂的交易成本。[1] 公司决议效力瑕疵更有可能使这种决策成本成为沉没成本。"公司决议行为的法律效力"特别是公司决议无效制度是公司法领域长期以来的难点问题。《公司法司法解释四》第1~6条重点对公司股东会或者股东大会、董事会决议不成立、可撤销与无效三种效力瑕疵类型作出规定。但《公司法司法解释四》仅仅提及公司决议无效,对公司决议无效事由未作出规定。《公司法》第22条第1款就公司决议行为无效规定:"公司股东会或者股东大会、董事会的决议内容违反法律、行政法规的无效。"[2] 原《民法总则》第134条第2款及《民法典》第134条第2款规定了决议行为的成立要件,第153条统合规定民事法律行为的无效制度,第153条第1款规定:"违反法律、行政法规的强制性规定的民事法律行为无效。但是,该强制性规定不导致该民事法律行为无效的除外。"理论上有学者关注到原《民法总则》与《公司法》在公司决议可撤销事由上的适用关系,[3] 但过往研究对公司决议无效事由的法律适用问题关注相对较少。在法律适用上,公司决议无效事由即便回归原《民法总则》或者《民法典》总则编,以双方民事法律行为特别是合同行为为典型原型提炼出民事法律行为一般规则仍然无法提供具体的价值判断指引,无法彰显公司法的团体法(组织法)品格和维护公司整体利益的价值追求。甚至不同具体类型决议的无效事由也会有所差别,例如,最高人民法院《关于适用〈中华人民共和国企业破产法〉若干问题的规定(三)》(法释〔2020〕18号)第12条用债权人会议决议可撤销制度一统无效、可撤销与不成立。而关于公司决议无效事由的文献,在无效事由类型化问题上歧见丛生,且失之宏观抽象,既有的理论研究成果与司法实践脱节较为严

---

〔1〕［美］罗伯塔·罗曼诺编著:《公司法基础》(第2版),罗培新译,北京大学出版社2013年版,第17页。

〔2〕2021年12月24日《公司法(修订草案)》第72条规定:"公司股东会、董事会的决议内容违反法律、行政法规的无效。"

〔3〕钱玉林:《民法总则与公司法的适用关系论》,载《法学研究》2018年第3期。

重,体系化程度不高。[4] 近来,公司决议无效获得越来越多的理论关注,叶林教授主张:“应当尽力回归公司法解释路径……将违反公司本质、违反公司民主参与规则、违反强制性规定和违反公序良俗,作为股东会决议无效的一般法定事由。”[5]施天涛教授在《公司法论》(第4版)中指出:《公司法》没有规定无效决议的具体情形,“一般而言,可提起无效诉讼的原因主要表现为:违反法律、行政法规或者公共利益或者公共政策或者公序良俗。具体有如:公司决议违反股权平等原则,使同种股份享有不同的权利;或者违反股利分配原则,在没有填补损失的情况下分配公司利润;或者违法回购;或者公司决议违反环境保护法等其他法律的规定等”。[6] 蒋大兴教授认为:“对有限的共同决议,仅在其产生严重的外部性,例如,违反法律或行政法规的强制性规定;损害公共利益;违背善良风俗等现象发生时,方可令其无效。”[7]

公司决议无效事由是公司法中的重大价值判断问题,直接涉及公司经营管理过程中公司自治与国家管制的边界,关系到对《公司法》以及公司特别法中有关决议法律规范的性质认定(任意性规定抑或强制性规定),关系到公司契约论与公司宪治论等不同理论范式的解释力。为避免公司决议无效制度泛化,《公司法司法解释四征求意见稿》第6条曾规定公司决议无效的事由:“股东会或者股东大会、董事会决议存在下列情形之一的,应当认定无效:(一)股东滥用股东权利通过决议损害公司或者其他股东的利益;(二)决议过度分配利润、进行重大不当关联交易等导致公司债权人的利益受到损害;(三)决议内容违反法律、行政法规强制性规定的其他情形。”但正式公布的《公司法司法解释四》并未保留该规定。原《合同法》第52、53条曾对合同无效事由作了类型化的具体规定,而有关公司决议无效事由立法仍极为抽象概括。“目前,决议

[4] 柯芳枝:《公司法论》,中国政法大学出版社2004年版,第237页;王泰铨:《公司法新论》(第5版,王志诚修订),台北,三民书局股份有限公司2009年版,第459页;朱慈蕴:《公司法原论》,清华大学出版社2011年版,第278页;施天涛:《公司法论》(第2版),法律出版社2006年版,第374页;王雷:《公司决议行为瑕疵制度的解释与完善——兼评公司法司法解释四(征求意见稿)第4~9条规定》,载《清华法学》2016年第5期;赵心泽:《股东会决议瑕疵诉讼制度研究》,法律出版社2017年版,第70~86页;刘文科:《公司决议的法律性质与效力》,载《法治现代化研究》2018年第3期。

[5] 叶林:《股东会决议无效的公司法解释》,载《法学研究》2020年第3期。

[6] 施天涛:《公司法论》(第4版),法律出版社2018年版,第399页。

[7] 蒋大兴:《重思公司共同决议行为之功能》,载《清华法学》2019年第6期。

可撤销、不成立的事由类型化初步完成，唯决议无效事由的类型化亟待完善。”[8]

在解释论上，需要对公司决议无效制度的实施效果进行实证分析，类型化考察司法实践中法院在认定《公司法》第22条第1款公司决议无效事由时，冲突的利益关系为何、设定的协调目标为何、无效认定这种协调策略的调整效果如何，从而凝聚了哪些价值共识，[9]并横向对比、体系化分析《公司法》第22条第1款、原《民法总则》第153条第1款和《民法典》第153条第1款及原《合同法》第52条第5项，以期对《公司法》第22条第1款的法律适用提供更明确的裁判指引，加强裁判文书释法说理，促进“公司决议纠纷”理论与司法实践的良性互动，避免出现美国法官波斯纳所批评的曾经休戚相关、相互依赖的司法界与法学界变得渐行渐远、很难理解或者听懂对方，过于“各行其是”的现象。[10]

笔者对司法判决中公司决议无效事由做实证分析，[11]总结发现司法实践现状如下。笔者在“北大法宝”——司法案例数据库中以“公司决议纠纷”为案由，且裁判文书中出现《公司法》第22条第1款“公司股东会或者股东大会、董事会的决议内容违反法律、行政法规的无效”为两项并列检索条件，搜集到1份最高人民法院公报案例、14份经典案例、41份高级法院终审的案例（与“中国裁判文书网”上搜集到的高级人民法院案例基本一致），在“中国裁判文书网”上搜集到523份中级人民法院案例（笔者分析了其中2016年下半年和2017年法院作出的140份判决，以及2018年法院作出的111份判决）。结合“北大法宝”56件公司决议纠纷案例，“中国裁判文书网”2016～2017年的140件、2018年的111件各中级人民法院公司决议纠纷案例，在共307件案例中，

---

〔8〕 李建伟：《决议行为特殊效力规则的民法解释》，载《法学杂志》2021年第7期。

〔9〕 案例实证分析方法可以帮助我们发现司法实践中对无效事由这种价值争议问题形成了哪些共识。参见王轶：《当前民法典编纂争议问题的讨论方法》，载《北京航空航天大学学报（社会科学版）》2018年第1期。

〔10〕 [美]理查德·波斯纳：《各行其是：法学与司法》，苏力、邱遥堃译，中国政法大学出版社2017年版，苏力译序第2页。

〔11〕 有学者对《公司法》第182条公司解散之诉的事由做了典范式实证研究。参见李建伟：《司法解散公司事由的实证研究》，载《法学研究》2017年第4期；蒋大兴：《“好公司”为什么要判决解散——最高人民法院指导案例8号评析》，载《北大法律评论》编辑委员会编：《北大法律评论》（2014年第1辑），北京大学出版社2014年版。

有52件案例认定公司决议无效，而且公司决议无效案例数量呈明显的上升趋势。其中，因侵害股东股权无效的共26件，因侵害公司权益无效的共7件，对股东社团罚决议无效的共6件，违反董事会与股东会职权划分而无效的共4件。

表8-1 52件公司决议纠纷案例汇总〔12〕

单位：件

认定公司决议无效案例的事由	数量
强制股东退股、强制回购股份、强制股东借款给公司、从股东（兼任高级管理人员）红利中扣除赔偿款或者伪造股东签名对外转让股东股权	17
侵害股东增资优先认缴权	7
侵害股东优先购买权	2
对股东资格的解除等“社团罚”措施不符合法定条件	6
违反《公司法》第21条或者第166条侵害公司权益	7
董事会超越职权作出决议	4
违反《公司法》第37条第2款、第146条等效力性强制性规定	2
违反原《民法总则》第154条规定恶意损害他人合法权益	2
免除公司办理股权变更登记手续的法定义务	1
违反外商投资不能作为国内合资企业的股东，须经行政审批方能成为境内中外合作经营企业、中外合资经营企业或者外商投资企业股东的强制性规定	1
将公司决议不成立误作公司决议无效	3

2019年9月，笔者进一步对无讼案例“天同码”和“无讼阅读”裁判文书中出现《公司法》第22条第1款的案例共68件进行分析，发现公司决议被认定无效的有29件，其中因侵害股东自益权（包括优先购买权、增资优先认缴权、按比例分红请求权、按比例增资认缴权、股权转让决定权）等被认定无效的有26件，因侵害公司财产被认定无效的1件，因违法解除股东资格被认定无效的1件，因未经股东以书面形式一致表示同意、不召开股东会会议、直接作出决定被认定无效的1件。2020年6月，笔者再次进行类案检索，公司决议无效诉讼数量上升，但具体子案型占比情况总体与前两次统计数据相仿。2021年8月4

〔12〕 本表统计情况截至2019年1月23日。

日，笔者在“北大法宝”通过法条联想检索，检出关联《公司法》第22条的公报案例、典型案例、参阅案例、评析案例、经典案例和应用案例共28件，其中认定公司决议是否无效的案例有6件，最终认定公司决议无效的有5件，这5件案例对应的无效事由分别是侵害公司利益（1件，定向减资退款），侵害股东个体利益（4件，具体又包括剥夺股东出资期限利益、强行要求股东认缴增资、强求股东为公司债务承担还款义务、要求股东借款给公司）。自2016年《公司法司法解释四》第1～6条细化公司决议效力规则以来，司法实践中公司决议无效事由为案由的案件比较集中。

总体上，司法实践中的公司决议无效之诉更多侧重于经由公司治理实现对股东或公司实体权益的保护，在公司决议无效案件中，因为侵害股东自益权而无效的公司决议占据主导地位，所以对经由公司内部权力划分实现更好的公司治理关注较少。对此，需要对公司决议行为无效事由在现行法基础上做规范实证分析和类案实证分析，以寻找、对观立法和司法中的共识。

第一节　对《公司法》第22条第1款的目的性限缩解释

一、违反法律、行政法规中效力性强制性规定的合同决议无效

《公司法》第22条第1款就公司决议行为的无效作了规定，公司决议无效事由对应公司决议“不能容忍的缺陷”。《公司法》第22条第1款规定的公司决议行为无效事由涵盖过宽，应该将之目的性限缩解释为“法律、行政法规的效力性强制性规定”。《公司法》中存在与股权平等、股权保护、公司决议正当程序等公司法基本法律价值密切关联的效力性强制性规定，法律适用者需要结合规范目的（实定法中的利益评价）和规范对象（相互冲突的利益类型及其内容）、考虑交易安全、运用利益动态衡量方法综合识别判断。[13]

因此，笔者认为应借鉴原《合同法》第52条第5项、《民法典》第153条第1款的规定，对《公司法》第22条第1款也应该进行目的性限缩解释，即公司决

〔13〕 王雷：《公司决议行为瑕疵制度的解释与完善——兼评公司法司法解释四（征求意见稿）第4～9条规定》，载《清华法学》2016年第5期。

议内容只有违反法律、行政法规的效力性强制性规定才无效,至于决议产生所依赖的程序、方式、动机、目的等不应在认定其是否无效时作为审查的要素。原《民法总则》第153条及《民法典》第153条民事法律行为因违反法律、行政法规的"强制性规定"而无效,理论上也倾向于将其解释为效力性强制性规定。[14] 受合同无效事由的深刻影响,司法实务中对公司决议无效事由持同样观点:"这里的法律、行政法规规定仅指效力性、强制性的规定,而对于违反法律及行政法规的一般性、规范性规定及有违反公司章程内容的决议,不应当然地被认定为无效。"[15]这就提出一个涉及妥当平衡司法干预和公司自治之间关系的关键问题:如何结合规范目的和规范对象运用利益动态衡量方法综合判断《公司法》等相关法律规范条文的规范性质是否属于效力性强制性规定?[16]

二、《公司法》中效力性强制性规定的识别

我国《公司法》中很多条文因直接关涉"维护社会经济秩序"的规范目的或者直接明定"无效"的法律后果而属于效力性强制性规定。如公司决议行为变更注册资本致其低于法律、行政法规对法定注册资本最低额的规定(如违反《公司法》第26条第2款或者第80条第3款),违反《公司法》第146条第1款之规定"选举、委派董事、监事或者聘任高级管理人员的"等。《公司法》第146条第2款明确规定此时该选举、委派或者聘任无效,可见,该条第1款对董事、监事、高级管理人员法定消极任职资格的规定属于典型的效力性强制性规定。《公司法》中的有些任意性规范只允许"全体股东"另作约定或者章程另有规

---

〔14〕 张新宝:《〈中华人民共和国民法总则〉释义》,中国人民大学出版社2017年版,第320页。

〔15〕 周晓莉:《瑕疵股东会决议并非当然无效》,载《人民法院报》2014年8月7日,第6版。上诉人杨某与被上诉人四川省天思养生养老产业服务有限公司、罗某秀、林某鸽股东会决议效力确认纠纷案,四川省自贡市中级人法院(2017)川03民终890号民事判决书;李某奔与北京京西文化旅游股份有限公司公司决议效力确认纠纷案,北京市第三中级人民法院(2017)京03民终7216号民事判决书;林某国与合肥市长丰县吴山鸿运加油站公司决议效力确认纠纷案,安徽省合肥市中级人民法院(2015)合民二终字第01031号民事判决书。有学者认为裁判者通过个案裁判不断扩大公司决议无效事由的范围。参见吴飞飞:《公司决议无效事由的扩大解释与限缩澄清》,载《社会科学》2022年第1期。

〔16〕 有学者从公司的合同束理论出发对公司法规范予以分类,分别讨论其规范性质。参见罗培新:《公司法强制性与任意性边界之厘定:一个法理分析框架》,载《中国法学》2007年第4期。有学者则对公司的合同束理论进行批判性反思,区分公司的不同类型及规范所调整对象的不同类型,分别探讨其规范性质。参见汤欣:《论公司法的性格——强行法抑或任意法?》,载《中国法学》2001年第1期。

定，如该法第 34 条对股东利润分配标准的规定允许“全体股东”另作约定；第 71 条对股东股权转让的规定允许“公司章程”另作规定，如果公司股东会仅通过多数决作出不同于《公司法》第 34 条或者第 71 条的决议，则该决议同样无效。可见，即便将公司决议无效所违反之“法”限缩解释为“法律、行政法规的效力性强制性规定”，仍不周延。《公司法》之外也存在可能被公司决议违反的强制性规定，如外商投资不能作为国内合资企业的股东，须经行政审批方能成为境内中外合作经营企业、中外合资经营企业或者外商投资企业股东的强制性规定。[17] 又如，违反原《民法总则》第 154 条及《民法典》第 154 条规定，即违背他人意志明显单方附加他人承担法定代表人相关法律风险，选举该他人担任公司法定代表人的决议。[18] 而导致公司决议无效的更多效力性强制性规定及相应无效事由则须结合前述利益动态衡量方法做综合判断和类案实证分析。

第二节　侵害股东自益权的公司决议无效

1993 年《公司法》在第 111 条对股份有限公司瑕疵决议的司法救济作具有侵权法规范色彩的原则规定：“股东大会、董事会的决议违反法律、行政法规，侵犯股东合法权益的，股东有权向人民法院提起要求停止该违法行为和侵害行为的诉讼。”2005 年《公司法》修订时，第 22 条明确规定了股东(大)会、董事会决议无效及可撤销一般规则。《公司法》第 22 条在构成要件上不再强调决议对股东主观权利的侵害，而只以决议违反法律法规或章程以及原告具有股东身份等客观标准为条件。[19]

一、侵害股东自益权的公司决议的类型化

《公司法》第 34 条规定：“股东按照实缴的出资比例分取红利；公司新增资

---

〔17〕 余某涛与江苏木易阻燃科技股份有限公司公司决议效力确认纠纷案，江苏省徐州市中级人民法院(2018)苏 03 民终 5774 号民事判决书。

〔18〕 薛某强、成都兴时成投资有限责任公司公司决议效力确认纠纷案，四川省成都市中级人民法院(2018)川 01 民终 13212 号民事判决书。

〔19〕 丁勇：《公司决议瑕疵诉讼：历史、功能与规则改进》，上海人民出版社 2020 年版，引言第 2～3 页。

本时,股东有权优先按照实缴的出资比例认缴出资。但是,全体股东约定不按照出资比例分取红利或者不按照出资比例优先认缴出资的除外。"《公司法》第42条规定:"股东会会议由股东按照出资比例行使表决权;但是,公司章程另有规定的除外。"《公司法》第34条和第42条均属于任意性规定,但该任意性规定只能分别为"全体股东约定"及"公司章程另有规定"所排除,"全体股东约定"及"公司章程另有规定"会限制股东会决议,股东会决议不能"越俎代庖",否则有可能违反股东平等原则(同股同权、同股同利),对同类股东做不合理的差别对待。《公司法》第71条第3款规定的股东对外转让股权时其他股东的优先购买权同样适用前述分析结论。

《公司法》第34条第2句"全体股东约定"对公司股东会决议的限制规定显示出公司合同行为可能影响公司决议行为的效力,导致与之相悖的公司决议无效。有学者认为,股东间在先达成的利润分配协议与公司在后作出的利润分配决议不一致的,以公司决议为准。[20] 笔者认为,公司受章程和决议的约束,原则上不受股东间协议的约束,后者法律约束力所及当事人范围具有相对性。股东利润分配协议要想对公司产生约束力,就应该根据该协议及时修订公司章程。但全体股东之间利润分配协议或者优先认缴协议若符合《公司法》第34条第2句规定,此时,违反全体股东分红协议或者优先认缴协议的公司决议即属无效。

公司决议行为侵害有限责任公司股东利润分配请求权、股东新增资本优先认缴权或者股东优先购买权的,强制回购股东股权的,强制股东退股的,强制股东将自己的股权转让给其他股东的,[21] 股东会为股东设定对公司债务担保义务的,[22] 强制股东借款给公司的,违法禁止股权自由转让的,未经股东同意要求股东按照出资比例认缴新增资本的,[23] 这些情形都违背了《公司法》关

〔20〕 朱锦清:《公司法学》(上),清华大学出版社2017年版,第302~303页。

〔21〕 这不属于股东会决议事项范围,应该通过股权转让协议这一类合同行为解决。参见王真真:《股东协议的科斯法经济学分析——以上海米蓝贸易公司案为例》,载《财经法学》2019年第2期。

〔22〕 江西省全南县青松小额贷款股份有限公司与温某京公司决议纠纷案,江西省赣州市中级人民法院(2018)赣07民终935号民事判决书,参见常方平、张璐:《股东会设定股东义务的效力审查》,载《人民司法》2019年第11期。

〔23〕 陈某潮诉浙江鑫隆远洋渔业有限公司等公司决议效力确认纠纷案,浙江省绍兴市越城区人民法院(2015)绍越商初字第3030号民事判决书。

于保护中小股东利益的基本价值取向，相应的决议行为无效。[24] 如果公司决议侵害部分股东的自益权，也会违反股权平等原则。强制回购股东股权还可能违反公司资本维持原则。

还需要特别注意的是，《公司法》第 71 条第 4 款规定："公司章程对股权转让另有规定的，从其规定。"通常认为，只要公司章程的规定不违反法律规定，不构成对转让的实质禁止，就应当被视为是有效规定，[25] 这是对公司章程有效性的要求，也是对公司决议行为有效性的要求。禁止股东转让股权的公司股东会决议也属于无效。国有企业改制为有限责任公司，其初始章程对股权转让进行限制，明确约定公司回购条款，只要不违反公司法等法律强制性规定，可认定为有效。有限公司章程系公司设立时全体股东一致同意并对公司及全体股东产生约束力的规则性文件。基于有限责任公司封闭性和人合性的特点，由公司章程对公司股东转让股权作出某些限制性规定，系公司自治的体现。公司章程将是否与公司具有劳动合同关系作为取得股东身份的依据继而作出"人走股留"的规定，符合有限责任公司封闭性和人合性的特点，亦系公司自治原则的体现，不违反公司法的禁止性规定。有限责任公司按照初始章程约定，支付合理对价回购股东股权，且通过转让给其他股东等方式合理处置股权的，人民法院应予支持。[26] 制定有限公司章程为共同行为，多数决方式修改的章程为决议行为，章程对股权转让另有规定的，会影响对外股权转让协议的法律效力。当然，如果公司初始章程排除其他股东的优先购买权，应予尊重。但如果通过修改章程的多数决决议排除其他股东的优先购买权，则该决议无效。类似地，《公司法》第 75 条规定："自然人股东死亡后，其合法继承人可以继承股东资格；但是，公司章程另有规定的除外。"基于有限责任公司的人合性特点，公司股东会决议可以禁止与股东人身权利相结合的权利（如股东资格）

---

〔24〕 公司决议行为侵害有限责任公司股东新增资本优先认缴权时，该决议行为相应无效。参见绵阳市红日实业有限公司、蒋某诉绵阳高新区科创实业有限公司股东会决议效力及公司增资纠纷案，载《最高人民法院公报》2011 年第 3 期。晏某、深圳市信诺资产管理有限公司公司决议效力确认纠纷案，广东省深圳市中级人民法院（2018）粤 03 民终 15488 号民事判决书。济源市太行旅游开发有限公司、济源市五龙口镇山口村民委员会公司决议效力确认纠纷案，河南省济源中级人民法院（2018）豫 96 民终 813 号民事判决书。

〔25〕 叶林：《公司在股权转让中的法律地位》，载《当代法学》2013 年第 2 期。

〔26〕 宋某军诉西安市大华餐饮有限公司股东资格确认纠纷案，最高人民法院指导案例 96 号（2018 年）。

之继承,但禁止继承人继承股权中的财产性权利的公司决议无效,〔27〕因为其直接违反了合法财产继承的原则。

股东有限责任是《公司法》第3条第2款规定的公司法的基本原则(价值取向)。公司股东会决议违反该规定,要求股东借款给公司以弥补亏损,侵害了股东的财产权利,违反了股东的有限责任原则,也混淆了合同行为和决议行为的边界,相关决议无效。〔28〕 决议通过多数决代行合同作出决策,凌驾于股东意思表示之上,混淆了决议行为与合同行为。股东在认缴出资之外是否同意向公司借款,应当由出借人和借款人通过意思表示一致的合同行为确定。〔29〕

司法实践中最为常见的侵害股东自益权情形是,在股东会或者股东大会决议作出过程中伪造个别股东签名对外转让其股权、放弃优先购买权或者增资优先认缴权等。有学者认为,针对股东个人权利的伪造签名决议,决议中"虚假"的个人权利处分内容不成立;〔30〕对此,法院裁判方法有三种:一是法院大多会以构成无权处分、被伪造签名的股东未予以追认为由认定相应决议无效;〔31〕二是少数法院会以无权代理为由认定相关公司决议无效;〔32〕三是还有个别法院以被伪造签名导致股东意思表示不真实为由,根据原《民法通则》第55条认定相

---

〔27〕 王保树:《从法条的公司法到实践的公司法》,载《法学研究》2006年第6期。鉴于此时公司决议侵害特定股东的利益,理论上也可以将相关规范解读为授权第三人规范,相应法律后果为该公司决议相对特定第三人无效。参见王轶:《民法原理与民法学方法》,法律出版社2009年版,第240~245、282~287页。

〔28〕 吴某婷诉上海歆珏文化传播有限公司公司决议撤销纠纷案,上海市青浦区人民法院(2016)沪0118民初4406号民事判决书。

〔29〕 王雷:《论我国民法典中决议行为与合同行为的区分》,载《法商研究》2018年第5期。

〔30〕 王延川:《伪造股东签名的股东会决议效力分析》,载《当代法学》2019年第3期。

〔31〕 解某、吕航公司决议效力确认纠纷二审民事判决书,山东省威海市中级人民法院(2016)鲁10民终2420号;太原鑫金港科技有限公司、刘某与胡某仙、王某等公司决议效力确认纠纷案,山西省太原市中级人民法院(2017)晋01民终4032号民事判决书;晏某芝与胡某安、湖北宏业房地产开发有限公司公司决议效力确认纠纷案,湖北省孝感市中级人民法院(2017)鄂09民终860号民事判决书;王某华与新疆中亚华能电气有限责任公司、张某周等公司决议效力确认纠纷案,新疆维吾尔自治区高级人民法院伊犁哈萨克自治州分院(2016)新2801民初4805号民事判决书;李某毅诉北京慈铭生物医药技术有限公司公司决议效力确认纠纷案,北京市第二中级人民法院(2012)二中民终字17626号民事判决书;北京鼎诚会计师事务所有限责任公司与马某股东会决议纠纷再审案,北京市第一中级人民法院(2010)一中民申字第17779号民事判决书;章某波诉浙江建昊建筑工程有限公司公司决议纠纷案,浙江省温州市中级人民法院(2016)浙03民终4223号民事判决书。

〔32〕 侯某亮等诉刘某文公司决议效力确认纠纷案,新疆维吾尔自治区高级人民法院(2016)新民申1083号民事判决书。

应公司决议无效。[33] 笔者认为,伪造股东签名处分股权的行为不构成以自己名义处分他人财产的无权处分,也不构成以他人名义处理他人事务的无权代理,更不会因为被伪造签名使股东意思表示不真实当然导致公司整体决议意思表示不真实。此种冒名处分他人股权的行为,在事后股东未做追认的情况下,将相关决议认定为无效,实际是对原《合同法》第 51 条无权处分合同效力规则的类推适用,也是原《民法总则》第 154 条民事法律行为无效情形在公司决议领域中的特殊体现。此时,公司决议的无效并非自始无效,而是在效力待定的情况下因未被追认而无效,该无效决议侵害的也仅仅是特定股东的私人利益,而非公司整体利益或者公共利益。这种效力待定合同决议的存在也可以对如下观点构成有力反驳:有学者完全否定公司决议可能存在效力待定的瑕疵类型,“并无效力待定的决议之说……契约行为的效力待定事由,包括不具备相应的行为能力、无权代理、无权处分(有争议)等,对决议均不适用”。[34]

二、区分公司决议侵害股东自益权还是共益权

需要注意的是,并非损害其他股东权益的公司决议当然无效,应当将此限缩为股东自益权。[35] 侵害股东自益权的公司决议也仅是该决议事项无效(部分无效),不影响其他决议事项的效力。《公司法司法解释四征求意见稿》第 6 条规定:“股东会或者股东大会、董事会决议存在下列情形之一的,应当认定无效:(一)股东滥用股东权利通过决议损害公司或者其他股东的利益……”笔者认为,如果被伪造签名股东的自益权未受侵害,则相应公司决议要么可能不成

---

〔33〕 蔡某与四川省江源新村贸易有限公司等决议效力确认纠纷申请案,四川省高级人民法院(2014)川民提字第 304 号;重庆医药巴南医药有限责任公司工会委员会诉重庆医药巴南医药有限责任公司等公司决议效力确认纠纷再审案,重庆市高级人民法院(2017)渝民再 11 号民事判决书。

〔34〕 李建伟:《公司法学》,中国人民大学出版社 2018 年第 4 版,第 91 页。

〔35〕 对侵害股东权益的公司决议不作细分,不将之限缩为股东自益权,笼统一概认定此类决议无效,这属于被学者所批评的司法实践中认定公司决议无效的“侵权责任法”的解释路径。参见叶林:《股东会决议无效的公司法解释》,载《法学研究》2020 年第 3 期。

立,要么可能效力不受影响,但不会导致无效。[36] 因此,不能因为股东利益被侵害,当然认定相应公司决议无效,而应该区分被侵害的是股东自益权还是共益权。如伪造个别股东签名,若除去该伪造的签名仍不影响召集程序的完成和公司决议多数决的实现,则不会导致公司决议效力瑕疵,这是团体法(组织法)语境下,个体表决权人意思自由所受到的限制。团体法更侧重团体多数决意思的形成,强调多数决对应的表决权人的利益合作共生,而不会因为个别表决权人意思表示瑕疵当然影响团体决议的安定性。[37] 当然,如果公司决议整体都是由个别股东虚构炮制的,这就属于伪造公司决议,而不是仅伪造个别股东签名,则公司决议有可能不成立。[38] 此外,如果违反董事会与股东会职权划分,董事会形成决议限制股东及其一致行动人的提案权、表决权,[39] 侵害股东共益权,则可能会因为董事会越权导致决议无效。

---

〔36〕 司法实践中至今仍然存在将公司决议不成立误作公司决议无效的做法,此种做法甚至被《人民法院案例选》作为典型案例加以介绍。参见《章某波诉浙江建昊建筑工程有限公司公司决议纠纷案——伪造股东签名作出的股东会决议无效、章程不成立》,载最高人民法院中国应用法学研究所编:《人民法院案例选》(2018 年第 3 辑),人民法院出版社 2018 年版。浙江建昊建筑工程有限公司、章某波公司决议纠纷案,浙江省温州市中级人民法院(2016)浙 03 民终 4223 号民事判决书。类似情形,另参见《陈某和诉江阴联通实业有限公司决议效力确认纠纷案——大股东滥用资本多数决进行差别减资的司法救济》,载最高人民法院中国应用法学研究所编:《人民法院案例选》(2018 年第 1 辑),人民法院出版社 2018 年版。相关理论分析,参见叶林:《股东会决议无效的公司法解释》,载《法学研究》2020 年第 3 期。

〔37〕 被伪造签名的股东,不视为作出过意思表示,但若该股东是否在公司决议上签名,不影响该股东会决议的法律效力,同时也不影响其他股东多数决的意思表示和表决结果,则不会导致该次股东会决议归于无效或者不成立。参见朱某诉上海远融照明科技有限公司公司决议效力确认纠纷案,上海市第一中级人民法院(2016)沪 01 民终 12149 号民事判决书。“应该与股东大会决议瑕疵本身相区别的是个别表决行为的瑕疵。个别表决行为的无效只有在其对达到所要求的多数是必要的时候,才对股东大会决议产生影响。”[德]格茨·怀克、[德]克里斯蒂娜·温德比西勒:《德国公司法》(第 2 版),殷盛译,法律出版社 2010 年版,第 549 页。

〔38〕 张某娟诉江苏万华工贸发展有限公司、万某、吴某亮、毛某伟股东权纠纷案,载《最高人民法院公报》2007 年第 9 期。

〔39〕 2019 年 6 月 20 日,康得新复合材料集团股份有限公司董事会即作出类似决议。参见《康得新复合材料集团股份有限公司第四届董事会第六次会议决议公告》,载东方财富网 2019 年 6 月 21 日,https://finance.eastmoney.com/a2/201906211157979947.html。

第三节　侵害公司权益的公司决议无效

一、公司决议指向公司共同利益事项

侵害股东自益权的公司决议因未经该股东追认而归于无效,[40]侵害公司整体利益的公司决议不存在是否被追认的问题,而是直接无效。公司独立财产是公司法的制度基石,也是公司独立人格和独立责任的前提,应该认可公司整体利益相对比于股东个体利益的独立性。根据《公司法》第 1 条规定,公司法既调整公司的内部组织行为,又调整公司的外部交易行为,且以调整公司内部组织行为为主,以调整公司外部交易行为为辅。公司的内部组织行为(内部治理)主要对应公司决议,公司的外部交易行为主要对应公司合同。不宜混淆公司决议行为与公司合同行为,公司契约论的理论范式倾向于将许多人之间的复杂关系简化为单个的法律主体之间的双方协议,是一种一对一的竞技,这是一种方法论上的个人主义,公司不过是多个双方协议的结合,是一个"契约束"。公司契约论遮蔽了公司整体利益和公司决议行为的生存空间,公司外部合同思维过于渗透到公司内部治理之中。现代公司治理过程中,决议和合同、内部治理有效与外部交易安全确实存在一定的交叉融合、关联互动的现象。公司合同行为包括公司与外部第三人之间的合同,也包括公司股东彼此之间的协议。公司决议指向公司共同利益事项,股东间协议指向股东个体利益事项,总体来看,现代公司治理的趋势是由协议治理迈向决议治理。[41] 公司决议应该以维护、平衡公司整体利益与股东个体利益为目标。侵害公司整体利益,是导致公司决议无效的另一类重要事由。

二、侵害公司权益的公司决议的类型化

司法实践中,侵害公司权益的决议行为不同于《公司法》第 149、151 条规定的董事、监事、高级管理人员执行公司职务时对公司的侵权行为,也就无法

---

〔40〕 有学者认为:"侵犯股东权不应成为公司决议无效事由,交由当事人自主决定是否撤销该类决议更符合法律行为无效制度的底层逻辑。"参见吴飞飞:《公司决议无效事由的扩大解释与限缩澄清》,载《社会科学》2022 年第 1 期。

〔41〕 吴飞飞:《论公司治理中协议与决议的区分》,载《财经法学》2019 年第 2 期。

经由股东代表诉讼制度进行救济，此时，股东提起相关公司决议无效之诉就成为迫不得已的选择。例如，公司决议违反《公司法》第 20 条或者第 21 条规定，给关联交易方支付高额费用的方式掏空公司；[42] 或者在未经全体股东同意的情况下，通过股东会多数决决定将公司资产分给部分股东；[43] 或者股东会作出对部分股东定向减资返还投资款的决议；[44] 或者股东会决议违反规定，处置企业转制前遗留的应付工资、福利费用及支付不合理经济补偿款，造成国有资产损失；[45] 或者决议以公司应收款项作为股东对外支付股权转让款的资金；[46] 或者股东会超出法律和公司章程规定职权范围作出决议免除股东对公司所负担的债务。[47]

侵害公司权益的行为可能表现为决议行为、合同行为、侵权行为等多种情形，并非仅表现为《公司法》第 149 条规定的董事、监事、高级管理人员执行公司职务时对公司的侵权行为，还可能表现为《公司法》第 20 条规定的公司股东滥用股东权利侵害公司权益的行为，或者《公司法》第 21 条规定的公司的控股股东、实际控制人、董事、监事、高级管理人员利用其关联关系损害公司利益的行为。因此也就无法一律简单适用公司法人人格否认制度或者《公司法》第 151 条股东代表诉讼制度进行救济。反言之，鉴于侵害公司权益行为类型的复杂多样性，股东会或者股东大会、董事会通过决议损害公司利益的，该决议无

---

〔42〕 河北太行机械工业有限公司等诉 EXPERTCOST 有限公司等决议纠纷案，河北省高级人民法院(2015)冀民三终字第 2 号民事判决书。

〔43〕 北京恒通冠辉投资有限公司上诉杜某春等公司决议效力确认纠纷案，北京市第一中级人民法院(2016)京 01 民终 6676 号民事判决书。股东会的职权包括审议批准公司的利润分配方案和弥补亏损方案，法律并未规定股东会可以决议分配公司财产。在公司存续期间，公司股东根据《公司法》第 4 条依法享有的资产收益权，主要是对公司利润的分配权。股东会决议通过股权转让款分配方案分配的并不是公司的利润，而是公司财产收入，违反了《公司法》的规定，且有可能损害公司及公司债权人的合法权益。相应地，股东也就不对股权转让款中的转让人或者受让人享有合法债权，不能行使债权保全的代位权。参见黄某高、何某贤债权人代位权纠纷再审案，最高人民法院(2020)最高法民申 1229 号民事裁定书。

〔44〕 华某伟与上海圣甲虫电子商务有限公司公司决议纠纷上诉案，上海市第一中级人民法院(2018)沪 01 民终 11780 号民事判决书。

〔45〕 广州市交通委员会与广州市一汽巴士有限公司、广州市宏佳伟业发展有限公司公司决议效力确认纠纷案，广东省广州市中级人民法院(2017)粤 01 民终 3093 号民事判决书。

〔46〕 邓某旭与上海众翊建筑工程有限公司、王某峰等公司决议效力确认纠纷案，上海市第二中级人民法院(2016)沪 02 民终 10333 号民事判决书。

〔47〕 王某洲与朱虹公司决议效力确认纠纷案，北京市第二中级人民法院(2011)二中民终字第 17061 号民事判决书。

效;《公司法司法解释四征求意见稿》第 6 条第 1 项仅规定股东滥用股东权利通过决议损害公司利益的,该决议无效,该规定未及于董事会决议损害公司利益的情形,并不周延。

此外,《公司法司法解释四征求意见稿》第 6 条第 2 项规定股东会或者股东大会、董事会决议"过度分配利润、进行重大不当关联交易等导致公司债权人的利益受到损害的",决议无效。笔者认为,此时公司债权人有两种救济手段,一方面,对此要具体看该利润分配决议是否符合《公司法》第 166 条规定的税后利润分配程序这一强制性规范,其立法目的在于规范公司税后利润分配顺序,[48] 确保公司资产稳定,以维护股东及债权人合法权益。对公司决议分配利润或者不当关联交易是否无效的判断,不应以相关决议利润分配行为是否"过度"、相关不当关联交易是否"重大"为必要,这是民法公平原则思维不合理渗透到公司法领域的做法,其应该取决于相关决议的作出是否符合正当程序规则。另一方面,如果股东会或者股东大会、董事会决议"过度分配利润、进行重大不当关联交易等导致公司债权人的利益受到损害的",或者公司股东会作出决议修改公司章程、将股东出资义务缴纳期限延长的,本着体系化思维,公司债权人还可以行使原《合同法》第 74 条规定的合同债权保全撤销权(《民法典》第 538、539 条)或者第 74 条规定的代位权(《民法典》第 535 条)。虽然《公司法司法解释四》第 1 条将公司决议无效的原告范围规定为"公司股东、董事、监事等",但公司决议无效确认之诉不见得是债权人保护自己债权的最优路径。鉴于公司决议具有效力的内部指向性,有学者进一步指出,公司决议无法侵害债权人等公司外部主体的利益,债权人利益只会基于其与公司间的外部法律关系而受侵害。[49]

进一步看,《公司法司法解释四征求意见稿》第 6 条第 2 项构成要件所针对情形过窄,股东会或者股东大会、董事会决议"过度分配利润、进行重大不当关联交易等"既有可能导致公司债权人利益受到损害,也有可能损害公司或者

---

〔48〕 公司股东会决议违反《公司法》第 166 条利润分配程序规定和第 34 条红利分配程序规定,直接给每位股东发放等额补偿款,侵害公司独立财产,相关决议无效。参见谢某、刘某某与安徽某某化工有限责任公司公司决议效力确认纠纷案,安徽省合肥市中级人民法院(2014)合民二终字第 00036 号民事判决书、安徽省高级人民法院参考性案例 11 号(2014 年)。

〔49〕 丁勇:《组织法的诉讼构造:公司决议纠纷诉讼规则重构》,载《中国法学》2019 年第 5 期。不过,丁勇教授的观点似有变化,在最新著述中,丁勇教授认为:"决议无效应限于决议内容损害公司债权人及社会公共利益"。参见丁勇:《公司决议瑕疵立法的范式转化与体系重构》,载《法学研究》2020 年第 3 期。

其他股东的利益，[50]后者反倒是常态。

综上可见，《公司法司法解释四征求意见稿》第 6 条第 1、2 项规定均不周延。[51]

第四节　违法对股东作出“社团罚”的公司决议无效

一、对公司“社团罚”决议的法律控制

决议行为多数决的正当性来源于其程序性，即须遵循正当程序原则。“我国公司制度系统对组织决策程序的认知重心在于决议以及最终形成决议的会议，对商事交易语境中的决策过程重视不足。”[52]与公司契约论不同，公司宪治论主要关注公司的决策过程和结构，而不是决策结果，目的是希望通过程序正义实现实质正义。[53] 公司决议作出“社团罚”时同样应该参照行政程序法定原则，遵循法定程序、依照章程规定的法定标准并针对违章行为作出法定种类和幅度的处罚决议，[54]否则就可能违反公司决议正当程序原则而无效。在“南京安盛财务顾问有限公司诉祝某股东会决议罚款纠纷案”中，原告南京安盛财务顾问有限公司临时股东会作出了对被告祝某罚款的决议。决议依据公司章程作出，在该公司章程中规定股东违反同业禁止约定时，由股东会强制取消其股东身份并有权对该股东进行罚款，但章程中未明确记载罚款的标准及

---

〔50〕 吴某保、姚某霞公司决议效力确认纠纷案，湖北省高级人民法院(2017)鄂民申 306 号民事裁定书；周某君、峨眉山市锦琳投资有限责任公司公司决议效力确认纠纷案，四川省乐山市中级人民法院(2018)川 11 民终 906 号民事判决书。

〔51〕《公司法司法解释四征求意见稿》第 6 条规定：“股东会或者股东大会、董事会决议存在下列情形之一的，应当认定无效：(一)股东滥用股东权利通过决议损害公司或者其他股东的利益；(二)决议过度分配利润、进行重大不当关联交易等导致公司债权人的利益受到损害……”

〔52〕 潘林：《优先股与普通股的利益分配——基于信义义务的制度方法》，载《法学研究》2019 年第 3 期。

〔53〕 黄辉：《公司与公司法的“公私二象性”》，载[澳]斯蒂芬·波特姆利：《公司宪治论——重新审视公司治理》，李建伟译，法律出版社 2019 年版。

〔54〕 宋某国与山东龙兴化工机械集团有限公司股权确认纠纷上诉案，载吴庆宝主编：《权威点评最高法院公司法指导案例》，中国法制出版社 2010 年版；王彦明、焦锦璇：《股东除名决议撤销之诉的立法障碍与对策——兼论我国强制除名之诉的确立》，载《吉林大学社会科学学报》2020 年第 3 期。

幅度。“有限公司的公司章程在赋予股东会对股东处以罚款职权的同时,应明确规定罚款的标准和幅度,股东会在没有明确标准和幅度的情况下处罚股东,属法定依据不足,相应决议无效。”〔55〕股东与公司之间是平等的民事主体,不存在管理与被管理的关系,法律所规定的股东会职权并不包含对股东处罚的内容,公司股东会原则上无权对股东施以任何处罚,除非公司章程另有约定。在公司章程未另作约定的情况下,有限公司的股东会并无对股东处以罚款的法定职权,如股东会对股东作出处以罚款的决议,则属超越法定职权,决议无效。〔56〕当然,即使是依照正当程序作出的公司“社团罚”决议也并不尽然有效,“社团罚”决议的内容不能随意削减或剥夺股东的自益权,对“社团罚”决议应该设置类似于我国《民法典》第 506 条的法律权利保留条款,以保障过罚相当,禁止以“社团罚”决议的形式侵害股东自益权。社团罚决议仅在涉及社团内部管理的事项上遵循正当程序规则作出,且不能违反法律、行政法规的效力性强制性规定,社团罚的手段还须遵循比例原则以达到社团内部管理目的为必要限度。如果社团罚决议对股东处罚数额过高,则可以类推适用《民法典》第 585 条进行酌减。

还有的公司以“社团罚”决议直接解除股东资格,这就应该遵循更为严格的正当程序规则和“处罚事由法定”原则。对因股东除名引起的确认公司决议无效纠纷,《公司法司法解释三》第 17 条第 1 款规定:“有限责任公司的股东未履行出资义务或者抽逃全部出资,经公司催告缴纳或者返还,其在合理期间内仍未缴纳或者返还出资,公司以股东会决议解除该股东的股东资格,该股东请求确认该解除行为无效的,人民法院不予支持。”有限责任公司的股东未履行出资义务或者抽逃全部出资,〔57〕这违反了《公司法》第 25 条第 1 款所示公司章程中的“股东的出资方式、出资额和出资时间”约款,属于违约行为,可以类推适用原《合同法》第 94 条、《民法典》第 563 条。公司股东会本可以通过决议直

---

〔55〕 南京安盛财务顾问有限公司诉祝某股东会决议罚款纠纷案,载《最高人民法院公报》2012 年第 10 期。

〔56〕 袁某与湖南绿源房地产有限公司公司决议撤销纠纷案,张家界市中级人民法院(2015)张中民二终字第 29 号民事判决书。

〔57〕 定西金帆现代物流有限公司、张某东、肖某勇、陈某斌、汪某平、崔某义、丁某洲、高某堂与王某照公司决议效力确认纠纷案,甘肃省定西市中级人民法院(2017)甘 11 民终 601 号民事判决书;江西青鸟环宇消防设备销售有限责任公司、周某平公司决议效力确认纠纷案,江西省南昌市中级人民法院(2016)赣 01 民终 2454 号民事判决书。

接解除该股东的股东资格,但《公司法司法解释三》第 17 条第 1 款设定的解除程序更为复杂严格:并非股东达到根本违约,公司股东会就可以直接作出解除该股东资格的决议,而须"经公司催告缴纳或者返还,其在合理期间内仍未缴纳或者返还出资",公司方可通过股东会决议解除该股东的股东资格。可见,无论是公司社团罚决议还是解除股东资格决议,都须遵循严格的正当程序规则,否则就会构成除名决议无效。[58] 公司章程能否规定对于违反诚信义务侵犯公司商业秘密的股东除名?民事主体基于向公司履行出资义务才得以成为公司股东,股权作为股东的一项固有权利,未经法定程序不容剥夺。如果股东不存在抽逃出资情形,即便股东存在违规交易行为,公司章程修正案中有关取消股东资格和不享有分红权等条款也因违反法律规定而应属无效,以维护过罚相当规则。[59]

二、对公司章程中股东除名条款的法律控制

在股东除名法定情形之外,如果有限责任公司章程对股东除名事由另有规定的,公司股东会还可以根据章程的规定作出股东除名决议。当然,有限责任公司章程规定股东除名事由须以被除名股东行为达到严重危害公司整体利益,[60] 或者继续保留该股东资格会严重危及有限责任公司人合性特点方可。"程序的正当过程的最低标准是:公民的权利义务将因为决定而受到影响时,在决定之前他必须有行使陈述权和知情权的公正的机会。"[61] 正当程序规则本身就是一把标尺,基于正当程序规则的此种要求,有限责任公司在作出除名决议的过程中,应当排除被除名股东的表决权(回避表决),也应当排除同样虚假出资或抽逃全部出资之非诚信股东的表决权。[62] 被除名股东在会议上有权进行申辩和提出反对意见,但被除名股东不具有表决权,即便该股东

---

〔58〕 遂宁市博雅出租汽车有限公司、赵某公司决议效力确认纠纷案,四川省遂宁市中级人民法院(2018)川 09 民终 773 号民事判决书。

〔59〕 "程序设计要考虑实践理性或机会理性,要为实质正义留有调整的余地。实际上程序如果过于强调形式性,就无法在不同的价值和诉求的拉扯之中达成适当的动态平衡。"参见季卫东:《法律程序的意义》(增订版),中国法制出版社 2012 年版,第 154 页。

〔60〕 李建伟:《有限责任公司的股东除名制度研究》,载《法学评论》2015 年第 2 期;《公司决议有规矩,股东除名不可任性》,载北京市第二中级人民法院 2022 年 1 月 21 日,https://bj2zy.chinacourt.gov.cn/article/detail/2022/01/id/6496952.shtml。

〔61〕 季卫东:《法律程序的意义》(增订版),中国法制出版社 2012 年版,第 37~38 页。

〔62〕 刘某芳诉常州凯瑞化学科技有限公司等公司决议效力确认纠纷案,常州市中级人民法院(2018)苏 04 民终 1874 号民事判决书。

系控股股东。[63] 虽然《公司法》第42条规定，“股东会会议由股东按照出资比例行使表决权；但是，公司章程另有规定的除外”，但为了实现对《公司法司法解释三》第17条第1款股东的除名，此种情形下将《公司法》第42条“按照出资比例行使表决权”限缩解释为按照实缴的出资比例行使表决权，具有正当性。

第五节　违反董事会与股东会职权划分的公司决议无效

一、公司内部职权划分是公司治理的前提

本着团体法（组织法）思维，权力分配与团体治理相辅相成、相得益彰。根据公司宪制理论，[64]股东会、董事会和监事会内部职权妥当划分是公司得到良好治理的重要前提，体现了《公司法》鲜明的组织法品格，应该通过妥当明确的职权划分实现公司内部机关各守其责、各安其分、各尽所能、各得其所，而又和谐相处。“公司机关的分权是公司决策与行为中权责逻辑展开的起点，辐射公司制度全局。”[65]《公司法》第37、46、49、53条分别规定了公司股东会、董事会、经理和监事会的职权，第99、108、113、118条分别规定了股份有限公司股东大会、董事会、经理、监事会职权适用有限责任公司股东会、董事会、经理、监事会职权的有关规定。违反董事会与股东（大）会职权划分的公司决议无效。“股东会行使董事会职权或董事会行使股东会职权的相关决议或相应章程条款，均可能因违反《公司法》规定被人民法院认定无效。”[66]“公司法的诸多强制性规则通过治理结构来分配权力，这种结构影响着权力分配，特别是影响着

---

〔63〕 宋某祥诉上海万禹国际贸易有限公司等公司决议效力确认纠纷案，上海市黄浦区人民法院（2014）黄浦民二（商）初字第589号民事判决书；王某：《中国公司法》，高等教育出版社2017年版，第316～321页；安晋城：《股东表决权排除的类推适用——兼评宋某祥诉万禹公司除名决议效力案》，载《法学杂志》2021年第7期。

〔64〕 施天涛：《公司治理中的宪制主义》，载《中国法律评论》2018年第4期。

〔65〕 潘林：《论公司机关决策权力的配置》，载《中国法学》2022年第1期。

〔66〕 李美春：《有限公司股东会和董事会能否混淆行使公司法规定的各自职权》，载天驰君泰律师事务所网2022年1月6日，http://www.tiantailaw.com/CN/05-18886.aspx。

董事和股东的权力分配。”[67]“章程可否改变公司法明确规定的股东会与董事会的职权……考虑到我国绝大多数公司股权比较集中，公司章程往往只体现多数股东的意志和利益，且多数股东往往又身兼董事身份或者控制了董事会，如果认同公司可以通过章程、股东会决议的方式修改股东会和董事会的法定职权，则会对少数股东的保护不利……所以，我国公司法不应当允许公司章程、股东会决议改变股东会和董事会的法定职权。”[68]“股东会和董事会应以公司章程和公司法作为权力边界，任何一方均不得擅越。”[69]《公司法司法解释四征求意见稿》第 5 条第 4 项一度规定，“决议内容超越股东会或者股东大会、董事会的职权”，公司股东、董事、监事及与决议内容有直接利害关系的公司高级管理人员、职工、债权人等请求确认未形成有效决议的，应予支持。

二、违反职权划分的公司决议的类型化

在公司内部权力分配问题上，有学者从理论上指出：“股东会不应直接干预董事会在其职权范围内的决策。”[70]如有限责任公司股东会作出决议解聘法定代表人兼公司经理的职务，该决议违反《公司法》第 13 条和第 49 条规定，应认定为无效。实践中董事会越权作出决议的案例较多，[71]如董事会超越职权范围，无权处分公司股份给某董事、损害公司集体股所有者利益，据此作出的相关决议不仅会因为侵害其他股东的股权而无效，还会因为董事会越权而无效；[72]基于公司代理人理论和维护公司独立财产的角度，“未经股东大会（董事会）批准的利益相反交易无效（但公司可事后批准该交易）”。[73] 董事未经股东会同意，与本公司订立合同或者进行交易，这就违反了《公司法》第 148 条第 4 项规定，

---

〔67〕［美］罗伯塔·罗曼诺编著：《公司法基础》（第 2 版），罗培新译，北京大学出版社 2013 年版，第 172 页。

〔68〕李建伟：《公司法学》（第 4 版），中国人民大学出版社 2018 年版，第 299 页。

〔69〕许可：《股东会与董事会分权制度研究》，载《中国法学》2017 年第 2 期。

〔70〕周淳：《组织法视阈中的公司决议及其法律适用》，载《中国法学》2019 年第 6 期。

〔71〕有著述指出，超越股东会职权所作出的决议无效，如股东会作出应该由董事会作出的决议无效，股东会决议限制股东之间股权自由转让的无效，违法将股东会职权授予董事会的股东会决议无效。参见最高人民法院专家法官阐释疑难问题与案例指导编写组编：《最高人民法院专家法官阐释疑难问题与案例指导：公司法司法解释（四）卷》，中国法制出版社 2017 年版，第 25 ~ 27 页。

〔72〕王某娥、张某巧公司决议效力确认纠纷案，四川省乐山市中级人民法院（2017）川 11 民终 1082 号民事判决书。

〔73〕［日］山本为三郎：《日本公司法精解》，朱大明等译，法律出版社 2015 年版，第 193 页。

相关合同行为无效。[74] 但如"有证据证明公司各股东对该交易知晓并认可的",[75]此时交易有效。实际上,《公司法》第148条也把董事与本公司订立合同或者进行交易的决定权交由公司章程规定或者保留给股东会、股东大会。

又如,根据《公司法》第37条和第46条规定,公司股东会有权审议批准公司的利润分配方案,董事会仅有权制订公司利润分配方案,但无权决定公司利润分配事宜。在公司章程或者股东会未另行授权公司董事会决定公司利润分配,且股东会也未事后对诉争董事会利润分配决议予以追认的情况下,公司董事会关于分红的决议应属无效。[76] 公司结构的一项关键要素是股东选举权——股东选举并撤换董事的权力。公司法赋予股东此种权力,以作为公司结构的一项重要组成部分。根据《公司法》第37条第1款第2项规定,选举和更换非由职工代表担任的董事,属于股东会职权,这有助于股东会对董事的监督控制和董事诚信义务的履行,避免管理者机会主义。若公司章程将该职权授权董事会行使,则董事会作出的董事选举决议属无效;[77]若公司章程未对董事会授权,董事会自行选举非职工代表且非董事身份之人直接担任董事长,该决议无效。[78] 类似地,

---

〔74〕 封正祥、罗燕等与封正祥、毕节市鸿翔实业有限责任公司损害公司利益责任纠纷案,最高人民法院(2014)民提字第59号民事判决书。

〔75〕 北京市天枫房地产开发有限公司与董某利股权转让合同纠纷再审案,最高人民法院(2012)民申字第289-2号民事判决书。

〔76〕 王某阳与中地不动产评估有限公司公司决议效力确认纠纷案,北京市第一中级人民法院(2016)京01民初149号民事判决书。

〔77〕 莫某富与姜某年、上海申华实业股份有限公司公司决议侵害股东权纠纷案,上海市第一中级人民法院(1998)沪一中民终字第171号民事判决书。

〔78〕 林某周与北京建予房地产开发有限责任公司请求变更公司登记纠纷案,北京市房山区人民法院(2015)房民(商)初字第16215号民事判决书。根据《公司法》第44条第3款后段,董事长、副董事长的产生办法由公司章程规定。任免董事是专属于权力机关股东会的职权。股东会拥有人事权是股东作为公司投资者的体现和保障。股东选举董事的权力是股东行使控制权的重要形式。股东凭借选举权间接行使对公司的控制权,这是保障股东权利的根基。董事会无权任免董事,董事长是董事会的成员,其自身当然属于董事,公司董事会选举非董事任董事长,这实际上逾越了董事会的职权对董事进行任命,而且现任董事长身份虽被免除,但其董事身份未被股东会免除,仍为公司董事,在此情形下,董事会人数增加,给公司章程和董事会的结构造成巨大颠覆。《公司法》未明确规定董事长由董事中选举产生,但是,董事长是董事会的成员之一,故董事长只能从董事中产生。董事会决议内容令非董事担任董事长,违反了公司法关于董事、董事会的规定,该董事会决议应为无效。参见于颖颖:《任命非董事为董事长的董事会决议效力的审查》,载中国法院网2018年1月3日,https://www.chihacoart.org/article/detail/2018/01/id/3145077.shtml。

“董事、经理和控股股东承担着强制性信义义务”。[79] 公司股东会或者股东大会甚至可以随时解除董事职务。最高人民法院《关于适用〈中华人民共和国公司法〉若干问题的规定(五)》(法释〔2020〕18 号)第 3 条第 1 款明确了公司决议对董事职务的无因解除制度:“董事任期届满前被股东会或者股东大会有效决议解除职务,其主张解除不发生法律效力的,人民法院不予支持。”鉴于存在利益冲突和董事诚信义务,股东会将董事报酬决定权授予董事会行使的决议无效,董事会作出的董事报酬决议也属无效,以防止公司成为董事的“提款机”。[80] 再如,收购股权及处置股权须经股东会讨论并研究决定,属于股东会的职权范畴,公司资产管理委员会无权代行股东会职权对公司部分股权予以处置。公司资产管理委员会作出的决议已超越其职权范围且未得到公司股东会的追认,应属无效。[81] 股东有选择管理者的权利,董事会违反《公司法》第 45 条规定,自行决定延长董事任期的决议无效。[82] 类似地,根据《公司法》第 37 条等规定,股东有选择包括非独立董事候选人在内的管理者的权利,在权利的行使上并未附加任何限制条件。在“宝万事件”后,上市公司效仿修改公司章程中的反收购条款,如提高持股比例或设置持股期限限制股东权利、增设股东的披露义务、增加公司收购特别决议、设置超级多数条款、限制董事结构调整、赋予大股东特别权利、设置金色降落伞计划等,这些现象是否违反《公司法》等法律法规始终没有获得明确定性。如公司章程中设定“连续 90 天以上”的持股条件,这就违反了《公司法》第 102 条第 2 款规定,限制了部分股东就非独立董事候选人提出临时提案的权利,此种限制股东非独立董事提名权的股东大会决议条款无效。[83] 此外,根据《公司法》第 102 条规定,股东临时提案

---

〔79〕 [美]罗伯塔·罗曼诺编著:《公司法基础》(第 2 版),罗培新译,北京大学出版社 2013 年版,第 361 页。

〔80〕 2015 年 8 月 7 日,京东集团在发布财报宣布,经由京东集团董事会决议,批准针对刘某东的一项“为期 10 年的薪酬计划”。“公司董事长兼 CEO 刘某东在计划规定的 10 年内,每年基本工资为 1 元,且没有现金奖励。但根据京东的股权激励计划,刘某东已经被授予 2600 万股 A 类股权,每股执行价为 16.70 美元。而在这 10 年内,公司不得再向刘某东授予额外股权。”

〔81〕 詹某平与南京交运集团有限公司、汪某辉公司决议效力确认纠纷案,江苏省南京市中级人民法院(2016)苏 01 民终 7747 号民事裁定书。

〔82〕 广州东凌国际投资股份有限公司、中国农业生产资料集团公司公司决议效力确认纠纷案,广东省广州市中级人民法院(2018)粤 01 民终 17314 号民事判决书。

〔83〕 周松林:《投服中心首例股东诉讼首胜》,载中证网 2018 年 5 月 1 日,https://www.cs.com.cn/xwzx/201805/t20180511-5799144.html? open_source=weibo-search。

的内容须属于股东会职权范围,相应地,如果股东会决议内容违反公司权限分配,超出法律或者公司章程规定的股东会职权范围,该决议无效,也就无法拘束董事会乃至公司。〔84〕

三、股东会和董事会对公司"剩余权力"的分配

股东会和董事会职权划分,这是公司治理中的前沿理论问题,其核心是公司"剩余权力"分配和既有权力转移。《公司法》第 37 条第 1 款第 11 项、第 46 条第 11 项对公司股东会和董事会权力的分配都保有开放性的规定"公司章程规定的其他职权",不宜简单将公司"剩余权力"分配给股东会〔85〕或者董事会,〔86〕而应该结合该"剩余权力"的具体类型和公司的类型具体分析。鉴于开放式公司所有权与经营权日趋分离,就法律和章程规定之外的股份公司"剩余权力"分配,需要区分该权力的类型:如果涉及具体专业经营判断,应该交由董事会行使;如果涉及公司重大经营决策、非具体业务执行事项、公司基本组织设置或者股东会议事规则安排等,应该交由股东会行使。基于公司营利性特点,对法律或者章程均未明文规定的公司对外捐赠的权力,也适合留给股东(大)会行使为宜。当然,股东会的职权并非随意和无限的,股东会在公司章程没有规定的情况下,免除股东对公司的债务,且未经全体股东一致同意形成决议,是超越职权的行为,损害了公司及公司债权人的利益。但若公司章程已有授权的情况下,公司股东会作出免除股东对公司债务的决议,效力如何认定?此种情形存在损害公司债权人利益的可能性,但不能由此直接断言股东会决议的无效。公司作出独立的民事主体有处分自身权益的意志自由,如公司债权人认为股东会决议损害其合法权益的,可以寻求事后的救济,而不宜直接否定股东会决议的有效性。〔87〕

类似地,在股东会将自己的职权事项授予董事会行使时,也要区分该权力的类型,不宜"一刀切"地认为我国《公司法》不应当允许公司章程、股东会决议改变股东会和董事会的法定职权,应该将公司权力基础结构维持原则作为判

---

〔84〕 赵心泽:《股东会决议瑕疵诉讼制度研究》,法律出版社 2017 年版,第 32 ~ 34 页。

〔85〕 刘俊海:《现代公司法》(第 2 版),法律出版社 2011 年版,第 585 页。

〔86〕 罗培新:《股东会与董事会权力构造论:以合同为进路的分析》,载《政治与法律》2016 年第 2 期。

〔87〕 王某洲与朱虹公司决议效力确认纠纷案,北京市第二中级人民法院(2011)二中民终字第 17061 号民事判决书。

断股东会授权董事会是否合理的底线。[88] 公司决策权双重结构的正式区分是公司宪治框架的关键,对应两种类型的公司决议,股东会或者股东大会决议的范围为公司基本规则和公司基本结构事项,董事会决议的范围为公司日常管理运营事项,不能改变公司的基本结构。[89] 如果股东会对董事会的授权不违背董事诚信义务,不改变股东会的基础性权力,不涉及股东根本性利益,未将相应涉及公司最终控制权的、专属于股东会的基本决策权力授予董事会行使,只是通过股东会正当程序和多数决将一般的日常经营性权力授予董事会行使,不宜认为此种授权决议无效,也不能否定董事会对公司日常经营管理活动的裁量权,因此才有基于商业判断规则在经营失败时对经营者的免责判断,否则,经营者就会因为不愿意承担经营风险而进行所谓的安全运营。"如果大幅度限制经营者的裁量权,会导致不能顺应商务环境变化及时做出灵活的经营决定,反而会与公司利益即股东利益相悖。就是说,必须给予经营者广泛的裁量权,这也符合公司的利益。"[90] 相反,在"国美控制权之争"事件中,2006 年 4 月,国美年度股东大会修订了"公司章程细则",股东大会授予董事会如下权力:董事会可以随时任免、增减董事,随时调整董事会结构;董事会可以对管理层实施股权激励,可以任何方式增发或者回购股份;董事会有权订立各种与董事会成员有重大利益关联的合同。国美股东大会授予董事会以上权力的决议,改变了公司权力的基础性结构,改变了董事会权力"代议制"的角色。[91] 股东大会和董事会固有权力对应的是公司法的效力性强制性规定,如《公司法》第 43 条第 2 款。"修改公司章程、增加或者减少注册资本的决议,以及公司合并、分立、解散的决议有且只有公司股东会才有决定权,这是股东会的法定权利,公司章程将股东会的法定权利规定由董事会行使,违反了公司法强制性规定,该类条款无效。"[92]

---

〔88〕 曹兴权、黄超颖:《股东会授权董事会的底线:权利配置基础结构维持原则》,载《财经法学》2017 年第 3 期。

〔89〕 [澳]斯蒂芬·波特姆利:《公司宪治论——重新审视公司治理》,李建伟译,法律出版社 2019 年版,第 100 页。

〔90〕 [日]落合诚一:《公司法概论》,吴婷等译,法律出版社 2011 年版,第 60 页。

〔91〕 有关公司代议制的更多讨论,参见邓峰:《代议制的公司:中国公司治理中的权力和责任》,北京大学出版社 2015 年版,"前言"第 1 ~ 17 页。

〔92〕 徐某霞与安顺绿洲报业宾馆有限公司、第三人贵州黔中报业发展有限公司公司决议效力确认纠纷案,贵州省高级人民法院(2015)黔高民商终字第 61 号民事判决书。

四、股东会职权与章程权限的划分

此外，公司决议行为还存在股东会职权与章程权限划分问题。股东会行使职权，应当符合《公司法》第 37 条规定，除该条所列法定情形外，其他职权之行使依据公司章程规定。股东会的职权并非随意和无限的，股东会在公司章程没有规定的情况下，免除股东对公司债务所形成的决议，且未经全体股东一致同意，是超越职权的行为，会损害公司及公司债权人的利益。另外，未召开股东会直接作出股东会决定的，应当由全体股东在决定文件上签名、盖章，如部分股东由他人代为签名、盖章，且无证据证明存在有效授权的，作出的股东会决议缺乏正当性，应属无效。在公司章程已有授权的情况下，公司股东会作出免除股东对公司债务的决议，该决议效力如何认定？此种情形存在损害公司债权人利益的可能性，但不能由此直接断言股东会决议的无效。公司作为独立的民事主体有处分自身权益的意志自由，如公司债权人认为股东会决议损害其合法权益的，可以寻求事后的救济，而不宜直接否定股东会决议的有效性。〔93〕

第六节　小　　结

有学者反思公司决议行为的功能，前瞻独到地指出，公司内部共同会议应淡化其决议功能，强化信息沟通功能。公司内部决策机构应更多地被定位为友好的“信息沟通场所”，因而应改造公司决议的效力评价机制。要让股东会或董事会回归“讨论或辩论的场所”，软化对公司决议效力的司法干预。〔94〕笔者认为，知情参与是表决权人行使个体表决权形成公司决议的前提，知情参与、多数决和正当程序规则共同构成了公司决议的基本价值取向。基于公司自治原则，没有足够充分且正当的自由，不得限制公司决议自由，以避免公司决议无效制度泛化，公司决议无效制度是《公司法》中关涉公司自治与国家管制边界的重大价值判断问题。

---

〔93〕 王某洲与朱虹公司决议效力确认纠纷案，北京市第二中级人民法院（2011）二中民终字第 17061 号民事判决书。

〔94〕 蒋大兴：《重思公司共同决议行为之功能》，载《清华法学》2019 年第 6 期。

《公司法》第1条第2句规定了该法的首要立法目的是"保护公司、股东和债权人的合法权益",虽然《公司法》第22条第1款经目的性限缩解释,可将之界定为法律、行政法规的效力性强制性规定,但因为《公司法》和《民法典》合同编的规范目的、调整对象不同,两部法律强制性规定的适用情形和力度也会有所差别,不能将公司决议无效事由简单等同于合同决议无效事由,[95]而应该凸显公司决议无效事由问题的鲜明商法、团体法(组织法)品格。公司决议除因为损害国家利益或者社会公共利益而无效外,还会因为侵害股东自益权、侵害公司权益、违法对股东作出"社团罚"或者违反董事会与股东会职权划分而无效。《公司法司法解释四》第1条规定了公司股东、董事、监事等有权提起确认决议无效或不成立之诉。法律关于公司决议效力确认之诉的规定旨在赋予受瑕疵决议损害的股东等自我救济的权利,即在决议存在瑕疵时对其作否定性评价,以保护公司股东等主体的合法利益。公司决议行为通常只调整公司内部法律关系,一般不涉及公司与第三人之间的外部法律关系。通过对"公司决议纠纷"类案实证分析可见,我国司法实践中的公司决议无效之诉也更多侧重于经由公司治理实现对股东或公司实体权益的保护,而对通过公司内部权力划分实现更好的公司治理关注较少。

《公司法》中能够导致公司决议终局无效的效力性强制性规范类型更为丰富,不仅限于上文所述的关于公司决议的效力性强制性规定。公司决议作出过程如果违反《公司法》中有些要求当事人采取特定召集程序或者表决方式的强制性规范,会导致相关决议不成立。如果股东会决议对相关法定议事方式和表决程序作出特别决议,则该决议甚至有可能无效。例如,根据《公司法》第43条规定,《公司法》明确规定的直接决定公司决议是否成立的召集程序和表决方式对应强行性规范("令行"),该强制性规范会影响相关公司决议的成立,如未达到该条第2款规定的表决权比例的股东会决议就属于不成立;从该条

[95] 美国公司法学界存在一种强力的公司契约主义观点,将公司法视为合同法的适当延伸,法律应当允许股东按照其认为适当的方式撰写或者修订公司合同,认为强制性法律规则是"反合同主义的",公司法的性格应当是任意性而非强制性的。恰如评论者所指出的那样,这种观点忽略了现代合同法本身也在一定程度上包含了重要的强制性因素。参见[美]罗伯塔·罗曼诺编著:《公司法基础》(第2版),罗培新译,北京大学出版社2013年版,第174页。公司契约主义的理论范式与现代公司和公司法的发展趋势已经出现抵牾。参见黄辉:《公司与公司法的"公私二象性"》,载[澳]斯蒂芬·波特姆利:《公司宪治论——重新审视公司治理》,李建伟译,法律出版社2019年版。

第 1 款规定看,该强制性规范不允许公司章程另作不同规定,也不允许公司股东会决议对之作出排除或者变更,[96] 否则相关公司决议就违反了强制性规范背后对应的禁止约定排除或者变更的禁止性规范("禁止"),会导致该公司决议无效。

第七节　延伸:公司决议行为与合同行为的关联互动

一、公司决议无效是否存在补充适用《民法典》相关规定的空间

民事法律行为制度很大程度上是以合同行为为原型进行总结提炼的结果,公司决议制度补充适用《民法典》的边界很大程度上也是合同行为与决议行为的区分问题。"可以补充适用说"认为公司决议无效可以补充适用认定民事法律行为无效的一般规定。在股东会决议不能适用《公司法》第 22 条规定的无效和可撤销的情况时,可以将民事法律行为无效制度(特别是民事法律行为应当具备的要件之一就是意思表示真实)作为补充。民事法律行为无效的诉讼请求可以由与民事法律行为有利害关系的主体提起,公司决议无效的诉讼请求原则上只能由公司的股东、董事、监事提起。[97]

《全国法院民商事审判工作会议纪要》(以下简称《九民会议纪要》)提到原《民法总则》与《公司法》是一般法与商事特别法的关系。原《民法总则》法人这一部分的内容规定和《公司法》一致的,适用原《民法总则》或者《公司法》皆可;规定不一致的,原则上应当适用《公司法》的规定。但应当注意有例外情况:一是就同一事项,原《民法总则》制定时有意修正《公司法》有关条款的,应当适用原《民法总则》的规定。二是原《民法总则》在《公司法》规定基础上增加了新内容的,也应当适用原《民法总则》的规定。

类似地,《民法典》第 153 条第 1 款和《公司法》第 22 条第 1 款分别规定民

---

[96] 例如,若公司章程或者股东会决议将《公司法》第 43 条第 2 款对应的决策事项授权给董事会行使,则该授权内容无效。参见徐某霞等诉安顺绿洲报业宾馆有限公司公司决议效力确认纠纷案,贵州省高级人民法院(2015)黔高民商终字第 61 号民事判决书。

[97] 王某芬等与韩某环股东会决议效力纠纷上诉案,山东省青岛市中级人民法院(2011)青民二商终字第 267 号民事判决书。

事法律行为无效和公司决议无效，将《公司法》第22条第1款目的性限缩解释为法律、行政法规的效力性强制性规定后，应当优先适用《公司法》第22条第1款。目前尚未见到补充适用《民法典》第153条第2款认定公司决议无效的情形。确定公司决议无效具体事由时，应该充分顾及公司决议的团体法性质。《民法典》第85条后段在《公司法》第22条第2款公司决议撤销基础上增加规定："但是营利法人依据该决议与善意相对人形成的民事法律关系不受影响。"此时，应当适用《民法典》第85条后段的规定。《公司法司法解释四》第6条又将《民法典》第85条后段的适用范围扩展到决议无效情形，此时，特别法优先。确定公司决议无效对外部民事法律关系的影响时，应该充分顾及公司决议的效力内部指向性特点。

合同无效和公司决议无效具有类似性，都属于效力瑕疵最严重的情形，但也要避免合同中心主义向公司决议无效领域渗透。公司合同理论在我国当前的公司法学研究中存在严重泛化的趋势，甚至有学者从公司就是合同束的理解出发，推导出合意原则取代多数决的结论，认为公司章程就是合同，组织法越来越多地被认为是合同法的范畴。多数决原则已经构成公司设立及运行的基础，不能轻易改变。全体股东一致同意的表决结果，只能视为多数决的一个特例。[98]

有别于普通合同，公司法上的合同行为具有团体法的鲜明特征。针对公司契约理论，蒋大兴教授指出：与合同法以"契约自由"为原则不同，公司法领域虽处处存在可合同之空间，但"契约不自由"是公司法上契约行为之本质。此种差异是由公司以及公司法的组织法或团体法本质所决定的，公司法中的契约多为"组织性契约"或"团体性契约"，正是因为公司契约之团体性，其意思自由及自己决定受到更多拘束——"合同不自由"成为公司契约之主要品性。随着公司治理的建立、公司人格的完成以及公共规制的介入，公司内部的合同自由在下降。这也意味着"越多的公司法内容"，则"越少的合同空间"。就此而言，组织法是对合同法的一种取代。[99]

---

〔98〕 吴建斌：《合意原则何以对决多数决——公司合同理论本土化迷思解析》，载《法学》2011年第2期。

〔99〕 蒋大兴：《公司法中的合同空间——从契约法到组织法的合同逻辑》，载《法学》2017年第4期。

二、公司内部决议瑕疵对外部担保合同行为效力的影响

公司决议瑕疵的法律后果不简单等同于原《合同法》第58条所规定的合同无效后果，也不能简单适用原《民法总则》第157条第1句和第2句的规定。公司决议被确认无效或被撤销后，决议内容尚未执行的，终止执行；决议内容已经执行的，根据决议性质和执行情况，当事人可以要求恢复原状、返还财产或者折价补偿，并有权要求有过错的股东等其他主体赔偿损失。《公司法》第22条第4款规定："公司根据股东会或者股东大会、董事会决议已办理变更登记的，人民法院宣告该决议无效或者撤销该决议后，公司应当向公司登记机关申请撤销变更登记。"这就是对公司决议存在瑕疵后恢复原状责任方式的具体应用。公司决议被确认无效或撤销，该决议自始无效，但对公司据此决议与第三人设立的法律关系，应再做具体分析。

《公司法》第1条规定了该法的调整范围和首要立法目的，即"规范公司的组织和行为，保护公司、股东和债权人的合法权益"，由此可知《公司法》既调整公司的内部组织行为，又调整公司的外部交易行为，且以调整公司的内部组织行为为主，以调整公司的外部交易行为为辅。"虽然公司决议的绝大多数是处理组织体内部的事项，但仍有不少决议势必涉及与外部第三人的法律关系，有的直接涉及外部第三人，有的需要以公司决议为前提，再与外部第三人通过签署契约等发生交易法律关系。就后者而言，如契约已经成立甚至履行，公司决议的效力事后又被否定的，是否影响外部交易行为的效力，以及影响机制如何，这是决议法律制度最具实益也最具挑战的研究课题。"[100] 原《民法总则》第85条仅规定，营利法人内部决议行为被撤销不影响营利法人依据该决议与善意相对人形成的民事法律关系，没有规定营利法人决议无效或者不成立对外部交易行为效力的影响。有法院指出："出于保护善意第三人和维护交易安全的考虑，在公司内部意思形成过程存在瑕疵的情况下，只要对外的表示行为不存在无效的情形，公司就应受其表示行为的制约。"[101] 有学者认为："即使团体决议不存在或者无效，也不应当影响该民事法律行为的效力，除非与团体进行

---

〔100〕 李建伟：《公司法学》（第4版），中国人民大学出版社2018年版，第92页。

〔101〕 绵阳市红日实业有限公司、蒋某诉绵阳高新区科创实业有限公司股东会决议效力及公司增资纠纷案，载《最高人民法院公报》2011年第3期。

民事法律行为的第三人事先知晓团体决议不存在或者无效。”[102] 笔者认为，这些价值判断结论与《公司法司法解释四》第 6 条一样，均过于绝对，没有充分考虑公司内部决议行为效力瑕疵的不同情形，应结合外部合同行为或民事法律关系的具体类型分别对待。法律适用过程中宜对“善意相对人”之“善意”作类型化分析。[103]

公司内部意思瑕疵，不影响其外部意思表示的效力。但法律规定必须经公司决议的对外合同交易行为，未经公司决议而达成时，合同交易行为本身的效力会受到影响，此时交易善意第三人不存在值得保护的“信赖”，公司决议实际上也就发挥了对外约束力。例如，《公司法》第 16 条规定了内部担保决议作为外部担保合同的前提，第 71 条规定股东会同意股东对外转让股权的决议是股东与股东以外的人达成股权转让协议的前提，第 121 条亦然。法律规定某事项须经股东大会决议的，如决议不存在或嗣后被否定，相应的外部法律行为效力应随之否定。决议的外部效力规则首先理应区分法定、意定议决事项，而《公司法》第 16 条规定的法定决议事项具有外部效力。[104] 此时，涉及公司与善意第三人的外部争议，应基于商事外观主义，适用表见代表制度对第三人的信赖利益给予保护。如董事、高级管理人员违反《公司法》第 148 条规定，对外以公司名义订立的相关合同就会构成《民法典》第 504 条规定的无权代表合同。

当公司的法定代表人、其他人员等行为人违反《公司法》第 16 条第 1、2 款规定，在没有公司担保决议的情形下径直以公司名义对外提供担保，相应对外担保合同属于无权代表合同。相对人在订立担保合同时知道或者应当知道担保事项未经决议或者决议具有不成立、无效及存在可撤销事由，相对人不符合表见代表“善意”之要求，可以对《民法典》第 504 条运用反对解释方法，并结合该条所处的体系位置运用体系解释方法，即该无权代表担保合同效力待定，并

---

〔102〕 吴高臣：《团体法的基本原则研究》，载《法学杂志》2017 年第 1 期。

〔103〕 王雷：《〈民法总则〉中决议行为法律制度的力量与弱点》，载《当代法学》2018 年第 5 期。

〔104〕 李建伟：《公司决议的外部效力研究——〈民法典〉第 85 条法教义学分析》，载《法学评论》2020 年第 4 期。

因为有追认权的股东拒绝对担保决议予以追认而无效。[105] 当然,应当由无权代表中的被代表人举证证明相对人不符合表见代表"善意"之要求。

根据《公司法司法解释四》第6条规定,公司内部决议无效,公司依据该决议与善意相对人形成的民事法律关系不受影响。适用该条的关键是对无权代表合同中相对人"善意"对应的审查注意义务的判断。如果公司外部交易行为以公司内部决议行为的有效为前提,则公司内部决议行为无效后可能影响外部交易行为的法律效力。这尤其常见于上文所分析的伪造股东签名对外转让股东股权的案件中,此时不仅公司股东会同意该股东对外"转让"股权的决议无效,基于该决议受让人与该股东"签订"的股权转让协议属于冒名行为,也不成立。[106]

综上所述,公司对外越权担保行为是否无效取决于是否构成《民法典》第504条或原《担保法司法解释》第10条规定的表见代表,而能否构成表见代表的关键是作为担保人的公司能否证明相对人知道或者应当知道代表人超越权限。根据《公司法》第16条来判断公司对外担保合同的法律效力,识别该条文的规范性质,这种裁判思路实质上是混淆了公司内部决议行为和外部合同行为的效力判断。《民法典》第504条是判断公司外部担保合同法律效力的基础规范,《公司法》第16条仅属于辅助规范,即据以判断相对人是否构成"善意"。《公司法》第16条第2、3款作为法律明文规定,属于关联担保中交易相对人合理审慎的形式审查义务范畴。对相对人形式审查义务的程度也须根据利益动态衡量方法,结合个案做类型化总结:相对人应该根据《公司法》第16条审查作为担保人的公司是否作出了担保决议,相对人尽到了合理的形式审查义务,方有受法律保护的信赖利益。就相对人的审查义务类型化分析如下:第一,根

---

[105] 有学者认为,此时,对担保合同应当类推无权代理的规定予以处理,即对公司而言属于效力待定的行为。参见高圣平、范佳慧:《公司法定代表人越权担保效力判断的解释基础——基于最高人民法院裁判分歧的分析和展开》,载《比较法研究》2019年第1期;马更新:《公司担保中决议形成程序与合同效力认定间牵连关系探析》,载《法学杂志》2020年第6期;周伦军:《公司违反内部决策程序提供的担保有效吗?》,载微信公众号"公司法权威解读"2018年8月4日,https://mp.weixin.qq.com/s/DAtxwmrOL2-zMBkekZeN2w;江西宏安房地产开发有限责任公司、南昌县兆丰小额贷款股份有限公司企业借贷纠纷案,最高人民法院(2017)最高法民再209号民事判决书。

[106] 晏某芝与胡某安、湖北宏业房地产开发有限公司公司决议效力确认纠纷案,湖北省孝感市中级人民法院(2017)鄂09民终860号民事判决书;太原鑫金港科技有限公司、王某与胡某仙公司决议效力确认纠纷案,山西省太原市中级人民法院(2017)晋01民终19号民事判决书。

据《民法典》第 504 条规定，相对人须审查法人或者非法人组织的法定代表人、负责人具有代表权限以公司名义订立担保合同的证据。第二，《公司法》第 16 条第 3 款规定事项（如第 3 款所规定的关联股东是否回避表决、担保决议是否由出席会议的其他股东所持表决权的过半数通过）都应该属于相对人审查义务的法定范围。第三，根据《民法典》第 669 条规定，相对人有权要求担保人提供公司章程。《公司法》第 11 条没有规定章程的对外约束力，但该法第 16 条第 1 款构成例外，相对人有义务查询《公司法》第 16 条第 1 款所规定的章程限制事项（担保决议主体、担保总额限制、单项担保数额限制）是否存在。第四，应根据担保人是上市公司还是非上市公司有区别规定，根据《公司法》第 121 条、《证券法》第 67 条规定，上市公司对外担保履行信息披露义务，相对人就不能简单依据“担保决议”而主张信赖保护。第五，应根据相对人或债权人的性质不同而有所区分。银行类金融机构等商事主体应该负担更高的审查义务，相对比于前四项法定审查义务，该项属于个案裁量衡平的审查义务。

三、《九民会议纪要》对公司内部担保决议外部效力规则的发展

未经公司内部担保决议，即以公司名义为他人提供担保，相关担保合同效力认定存在不同学说：债权人无审查义务说、无权代理说、代表公司说等。2019 年 11 月，最高人民法院发布《关于印发〈全国法院民商事审判工作会议纪要〉的通知》（法〔2019〕254 号）。

《九民会议纪要》第 17 ~ 23 条总结了公司对外担保合同的法律适用。根据《九民会议纪要》的规定，《公司法》第 16 条区分非关联担保和关联担保，分别设置不同担保决策机关，对法定代表人代表权限作出法定限制，〔107〕旨在维护公司的独立财产，避免通过公司对外担保掏空公司财产。公司对外担保过程中，债权人应当承担对公司决议的形式审查义务。法定代表人在欠缺内部担保决议情况下以公司名义所签订的外部担保合同，构成越权代表，适用《民法

〔107〕 董事会决议、股东会决议、股东大会决议无对外效力，乃审视法定代表人行使代表权是否超越权限的外观之一，判断与公司交易的相对人有无重大过失的标准之一，进而在适用《民法典》第 504 条的规定时确定公司有无否认该越权行为之权。参见崔建远：《论外观主义的运用边界》，载《清华法学》2019 年第 5 期。

典》第 504 条判断担保合同效力。[108] 《民法典》第 504 条规定："法人的法定代表人或者非法人组织的负责人超越权限订立的合同，除相对人知道或者应当知道其超越权限外，该代表行为有效，订立的合同对法人或者非法人组织发生效力。"实际上，在越权代表合同中，相对人存在恶意的要件事实由对方承担举证责任。

公司内部担保决议是外部担保合同的基础和前提，但也存在例外，《九民会议纪要》第 19 条就列举了四种例外情形。其中第四种情况"担保合同系由单独或者共同持有公司三分之二以上有表决权的股东签字同意"，属于在担保合同上兼具担保决议的实质，其表决权比例要求要高于《公司法》第 16 条第 3 款的规定，也适用于关联担保，有利于保护其他小股东利益。此种情形也属于合同行为代行决议行为，是合同行为与决议行为关联的新表现。

要注意区别《九民会议纪要》第 17 ~ 23 条与第 41 条的区别，法定代表人未经内部担保决议而在公司对外担保合同上盖公司公章，构成越权（无权）代表；《九民会议纪要》第 41 条规定法定代表人在合同上以公司名义盖假章，法定代表人属于有权代表，合同效力不当然受公章真伪之影响，关键要看法定代表人的代表权。如果是法定代表人之外的人加盖相关公章，则关键看此人是否具有代理权。据此，假公章案件的裁判思路是"看人不看章"，关键看盖章之人有无代表权或代理权：有代表权或代理权的，即便盖假章，也可以构成有权代表或有权代理；反之，没有代表权或代理权的，即便盖真章，合同也不见得有效。[109] 表见代表和表见代理中的举证责任分配不同，前者存在职务信赖，对合同相对人举证责任要求较轻。

对此延伸的两个问题：第一，如果将公章之外的其他公司专用章盖于合同书上，合同效力就取决于合同内容与该专用章对应业务范围是否匹配，即合同内容是否超出该专用章对应的业务范围。第二，如果合同书上只有法定代表人或代理人的签字，合同未加盖公章的，能否认定为是公司行为？只要有代表权或代理权的人对外以公司名义从事法律行为，即便未盖公章，也应认定为公

---

〔108〕 有学者反对根据《民法典》第 504 条判断越权公司担保合同的法律效力，认为《民法典》第 504 条是判断法定代表人越权行为效果归属的条款，而非直接判断合同效力的条款。参见马更新：《公司担保中决议形成程序与合同效力认定间牵连关系探析》，载《法学杂志》2020 年第 6 期。

〔109〕 郝成：《前董事长"萝卜章"借款案终审判决：奥特佳不承担责任》，载中国经营网 2019 年 12 月 30 日，http://www.cb.com.cn/mdex/show/zj/cv/cv13471551265。

司行为,而非个人行为。

《九民会议纪要》第 20 条关于越权代表合同无效后的民事责任承担规则,是对原《担保法司法解释》第 7 条和第 8 条的具体化。当存在《九民会议纪要》第 20 条但书情形时,签字主体虽然具有法定代表人的身份,但属于越权代表,法定代表人纯粹是以自然人身份从事活动,就不应当让公司承担任何责任。

《九民会议纪要》第 22 条规定上市公司为他人提供担保问题。债权人看到上市公司公开披露的通过担保决议信息后与上市公司签订担保合同,担保合同有效。上市公司对担保决议公开披露,一方面是上市公司监管要求,另一方面也符合《民法典》第 139 条规定。

四、《民法典担保制度司法解释》中公司无决议不担保规则及其例外

《九民会议纪要》第 17 ~ 23 条系统总结了公司为他人提供担保的规则。最高人民法院《关于适用〈中华人民共和国民法典〉有关担保制度的解释》(法释〔2020〕28 号,以下简称《民法典担保制度司法解释》)第 7 ~ 12 条重点规定越权担保的效力与责任、无须担保决议的例外情形、上市公司对外担保、公司分支机构对外担保。

公司为他人债务提供担保,会减损公司独立财产。《公司法》第 16 条是对于法定代表人代表权限的法定限制,未经公司担保决策机构的决议,法定代表人无权代表公司与相对人签订担保合同,相对人也就有了对于担保人法定代表人代表权限的审查义务。就法定代表人越权担保的效力与责任,《民法典担保制度司法解释》第 7 条规定:"公司的法定代表人违反公司法关于公司对外担保决议程序的规定,超越权限代表公司与相对人订立担保合同,人民法院应当依照民法典第六十一条和第五百零四条等规定处理:(一)相对人善意的,担保合同对公司发生效力;相对人请求公司承担担保责任的,人民法院应予支持。(二)相对人非善意的,担保合同对公司不发生效力;相对人请求公司承担赔偿责任的,参照适用本解释第十七条的有关规定。法定代表人超越权限提供担保造成公司损失,公司请求法定代表人承担赔偿责任的,人民法院应予支持。第一款所称善意,是指相对人在订立担保合同时不知道且不应当知道法定代表人超越权限。相对人有证据证明已对公司决议进行了合理审查,人民法院应当认定其构成善意,但是公司有证据证明相对人知道或者应当知道决议系伪造、变造的除外。"在相对人非善意时,公司是否仍须对相对人的损失承担缔约过失责任?有观点认为,法定代表人越权代表的后果亦应参照《民法典》关于无权代理的规定处理，在不构成表见代表的情形下，法定代表人的代表行为虽然对公司不发生效力，但对法定代表人发生效力，应由法定代表人对相对人的损失承担相应的责任。有观点认为，《民法典》关于越权代表和表见代表的规定不同于《民法典》关于无权代理和表见代理的规定，参照《民法典》关于无权代理的规定认定公司不承担责任，仅由法定代表人承担责任的依据不足；考虑到公司也存在过错，此时公司对合同无效给相对人造成的损失也应当承担一定的赔偿责任。当然，在法定代表人越权担保的情形下，无论是公司因承担担保责任还是赔偿责任而受到损失，都有权向有过错的法定代表人追偿。〔110〕

如何确定公司对外担保时担保权人的合理审查义务，其做法如下：(1)债权人与担保方签订保证合同前，应审查公司提供的同意担保的决议文件。债权人只做形式审查，尽到必要的注意义务即可，〔111〕无须对决议文件的效力进行审查。(2)担保公司的股东会决议无效或被撤销，若债权人是善意的，不影响保证合同的效力。此处的"善意"是指已对决议文件进行形式审查，但对决议无效的情形却不知情。(3)若债务人是公司股东或实际控制人，公司对其提供担保必须经股东会决议。对股东或实际控制人提供担保的决议，必须由出席会议的其他股东所持表决权的过半数通过，若债权人主张担保合同有效，须举证证明其确在签订保证合同前对决议进行了审查。〔112〕

公司无决议不担保，这是原则，但也有例外情形。《九民会议纪要》第19条规定了无须机关决议的例外情形："存在下列情形的，即便债权人知道或者应当知道没有公司机关决议，也应当认定担保合同符合公司的真实意思表示，

〔110〕林文学、杨永清、麻锦亮等：《〈关于适用民法典有关担保制度的解释〉的理解和适用》，载《人民司法》2021年第4期。

〔111〕债权人对公司担保决议应当进行形式审查，以尽合理的注意义务，对其是否实际召开股东会以及会议决议程序是否合法等实质真伪，既无审查义务，也无审查能力。股东会决议形式要件只需出席会议的股东签章即可，至于决议上的签名是否为股东亲笔所签，则属于实质审查的范畴，债权人无须审查。公司对股东会决议上股东的签名申请进行笔迹鉴定的，因该签名是否为股东亲笔所签，债权人并无审查义务，故对此种鉴定申请，法院不予准许。参见山东瑞境置业有限公司、山东天业房地产开发集团有限公司金融借款合同纠纷案，最高人民法院(2019)最高法民终989号民事裁定书。

〔112〕李舒、赵跃文、代巧珍：《最高法院：未经股东会决议，公司对外提供担保，保证合同有效！》，载微信公众号"民商事裁判规则"2021年3月8日，https://mp.weixin.qq.com/s/LcxCOAc-AqHgJoUN7Wn2xw。

合同有效:(1)公司是以为他人提供担保为主营业务的担保公司,或者是开展保函业务的银行或者非银行金融机构;(2)公司为其直接或者间接控制的公司开展经营活动向债权人提供担保;(3)公司与主债务人之间存在相互担保等商业合作关系;(4)担保合同系由单独或者共同持有公司三分之二以上有表决权的股东签字同意。”由此可知公司为其持股2/3以上股权的公司提供担保,并在保证合同上签字,无须经过股东大会决议,该保证合同合法有效。股东为其绝对控股公司开展经营活动向债权人提供的担保,基于担保人是债务人绝对控股股东、两者具有相同利益的事实,可以认定担保人具有对外提供担保的真实意思表示,属于无须公司决议机构决议的例外情形。[113]《民法典担保制度司法解释》第8条规定:“有下列情形之一,公司以其未依照公司法关于公司对外担保的规定作出决议为由主张不承担担保责任的,人民法院不予支持:(一)金融机构开立保函或者担保公司提供担保;(二)公司为其全资子公司开展经营活动提供担保;(三)担保合同系由单独或者共同持有公司三分之二以上对担保事项有表决权的股东签字同意。上市公司对外提供担保,不适用前款第二项、第三项的规定。”《九民会议纪要》关于无须公司决议的规定确有必要,但也因范围过大而影响到公司的运营安全问题,实践中甚至出现一些公司尤其是上市公司的法定代表人利用公司对外提供担保输送利益的现象。为此,《民法典担保制度司法解释》第8条修改了《九民会议纪要》关于无须公司决议的规定。《民法典担保制度司法解释》第8条第3项也比《九民会议纪要》第19条第4项表述更加准确、要求更加严格。

关于上市公司对外提供担保,《民法典担保制度司法解释》第9条规定:“相对人根据上市公司公开披露的关于担保事项已经董事会或者股东大会决议通过的信息,与上市公司订立担保合同,相对人主张担保合同对上市公司发生效力,并由上市公司承担担保责任的,人民法院应予支持。相对人未根据上市公司公开披露的关于担保事项已经董事会或者股东大会决议通过的信息,与上市公司订立担保合同,上市公司主张担保合同对其不发生效力,且不承担担保责任或者赔偿责任的,人民法院应予支持。相对人与上市公司已公开披露的控股子公司订立的担保合同,或者相对人与股票在国务院批准的其他全

---

[113] 青岛博益特生物材料股份有限公司、德州银行股份有限公司经济开发区支行金融借款合同纠纷案,最高人民法院(2020)最高法民申5020号民事裁定书。

国性证券交易场所交易的公司订立的担保合同,适用前两款规定。”上市公司属于公众公司,涉及众多中小投资者利益。法律为保护投资者的利益,明确规定上市公司有信息披露的义务,其中担保事项也是必须披露的内容。上市公司对外担保,不仅须依据《公司法》第16条规定由董事会或股东大会决议,而且还要对决议公开披露,但如果债权人仅是根据披露的信息与上市公司签订担保合同,人民法院也认定担保有效,上市公司应承担担保责任。即使上市公司已根据《公司法》第16条由董事会或股东大会对担保事项进行决议,但如果债权人不是根据上市公司公开披露的对外担保的信息签订担保合同,人民法院也应认为担保合同对上市公司不发生效力,此时公司既不承担担保责任,也不承担其他赔偿责任。由此可以看出,上市公司对外担保,不仅在效力认定上比一般封闭性公司要严格得多,在责任承担方面也有所不同:一般公司在担保合同对其不发生效力的情况下,虽不承担担保责任,但要承担一定的赔偿责任;而上市公司在担保合同对其不发生效力的情况下,不承担任何责任。《民法典担保制度司法解释》第9条与第7条第1款第2项价值判断结论不连贯。在司法解释旨在填补制定法漏洞的情形下,该司法解释因带有规则创制的性质,为保护当事人的合理预期,不宜将此类解释溯及对原法律的理解。以上市公司对外提供担保为例,虽然《民法典担保制度司法解释》第9条制定的依据是《公司法》第16条,且《公司法》并未修改或者废止,但由于《公司法》第16条并无关于上市公司提供担保的特别规定,因此本解释关于上市公司对外提供担保的规定属广义的法律解释,不应赋予其溯及既往的效力。[114] 上市公司提供担保之时,相对人对法定代表人代表权限的审查范围和标准扩大到上市公司的重大事件公告,这一要求与《证券法》的规定并不完全吻合。在《证券法》上,仅有重大担保事项才须公告。

关于公司的分支机构提供担保,《民法典担保制度司法解释》第11条规定:“公司的分支机构未经公司股东(大)会或者董事会决议以自己的名义对外提供担保,相对人请求公司或者其分支机构承担担保责任的,人民法院不予支持,但是相对人不知道且不应当知道分支机构对外提供担保未经公司决议程序的除外。金融机构的分支机构在其营业执照记载的经营范围内开立保函,

---

〔114〕 林文学、杨永清、麻锦亮等:《〈关于适用民法典有关担保制度的解释〉的理解和适用》,载《人民司法》2021年第4期。

或者经有权从事担保业务的上级机构授权开立保函，金融机构或者其分支机构以违反公司法关于公司对外担保决议程序的规定为由主张不承担担保责任的，人民法院不予支持。金融机构的分支机构未经金融机构授权提供保函之外的担保，金融机构或者其分支机构主张不承担担保责任的，人民法院应予支持，但是相对人不知道且不应当知道分支机构对外提供担保未经金融机构授权的除外。担保公司的分支机构未经担保公司授权对外提供担保，担保公司或者其分支机构主张不承担担保责任的，人民法院应予支持，但是相对人不知道且不应当知道分支机构对外提供担保未经担保公司授权的除外。公司的分支机构对外提供担保，相对人非善意，请求公司承担赔偿责任的，参照本解释第十七条的有关规定处理。”公司的分支机构虽然不是独立的民事主体，但可以自己的名义从事民事活动，后果则由公司承担。除金融机构开立保函以及担保公司提供担保外，既然公司对外提供担保原则上须有公司决议，那么公司的分支机构对外提供担保自然更是如此。由于金融机构对外提供担保无须公司决议，因此金融机构的分支机构对外提供担保自然也无须公司决议，但考虑到担保行为的高风险性，从防范化解金融风险的角度出发，仍有必要规定金融机构的分支机构在提供担保时须取得金融机构的授权。为此，该解释区分开立保函与提供保函之外的担保规定如下：对于标准化的保函业务，金融机构的分支机构既可以在其营业执照记载的经营范围内根据金融机构的概括授权开展业务，也可以经有权从事担保业务的上级机构个别授权开展，但是，提供保函之外的个别担保，则应取得金融机构（如商业银行总行）授权。至于担保公司的分支机构对外提供担保，虽然类似于金融机构的分支机构开立保函，但金融机构分支机构的营业执照可以不记载保函业务，而担保公司分支机构的营业执照则必然都会记载担保业务，因此不能简单将担保公司分支机构营业执照记载的经营范围理解为担保公司对其分支机构的概括授权。为了便于担保公司加强风险控制，防止其设立的分支机构在未经公司授权时擅自对外提供担保，本解释规定担保公司的分支机构以自己的名义对外提供担保，仍须获得公司的个别授权。[115]《民法典担保制度司法解释》第 11 条第 2 款对于金融机构分支机构开立保函、提供保函之外的担保做了不同的处理。监管规章对担

---

〔115〕 林文学、杨永清、麻锦亮等：《〈关于适用民法典有关担保制度的解释〉的理解和适用》，载《人民司法》2021 年第 4 期。

保公司分支机构也采取严格管制的态度。

此外,公司担保决议能否一步到位实质替代对外担保合同?例如,债权人只持有担保人出具的同意对外担保的公司股东会决议而无担保合同时能否认定保证关系的成立?公司担保决议上加盖了公司印章,是公司为对外担保作出的有效决议,该决议虽属公司内部文件,但担保人交付给了债权人,且载明了公司愿意提供连带责任保证、保证额度等内容,构成了保证的基本内容,故应视为有效的书面担保文件。[116] 同时《民法典》第685条第2款规定:“第三人单方以书面形式向债权人作出保证,债权人接收且未提出异议的,保证合同成立。”

五、公司内部决议瑕疵对公司其他外部法律事实的影响

公司瑕疵决议被判决不成立、撤销或者无效后,相应对外股权转让合同效力如何?这就要侧重考察相对人是否善意,进而考察能否参照适用善意取得制度。[117]

公司章程是公司股东或发起人通过共同意思表示形成的共同行为,以规范公司内部治理为主,章程可以在不违背法律规定范围内约定更严格的条件(如董事长、董事在任职期间不得转让股权),但章程属于公司内部的一种自治约定,并不等同于法律、行政法规的效力性强制性规定;股东违反章程规定进行股权转让,随即股东会决议变更公司章程,在新章程中删去了“董事长、董事在任职期间不得转让股权”的相关规定,转让行为属于双方真实的意思表示且不违法,股权转让款项的来源并不影响股权转让协议的效力,该转让协议合法有效。[118]

根据公司资本确定、资本维持、资本不变原则,股东仅可以通过分配利润、减资退股、清算分配剩余财产的方式从公司获得财产。如当事人约定“一方可要求公司无条件返回增资款及约定利息”,这就用合同行为代行了本应该由公司减资决议完成的功能,将对赌协议的一方义务人设定为被投资的公司。公

---

〔116〕 天津市崔明饲料有限公司、天津银湖投资咨询有限公司企业借贷纠纷案,最高人民法院(2018)最高法民申2884号民事裁定书。

〔117〕 崔某龙、俞某林与无锡市荣耀置业有限公司、燕某、黄某生、杜某、李某明、孙某源、王某强、蒋某斌、尤某伟、忻某股权转让纠纷案,最高人民法院(2006)民二终字第1号民事判决书。

〔118〕 徐某海与杨某妹股权转让纠纷案,北京市第三中级人民法院(2017)京03民终2997号民事判决书。

司章程中有关股东可以不承担任何投资经营风险而从公司获得固定收益的约定，实质上赋予了股东在未经法定利润分配程序的情况下，直接从公司获得财产的权利，将会造成公司财产的不当减少，违反了《公司法》第20条关于不得滥用股东权利损害公司或其他股东利益的规定，应该认定为无效。[119] 在新近案例中，最高人民法院判决最终从原《合同法》以及公司对外担保程序角度进行审查，认定投资人对担保事项经过股东会决议已尽到审慎注意和形式审查义务，认可了目标公司对原股东在对赌协议中的回购义务提供连带担保的有效性，实现了将目标公司拉入与投资者的“赌局”中。[120] 当然，如果公司股东间约定收益条款，不再风险共担，而是一方股东放弃分红，而由另一方股东向其每年支付固定收益的，应为有效。

公司利润分配须经公司股东会决议通过，非控股股东单独决定事项。未经股东会决议，控股股东不具有处置公司利润的代表权或者代理权，其签订的公司利润处置协议不因加盖有公司印章而必然对公司产生法律约束力。存在全部股东对于一个股东代表权的概括性授予的前提下，该代表股东对特定事项的决定是否具有已通过股东会决议的效力？在资本多数决制度之下，股东会决议结果与控股股东的决定保持一致，但未经合法程序召开股东会形成股东会决议的情况下，股东意志无法上升为股东会意志，因为股东会意志并非股东意志的单纯累加。否则，代表权的概括性授予将架空公司股东会，而这显然与《公司法》规定意旨不符。[121]

未经股东会作出有效决议而签订的董事委托合同无效。“董事与有限公司之间系委托合同关系。董事委托合同的有效性取决于公司是否作出了有效的股东会决议。选任董事属于公司内部的组织行为，不涉及交易上合同相对方利益的保护，未作出有效股东会决议的，无论相对人是否善意，董事委托合同均为无效。”[122]

---

[119] 沈某与常州市钟楼区危积陋房屋改造开发有限公司公司增资纠纷案，江苏省高级人民法院(2016)苏民终680号民事判决书。

[120] 强某延、曹某波股权转让纠纷案，最高人民法院(2016)最高法民再128号民事判决书。

[121] 珠海正邦房地产开发有限公司诉九江市庐山区房地产开发股份有限公司股权转让纠纷案，最高人民法院(2015)民提字第69号民事判决书。

[122] 唐某芳与北京鼎盛新元环保装饰技术开发有限公司合同纠纷案，北京市第二中级人民法院(2019)京02民终10222号民事判决书。

董事、高级管理人员在以个人名义与其任职公司订立合同或进行其他交易时，即便事前未取得股东会决议同意，如有证据证明公司各股东对该交易知晓并认可的，则应认可该交易的法律效力。《公司法》第 148 条第 1 款第 4 项[123]是对公司董事、高级管理人员忠实义务的规定，目的在于避免董事、高级管理人员在以个人名义与其任职公司订立合同或进行其他交易时，牺牲公司利益而使其个人获益。该种程序性要求并非效力性强制性规定，如果实质上并未损害公司利益，应当认可交易的法律效力。要注重对公司股东是否知悉同意，公司利益是否受损的实质性要件考察，因而事先是否存在股东会表决的程序性要件，并非必然导致交易的无效。[124] 笔者认为，本着公司代理人理论和维护公司独立财产的目的，“未经股东大会（董事会）批准的利益相反交易无效（但公司可事后批准该交易）”。[125] 董事、高级管理人员在以个人名义与其任职公司订立合同或进行其他交易时，即便事前未取得股东会决议同意，如“有证据证明公司各股东对该交易知晓并认可的”，此时交易有效的根本原因并非该规定的规范性质并非效力性强制性规定，而是因为“有证据证明公司各股东对该交易知晓并认可”。

公司内部决议瑕疵在法定情形下会影响外部合同行为的法律效力。民法对事实行为采取法定主义的调整方法，即事实行为的构成要件和法律后果均为法定。公司内部决议瑕疵在法定情形下还会影响相应事实行为的法律效力。例如，公司未经股东会作出有效的股东会决议即增加注册资本，他人向公司虚假增资以“稀释”公司原股东股份，该行为损害了原股东的知情权、参与决策权、增资决议表决权和增资优先认缴权（确保原股东股权不被稀释，同时保证公司的人合性）等合法权益，即使该出资行为已被原工商行政管理机关（现市场监督管理总局）备案登记，仍应认定无效，公司原股东股权比例应保持不变。就增资事项而言，工商变更登记是原工商行政管理机关对公司变更管理的程序性要求，而不具有创设权利的效力。当该决议涉及虚假增资时，并不因其完成工商登记而合法。如增资未经股东会决议通过，或者股东会决议过程

---

[123] “董事、高级管理人员不得有下列行为……违反公司章程的规定或者未经股东会、股东大会同意，与本公司订立合同或者进行交易。”

[124] 北京市天枫房地产开发有限公司与董某利及杨某青股权转让合同纠纷案，最高人民法院(2012)民申字第 289－2 号民事裁定书。

[125] [日]山本为三郎：《日本公司法精解》，朱大明等译，法律出版社 2015 年版，第 193 页。

不合法,即使出资者与公司达成增资协议,亦会导致增资协议无效,履行相应增资协议的事实行为——增资行为亦“无效”。[126] 《公司法》第 22 条第 4 款也构成此类法律后果的基础规范。若将股东向公司的汇款定性为投资款,则公司需要提供合法有效的增资决议。公司会计账册中将出资和借款分别建账,并将股东汇款登记为“其他应付款”的,不宜认定为投资款。在股东提供汇款凭证、公司出具借款收据的情形下,可将股东汇款认定为借款。[127]

六、公司决议的程序正义和实质正义

根据以上内容,可以结合一起典型案例,来分析公司决议的程序正义和实质正义。某案例基本事实如下:一个有限责任公司股东共 6 人,在一份股东会决议中,有 4 人签字(均系本人所签),2 人未签字,签字股东持有的股权比例已经达 98%,超过法律、章程规定的表决比例。现在是已经签字的股东 A 起诉,请求确认决议不成立,理由是股东会没有召开过,仅是将决议拿出来让他签字,而他当时基于一些考虑就签字了。[128]

该案涉及的问题是:(1)如果公司召开股东会,仅由达到决议通过比例的股东书面签字,未签字的股东事后口头表示同意,该决议是否成立?(该公司章程没有关于可以不召开股东会而书面表决的约定)(2)如果在该公司未签字股东中,一位口头同意,另一位联系不上但持股比例仅 1%,决议没有获得全部股东签字或口头同意的,决议是否必然不成立?司法实践中,多是签名被伪造方来诉议决不成立。但对于自己已经同意并签字,又以决议当时有小股东未签字、未实际召开而来诉不成立的情形很少见。一种观点认为,反正未签字的小股东在诉讼中也表示同意,大家既然都同意,决议就成立。况且从持股比例来看,这也符合实质正义。那么关于不成立的决议,是否也像合同一样可以补正?还是说,决议和合同的成立与否也是有区别的,决议若未满足程序性要件就一定不成立吗?(3)如果未签字的小股东中,仅一人表示知悉并同意,另一人联系不上(持股比例仅 1%),是否会从持股比例角度考虑决议成立与否的问题。(4)决议内容实则是股东 A 承诺以个人股权增值部分激励公司中层,并非

[126] 黄某忠诉陈某庆等股东资格纠纷案,载《最高人民法院公报》2015 年第 5 期。

[127] 枣庄市海天房地产开发有限公司与单县太和房地产开发有限公司企业借贷纠纷案,最高人民法院(2016)最高法民再 307 号民事裁定书。

[128] 2021 年 3 月 13 日北京市第一中级人民法院杨力法官提供案例和问题。

股东会会议事项，但在当时公司收购的大背景下，各股东均认为该决议内容属于公司经营范畴，那么，一个股东的个人承诺，是否会因为各股东均认为其系决议性质，而上升为决议性质？

笔者认为，在解释公司决议成立和效力规则时，不能脱离我国公司治理总体现状。第一，《九民会议纪要》第19条第4项、《公司法司法解释四》第4条、《民法典担保制度司法解释》第8条第1款第3项一定程度上显示出对公司决议实质重于程序的司法裁判立场，书面签字（书面轮签）形成的决议不当然因为未实际召开会议而不成立，决议也不要求全体一致决。第二，未签字的小股东事后无论是在诉讼中表示同意还是诉讼外口头表示同意，都属于作出追认的意思表示，当然，即便该小股东不追认，若书面传签决议已经满足多数决比例要求，也不当然影响决议的成立。第三，如果未签字的小股东中，仅一人表示知悉并同意，另一人联系不上（持股比例仅1%），则不影响决议成立，因为本着实质正义观，此时即便召开会议，也同样联系不上他。第四，决议内容实则是股东A承诺以个人股权增值部分激励公司中层，并非股东会会议事项，但因为在当时公司收购的大背景下，各股东均认为该决议内容属于公司经营范畴，从实质上看，说明各方认可该事项不是股东A的私人利益，而关乎公司共同利益，此时一个股东的个人承诺会因为各股东均认为其系决议性质而上升为决议。

总之，结合我国公司治理总体现状，特别是公司治理过程中决议的形式与实质，笔者总体倾向决议的实质正义观，当然，不绝对否定决议的程序正义观，典型案例过往的确有倾向于程序正义观的做法。但最高人民法院新近的纪要、解释似乎越来越重视实质正义观，来避免程序正义矫枉过正，避免程序空转反倒凌驾实质之上走太远。

第九章

结　语

近代民法中的人法仅侧重规范自然人，这是一种典型的原子式的个人主义思维。现代民法的团体法思维和市场经济实用主义观念构成对近代民法伦理学人格主义的反思。我国《民法典》中的团体法思维主要体现为两个方面：一是妥当回应人类经济生活和非经济社团生活的需要，丰富法人社团和非法人社团的类型。二是赋予民事团体健全有力的私法自治工具，如非法人团体和设立中的法人团体主要通过共同行为来实践私法自治，成立后的法人团体主要通过决议行为来落实私法自治。本书着力研究民商法学视野中决议行为的一般与特别、抽象与具体、法理与规则、解释与完善，总结民主价值观在民商法中的具体化，提炼团体法思维的新元素。

作为团体法的产物，社员权中的共益权经由决议行为的方式行使。决议行为的根本特征在于其根据程序正义的要求采取多数决的意思表示形成机制，决议结果对团体全体成员都具有法律约束力。民事法律行为的一般性规则主要是以财产法律行为和合同行为为典型原型。决议行为不同于共同行为或者合同行为，其扩展了民事法律行为的类型。我国《民法典》总则编中的"民事法律行为"制度应该规定决议行为的共通性法律规则，以有助于团体意志的依法形成和保障农民集体经济组织成员权利、业主成员权、股东共益权等社员权的实现。

原《民法总则》和《民法典》将决议行为增加为民事法律行为的新类型，这是重要的立法创举，在民事法律行为制度上贡献了鲜明的"中国元素"。决议行为是多个民事主体在表达其意思表示的基础上根据法律或者章程等规定的议事方式和表决程序为形成团体意思而作出的民事法律行为。决议行为是团体自治的工具，是民主价值观在民法和商法领域的具体体现，决议行为借鉴并实践了政治哲学上民主的多数决机制和正当程序规则这两大核心要义。决议行为的民法哲学基础在于程序正义，其根本特征在于根据程序正义的要求采取多数决的意思表示形成机制。《民法典》中的决议行为法律制度也存在需要解释完善之处，以进一步彰显决议行为团体性、程序性和内外部法律关系区分性的特点。

原《民法总则》首次从立法上认可决议行为作为民事法律行为的新类型。《民法典》第134条第2款有关决议行为的成立规则、第85条营利法人决议行为可撤销制度、第94条第2款捐助法人决议行为可撤销制度等，均深度体现了程序正义观。《民法典》第85条仅规定营利法人决议行为的可撤销制度、第94

条第 1 款仅规定非营利法人中捐助法人决议行为的可撤销制度，这是否意味着其他法人决议行为的效力瑕疵径行适用民事法律行为效力瑕疵的相关规定，对此立法规定不清晰。在可撤销价值判断事由和结论不存在根本差别的情形下，决议行为法律效力制度上人为区分营利法人决议行为和非营利法人中捐助法人决议行为，不具有足够充分且正当的理由，没有做到“同样情况同样处理”。当然，正当程序规则只能保障民主决议最低限度的公正。“显然，我们不能因为一种特殊结果是遵循一种公平程序便可以达到就说它是正义的。这样的话口子会开得太大。”[1] 当团体多数决作出的决议行为侵害少数成员合法权益时，应当配置对少数派成员的利益救济机制，以确保正当程序带来的结果也是合乎正义的。《民法典》总则编并未规定对决议行为中少数成员的利益救济机制，对此适宜类推适用《民法典》第 265 条第 2 款、第 280 条第 2 款等类似规定，以充分保障团体成员的自益权、知情权、参与权、表达权和监督权。

对于农民集体所有权来说，首先，农民集体所有权的规范目的是实现集体成员的利益，农民集体所有权的行使具有民主程序性，经由民主决策程序实现村民自治。农民集体成员权是农民对集体所享有权利的总称，农民集体成员权存在的法理基础在于集体财产的分配正义，农民用益物权是行使农民集体成员权的产物。决议行为是农民集体成员权的主要行使方式和村民自治的民法体现，农民集体成员权行使的法理基础在于根据程序正义的要求基于民主多数决的意思表示以形成机制实现农民集体的公共选择。本书提出乡村治理体系“一体两翼”的理论模式，以乡村治理体系为“一体”，以农民集体成员权和农民集体决议行为为“两翼”，从民法视角对基层治理自治化、法治化做了探索。其次，健全乡村治理体系和完善农民集体决议行为规则的根本目的又是保障农民集体成员权的实现。在坚持集体所有权的背景下，以《民法典》《村民委员会组织法》为规范中心，从村民自治、民主决议的角度，探讨健全乡村治理体系的宏观政策目标和保障农民集体成员权的微观法律目标。农民集体决议行为法教义学体系包括农民集体决议行为的成立和效力等，农民集体决议行为的成立又包括决议主体、决议程序、决议事项等，欠缺任何一个要件，都会导致农民集体决议行为的不成立。因此，应该区分农民集体决议行为的不成立

[1] [美]约翰·罗尔斯：《正义论》，何怀宏、何包钢、廖申白译，中国社会科学出版社 2009 年版，第 67 页。

与农民集体对外合同行为的法律效力。最后,农民集体决议行为也有可能侵害农民集体成员权乃至农民集体所有权,"保障农民集体经济组织成员权利"就要向农民提供对集体经济组织决议行为直接或者间接侵害成员合法权益时的救济措施。我国《民法典》物权编应该对农民集体决议行为法律制度做相应的立法完善。

根据法律规定,业主大会和业主委员会均可在各自职责范围内作出决议行为。业主大会决议事项为区分所有建筑物共有部分和共同管理事务。业主成员权是建筑物区分所有权的有机组成部分,业主成员权主要包括共同管理权、知情权和监督权。业主大会决议行为是业主行使共同管理权的重要方式。业主大会决议成立是判断其效力是否存在瑕疵的前提。业主大会决议行为的成立须满足如下要件:业主大会会议的外观存在;业主委员会向全体业主发送会议通知或者公告并召集业主大会会议;业主大会实际作出决议;业主大会决议满足多数决要求。侵害业主合法权益或者违反法律、行政法规规定的召集程序、表决方式的业主大会或者业主委员会决议,属于可撤销的范围,但不能因为业主大会决议违反管理规约而认定该业主大会决议行为可撤销。除可撤销外,业主大会或者业主委员会作出的决议违反法律或者行政法规的效力性强制性规定的,该决议无效。其中,业主大会决议无效制度中有一类常见情形是越权决议行为因未经有追认权人追认而导致终局无效。

作为团体法的产物,成员权通过决议行为的方式行使。决议行为属于多方民事法律行为,存在多个意思表示。作为团体自治的工具,决议行为作用的发挥不局限于法人、非法人组织领域。决议行为的根本特征在于其根据程序正义的要求采取多数决的意思表示形成机制。程序正义促进团体生活有序。罗尔斯程序正义理论构成对亚里士多德正义观的有力补充。"在纯粹程序正义中,不存在判定正当结果的独立标准,而是存在一种正确的或公平的程序,这种程序若被人们恰当地遵守,其结果也会是正确的或公平的,而无论他们可能会是一些什么样的结果。"[2]决议行为也是民主这一社会主义核心价值观在民法商法领域的具体体现,决议行为借鉴并实践了政治哲学上民主的多数决机制和正当程序规则这两大核心要义,以保障表决权人在决策作出过程中

〔2〕 [美]约翰·罗尔斯:《正义论》,何怀宏、何包钢、廖申白译,中国社会科学出版社2009年版,第67页。

有机会充分参与。[3] 决议行为的民法哲学基础在于程序正义,合同行为的民法哲学基础则是交换正义,这也是决议行为与合同行为在成立要件上体现出的根本差别。与合同行为类似,决议行为也存在不成立、未生效、可撤销与无效问题。但合同行为突出合同当事人的合意性特点,决议行为则具有程序性、团体性和效力的内部性特点。对比决议行为与合同行为的法律效力,存在两项区分原则(论证规则):一是决议行为与表决权人表决行为效力瑕疵的区分原则,对决议行为不能当然适用合同行为效力瑕疵制度,表决权人表决行为瑕疵不当然影响决议行为的法律效力,除非其导致法律或者章程等规定的召集程序或者表决方式不能实现。二是团体内部决议行为与外部合同行为效力瑕疵的区分原则,团体内部决议行为不当然影响外部合同行为的效力,反之亦然。

解释论中还应该区分个体表决权人意思表示瑕疵和决议行为效力瑕疵。表决权人意思表示的瑕疵不影响决议行为的效力,除非其导致法律或者章程规定的召集程序或者表决方式无法实现。在合同行为领域,基于交换正义,不严格区分意思表示瑕疵与合同行为的瑕疵,因为合同行为成立要有效关注合同行为中意思表示的一致及每项意思表示的品质,一项意思表示存在瑕疵,会导致整个合同行为也存在瑕疵。决议行为作为团体治理的工具,决定决议行为的成立与效力并非全体表决权人意思表示一致,而只要求多数决的实现,在这个背景下,需要特别区分决议行为和个体表决权人的意思表示,这也有助于在决议行为的法律实践过程中固定个体表决权人的决策风险。决议行为不同于合同行为,决议行为中个体表决权人的意思表示并非共存共荣式的关系,而是基于多数决机制形成团体意思对个体意思的相对超越。

作为团体法的产物,股权共益权通过决议行为的方式行使。决议行为的根本特征在于其根据程序正义的要求采取多数决的意思表示形成机制,决议结果对团体全体成员都具有法律约束力。公司决议行为的瑕疵主要包括不成立、可撤销、无效三种类型,司法实务中还存在公司决议行为的约定未生效情形。首先,应该区分公司决议行为的不成立和可撤销,区分公司决议行为与表决权人表决行为的效力瑕疵,区分公司内部决议行为和外部合同行为的效力瑕疵。其次,应该用决议不成立制度统合决议不存在制度和未形成有效决议

---

[3] Lawrence B. Solum, *Procedural Justice*, 78 S. Cal. L. Rev. 181 (2004).

制度,对可撤销公司决议的补正事由应该更丰富,还应醇化公司决议无效的事由。

公司决议无效事由是公司法中的重大价值判断问题,直接涉及公司自治与国家管制的边界划分,关系到对《公司法》以及公司特别法中有关决议行为法律规范的性质认定(任意性规定抑或强制性规定)。因此,应醇化公司决议无效事由,将《公司法》第22条第1款"法律、行政法规"限缩解释为法律、行政法规的效力性强制性规定。《公司法》和原《合同法》及《民法典》合同编的规范目的不同,不能将公司决议无效事由简单等同于合同无效事由。我国司法实践中的公司决议无效之诉更多侧重于经由公司治理实现对股东或公司实体权益的保护,如公司决议因侵害股东自益权、侵害公司权益或者违法对股东作出"社团罚"而无效;对经由公司内部权力划分实现更好的公司治理关注较少,如公司决议因违反董事会与股东会职权划分而无效。

决议行为是民主这一社会主义核心价值观在民法和商法领域的重要体现,是全过程人民民主在基层治理中的生动实践。民主价值观的核心要义是多数决机制、正当程序规则和知情参与。决议行为展现了民法和商法中的程序正义观。民法不仅面向个体法,还面向团体法。决议行为弥补了团体法理论在团体内部治理规律研究上的短板。决议行为作为民事法律行为的新类型,自有展现其主角形象的团体法舞台。不了解民事法律行为中的决议行为,就无法把握民事法律行为和私法自治在团体法领域的展开机制。民商法学视野中决议行为理论的核心是决议行为与合同行为的区分。决议行为可以检验以双方民事法律行为特别是合同行为为典型原型的民事法律行为理论和制度的解释力、回应力、涵括力和指导力。

参考文献

一、中文著作

1. 中华人民共和国国务院新闻办公室:《中国的民主》,2021 年 12 月 4 日发布。

2. 王利明主编:《民法》(第 5 版),中国人民大学出版社 2010 年版。

3. 王利明:《法学方法论》,中国人民大学出版社 2012 年版。

4. 王利明:《民法总则研究》(第 2 版),中国人民大学出版社 2012 年版。

5. 赵汀阳:《每个人的政治》,社会科学文献出版社 2010 年版。

6. 梁治平:《为政:古代中国的致治理念》,生活 · 读书 · 新知三联书店 2020 年版。

7. 季卫东:《法律程序的意义》(增订版),中国法制出版社 2012 年版。

8. 李强:《自由主义》,吉林出版集团有限责任公司 2007 年版。

9. 梁启超:《梁启超哲学思想论文选》,葛懋春、蒋俊编选,北京大学出版社 1984 年版。

10. 芮沐:《民法法律行为理论之全部》(民总债合编),中国政法大学出版社 2003 年版。

11. 史尚宽:《民法总论》,中国政法大学出版社 2000 年版。

12. 魏振瀛主编:《民法》(第 5 版),北京大学出版社 2013 年版。

13. 王泽鉴:《民法总则》,北京大学出版社 2009 年版。

14. 黄茂荣:《法学方法与现代民法》(第 5 版),法律出版社 2007 年版。

15. 谢在全:《民法物权论》(上册,第 5 版),中国政法大学出版社 2011 年版。

16. 梁慧星:《民法总论》(第 4 版),法律出版社 2011 年版。

17. 崔建远:《物权:规范与学说——以中国物权法的解释论为中心》,清华大学出版社 2011 年版。

18. 董安生:《民事法律行为》,中国人民大学出版社 2002 年版。

19. 杨立新主编:《中华人民共和国民法总则要义与案例解读》,中国法制出版社 2017 年版。

20. 张新宝:《〈中华人民共和国民法总则〉释义》,中国人民大学出版社 2017 年版。

21. 王轶:《民法原理与民法学方法》,法律出版社 2009 年版。

22. 陈甦主编:《民法总则评注》,法律出版社 2017 年版。

23. 李永军主编:《中国民法典总则编草案建议稿及理由》,中国政法大学出版社 2016 年版。

24. 杨海坤:《农民权利的公法保护》,北京大学出版社 2015 年版。

25. 赵旭东主编:《公司法学》(第 2 版),高等教育出版社 2006 年版。

26. 朱慈蕴:《公司法原论》,清华大学出版社 2011 年版。

27. 叶林:《公司治理制度:理念、规则与实践》,中国人民大学出版社 2021 年版。

28. 施天涛:《公司法论》(第 4 版),法律出版社 2018 年版。

29. 刘俊海:《新公司法的制度创新:立法争点和解释难点》,法律出版社 2006 年版。

30. 钱玉林:《股东大会决议瑕疵研究》,法律出版社 2005 年版。

31. 石纪虎:《股东大会制度法理研究》,知识产权出版社 2011 年版。

32. 柯芳枝:《公司法论》(上),台北,三民书局 2002 年版。

33. 李建伟:《公司法学》(第 4 版),中国人民大学出版社 2018 年版。

34. 朱锦清:《公司法学》(上),清华大学出版社 2017 年版。

35. 石宏主编:《中华人民共和国民法总则:条文说明、立法理由及相关规定》,北京大学出版社 2017 年版。

36. 谢鸿飞:《法律与历史:体系化法史学与法律历史社会学》,北京大学出版社 2012 年版。

37. 朱庆育:《民法总论》,北京大学出版社 2013 年版。

38. 刘家安:《物权法论》(第 2 版),中国政法大学出版社 2015 年版。

39. 王洪亮:《债法总论》,北京大学出版社 2016 年版。

40. 邓峰:《代议制的公司:中国公司治理中的权力和责任》,北京大学出版社 2015 年版。

41. 蒋大兴:《公司法的展开与评判:方法 · 判例 · 制度》,法律出版社 2001 年版。

42. 易军:《民法基础理论新视域》,法律出版社 2012 年版。

43. 杨代雄:《法律行为论》,北京大学出版社 2021 年版。

44. 高飞:《集体土地所有权主体制度研究》,法律出版社 2012 年版。

45. 宋志红:《中国农村土地制度改革研究:思路、难点与制度建设》,中国人民大学出版社 2017 年版。

46. 丁勇:《公司决议瑕疵诉讼:历史、功能与规则改进》,上海人民出版社 2020 年版。

47. 李志刚:《公司股东大会决议问题研究——团体法的视角》,中国法制出版社 2012 年版。

48. 周游:《公司法的功能嬗变:从填空到选择》,法律出版社 2022 年版。

49. 赵心泽:《股东会决议瑕疵诉讼制度研究》,法律出版社 2017 年版。

二、中文论文

1. 谢怀栻:《论民事权利体系》,载《法学研究》1996 年第 2 期。

2. 王利明:《论合伙协议与合伙组织体的相互关系》,载《当代法学》2013 年第 4 期。

3. 王利明、周友军:《论我国农村土地权利制度的完善》,载《中国法学》2012 年第 1 期。

4. 王保树:《从法条的公司法到实践的公司法》,载《法学研究》2006 年第 6 期。

5. 孙宪忠:《推进农地三权分置经营模式的立法研究》,载《中国社会科学》2016 年第 7 期。

6. 崔建远:《论外观主义的运用边界》,载《清华法学》2019 年第 5 期。

7. 崔建远:《民法,给程序以应有的地位》,载《政治与法律》1998 年第 2 期。

8. 陈小君:《我国农村土地法律制度变革的思路与框架——十八届三中全会〈决定〉相关内容解读》,载《法学研究》2014 年第 4 期。

9. 陈小君:《我国农民集体成员权的立法抉择》,载《清华法学》2017 年第 2 期。

10. 陈锡文:《关于解决“三农”问题的几点考虑——学习〈中共中央关于全面深化改革若干重大问题的决定〉》,载《中共党史研究》2014 年第 1 期。

11. 秦前红、叶海波:《论民主与法治的分离与契合》,载《法制与社会发展》2005 年第 1 期。

12. 秦前红、刘高林:《论民主与法治的关系》,载《武汉大学学报(社会科学版)》2003 年第 2 期。

13. 林诚二:《社团总会决议之不成立与撤销》,载《月旦法学教室》第 157 期(2015 年)。

14. 李永军:《集体经济组织法人的历史变迁和法律结构》,载《比较法研究》2017 年第 4 期。

15. 施天涛:《公司法的自由主义及其法律政策——兼论我国〈公司法〉的修改》,载《环球法律评论》2005 年第 1 期。

16. 施天涛:《公司治理中的宪制主义》,载《中国法律评论》2018 年第 4 期。

17. 王轶:《论民事法律事实的类型区分》,载《中国法学》2013 年第 1 期。

18. 王轶:《民法总则法律行为效力制度立法建议》,载《比较法研究》2016 年第 2 期。

19. 姚辉:《〈物权法〉上的业主撤销权及其适用》,载《法学论坛》2009 年第 6 期。

20. 张谷:《对当前民法典编纂的反思》,载《华东政法大学学报》2016 年第 1 期。

21. 高圣平:《公司担保相关法律问题研究》,载《中国法学》2013 年第 2 期。

22. 高圣平:《论业主自治的边界》,载《法学论坛》2009 年第 6 期。

23. 高圣平、范佳慧:《公司法定代表人越权担保效力判断的解释基础——基于最高人民法院裁判分歧的分析和展开》,载《比较法研究》2019 年第 1 期。

24. 陈华彬:《论区分所有建筑物的管理规约》,载《现代法学》2011 年第 4 期。

25. 陈华彬:《业主的建筑物区分所有权　评〈物权法草案〉第六章》,载《中外法学》2006 年第 1 期。

26. 叶林:《私法权利的转型——一个团体法视角的观察》,载《法学家》2010 年第 4 期。

27. 叶林:《股东会决议无效的公司法解释》,载《法学研究》2020 年第 3 期。

28. 叶林:《股东会会议决议形成制度》,载《法学杂志》2011 年第 10 期。

29. 叶林:《商行为的性质》,载《清华法学》2008 年第 4 期。

30. 叶林:《公司在股权转让中的法律地位》,载《当代法学》2013 年第 2 期。

31. 韩松:《论农民集体土地所有权的管理权能》,载《中国法学》2016 年第 2 期。

32. 高富平:《农民集体土地再物权化:民法典编纂的使命和策略》,载《交大法学》2018 年第 4 期。

33. 薛军:《〈物权法〉关于共同共有的规定在适用中的若干问题》,载《华东政法大学学报》2007 年第 6 期。

34. 邓峰:《作为社团的法人:重构公司理论的一个框架》,载《中外法学》2004 年第 6 期。

35. 蒋大兴:《公司组织意思表示之特殊构造——不完全代表/代理与公司内部决议之外部效力》,载《比较法研究》2020 年第 3 期。

36. 蒋大兴:《重思公司共同决议行为之功能》,载《清华法学》2019 年第 6 期。

37. 蒋大兴:《团结情感、私人裁决与法院行动——公司内解决纠纷之规范结构》,载《法制与社会发展》2010 年第 3 期。

38. 蒋大兴:《公司法中的合同空间——从契约法到组织法的合同逻辑》,载《法学》

2017年第4期。

39. 李建伟:《决议的法律行为属性论争与证成——民法典第134条第2款的法教义学分析》,载《政法论坛》2022年第2期。

40. 李建伟:《公司决议无效的类型化研究》,载《法学杂志》2022年第4期。

41. 李建伟:《决议行为特殊效力规则的民法解释》,载《法学杂志》2021年第7期。

42. 李建伟:《公司决议的外部效力研究——〈民法典〉第85条法教义学分析》,载《法学评论》2020年第4期。

43. 李建伟:《有限责任公司的股东除名制度研究》,载《法学评论》2015年第2期。

44. 李建伟:《公司决议效力瑕疵类型及其救济体系再构建——以股东大会决议可撤销为中心》,载王保树主编:《商事法论集》(2008年第2卷,总第15卷),法律出版社2009年版。

45. 李建伟、王力一:《公司决议不成立之诉实证研究——〈公司法解释四〉出台前审判创新实践的价值发现》,载《经贸法律评论》2020年第3期。

46. 钱玉林:《股东大会决议的法理分析》,载《法学》2005年第3期。

47. 钱玉林:《股东大会决议瑕疵的救济》,载《现代法学》2005年第3期。

48. 钱玉林:《民法总则与公司法的适用关系论》,载《法学研究》2018年第3期。

49. 汤欣:《论公司法的性格——强行法抑或任意法?》,载《中国法学》2001年第1期。

50. 罗培新:《公司法强制性与任意性边界之厘定:一个法理分析框架》,载《中国法学》2007年第4期。

51. 罗培新:《公司法学研究的法律经济学含义——以公司表决权规则为中心》,载《法学研究》2006年第5期。

52. 罗培新:《股东会与董事会权力构造论:以合同为进路的分析》,载《政治与法律》2016年第2期。

53. 冯珏:《作为组织的法人》,载《环球法律评论》2020年第2期。

54. 石纪虎:《关于股东大会决议效力的探讨》,载《政治与法律》2009年第5期。

55. 吴建斌:《合意原则何以对决多数决——公司合同理论本土化迷思解析》,载《法学》2011年第2期。

56. 张旭荣:《法律行为视角下公司会议决议效力形态分析》,载《比较法研究》2013年第6期。

57. 曹兴权、黄超颖:《股东会授权董事会的底线:权利配置基础结构维持原则》,载《财经法学》2017年第3期。

58. 王延川:《伪造股东签名的股东会决议效力分析》,载《当代法学》2019年第3期。

59. 王志诚:《公司法人未经合法决议所为法律行为的效力——我国台湾地区司法实务的实践经验及启发》,载《北方法学》2017 年第 4 期。

60. 房绍坤、张泽嵩:《农村集体经济组织决议效力之认定》,载《法学论坛》2021 年第 5 期。

61. 谢鸿飞:《民法典与特别民法关系的建构》,载《中国社会科学》2013 年第 2 期。

62. 葛云松:《法人与行政主体理论的再探讨——以公法人概念为重点》,载《中国法学》2007 年第 3 期。

63. 蔡立东:《法人分类模式的立法选择》,载《法律科学(西北政法大学学报)》2012 年第 1 期。

64. 甘培忠、周游:《我国公司法建构中的国家角色》,载《当代法学》2014 年第 2 期。

65. 徐海燕:《业主大会决议瑕疵的司法救济——兼析〈物权法〉第 78 条第 2 款》,载《北京大学学报(哲学社会科学版)》2009 年第 4 期。

66. 汪世荣:《"枫桥经验"视野下的基层社会治理制度供给研究》,载《中国法学》2018 年第 6 期。

67. 童列春:《论中国农民成员权》,载《浙江大学学报(人文社会科学版)》2015 年第 2 期。

68. 高飞:《论集体土地所有权主体之民法构造》,载《法商研究》2009 年第 4 期。

69. 朱广新:《论营利法人决议撤销时善意相对人保护的条件与方法》,载《法律适用》2021 年第 8 期。

70. 于飞:《"农民集体"与"集体经济组织":谁为集体所有权人?——风险界定视角下两者关系的再辨析》,载《财经法学》2016 年第 1 期。

71. 许中缘:《论意思表示瑕疵的共同法律行为——以社团决议撤销为研究视角》,载《中国法学》2013 年第 6 期。

72. 吴高臣:《团体法的基本原则研究》,载《法学杂志》2017 年第 1 期。

73. 吴高臣:《论股东大会决议的性质》,载《首都师范大学学报(社会科学版)》2014 年第 6 期。

74. 王彦明、焦锦璇:《股东除名决议撤销之诉的立法障碍与对策——兼论我国强制除名之诉的确立》,载《吉林大学社会科学学报》2020 年第 3 期。

75. 王旭:《论自然资源国家所有权的宪法规制功能》,载《中国法学》2013 年第 6 期。

76. 税兵:《自然资源国家所有权双阶构造说》,载《法学研究》2013 年第 4 期。

77. 陈醇:《私法程序理论的法理学意义》,载《法制与社会发展》2006 年第 6 期。

78. 陈醇:《意思形成与意思表示的区别:决议的独立性初探》,载《比较法研究》2008 年第 6 期。

79. 周翠:《公司决议诉讼的功能定位与程序机制》,载《中外法学》2019 年第 3 期。

80. 丁勇:《组织法的诉讼构造:公司决议纠纷诉讼规则重构》,载《中国法学》2019 年第 5 期。

81. 丁勇:《公司决议瑕疵立法的范式转换与体系重构》,载《法学研究》2020 年第 3 期。

82. 华燕:《论社会多数决的适用——基于公寓大厦管理立法展开》,载《法制与社会发展》2012 年第 3 期。

83. 张素华:《〈民法总则草案〉(三审稿)的进步与不足》,载《东方法学》2017 年第 2 期。

84. 宋志红:《三权分置下农地流转权利体系重构研究》,载《中国法学》2018 年第 4 期。

85. 李国强、朱晓慧:《农村集体经济组织法人的治理机制研究》,载《财经法学》2022 年第 1 期。

86. 张红:《农地纠纷、村民自治与涉农信访——以北京市调研为依据》,载《中国法学》2011 年第 5 期。

87. 马更新:《公司担保中决议形成程序与合同效力认定间牵连关系探析》,载《法学杂志》2020 年第 6 期。

88. 袁碧华:《伪造股东签名之公司决议行为效力的区分认定》,载《国家检察官学院学报》2022 年第 2 期。

89. 郭锐:《商事组织法中的强制性和任意性规范——以董事会制度为例》,载《环球法律评论》2016 年第 2 期。

90. 许可:《股东会与董事会分权制度研究》,载《中国法学》2017 年第 2 期。

91. 潘林:《论公司机关决策权力的配置》,载《中国法学》2022 年第 1 期。

92. 南玉梅:《公司瑕疵决议诉讼中裁量驳回规则的建构与适用——兼评法释[2017]16 号第 4 条》,载《法学评论》2018 年第 6 期。

93. 李志刚:《公司股东会撤销决议之诉的当事人:规范、法理与实践》,载《法学家》2018 年第 4 期。

94. 温长庆:《论公司决议的形成规则及其在回避表决时的运用——从“万科董事会决议”的争议点切入》,载《法商研究》2018 年第 1 期。

95. 丁绍宽:《股东会瑕疵决议的效力研究》,载《法学》2009 年第 6 期。

96. 吴飞飞:《决议行为“意思形成说”反思——兼论决议行为作为法律行为之实益》,载《比较法研究》2022 年第 2 期。

97. 吴飞飞:《论决议对法律行为理论的冲击及法律行为理论的回应》,载《当代法学》2021 年第 4 期。

98. 吴飞飞:《伪造股东签名决议效力之判别——兼论意思表示瑕疵规则与公司决议瑕疵规则的适用对接》,载《南大法学》2020 年第 3 期。

99. 吴飞飞:《论公司章程的决议属性及其效力认定规则》,载《法制与社会发展》2016 年第 1 期。

100. 吴飞飞:《决议行为归属与团体法"私法评价体系"构建研究》,载《政治与法律》2016 年第 6 期。

101. 管洪彦:《农民集体成员权:中国特色的民事权利制度创新》,载《法学论坛》2016 年第 2 期。

102. 管洪彦:《农民集体成员派生诉讼的合理性与制度建构》,载《法律科学(西北政法大学学报)》2013 年第 4 期。

103. 徐银波:《决议行为效力规则之构造》,载《法学研究》2015 年第 4 期。

104. 徐银波:《法人依瑕疵决议所为行为之效力》,载《法学研究》2020 年第 2 期。

105. 周淳:《组织法视阈中的公司决议及其法律适用》,载《中国法学》2019 年第 6 期。

106. 周游:《公司法语境下决议与协议之界分》,载《政法论坛》2019 年第 5 期。

107. 尤佳:《团体法视角下业主对公共物业财产权利的性质之反思》,载《法学家》2013 年第 2 期。

108. 于凤瑞:《中国民法典业主决议效力规则释论》,载《法律科学(西北政法大学学报)》2021 年第 6 期。

109. 王湘淳:《论公司意思独立的程序之维》,载《中外法学》2021 年第 4 期。

110. 殷秋实:《法律行为视角下的决议不成立》,载《中外法学》2019 年第 1 期。

111. 朱金东:《农民集体成员撤销权制度的实证分析——基于 107 份裁判文书的整理》,载《烟台大学学报(哲学社会科学版)》2013 年第 3 期。

112. 刘培英:《业主撤销权的适用》,载《人民司法》2011 年第 2 期。

113. 陈雪萍:《程序正义视阈下公司决议规则优化之路径》,载《法商研究》2019 年 1 期。

114. 雷鑫:《股权冻结条件下股东除名决议的效力及其利益平衡》,载《政治与法律》2019 年第 5 期。

115. 薛源:《对业主大会议事规则"未投票视为有效同意"条款的检讨》,载《华南师范大学学报(社会科学版)》2014 年第 4 期。

116. 薛波:《我国未来〈民法总则〉决议行为的立法安排》,载《湖北社会科学》2016 年第 2 期。

117. 刘文科:《公司决议的法律性质与效力》,载《法治现代化研究》2018 年第 3 期。

118. 赵心泽:《股东会决议效力的判断标准与判断原则》,载《政法论坛》2016 年第 1 期。

119. 瞿灵敏:《民法典编纂中的决议:法律属性、类型归属与立法评析》,载《法学论坛》2017 年第 4 期。

120. 王真真:《股东协议的科斯法律经济学分析——以上海米蓝贸易公司案为例》,载《财经法学》2019 年第 2 期。

121. 安晋城:《股东表决权排除的类推适用——兼评宋某祥诉万禹公司除名决议效力案》,载《法学杂志》2021 年第 7 期。

122. 柯勇敏:《公司决议不成立的质疑与二分法的回归》,载《法律科学(西北政法大学学报)》2020 年第 5 期。

123. 李德健:《论捐助法人主管机关撤销权及其制度完善——以〈民法典〉第 94 条为切入点》,载《山东大学学报(哲学社会科学版)》2021 年第 3 期。

124. 孔洁琼:《决议行为法律性质辨——兼评〈民法总则〉第 134 条第 2 款》,载《南京大学法律评论》2019 年第 1 期。

125. 马强:《论决议行为适用意思表示瑕疵的规则——以公司决议中表决人意思瑕疵为考察重点》,载《华东政法大学学报》2021 年第 1 期。

126. 王滢:《公司决议行为的双阶构造及其效力评价模式》,载《当代法学》2021 年第 5 期。

127. 张泽嵩:《农村集体经济组织决议外部效力规则之构造》,载《地方立法研究》2022 年第 1 期。

三、译著、译文

1. [美]罗伯特·A. 达尔:《论民主》,李风华译,中国人民大学出版社 2012 年版。

2. [美]罗伯特·A. 达尔:《民主及其批评者》,曹海军、佟德志译,中国人民大学出版社 2016 年版。

3. [英]伯纳德·克里克:《民主》,史献芝译,译林出版社 2018 年版。

4. [美]卡尔·科恩:《民主概论》,聂崇信、朱秀贤译,台北,台湾商务印书馆 1995 年版。

5. [美]迈克尔·罗斯金等:《政治科学》(第 9 版),林震等译,中国人民大学出版社 2009 年版。

6. [美]罗尔斯:《正义论》,李少军、杜丽燕、张虹译,台北,桂冠图书股份有限公司 2003 年版。

7. [德]卡尔·拉伦茨:《法学方法论》,陈爱娥译,商务印书馆 2003 年版。

8. [德]阿图尔·考夫曼、[德]温弗里德·哈斯默尔主编:《当代法哲学和法律理论导论》,郑永流译,法律出版社2002年版。

9. [德]伯恩哈德·格罗斯菲尔德:《比较法的力量与弱点》,孙世彦、姚建宗译,清华大学出版社2002年版。

10. [德]斐迪南·滕尼斯:《共同体与社会:纯粹社会学的基本概念》,林荣远译,北京大学出版社2010年版。

11. [德]奥托·基尔克:《私法的社会任务:基尔克法学文选》,张志阳、张小丹译,中国法制出版社2017年版。

12. [德]奥托·基尔克:《私法的社会使命》,杨若濛译,商务印书馆2021年版。

13. [德]奥托·基尔克:《人类社团的本质》,杨若濛译,商务印书馆2021年版。

14. [日]冈村司:《民法与社会主义》,刘仁航、张铭慈译,中国政法大学出版社2003年版。

15. [德]卡尔·拉伦茨:《德国民法通论》(上册),王晓晔等译,法律出版社2003年版。

16. [德]卡尔·拉伦茨:《德国民法通论》(下册),王晓晔等译,法律出版社2003年版。

17. [德]维尔纳·弗卢梅:《法律行为论》,迟颖译,法律出版社2013年版。

18. [德]格茨·怀克、[德]克里斯蒂娜·温德比西勒:《德国公司法》(第21版),殷盛译,法律出版社2010年版。

19. [美]罗伯塔·罗曼诺编著:《公司法基础》(第2版),罗培新译,北京大学出版社2013年版。

20. [日]松冈义正口述:《民法总则》(上),熊元楷、熊元襄编,上海人民出版社2013年版。

21. [日]我妻荣:《我妻荣民法讲义Ⅰ:新订民法总则》,于敏译,中国法制出版社2008年版。

22. [日]山本敬三:《民法讲义Ⅰ:总则》(第3版),解亘译,北京大学出版社2012年版。

23. [日]山本为三郎:《日本公司法精解》,朱大明等译,法律出版社2015年版。

24. [日]落合诚一:《公司法概论》,吴婷等译,法律出版社2011年版。

25. [澳]斯蒂芬·波特姆利:《公司宪治论——重新审视公司治理》,李建伟译,法律出版社2019年版。

26. [德]克劳斯-威廉·卡纳里斯:《民法典总则的功能及其作用的限度》,陈大创译,载张双根、田士永、朱庆育等主编:《中德私法研究》(第10卷),北京大学出版社2014

年版。

27. [德]罗士安、[德]汉娜·史密茨:《单方法律行为与决议的特征》,胡强芝译,载王洪亮、田士永、张双根等主编:《中德私法研究》(第19卷),北京大学出版社2020年版。

四、德文文献

1. Karl Larenz, Manfred Wolf, Allgemeiner Teil des Bürgerlichen Rechts, C. H. Beck München 2004.

2. Dieter Medicus, Allgemeiner Teil des BGB, 9. neu bearbeitete Auflage, C. F. Müller Verlag Heidelberg 2006.

3. Werner Flume, Allgemeiner Teil des Bürgerlichen Rechts. Zweiter Band, Das Rechtsgeschäft, 4. Aaflage, Springer Verlag Berlin 1992.

4. Hans Brox, Wolf – Dietrich Walker, Allgemeiner Teil des BGB, 32. Auflage, Carl Heymanns Verlag 2008.

5. Bernd Rüthers, Astrid Stadler, Allgemeiner Teil des BGB, 14 Auflage, C. H. Beck München 2006.

6. Reinhard Bork, Allgemeiner Teil des Bürgerlichen Gesetzbuchs, 4 Auflage, Mohr Siebeck Tübingen 2016.

7. Gierke, Das deutsche Genossenschaftsrecht, Bd. I: Rechtsgeschichte der deutschen Genossenschaft, Berlin, 1868.

8. Münchener Kommentar zum Bürgerlichen Gesetzbuch. Band 5 Schuldrecht Besonderer Teil III. Verlag C. H. Beck München 2004.

9. J. Koch, Münchener Kommentar zum BGB. 5. Auflage 2008.

10. Prütting/Wegen/Weinreich BGB Kommentar, 3. Auflage, Luchterhand 2008.

11. Jauernig, Bürgerliches Gesetzbuch Kommentar. Verlag C. H. Beck München, 12. Auflage 2007.

12. Palandt, Bürgerliches Gesetzbuch, 63. Auflage. C. H. Beck München 2004.

13. Wolfgang Fikentscher, Andreas Heinemann, Schuldrecht. 10. Auflage, De Gruyter Recht, Berlin 2006.

五、英文文献

1. Cornelius Van Der Merwe, *European Condominium Law*, Cambridge University Press, 2015.

2. Bryan A. Garner, *Black' s Law Dictionary*, Thomson West Press, 2009.

3. P. S. Atiyah et al. , *Atiyah' s Introduction to the Law of Contract*, Clarendon Press, 2005.

4. Christian von Bar & Eric Clive, *Principles, Definitions and Model Rules of European Private Law – Draft Common Frame of Reference(DCFR)*, european law publishers GmbH, 2009.

5. Henry Hansmann & ReinierKraakman, *The Essential Role of Organizational Law*, 110 Yale Law Journal 390 (2000).

6. Melvin A. Eisenberg, *Conception That the Corporation is a Nexus of Contracts, and the Dual Nature of the Firm*, 24 Journal of Corporation Law 819(1999).

7. Eli Bukspan, *The Notion of Trust as a Comprehensive Theory of Contract and Corporate Law: A New Approach to the Conception That the Corporation is a Nexus of Contract*, 2 Hastings Busrness Law Journal 229(2006).

8. Lawrence B. Solum, *Procedural Justice*, 78 Southerh California Law Review 181 (2004).

后　记

民法不仅仅是财产法，还有身份法品格。民法不仅仅是个体法，还有团体法品格。财产行为、合同行为、双方民事法律行为都不是民事法律行为的全貌。决议行为作为民事法律行为的新类型，自有展现其主角形象的团体法舞台。决议行为可以检验以双方民事法律行为特别是合同行为为典型原型的民事法律行为理论和制度的解释力、回应力、涵括力和指导力。正如佟柔先生早已指出的那样："民法学必须从理论上对法律行为适用范围的问题作出回答，这是对法律行为制度研究的起点。"

不了解民事法律行为的周边，就不利于了解民事法律行为的本体。为此，笔者曾以《论民法学视野中的情谊行为》为题撰写博士学位论文。民法学视野中情谊行为理论的核心是其与民事法律行为的关系以及民事法律行为规则在情谊行为领域的适用边界等。

不了解民事法律行为中的决议行为，就无法把握民事法律行为和私法自治在团体法领域的展开机制。为此，笔者写作《民商法学视野中的决议行为》一书。民商法学视野中决议行为理论的核心是决议行为与合同行为的区分。

决议行为是民主这一社会主义核心价值观在民法和商法领域的重要体现，是全过程人民民主在基层治理中的生动实践。在民商事法律实践中要努力实现科学有效的决议行为制度安排、具体现实的民主决议实践、广泛真实管用的民主决议机制。基层民主决议中许多好的经验做法为中国民主发展和建设基层治理共同体不断注入新的动力。民主价值观的核心要义是多数决机制、正当程序规则和知情参与。决议行为展现了民法和商法中的程序正义观。决议行为弥补了团体法理论在团体内部治理规律研究上的短板。

本书为法律出版社青年法学学术著作出版基金2021年度资助项目,感谢法律出版社学术委员王轶教授的推荐,感谢两位专家匿名评审时的鼓励,感谢法律出版社的支持,感谢蒋滢莹编辑的帮助。

法律出版社邀请两位专家对本书作匿名评审指导。专家一认为:本书选题有重大价值,在同类题目下,是国内研究最深的一本书,因跨越了民法与商法的学科划分,具有更大的价值。决议行为是各式团体和组织普遍采用的行为方式,但学术研究却极其薄弱。随着个人私法向团体私法的转变,决议行为及其规则已成为最具有价值的研究对象。本书稿跨越了民法与商法,试图搭建一个总体的规则框架,这种研究值得肯定,成果具有长期价值。国内学术界在决议行为的研究上,多指向公司决议,较少顾及农村中的集体组织,较少顾及城市中的业主组织,在体系上存在研究空白。本书稿从论证团体法的基础理论起步,具体研究了主要团体形式下的规则需求,结合民法典作出了较为系统的研究。我认为,在此领域中,本书稿是迄今为止研究最为深入的一本书稿。专家二认为:决议是民商法上的一个重要基本概念,也是未引起充分重视的民事法律行为的基本类型。尤其是民法上的民事法律行为理论与商法上的商事组织法理论之双重视角的研究,就更加重要。所以,本书的选题价值不容置疑,论证方法与研究视角都是值得肯定的。本书的作者近年来应该是在决议这一主题有较为深入的研究,本书的论证深度是足够深刻的,写作规范也符合法学论著的学术标准。本书稿的优点:有民商法的双重研究视角,有民事法律行为理论与商事组织法的融合;研究视野有宽度(民商法上的决议类型化),有厚度,比如对于公司决议研究部分,也有深度,比如对于决议的法哲学基础的研究。

2016年2月10日,我在海南三亚草成小诗一首,录于此,收束本书。

崖州落笔

天光椰影徘徊，
砚溪穷处云来。
心境空灵似海，
天涯何地无才。

王　雷

2022 年 9 月 10 日于北京市朝阳区

附　录

本书作者围绕"民商法学视野中的决议行为"这一研究主题发表了以下阶段性成果：

1. 王雷：《民法典中业主大会决议行为的法教义学体系》，载《法治社会》2022年第5期。

2. 王雷：《民主价值观在我国民法典中的体现》，载《光明日报》2021年12月13日，第2版。

3. 王雷：《民法典物权编助力小区善治》，载《长安》2020年第8期。

4. 王雷：《农民集体成员权、农民集体决议与乡村治理体系的健全》，载《中国法学》2019年第2期。

5. 王雷：《论我国民法典中决议行为与合同行为的区分》，载《法商研究》2018年第5期，被中国人民大学复印报刊资料《民商法学》2019年第2期全文转载。

6. 王雷：《〈民法总则〉中决议行为法律制度的力量与弱点》，载《当代法学》2018年第5期，被中国人民大学复印报刊资料《民商法学》2018年第12期全文转载。

7. 王雷：《公司决议行为瑕疵制度的解释与完善——兼评公司法司法解释四(征求意见稿)第4～9条规定》，载《清华法学》2016年第5期，被中国人民大学复印报刊资料《民商法学》2017年第1期全文转载。

8. 王雷：《我国民法典编纂中的团体法思维》，载《当代法学》2015年第4期，被中国人民大学复印报刊资料《民商法学》2015年第11期全文转载。

9. 王雷：《论民法中的决议行为——从农民集体决议、业主管理规约到公司决议》，载《中外法学》2015年第1期，被中国人民大学复印报刊资料《民商法学》2015年第8期全文转载。